国家自然科学基金面上项目"海外投资集群化、外部化与'逆向技术溢出'效应研究——基于信息科技企业的全球价值链分析"之成果

上市公司
投资分析报告案例

II

主　编　顾露露

副主编　季小琴　杨雅茹　庞　晶

编　委　杨　梅　高逸峰　孙亿涵

WUHAN UNIVERSITY PRESS
武汉大学出版社

图书在版编目(CIP)数据

上市公司投资分析报告案例.Ⅱ/顾露露主编.—武汉:武汉大学出版社,2023.11

ISBN 978-7-307-23501-4

Ⅰ.上… Ⅱ.顾… Ⅲ. 上市公司—投资分析—案例—中国 Ⅳ.F279.246

中国版本图书馆 CIP 数据核字(2022)第 248437 号

责任编辑:陈　红　　　责任校对:李孟潇　　　版式设计:韩闻锦

出版发行:**武汉大学出版社**　　(430072　武昌　珞珈山)
　　　　(电子邮箱:cbs22@ whu.edu.cn 网址:www.wdp.com.cn)
印刷:武汉邮科印务有限公司
开本:787×1092　1/16　印张:29.5　字数:658 千字　插页:1
版次:2023 年 11 月第 1 版　　2023 年 11 月第 1 次印刷
ISBN 978-7-307-23501-4　　定价:98.00 元

序

从 1990 年和 1991 年上海证券交易所和深圳证券交易所相继宣告成立算起，中国证券市场的发展已走过 30 多年的非凡历程。截至 2022 年 7 月末，上市公司已达 4752 家，市价总值达 825899 亿元，投资者开户数达 20737.12 万。如此众多的上市公司，大多无疑是我国企业的优秀分子，其中一些还是行业龙头企业或极具成长潜力的企业，但也不乏劣质企业，可谓参差不齐，鱼龙混杂。动态地看，今日没有盈利的企业，明日可能成为耀眼的"明星"；今日的"明星"企业也可能变成明日市场的"弃儿"。"黑天鹅""灰犀牛""爆雷"事件不断上演，优劣好坏是可变的。股票市场无时无刻不在变化，充满魅力，也充满风险挑战。无论是个人投资者，还是机构投资者，投资股票归根结底是投资其股票所代表的企业，为了尽可能降低投资的风险，或为了获取尽可能高的投资收益，从而实现投资的保值增值，就需要以敏锐的眼光洞察宏观经济的发展态势，以科学的方法研判上市公司所处行业的发展前景，考察上市公司的特质、优势和竞争力，以真实可靠的数据客观分析上市公司的财务状况，评估上市公司的投资价值，并选择投资目标上市公司的最佳时机。在我国证券市场发展初期，我们不难听到一些关于凭侥幸、凭冒险、误打误撞投资股票成为暴发户的"美丽故事"，但这样的暴发户是历史的幸运者，而历史不能简单重复。不少暴发户也只不过"昙花一现"。在现阶段，我们还不难听到一些靠内部信息、操纵股价获取不当投资收益的案例，但是监管打击违规交易的力度将越来越大。随着我国证券市场的不断完善，投资者要想获得成功，需要独具慧眼，气定神闲，深思熟虑，理性决策，果断操作，勇气、运气是不可或缺的，但对上市公司的分析将变得越来越重要。对于职业投资者或专业投资机构的管理者而言，了解宏观、行业和上市公司投资分析的方法和技巧，恐怕应是必备的基本素养。如果要想如巴菲特那样进行价值投资，通晓上市公司投资分析的理论、方法和技巧，并在宏观、行业和公司分析的基础上精准对上市公司进行价值评估，则是必做的"功课"。

对于上市公司的高层管理者而言，其天职是为股东创造价值。企业投资价值的高低是评价企业高层管理者优劣的重要指标。为此，上市公司的高层管理者必须了解上市公司投资价值的评价方法和决定因素，上市公司投资分析无疑可以为上市公司的高层管理者谋求上市公司价值最大化提供指引。投资者之所忧，上市公司的管理者必念之；投资者之所盼，上市公司的管理者必行之。否则，作为股东的投资者就会"以手投票"或"以脚投票"，上市公司原来的管理者则可能按照优胜劣汰的规则被新的管理者取而代之。

顾露露教授长期致力于投资专业的学术研究和教学，尤其擅长于上市公司投融资理论与重大现实问题的研究，学术造诣深厚，笔耕不辍，不仅在《经济研究》等学术期刊上发表高水平的论文，还推出了《投资文献述评》系列作品和《上市公司投资分析报告案例》系列作品。两个系列作品中一个侧重于展现学术研究的前沿成果，一个侧重于指导投资者的实际运作，可谓是理论与实际珠联璧合，琴瑟和鸣。《上市公司投资分析报告案例Ⅱ》是顾教授继 2017 年出版《上市公司投资分析报告案例Ⅰ》后，历经三年的潜心研究，耗费大量心血，推出的又一部力作。该书运用 2017—2020 年的数据信息，从宏观、行业、公司多个维度对中国 20 多个上市公司进行深度分析，并对其投资价值进行评估。这些上市公司无疑是经过作者精心挑选的，或是行业龙头企业，或是代表性公司，是近年来投资者青睐的投资标的，处于投资的"风口"，充分体现了作者的睿智、专业眼光和预见性。这些上市公司既涉及信息、新能源、新能源汽车、环保、人工智能、生物医药、物流、传媒等近年来发展迅猛的行业或极具发展前景的新兴行业，也涉及食品、养殖等传统行业。透过作者的条分缕析，我们不仅可以领略这些上市公司各自的特质和价值之所在，还可了解我国经济重要行业的演进状况和发展趋势。"窥一斑，以见全豹"，透过这些企业和行业，我们可以把握到我国上市公司发展的一般节奏和股票市场跳动的时代脉搏。

今日世界正发生百年未有之变局，中国经济的动力变革、结构变革、质量变革和效率变革正处在迅猛地演进之中，股票市场风云激荡，上市公司分化加快不可避免，投资充满不确定性，"不可能两次踏入同一条河流"。读了《上市公司投资分析报告案例Ⅱ》，如果按图索骥进行投资，未必能取得好的投资效果。但是，"千举万变，其道一也"。投资股票归根结底是投资于股票所代表的上市企业，投资收益的多少归根到底取决于上市企业为股东创造价值的多少。这些在今天如此，在可以预见的未来也不会改变。不仅如此，投资行业和上市公司选择的底层逻辑也不会改变，这包括选择投资的行业要充分考虑科学技术进步的趋势、消费结构转型升级的要求、人口结构的变化、资源环境约束条件等因素；选择投资的目标企业不仅要充分考虑其拥有的核心资产、核心竞争力，还要充分考虑其企业文化、治理结构和管理层素质、情怀与格局等。目前，新一轮全球性的科学技术革命正方兴未艾。作为全球研发投入最集中的领域，信息网络、生物科技、清洁能源、新材料与先进制造等正孕育一批具有重大产业变革前景的颠覆性技术。我国居民消费需求由温饱、改善型转向追求品质、个性、时尚、便利和享受，对文化、旅游、保健等方面的需求不断增长，对卫生、安全与生态环境质量的要求也不断提高。老龄人口的增长派生出了大量的健康服务和养老服务需求。科技进步、消费结构转型升级、人口结构变化和资源环境约束条件变化，不仅会催生许多集聚力的新兴行业，还会引发传统行业的革命，从而孕育一批又一批具有投资价值的公司。《上市公司投资分析报告案例Ⅱ》的价值不在于向投资者荐股，而在于其所持的价值投资理念、选择投资行业和上市公司的底层逻辑以及所运用的上市公司的分析框架、流程与分析方法。坚持价值投资理念，遵循其选择产业和上市公司的底层逻辑，借鉴其所运用的分析上市公司的框架、流程和方法，不仅有助于投资者和上市公司管理者理性决策，还有利于促进证券投资更好地服务于实体经济以及上市公司更好地回应投资者的关切。基于此，本书不仅值得投资者一读，也值得上市公司的高管一阅。

就投资学专业乃至经济学和管理学大类的教学而论，尽管近年来在理论联系实际方面取得了不小的进展，但总体上还是以按既有的框架传授专业知识为主，案例教学则严重不足。既有的案例教学往往止于援引某个事例说明某个知识要点。顾教授及其团队坚持数年，跟随中国投资的实践不断前行，不仅致力于精深的理论与实证研究，而且潜心于观察波澜壮阔、生动活泼的投资实践，披沙拣金，前后两书为我们呈现了数十个各具特色的典型上市公司及其投资价值之所在。中国的未来在于青年，中国的投资希望也在于青年。《上市公司投资分析报告案例》系列作品为投资学专业及相关专业的教学提供了难得的思想素材和许多生动而有趣的案例。对每个案例，我们可以细细品读、讨论，仁者见仁，智者见智，相互启迪，碰撞出更多绚丽的思想火花，其对于教学的意义相比为投资者和上市公司的经营者提供决策参考，可能还会胜过一筹，更为深远。特此将本书推荐给投资学专业及相关专业的同仁及学生。

中南财经政法大学　张中华

于湖北武汉

2022 年 9 月

前　言

　　《上市公司投资分析报告案例 II》是一本投资专业教研类图书，是继 2017 年出版的《上市公司投资分析报告案例 I》后，运用 2017—2020 年的数据信息，对中国行业龙头企业或代表性公司进行的新的案例分析集。本书在 2017 年版的基础上，在篇章结构上做了部分调整。共分为两个部分，共计 11 章。第一部分为分案例编，第二部分为综合案例编。第一部分分案例编包含 3 章，分别从行业和公司分析、公司财务分析和公司估值分析三个板块开展分析讨论。每个板块挑选 5~8 家代表性公司进行针对性的案例探讨；第二部分综合案例编则汇集了 8 篇综合分析案例，每篇案例完整涵盖投资分析报告的三大主要部分，即行业和公司分析、公司财务分析和公司估值分析。综合宏观经济形势、行业政策和格局、企业战略和产品、财务绩效表现等多维度的信息数据，运用最新量化投资分析工具对这些上市公司进行深度、系统的基本面量化分析并报告估值分析结果。用中国市场上的具体案例为读者呈现了开展相关基本面量化投资分析的方法和过程。本书公司估值分析部分还配备了较为详尽的操作说明和相应的操作录屏文件，方便读者运用财报信息数据自学公司预测和量化估值分析方法。

　　本书提倡价值投资，从投资实务的角度，通过对金融、财务领域的量化分析工具的具体运用，综合上市公司多方信息，对其内在价值开展定性和定量结合的综合性分析评估报告。帮助投资者进一步认识上市公司基本面，为读者成功地寻找到心仪的投资标的公司提供真实、可信而有依据的参考，也为上市公司高层检验公司发展战略效果提供量化的评估依据。

　　本书的写作历时三年多。受写作时期数据可得性的限制，数据的样本区间为 2017—2020 年，虽然存在一定的时滞性问题，但未从根本上影响投资估值量化分析方法的介绍。作者精心挑选有代表性的样本公司，对公司宏观、行业和财务基本面信息进行充分收集和整理，并运用前沿科学的分析工具展开分析，给读者做出判断提供科学依据。本书适用于从事投资相关专业领域研究学习的高校教师和博硕士研究生，也对需要在较短时间内熟悉了解投资估值量化分析方法的实务操作者具有较高的参考价值。

　　本书所收集的公司信息均为公开信息，分析判断，既不代表买方的利益，也不代表卖方的利益，结论相对中立客观。相信通过阅读这本投资分析报告，读者可以了解到公司内在价值评估中主要的依据和方法，投资者可以通过找到对该资产错误定价的市场和时机以期盈利，公司内部管理者可以通过市场的估值水平重新审视公司前期的战略价值。受个人能力和学术水平的限制，书中的错误和遗漏在所难免，敬请读者们批评指正。同时，股市有风险，投资需谨慎，本书只是阐释分析方法，不能仅仅据此进行实际投资操作。

中南财经政法大学　顾露露

2022 年 9 月于湖北武汉

目　　录

第一部分　投资分析报告之分案例编

第二部分　投资分析报告之综合案例编

第一部分　投资分析报告之分案例编

第一章　行业和公司分析

上市公司投资分析报告主要包括行业和公司分析、公司财务分析和公司估值分析三大部分。通过对公司所处行业、公司战略、公司财务状况的深入分析了解，对企业的未来价值进行预测和评估，从而为投资者的投资决策和管理者的战略调整提供参考。公司的估值是基于市场对于公司的各项参数，如股利发放、自由现金流、每股收益的增长预期而得到的。而所有的预期都不能独立于其所处的经济周期、宏观和行业发展环境独立存在。本部分的案例分析对新经济、新能源、汽车、医药和大消费五大行业的代表性公司哔哩哔哩、国轩高科、长安汽车、片仔癀和牧原食品开展行业和公司分析。运用了宏观环境 PEST 分析、行业生命周期分析、波特五力模型分析、SWOT 矩阵分析等多种分析方法，试图深入分析宏观、行业和公司战略等因素对公司价值增值形成的影响，说明行业和公司分析的综合研判如何为后期公司的预测和价值估值服务。

在万物互联的时代，任何一家公司和市场主体都无法脱离所处国家和地区的宏观经济发展水平和政策环境的影响，其公司战略和盈利模式也必定受到所归属的行业技术发展阶段和竞争态势的左右。因此，投资者正确地认识一家公司的价值并作出投资判断和决策，首先应该对投资标的公司所处的系统，即宏观和行业环境有准确的认识和把握，才能相对准确地预期公司的未来市场地位、盈利水平和增长潜力。如高经济增长地区和周期阶段高增长、高盈利的企业相对比例较高；政府倡导的低碳政策会逐步压缩高能耗企业的盈利空间。朝阳产业的企业盈利能力通常比夕阳产业高；高科技行业进入技术门槛高，要求企业创新能力强，拥有众多畅销产品专利技术，则行业未来的盈利预期乐观，公司价值增值潜力更大。行业集中度体现了企业的市场竞争力量的悬殊情况。市场集中度高的行业，主导企业议价能力更强，市场竞争力更强，则未来盈利更有保障，而反观集中度低，同质化市场竞争者众多的行业，其未来盈利空间难以提升，公司价值增值乏力。

公司战略直接带来公司价值的增值或减损。公司的发展战略、业务产品线的调整、国内外市场的布局会对公司经营稳健性、盈利性和成长性产生决定性的影响。公司治理结构影响公司的管理效率，对公司的价值增值影响也是显而易见的。如研发投入比例不同的公司可能短期内的盈利水平一样，但对未来公司价值的增值影响差异巨大。"专精特新"企业的盈利空间比多元化大公司更可观；多元化国际布局的公司可以分散风险，经营更稳健；重资产模式的公司市场地位稳固，而轻资产模式的公司更灵活，发展可能更迅猛等。准确分析把握公司战略的价值也是投资者在公司估值前必须完成的重要工作。

案例 1：哔哩哔哩

一、行业概况

（一）互联网行业发展

1. 世界和中国发展概况

自 2010 年开始，随着全球的移动互联网基础设施不断完善和全球过半人口被卷入移动互联网的背景，互联网行业发展已呈现星火燎原之势，全球已经有 43.9 亿人可被归类为网民，渗透率达到了 57%，可以看到当前移动互联网的基础设施（手机保有量和通信环境）以及用户的使用习惯逐渐养成，按照常见的分类来看，广告、游戏、电商等均有较大的市场潜力。

2019 年上半年，可能受学生群体网络学习趋势的影响，在线教育这一板块增长率为 15.50%，成为所有板块中增长最快的应用；互联网理财紧随其后，增长率为 12.10%，涨幅较大；而在手机应用中，网络直播受当代群体偏好的影响，增幅很大，还有网络音乐、网络支付、网络文学这几个板块借着互联网发展的契机有了极大的增长，发展潜力很广（见表 1.1.1）。

表 1.1.1　　**2018.12—2019.6 网民各类互联网应用用户规模及增长率**

应用	2019.6		2018.12		半年增长率
	网民规模（万人）	网民使用率	网民规模（万人）	网民使用率	
即时通信	82470	96.50%	79172	95.60%	4.20%
搜索引擎	69470	81.30%	68132	82.20%	2.00%
网络新闻	68587	80.30%	67473	81.40%	1.70%
网络视频（含短视频）	75877	88.80%	72486	87.50%	4.70%
网络购物	63882	74.80%	61011	73.60%	4.70%
网络支付	63305	74.10%	60040	72.50%	5.40%
网络音乐	60789	71.10%	57560	69.50%	5.60%
网络游戏	49356	57.80%	48384	58.40%	2.00%
网络文学	45454	53.20%	43201	52.10%	5.20%
旅行预订	41815	48.90%	41001	49.50%	2.00%
网上订外卖	42118	49.30%	40601	49.00%	3.70%
网络直播	43322	50.70%	39676	47.90%	9.20%

应用	2019.6		2018.12		半年增长率
	网民规模（万人）	网民使用率	网民规模（万人）	网民使用率	
网约专车或快车	33915	39.70%	33282	40.20%	1.90%
网约出租车	33658	39.40%	32988	39.80%	2.00%
在线教育	23246	27.20%	20123	24.30%	15.50%
互联网理财	16972	19.90%	15138	18.30%	12.10%
短视频	64764	75.80%	64798	78.20%	−0.10%

数据来源：根据公开资料整理。

我国用近20年时间逐渐孕育出了一批世界一线的互联网企业，如BATJ和不久前刚刚完成上市的小米等，并且有5家企业凭借市值进入了全球前十的互联网企业列表中。我国优秀互联网公司在结合自身业务的条件下，积极展开了在AI、区块链、物联网、云计算与大数据等科技领域的布局与落地实践。除了自身的技术积淀外，投资布局也是各科技公司的战略之一。

总体来看，互联网行业在世界和中国都在不断发展。

（二）互联网行业市场结构

随着近些年互联网行业的高速发展，互联网应用已经遍布大部分行业，互联网的细分市场众多，市场结构复杂（见图1.1.1），主要的市场构成有：电子商务、网络社交、网络搜索、网络游戏等一系列互联网服务，其中阿里巴巴占据着我国电子商务的领军地位，腾讯则主导着我国网络社交、网络游戏等文化产业。

在该市场结构中，移动营销市场逐渐成熟，市场规模保持稳定增长，移动广告展现形式和效用不断优化；移动游戏市场逐渐进入成熟期，迈入结构优化阶段，整体产业逐渐成熟，内容产品的精细化、差异化运营成为核心；移动阅读市场格局清晰，头部厂商纷纷上市，在资本市场的助推下带领阅读行业迈向新高度；移动购物市场则细分生态不断丰富，增量市场广阔。此外还有移动旅游市场、移动团购市场等，都属于互联网行业的市场结构范畴，发展态势良好。

（三）互联网行业生命周期

按与经济周期的关系分类，可将行业部门分为成长型、周期型和防御型三种类型。对于互联网企业来说，这类企业起步较晚，绝大部分属于成长型企业，还有很大的不足之处和进步空间，但由于科学技术的不断发展以及大众对于互联网的接受度和认知度日益提高，互联网企业拥有广阔的前景，让人对于未来极其看好，所以证券市场的价格也会呈良好发展态势。

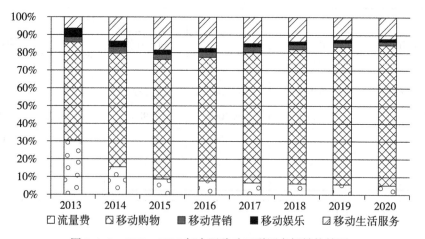

图 1.1.1　2013—2020 年中国移动互联网市场结构情况

数据来源：工信部。

互联网在改变社会，最直接的现象就是新生代对互联网的依赖，在消费领域带来的直接影响是不断创造出了更加个性化的需求场景。新生代更加追求个性化，主张个体价值，体现个人主张，在消费理念上呈现出了更多的个性，所以互联网模式可以很好地建立与新生代消费者的连接，互联网行业市场消费旺盛。

（四）我国互联网行业发展预期

1. 目标用户群体扩大

观察我国的社会消费品零售总额可以看到，自 2015 年起我国一线和二线城市的该额度逐渐开始低于全国社会消费品零售总额，这一比较充分说明除一线城市和二线城市以外的城镇的消费水平逐年上升，已经成为推动消费水平提升的重要力量。旺盛的消费需求，伴随着互联网在这些地区的加速渗透，加之移动支付和物流过去几年在低线城镇发展逐步成熟，为电商的发展打下了坚实的基础，低线城镇的电商发展潜力正在加速释放，与一二线城市的电商渠道渗透率正在逐步收窄。

2. 创新综合化发展

尽管当前"AI+"市场呈现容量大、赛道长、碎片化等特点，但随着不同行业应用场景解决方案的提供及部署能力经验的逐步积累，各类 AI 技术提供方尤其是头部企业已发现并着手整合各类通用基础设施及共性技术，在构建不同"行业大脑"的基础上，围绕硬件集成、数据算法提供、AI 通用能力、定制及部署能力、应用市场等方向建设服务型综合平台，与众多 B 端用户、基础设施运营商、软件服务商以及第三方开发者共同打造 AI 开放生态。AI 平台化发展可加快单一业务的应用场景向更多部门及领域的复制推广，进一步提升 AI 在不同行业的渗透率并迭代出新的技术方向与商业模式。

3. 扩展网络之外的线下市场

新零售时代，消费者场景由单一到多元，而消费场景的多元化促使营销方式发生改变。随着互联网及技术的不断发展，"全渠道"正成为助力零售行业转型升级的营销模式。全渠道营销可以使企业通过不同类型的渠道或平台触达消费者，并可以在不同渠道利用不同的营销活动策略抓取消费者的需求，通过线上线下渠道协同营销，同时可以让消费者实时获得全面信息，掌握需求品的各种要素，获得良好购物消费体验，收获极大的满足感。

二、公司分析

(一) 公司简介

哔哩哔哩是于 2009 年 6 月 26 日创建的一个弹幕视频分享网站，并于 2018 年 3 月在纳斯达克上市。该网站是中国领先的年轻人文化社区，被粉丝们亲切地称为"B站"。B 站拥有动画、番剧、国创、音乐、舞蹈、游戏、科技、生活、鬼畜、娱乐、时尚等多个分区。70% 的内容来自用户自制或原创视频，目前拥有超过 100 万的活跃视频创作者。在百度发布的 2016 年度热搜榜中，B 站在"00 后"十大新鲜关注 APP 中排名第一。

B 站的特色是悬浮于视频上方的实时评论功能，爱好者将其称为"弹幕"，这种独特的视频体验让基于互联网的弹幕能够超越时空限制，构建出一种奇妙的共时性的关系，让 B 站成为极具互动分享和二次创造的文化社区。B 站目前是众多网络热门词汇的发源地之一。目前，B 站 75% 的用户年龄在 24 岁以下，活跃用户超过 1.5 亿，每天视频播放量超过 1 亿，原创投稿总数超过 1000 万。

(二) 公司战略定位

1. 产品定位

B 站是以泛二次元文化爱好者为目标用户，综合类视频弹幕社区和二次元社区，致力于满足中国 Z 时代年轻人群的文化娱乐需求。作为一个弹幕视频网站，其主要内容基本为 AGG（Animation、Comic、Game）和弹幕。相比于其他的弹幕视频网站，如优酷土豆、爱奇艺等，B 站有属于它自己独特的产品定位上的优势。而且，B 站视频无广告就可以直接播放，造成了会员付费服务体验提升不如其他视频网站明显的劣势，但是这在很大程度上促进了非会员用户的使用度以及倾向程度，因而从用户体验度上超越了其他弹幕视频网站。

因此，B 站不仅仅是一个弹幕视频网站，或者一个弹幕二次元视频网站，而是经过长时间的积淀，成为一家与 AGG 文化相关的新媒体平台，内容品类大，用户圈层包含广，业务单元越来越多，形成了一套风格鲜明的互动形式和氛围。这是其他视频网站无法简单复制的。

2. 业务逻辑

从用户画像方面看，B 站用户主要分布在沿海发达地区和一线城市，这些城市教育水平较高，更容易接受新鲜事物和多元文化。性别方面，AGG 受宅向文化和电子游戏使用者多为男性，所以 B 站的用户男性（57%）略多于女性（43%）。年龄方面，主要集中于 30 岁以下的年轻人，多为"90 后"和"00 后"，用户结构普遍呈现低龄化。具体分布图可见图 1.1.2、图 1.1.3。

图 1.1.2　B 站用户地域分布图

数据来源：搜狐新闻网。

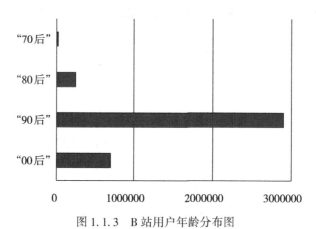

图 1.1.3　B 站用户年龄分布图

数据来源：搜狐新闻网。

从目标用户方面看，哔哩哔哩营销的主要针对对象是二次元、ACG 文化爱好者，喜欢观看新番动漫、通过发布自己作品找到共同兴趣；希望得到认同和关注网络娱乐的视频爱好者，也聚集了观看娱乐短视频、消遣游戏、动漫直播等的爱好者。从需求场景来看，追番、看动漫及衍生作品、观看娱乐、搞怪、科普等多种类型的短视频消磨碎片时间、观看老电影、纪录片、专业知识教学视频等已成为现在年轻人普遍爱好的一种消遣方式。B 站迎合了这种消遣方式，用户还可以通过 B 站直播获取粉丝，满足认同感，也能使他们在 B 站找到有共同兴趣的小伙伴，满足他们的社交需求。从核心功能看，B 站的视频功能支持上传或观看短视频、番剧、影视等类型的视频直播，用户还可以开设直播或观看直播会员购，购买手办、周边、漫展演出门票等，极大地提升了用户体验的多面性与参与性。

（三）业务发展路径

1. 业务分布

哔哩哔哩的业务单元主要围绕手机游戏、直播与增值服务、广告三个板块展开。通常，一个视频网站主要的收入来源应为广告与增值服务，如腾讯视频。而 B 站这两部分占比很小，反而是手机游戏占据了绝大部分的主营收入来源，其次是直播与增值服务。主营业务中占比最小的是广告业务。表 1.1.2 将哔哩哔哩的产品与腾讯视频做了对比分析。可以看出，在核心业务方面，哔哩哔哩呈现出了很大程度上的二次元化，其主要以动漫为主，而腾讯视频则有电影、电视剧等大众娱乐版权视频，涵盖范围相对较广。在商业化方面，B 站主要以线下的周边以及线上游戏等作为收入，而腾讯视频主要以广告为收入，因而有很大的不同。

表 1.1.2 **B 站业务对比分析表**

公司	核心业务	业务一	业务二	业务三
哔哩哔哩	以动漫为主的版权视频+UGC 视频社区	直播+其他影视	社区：更偏向二次元文化的社区	商业化：二次元周边，游戏，会员和直播礼物
腾讯视频	电影、电视剧、动漫等大众娱乐方向的版权视频	UGC 视频社区	Doki 广场：明星圈子	商业化：广告，会员，游戏

数据来源：数字联盟公众号。

2. 发展历程

B 站 2009 年首次推出公司网站，2011 年正式开始商业化运营，2013 年完成境外注册，2015 年获得腾讯的投资，完成了 D 轮融资，逐渐从它的兴趣社区阶段，转变为规模扩张阶段，最后进展到盈利探索阶段。图 1.1.4 可以清晰地看出 B 站的发展历程。

B 站在 2009 年上线，定位二次元的 UGC 视频社区。2014 年 8 月直播频道正式开始测试，2014 年 10 月推出新番承包计划，这是其商业化的开始。2014 年 12 月开放销售官方周边产品，2015 年 12 月拓展了电影业务，成立哔哩哔哩影业。2016 年 9 月宣布独家代理手游，为游戏变现提供了基石。2016 年 12 月中央电视台记录频道入驻 B 站，在直播开展纪录片，增加了纪录片业务。2017 年 3 月在网站首页开设国产专区，支持国产动画，增加了国漫业务。2018 年 12 月推出一款短视频应用，进行了产品边界的拓展。一步步地开发、发展才促成了 B 站现在多样化的产品业务。

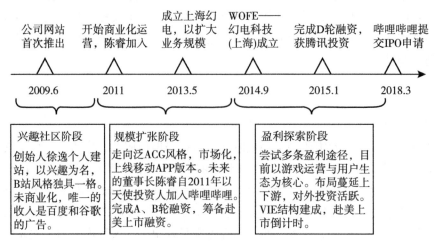

图 1.1.4 哔哩哔哩发展历程

数据来源：知乎分析报告。

(四) 公司业务

1. 公司业务组织结构

（1）产品结构。

B 站的主营业务结构主要由手机游戏、直播与增值服务、广告构成。一个传统的视频网站主要的收入来源是广告与增值服务，如爱奇艺。而 B 站这两部分占比较小，反而是手机游戏占据了绝大部分的主营收入来源，这导致了 B 站营收结构单一。其后受益于其他业务增长迅速，B 站手机游戏占比呈下降趋势，营收结构趋于合理。2018 年第三季度手机游戏仅占主营收入的 68.9%，见图 1.1.5。

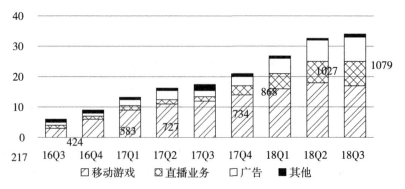

图 1.1.5 产品营收结构

数据来源：新浪财经网。

（2）业务流程。

哔哩哔哩的业务流程可分为视频、直播业务流程和会员购业务流程。从视频、直播业务流程我们可以了解到 B 站的直播运营方式，以及 B 站是怎样将直播通过一个有逻辑的程序呈现出它的价值；通过会员购流程可以知道 B 站内用户的使用程序，其在 B 站购买产品以及消费的流程。图 1.1.6、图 1.1.7 为两类逻辑下 B 站的业务逻辑及流程大致框架。

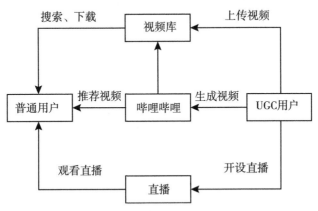

图 1.1.6　视频、直播业务逻辑图
数据来源：知乎。

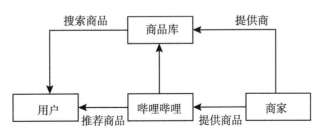

图 1.1.7　会员购业务逻辑图
数据来源：知乎。

2. B 站各业务板块营收

B 站业务主要分为游戏、直播、广告三大板块。下面基于此三大板块分析 B 站在 2017 年上半年的营收同比增长率（具体见图 1.1.8）。

（1）游戏业务。

2017 年第一季度，游戏业务营收 3490 万元，第二季度营收 4920 万元，与第一季度相比同比增长 41%，第三季度营收 6000 万元，与第二季度相比同比增长 22%，第四季度营收 6170 万元，与第三季度相比同比增长 2.8%。

（2）直播业务。

2017 年第一季度，直播业务营收 380 万元，第二季度营收 410 万元，与第一季度

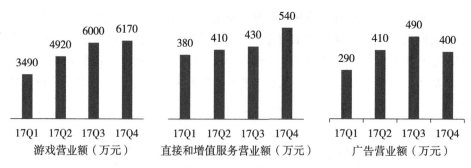

图1.1.8 游戏、直播、广告业务营业数据

数据来源：搜狐新闻。

相比同比增长 7.9%，第三季度营收 430 万元，与第二季度相比同比增长 4.9%，第四季度营收 540 万元，与第三季度相比同比增长 25.6%。

（3）广告业务。

2017 年第一季度，广告业务营收 290 万元，第二季度营收 410 万元，与第一季度相比同比增长 41.4%，第三季度营收 490 万元，与第二季度相比同比增长 19.5%，第四季度营收 400 万元，与第三季度相比同比下降 18.4%。

3. 各项业务板块占比

2018 年第四季度，B 站主要有游戏、直播和增值服务，以及广告三项业务。其中，游戏收入占比高达 63.64%，超过收入一半，而剩余两项业务的收入占比却均低于 20%。

哔哩哔哩曾因游戏业务占总营收比重大而被指过度依赖游戏营收。但智通财经 APP 发现，至 2019 年第四季度时，依赖游戏的局面得到明显改善。游戏收入占比已下降至 43.28%，而直播和增幅服务的收入占比由 18.18% 提升至 28.36%，提升近 10 个百分点。与此同时，电子商务后来居上，从收入占比不足 1% 一跃提升至 13.93%，极具爆发性。

目前哔哩哔哩的游戏业务与非游戏业务收入已平分秋色。数据显示，2019 年在内容呈现上，B 站已不局限于垂直的 ACG（动画、漫画、游戏）领域，生活、娱乐、游戏已成为 B 站排名前三的内容分区。且在生活领域，B 站成为国内最大的 Vlog 社区之一。

哔哩哔哩在直播业务上持续加码。2019 年 12 月，哔哩哔哩以 8 亿元价格拍得英雄联盟（LOL）全球总决赛中国地区 3 年独家直播版权，其他参与竞拍的企业还有快手、斗鱼、虎牙等国内一些直播平台。上述战略举措表明哔哩哔哩正在发力非游戏业务，由垂直业务线逐渐扩展至平行业务线，推动收入的多元化。

（五）公司股权结构

1. 公司股权关系

哔哩哔哩属于上海幻电信息科技有限公司，旗下有很多分公司，如上海兽耳网络科技有限公司、武汉艺化开天文化传播有限公司等。哔哩哔哩董事长陈睿是最大股东，以52.3%的比例作为最终受益人。其他持股人分别为徐逸、韦倩、李旒、曹汐等，分别持股 34.78%、6.99%、3.39%、2.54%。图 1.1.9 为此公司股权结构图。

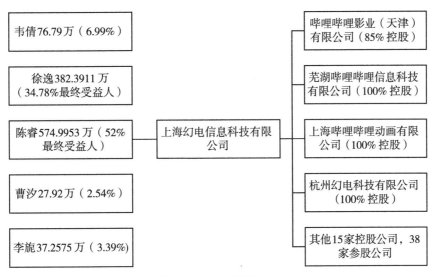

图 1.1.9 B 站股权结构

数据来源：天眼查。

2. 公司股本结构

有报告显示，截至 2020 年 2 月 28 日，B 站董事长兼 CEO 陈睿持股 15.1%，为 B 站最大股东，拥有 45% 的投票权。而腾讯控股持股 13.3%，与上一年相比增加了 1.4 个百分点，为其第二大股东，拥有 4% 的投票权。此外，B 站总裁徐逸持股 8.8%，为第三大股东，拥有 26.3% 的投票权。阿里巴巴淘宝中国控股有限公司为 B 站第四大股东，持股 7.2%，拥有 2.2% 的投票权。正心谷创新资本持股 5.9%，拥有 1.8% 的投票权。表 1.1.3、表 1.1.4 为东方财富网披露 B 站公司持股概况和 2018—2020 年股本结构变化。

表 1.1.3 持股概况表（机构明细）

机构名称	持有股数（万股）	持股比例	变动股数（万股）	变动比例	持股市值（USD，亿元）
HILLHOUSE CAPI-TALADVISORS，LTD	1021.54	3.09%	0	0.00%	3.17
ALIBABA GROUP HOLDING LTD	1000.00	3.03%	0	0.00%	3.10
FMR LLC	926.21	2.81%	343	58.94%	2.84

续表

机构名称	持有股数（万股）	持股比例	变动股数（万股）	变动比例	持股市值（USD，亿元）
YIHENG CAPITAL MANAGEMENT, L.P.	810.29	2.45%	0	0.00%	2.51
WELLS FARGO & COMPANY/MN	693.10	2.10%	7	1.07%	2.13
IDG-ACCEL CHINA GROWTH FUND III ASSOCIATES L.P.	453.88	1.37%	−458	−50.20%	1.59
RENAISSANCE TECHNOLOGIES LLC	409.45	1.24%	301	277.60%	1.26
SCHRODER INVESTMENT MANAGEMENT GROUP	389.14	1.18%	268	220.93%	1.21
RWC ASSET ADVISORS（US）LLC	326.20	0.99%	−335	−50.68%	0.91
KRANE FUNDS ADVISORS LLC	310.73	0.94%	77	32.85%	0.91

数据来源：东方财富网。

表 1.1.4 　　　　　　　　　　　**持股概况表（最新持股）**

	2020-03-31	2019-12-31	2019-09-30	2019-06-30	2019-03-31	2018-12-31	2018-09-30	2018-06-30	2018-03-31
机构家数（家）	154	137	99	141	128	102	79	80	52
持股总数（亿股）	1.126	1.111	0.7133	0.8733	0.7299	0.5167	0.3394	0.2720	0.3463
持股比例	34.10%	33.85%	22.06%	27.00%	23.40%	16.58%	12.19%	9.77%	12.44%
新进机构（家）	38	25	9	29	49	33	32	30	52
增持机构（家）	53	43	31	44	38	22	22	9	0
减持机构（家）	50	54	42	55	40	44	23	40	0

数据来源：东方财富网。

项目组成员　史可欣　李坪芳

案例2：国轩高科

一、行业分析

（一）行业发展趋势

1. 新能源汽车与锂电池产业发展现状

根据中国汽车工业协会数据，2017年，我国新能源汽车产销分别完成79.4万辆和77.7万辆，同比分别增长53.8%和53.3%，市场占比达到2.7%，比上年提高0.9%。其中，纯电动汽车产销分别完成66.7万辆和65.2万辆，同比分别增长59.8%和59.6%。

受新能源车继续免征购置税和新能源车补贴调整前的抢购潮等多因素影响，2017年，我国新能源汽车的销量持续增长。不管是主动还是被动，所有的汽车厂商都布局了新能源产品。双积分政策即将实施、禁产禁售燃油车提上议程等顶层政策让行业看到了国家发展新能源的坚定决心。随着新能源汽车领域内新生力量与传统车企的双向推新，更多的新能源汽车将密集推向市场。

2017年，对于新能源汽车的核心零部件，动力电池的装机量也再创新高。GGII调研数据显示，2017年我国新能源汽车动力电池装机总电量约36.24GWh，同比增长约29.4%。其中，装机量排名前5家企业动力电池配套量占6成以上，前10家企业配套量占比70%，国内动力电池行业集中度正在进一步提升，行业"红利"却正在向少数企业集聚。

在新的政策形势下，对动力电池系统能量密度进一步提升的现实需求，使新能源整车厂对动力电池企业技术升级的要求变得更加迫切。对于动力电池企业而言，终极的竞争力还是产品，优质的产品不仅能增加公司的市场话语权，也能降低生产成本，提升利润空间。

展望未来，动力电池产业的前景依旧乐观，市场份额向大企业集中，将推动行业的研发实力、市场份额、规模应用和管理水平进入一个新阶段，未来动力锂电池需求量将随新能源汽车需求增长而维持高速增长。

锂离子电池已经占据了手机、笔记本电脑等消费电子类产品电池的主要市场，未来随着锂电生产工艺和电池性能的进一步提升，将占据储能电池、动力电池等领域的主要市场。2016年中国锂电池的产量就达到78.42亿只，同比增长40%。中国是锂电池重要的生产国之一，2017年中国锂电池产量突破100亿只，增速达27.81%，已连续十年位居全球首位。见图1.2.1。消费电池主要领域包括手机、笔记本电脑、平板电脑、可穿戴设备、无人机等。2018年以后，手机由于市场开拓难度较大，前期放量基本满足市场需求，预计增速将降至10%左右，笔记本电脑、平板电脑产量降幅将继续收窄，但仍然保持下滑态势，可穿戴设备、无人机等其他消费类产品虽然有望呈现快速增长势头，但整体规模偏小。

总体来看，2018 年消费型锂离子电池市场需求维持 3% 左右的低速增长。与消费类电池不断下降相对的是动力电池的需求迅猛发展。市场占比从 2012 年的 7% 左右增加到 2016 年的 45%，长期来看，新能源汽车是我国未来几年的重要产业，存在巨大的市场空间，动力电池有望成为锂电池未来发展的主要支柱。

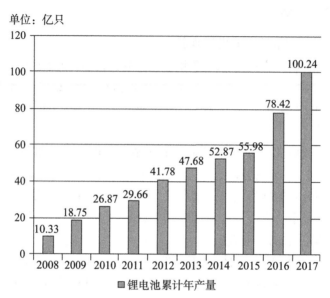

图 1.2.1　2008—2017 年我国锂电池累计年产量
数据来源：国轩高科 2017 年公司年报。

2. 锂电池行业生命周期

近年来，随着智能手机的普及以及新能源汽车的兴起，锂电池市场需求快速增长，从业企业、电池产能产量持续增加，从行业生命周期的阶段来看，锂电池行业目前正处于快速成长期，见图 1.2.2、图 1.2.3。由于能源技术变革以及新兴科技的带动，中国锂离子电池产量进入飞速增长期，对锂电池的需求也呈现逐年增长的趋势。据统计，2014 年，我国对锂电池的总需求达到 29.85GWh，2017 年上涨至 70.39GWh，锂电池行业有巨大的潜力。

3. 中国锂电池行业发展前景

我国锂产业面临整体产能过剩、高端产能紧缺的状况，当前行业进入加速洗牌期，主要动力锂电池厂商均计划在原有基础上进行大规模产能扩张，且对生产设备的精度、自动化率有了更高的要求，预计未来锂产业产能升级将提速，市场份额将进一步向龙头企业集中。随着锂电池需求的不断扩大和下游新能源汽车厂商对电池安全性要求的不断提升，锂电池制造、组装等环节的检测工序日趋严格，相应工序以自动化设备代替人工的需求越来越大。在质与量双重需求推动下，未来后段自动化设备市场将逐步放量。根据主要厂商扩产计划，到 2020 年国内新增锂电产能约 250GWh，假设每 1GWh 锂电池

图 1.2.2　锂电池需求量

数据来源：Choice。

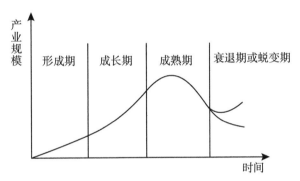

图 1.2.3　锂电池行业周期变化图

数据来源：Choice。

产能的设备平均价格为 5.5 亿元，后段设备国产化率为 95%，则未来 4 年后段锂电设备市场规模将达 261.25 亿元。

　　"十二五"以来，中国新能源汽车市场快速增长。2011—2017 年，新能源汽车销量从不足 5000 辆发展到 79 万辆，保有量从 1 万辆提升到 100 万辆，2017 年我国新能源汽车生产 79.4 万辆，销售 77.7 万辆，比上年同期分别增长 51.7% 和 53%。按照中国汽车工业协会发布的《中国汽车产业国际化中长期（2016—2025）发展规划》，到 2020 年，新能源汽车年产达到 200 万辆；到 2025 年，新能源汽车销量占总销量比例达到 20%。清洁能源汽车的快速增长为作为其核心原材料的碳酸锂、氢氧化锂等原料供应商带来难得的市场机遇。据中国有色金属工业协会锂业分会统计数据显示，2017 年我国基础锂盐产量折合碳酸锂当量约 9.7 万吨，同比增加约 22.5%。在技术研发逐步深入和市场竞争日益激烈等因素的影响下，动力电池类型也逐步确立。同时，随着动力电池厂特别是比亚迪等领军业大规模扩充方形动力电芯产线，方形电芯可能取代软包电芯成为市场应用最多的电池类型。从搭载的动力电池情况来看，受政策影响，新能源客车现有电池技术路线基本已定，磷酸铁锂电池在纯电动客车领域占据绝对优势，三元电池在纯电动乘用车领域占主导地位。

（二）行业格局及发展影响因素

1. PEST 分析

（1）政治环境。

改革开放以来，随着我国的环境污染和资源短缺问题越来越严重，节能环保已经成为我国的一项基本国策。2016 年 9 月工信部的"双积分政策"落地，直接促进了新能源电池行业规模的快速壮大。随着 2018 年补贴逐步减少，该行业的增长速度开始放缓。

（2）经济环境。

全世界有锂矿资源的国家不足 10 个，亚洲中国独有。我国锂电产业化始于 1997 年后期，走过了一条从引进学习到自主研发的产业化道路。2001 年后，锂离子电池业务迅速崛起，能源领域已逐渐成为锂产品最主要的消费市场之一，在国民经济中有着重要地位，我国经济的持续增长也要求锂电池行业的稳步发展。

（3）社会环境。

在我国快速发展的过程中，一方面，环境污染问题日益严重，民众对于环保的高度关注积极推动了国家政策的调整，而锂电池企业作为绿色环保的代表，无疑是符合时代发展要求的。另一方面人们对于消费类锂电池的需求愈发旺盛，这就促进了锂电池企业规模和收入的快速增长。总而言之我国的整体社会环境有利于该行业的长远发展。

（4）技术环境。

我国锂离子电池产业经过 20 年的发展，基本技术已经较为成熟，但总体而言仍是朝阳产业，未来发展潜力巨大。提升锂离子电池的能量密度和改善电池安全性能是目前国内外锂离子电池技术的主要创新点和面临的瓶颈问题。

2. 行业竞争格局

国内锂行业的市场竞争不是非常激烈，主要由几家公司对资源进行垄断，且技术超前，以天齐锂业与赣锋锂业为首，锂收入和毛利遥遥领先。天齐锂业在国内资源储备量遥遥领先，掌控锂矿资源，布局上游。相比赣锋锂业，天齐更注重上游部分对锂资源的占领，同时天齐锂业擅长矿石提锂，其制作的电池级碳酸锂品质高，技术水平居国际领先地位，短期内，天齐锂业更占上风。

赣锋锂业能从卤水、锂辉石、锂云母 3 种原料提锂，方法齐全，但同类产品品质上比天齐锂业差一些，赣锋更专注于锂产品的深加工，后期深加工能力较天齐锂业更强。赣锋锂业，短期盈利能力比天齐差一点，并且原料受制于天齐，估值也比天齐稍高。但是公司积极对上游布局，逐步摆脱了对天齐锂精矿的依赖，并且积极布局中下游与全产业链,受产品价格波动影响的风险相对小很多。如果未来 RIM 股权认购成功并且 MtMarion 锂辉石矿项目顺利投产,公司将补齐资源短板。

二、公司分析

(一) 公司简介

合肥国轩高科动力能源有限公司成立于 2006 年 5 月。公司主要从事铁锂动力电池新材料、电池芯、电池组及电动自行车、风光锂电绿色照明系统、电动汽车等相关产品的研发、生产、销售,并延伸开发电动高尔夫车、锂电光伏电源、锂电备用电源等多领域系列产品。

公司为 2008 年新认定的高新技术企业,是安徽省"861"行动计划重点项目单位和安徽省环境保护创新试点单位,同时被列入国家"火炬计划",有 2 项科研项目分别被列入合肥市 2007 年和 2008 年科技攻关计划,并于 2009 年承担了有关新能源汽车的国家"863"计划课题。

(二) 历史沿革

国轩高科自 2006 年成立,有 10 余年的发展历史和技术沉淀,发展历程如下:

2006 年 5 月,合肥国轩高科动力能源有限公司成立;

2007 年 2 月,5 万 AH 电池生产线试产;磷酸铁锂材料产线投产;成立国轩工程研究院;

2008 年 11 月,大型动力锂离子电池制造基地项目被列入国家"火炬"计划;

2009 年 11 月,承担国家"863"计划,开始电力大巴车电池的生产;

2010 年 3 月,铁锂材料产线扩产,20 万 AH 与车用铁锂产线奠基;产能达 30 万 Ah/天;

2012 年 11 月,完成股份制改造,更名为合肥国轩高科动力能源股份公司;

2013 年 8 月,与南京金龙、武汉宇通、安凯合作研发生产电力客车;

2015 年 4 月,完成借壳上市;2015 年 9 月,上市公司更名为"国轩高科股份有限公司",证券简称变更为"国轩高科";2015 年 11 月与北汽新能源签署战略合作协议;

2016 年 1 月,与星源材质合资建设"华东地区规模最大的动力锂离子电池隔膜项目";

2016 年 3 月,增资入股北京新能源汽车股份有限公司,持有北汽 3.75%的股权;

2017 年 11 月,配股发行成功,配股后公司总股本为 11.37 亿股。

(三) 主营业务概况

国轩高科的主营业务为动力锂电池业务,同时还有少量的输变电业务和其他业务。2016 年和 2017 年动力锂电池的营业收入达到 40 亿元,远超输变电业务和其他业务。

具体数据见图 1.2.4、图 1.2.5。

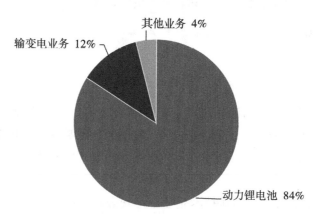

图 1.2.4　2017 年国轩高科各行业占营业收入比重

数据来源：国轩高科股份有限公司 2017 年年度报表。

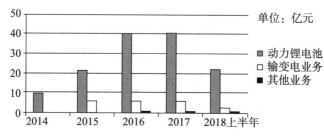

图 1.2.5　2014—2018 上半年国轩高科营业收入构成

数据来源：国轩高科股份有限公司 2017 年年度报表。

（四）股本结构

国轩高科总股本为 113665.0819 万股，公司前十名股东及其持股数量与比例表 1.2.1 所示。公司股权相对较为集中，第一大控股股东为珠海国轩贸易有限责任公司，持股比例为 24.84%。第二大股东是自然人李缜，持股占比达 11.86%。第一大和第二大股东合计占比 36.7%。公司 2015—2018 年股本历年变化情况见表 1.2.2。数据显示，2015—2018 年，公司高管股份占比持续提升，由 2015 年的 3008 万股增加到 2018 年的 11744 万股。

表 1.2.1　　　　　　　　　　**国轩高科前十名股东持股数量及比例**

股东名称	持股数量（万股）	持股比例（%）	股本性质
珠海国轩贸易有限责任公司	28235.13	24.84	流通 A 股
李缜	13484.41	11.86	流通 A 股，限售流通股

股东名称	持股数量（万股）	持股比例（%）	股本性质
佛山电器照明股份有限公司	4545.55	4	流通 A 股
李晨	2847.24	2.5	流通 A 股
南通投资管理有限公司	1303.15	1.15	流通 A 股
王菊芬	1044.58	0.92	流通 A 股
吴永钢	104458	0.92	流通 A 股
孙益源	1042.60	0.92	流通 A 股
GIC PRIVATE LIMITED	993.47	0.87	流通 A 股
深圳金涌泉投资企业（有限合伙）	790.87	0.7	流通 A 股

数据来源：2017 年公司公告。

表 1.2.2　　　　　　　　　　国轩高科股本结构变动汇总

变动日期	2018/6/30	2017/6/30	2016/6/30	2015/6/30
公告日期	2018-08-30	2017-08-30	2016-08-23	2015-08-28
变动原因	定期报告	定期报告	定期报告	定期报告
总股本（万股）	113665.08	87760.00	87635.00	86233.21
流通 A 股（万股）	100824.86	48650.80	46801.34	22328.67
高管股（万股）	11743.72	790.40	2364.66	3008.12
限制 A 股（万股）	1096.48	38318.79	38468.99	60896.41

数据来源：公司公告。

（五）公司 SWOT 战略分析

1. 自身优势

公司是国内最早从事新能源汽车用动力锂离子电池（组）自主研发、生产和销售的企业之一。公司专注于动力锂电池的研发投入，进一步完善了全球五大研究院研发体系，加强从空间和时间维度对电池整个生命周期系统的分析表征，为产品的设计、开发与验证奠定基础。公司新一代三元 622 方形铝壳电池产业化及三元 811 电池、软包电池产品研发项目取得了重要进展。公司累计申请专利 780 项，其中发明专利 344 项；专利授权 267 项，其中发明专利授权 49 项（含 11 项国际专利）；报告期内，公司累计发表学术论文 19 篇，其中 SCI 论文 4 篇，核心期刊 15 篇。为持续保持公司在新能源汽车动力电池行业内的成本优势与技术优势，参与上游核心原材料行业发展，公司已初步完成涵盖正极材料、湿法隔膜、涂碳铝箔等上游关键原材料的产业化布局，并掌握磷酸铁锂、三元正极材料及涂碳铝箔核心材料开发与制备技术。

2. 自身劣势

锂产品深加工不强。公司主要专注于资源垄断、锂资源上游的开发，下游深加工环节与对手天齐锂业与赣锋锂业相比竞争力较弱。

3. 机遇

一是随着我国经济的快速发展，居民收入的增加和生活水平的提高，未来对新能源汽车的购买能力和需求量必然快速增加，大大提高了我国锂行业市场的需求，给我国新能源汽车行业的快速发展和产能产量的提升起到了巨大的支持作用。

二是国家政策的支持。国家和地方政府积极扶持汽车行业及配件行业的发展，为相关行业的发展出台了多项优惠政策，这都给锂行业的发展提供了极大的助力。特别是近几年新能源汽车的快速发展，也给我国锂行业的发展给予了有力的支持。

三是巨大的市场需求。自商业化以来，锂离子电池不断攻城略地，已在便携式电器如手提电脑、摄像机、移动通信中得到普遍应用。锂电池电解液目前主要用于手机、数码相机、手提电脑等电子产品以及矿灯，约占锂离子全部使用量的90%；已经独霸手机和手提电脑等高端市场，成为各类电子产品的主力电源。电子产品、矿灯等用锂电池的需求将保持每年10%的稳定增长，给我国锂行业的快速发展起到了积极的促进作用。

四是我国锂行业发展水平较低。公司作为遥遥领先的行业龙头具有绝对优势。行业内企业数量较多，且大部分是小型企业，企业资金实力、技术水平都较低，且产品同质化严重，技术含量较低，缺乏核心竞争力，制约了行业的快速发展。全国锂行业技术水平相对国际先进水平有着明显的差距，许多企业对技术的重视程度不足，对技术研发和科技投入较少，且科技人员数量不足，制约了行业技术的发展，因而给公司带来了不可估量的发展空间。

4. 挑战

一是未来行业竞争程度加剧。随着我国锂行业的快速发展，企业的不断壮大，为获得更多的市场份额，企业之间的竞争激烈化程度加剧。市场竞争的激烈，必然使一部分实力较弱的企业在市场竞争中处于劣势，被市场淘汰。

二是外资企业的挑战。近年来，我国锂行业一直维持较好的毛利润率水平，这就吸引了一批外资企业的进入。外资企业的进入将会加剧我国锂行业的市场竞争，降低行业的平均利润率。同时，由于外资企业本身具有的资金、技术和管理优势将使得我国锂企业面临较大的市场竞争风险，并威胁国内企业的成长和发展。

（六）公司面临的风险及应对

1. 宏观经济与产业政策风险

公司属于制造业，主营产品的销售受宏观经济波动和下游行业周期性波动影响较大，与下游整车厂的市场需求和固定资产投资密切相关。新能源汽车行业作为国家战略型新兴产业，在国家政策大力支持下，近年来保持快速成长，但如果外部经济环境出现不利变化，或者上述市场需求的因素发生显著变化，都将对动力锂电池行业产生较大影响。

2018 年 2 月 13 日，财政部、工信部、科技部和发展改革委共同发布《关于调整完善新能源汽车推广应用财政补贴政策的通知》，2018 年补贴整体在 2017 年的基础上分两个阶段退坡调整，在国家补贴逐年减少的情况下，地方补贴也可能发生相应变化，从而影响新能源汽车销售价格，可能导致消费者购车意愿降低，进而影响电池出货量和未来盈利状况。

应对措施：公司将进一步提高管理效率，重视技术创新，加大产品开发力度，提高产品质量，积极扩大生产规模，提升公司的综合竞争能力和盈利能力，进一步提高产品的市场份额，在此基础上，实现公司收入和利润的持续、稳定增长，实现股东利益最大化。公司一贯注重新技术研发，针对补贴政策调整和市场需求两方面综合考虑，提前制定应对措施，在开发高能量密度动力电池的同时注重市场与消费者需求，不断开发市场需求空间较大的产品。

2. 原材料价格波动与市场竞争风险

公司产品的原材料在碳酸锂、镍、钴等资源市场影响下，存在一定的价格波动，部分定制件受相应金属市场和供应市场行情变动影响，会出现价格浮动。同时，近两年国内外动力锂电池企业在市场火热环境的影响下加大产能建设，这些产能陆续释放，导致动力锂电池行业竞争加剧。

应对措施：原材料价格方面，公司在成本管理和原料议价方面都有较强的把控能力，可通过提升产品的生产销售规模、产品新技术改良、科学的成本控制以及产业链多方面合作等措施降低原材料价格上涨对公司利润的影响。公司产品价格采用成本加成的定价方式，在一定程度上可有效规避原材料价格波动带来的风险。针对市场竞争风险，公司坚持以"产品为王、人才为本、用户至上"为导向，加快研发结果向工业化转换进程，优化生产工艺、降低生产成本，增强公司产品的核心竞争能力。

3. 人才需求风险

作为技术型企业，人才是企业长期发展的根本，当下处在新能源行业快速发展时期，公司进入高速成长阶段，对人才的需求日益增强，如果管理和技术研发等方面的人才需求不能快速补充，公司将面临人才短缺的风险。应对措施：公司始终坚持"人才为本"的理念，以开放的姿态吸引海内外优秀人才，注重内部人才的培养与提升，建立合理的人才引荐、培养、考核机制，最大限度地降低人才需求风险。公司在全国各大高校招聘相关专业人才，同时在公司内部设立了国轩大学并成立了以青年骨干为主的"青干营"，以此来培养公司管理人员的组织领导能力，提升技术人员的专业技能，持续为公司选拔培养优秀的骨干人才。

项目组成员：牛田雨　李浩　孙静雯　周富绵　周佳斌　许航　韦琪龙　廉政　宋子昊　姚立明　傅文昌　刘九阳

案例3：长安汽车

一、行业分析

（一）行业简介

1. 行业现状

近年来，凭借着国内经济水平的不断发展和庞大的市场需求，中国一直是全球汽车市场发展的重要助推器，新车销量达到全球第一，新能源汽车的销量也是遥遥领先。但同样也面临着一些挑战。根据国家统计局数据，我国汽车类交易额2013—2017年保持良好上升势头，但汽车类成交额在2018年告别增长出现了下滑。2018年汽车行业遭遇需求疲软困境，产销量下降，但新能源汽车受国家政策影响，依旧高速增长。同时德日系汽车占比较大。数据显示，我国汽车销售量连续三年（2017—2019年）有轻微下降。而汽车产销率接近100%，体现我国汽车行业供需总体较为均衡（见图1.3.1、图1.3.2）。

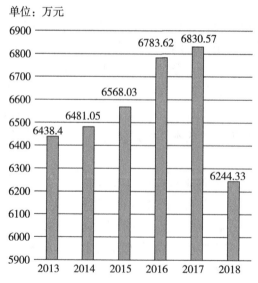

图1.3.1 2013—2018年汽车类商品成交额
数据来源：国家统计局。

2. 行业环境

（1）行业发展规模。

目前中国汽车行业的"买车热"虽受到国家政策的抑制，但依旧有一定的社会水平。而汽车行业的资源供应也非常丰富，汽车类商品销售额在2018年虽有下降但依旧

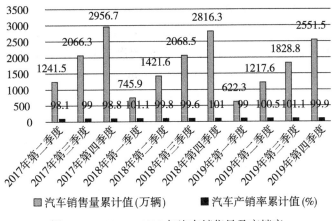

图 1.3.2 2017—2019 年汽车销售量及产销率

数据来源：国家统计局。

保持高水平。经济全球化背景下我国本土汽车行业一直受美系汽车、日系汽车、德系汽车的冲击，对国内本土汽车品牌的需求造成一定影响。但是只要不断地提升自身的竞争力，与外来品牌汽车相比，我国本土汽车行业还具有很大的发展空间。

（2）国内消费习惯。

随着经济发展和消费水平的提高，消费者对汽车的需求也不断增加。汽车已经成为中国家庭重要的代步工具。2018 年我国汽车总体保有量（包括新能源汽车和传统燃油车）已经超过 2 亿辆。新能源汽车优惠政策出台和环保意识提升也让人们的视线渐渐转向新能源汽车。同时，为了缓解环境问题，国家还出台了限号政策。虽然老百姓对传统燃油车的热情稍有回落，但这并不能抑制汽车市场销量不断走高，汽车同住房在传统意义上属于家庭的刚需。这一社会的群体性消费习惯正是汽车行业蓬勃快速发展的本土内在驱动力。

（3）2020 年行业政策

①2020 年 7 月 1 日起全国实行"国六 A"排放标准。

2020 年 7 月 1 日全国范围内全面实施"国六 A"排放标准，这意味着"国五"排放标准车辆在全国各地的售卖会受到限制，而这对拥有大量库存车的厂商来说是个不利的消息。2023 年 7 月 1 日将全面实施"国六 B"的排放标准。更糟糕的是，"国六 A"排放标准使二手车的流动和发展受到限制，于是很多地区限制"国五"排放标准的车辆进入和上牌。

②新能源补贴再次退坡、2020 年年底清零

2020 年是新能源汽车发展的一个关键年，因为从 2020 年起，国家新能源汽车补贴将全面退出。此前，科技部、财政部、工信部及发改委在 2015 年联合发布的《关于2016—2020 年新能源汽车推广应用财政支持政策的通知》，提到截至 2020 年年末所有对于新能源汽车作出的高额度的补贴和奖励将会进行重新计算。新能源汽车需要靠实力

在市场上面对残酷的竞争。

③双积分政策考核门槛及比例提高。

从 2020 年起，新能源汽车将采用双积分政策考核制度。到 2020 年，新能源汽车积分比例要求由 2019 年的 10% 提高至 12%。新能源汽车考核比以前更加严格，想要多拿积分，必须设计低油耗车型和生产新能源汽车才可以。

④2020 年起部分汽车零部件进口关税下调。

自 2020 年开始，税务机关对一系列外来产品进行相关的暂定税率调整，其中就包括了近 1000 项低于最惠国待遇税率的特种商品，使用这些外来零部件的汽车公司的开销会得到进一步的削减。如纯电动或混合动力汽车用电动制动器（由制动器电子控制单元、踏板行程模拟器、制动执行器等组成）进口暂定关税由 6% 下调为 5% 等。这意味着国内汽车市场竞争将迎来激烈的局面。

（二）行业生命周期分析

1. 产品生命周期理论

根据产品生命周期理论产品一般会经历由成长到衰退的发展演变过程。产品的生命周期可以分为幼稚期、成长期、成熟期和衰退期。政府制定产业政策和企业战略决策都非常注重产品生命周期分析。政府只有懂得产品生命发展周期，才能深入了解产业发展规律，针对生命周期每个阶段的特征进行产业规划，制定产业政策。企业通过分析产品生命周期，确定不同时期的战略重点。只有对产品生命周期有足够的认识，才能使企业的发展战略具有前瞻性、目标性和可操作性。通过对我国汽车产品生命周期的分析，我们发现我国汽车产业正处在产业发展的成熟期。

2. 相关指标

根据产品生命周期理论，在分析某个产业所处的实际生命周期阶段的时候，通常从产业规模、利润率和技术进步等几个因素进行综合分析。

（1）产业规模。

我们结合表 1.3.1 发现近年来我国汽车销量稳步上升，但受国家政策影响，我国汽车增量放缓，2018 年销量开始下跌。

表 1.3.1　　　　　　　2016—2019 年（1—9 月）汽车制造业利润表

年份	主营业务收入（亿元）	利润总额（亿元）	同比增幅（%）
2016	80185.8	6677.4	10.8
2017	87749.7	6832.9	5.8
2018	83372.6	6091.3	-4.7
2019（1—9 月）	58022.7	3734.6	-16.6

数据来源：国家统计局。

（2）利润率。

利润率水平是产品生命周期所处阶段的一个重要表现。2019 年 10 月，国家统计局对外发布前三季度全国规模以上工业企业利润数据报表。由表 1.3.1 可见，汽车制造业2016—2017 年都保持了良好态势增长，但在 2018 年汽车制造业利润出现了下降。2019年 1—9 月汽车制造业利润降幅呈现季度性收窄；受能源原材料影响，汽车制造业利润总额下降 16.6%，2019 年汽车制造业利润总额跌破 6000 亿元；盈利车企中近 8 成呈现利润下降态势。

（3）技术进步和技术成熟度。

伴随产业的发展，产业技术也在不断进行着创新。我国将汽车工业科技发展纳入国家科技发展战略，以企业为主体，以市场为动力，以自主开发为导向，国家通过相关政策对产业资源进行有效整合，加大科研投入力度，在新能源汽车技术、汽车轻量化技术等方面取得重大进展，自主开发技术进一步提升，自主品牌技术也明显增强。

（三）市场结构分析

市场结构是指反映竞争程度不同的市场状态。市场结构不同，企业之间的竞争也会不同。我们根据市场上交易者数量的多少、产品差异程度的高低、行业的进入限制等来划分不同的市场状态。汽车行业进入门槛较高，不像一些生产日用品的行业有许多民营企业可以任意进入。行业话语权由数个大型汽车制造企业所把持，属于寡头垄断的市场结构。

在寡头垄断市场上，只有少数几个大的汽车生产商，垄断产商的单个产量会非常大，他们拥有影响市场价格和交易的能力，甚至可以影响行业内其他生产者的价格政策和经营方式。表 1.3.2 展示了 2017 年 1—10 月销量前 10 的车企，我们发现上汽、东风汽车、一汽和长安汽车的销售份额均超过 10%，几家车企的销售总额加总已超过了市场的 50%，体现了中国汽车行业很强的垄断竞争格局。

表 1.3.2　　　　2017 年 1—10 月销量前 12 的车企销量和市场份额

公司	销量（辆）	份额
上海汽车集团股份有限公司	5467582	23.82%
东风汽车集团	3230141	14.07%
中国第一汽车集团	2813419	12.26%
中国长安汽车集团股份有限公司	2321290	10.11%
北京汽车集团有限公司	1910915	8.32%
广州汽车工业集团有限公司	1642262	7.15%
浙江吉利控股集团有限公司	1000397	4.36%

续表

公司	销量（辆）	份额
长城汽车股份有限公司	813514	3.54%
华晨汽车集团控股有限公司	569580	2.48%
奇瑞汽车股份有限公司	513241	2.24%
安徽江淮汽车集团有限公司	422572	1.84%
比亚迪汽车有限公司	310805	1.35%

数据来源：国泰安数据库。

我们进一步通过计算行业集中度来分析汽车行业的产业结构。行业集中度（CRn 指数）是指该行业的相关市场内前 n 家最大企业所占市场份额的总额。通过表1.3.3 的归类结果我们发现，我国汽车产业的 CR4 指数为 60.25%，CR8 指数为 83.63%，因此我国汽车行业市场结构为寡占Ⅲ型。

表1.3.3　　　　　　　市场结构与行业集中度参照表

市场结构 集中度	CR4 值（%）	CR8 值（%）
寡占Ⅰ型	CR4≥85	—
寡占Ⅱ型	75≤CR4<85	CR8≥85
寡占Ⅲ型	50≤CR4<75	75<CR8<85
寡占Ⅳ型	35≤CR4<50	45<CR8<75
寡占Ⅴ型	30≤CR4<35	40<CR8<45
竞争型	CR4<30	CR8<40

数据来源：搜狗百科。

（四）波特五力竞争模型分析

1. 供应商议价能力

目前，中国汽车行业产业链中上下游供应商的议价能力较强，车企业处于弱势地位。整车质量很大程度上取决于零部件质量。供应商所提供的零部件占比越多，供应商的议价能力就越强。目前中国车企的原材料及零部件采购成本是汽车制造企业成本中比重最高的部分，汽车制造企业除核心零部件（发动机、变速箱）以外大部分材料需要外购。因此中国的汽车行业上下游供应商的议价能力较强。

2. 消费者议价能力

中国的车企对价格拥有较强的控制能力，处于相对的强势地位。对汽车的消费主要包括私人家庭对乘用车（基本型乘用车、多功能乘用车（MPV）等）的消费以及政府、企业对商用车的消费。根据国泰安数据库的数据显示，2017 年 1—10 月，我国乘用车消费量为 19502220 辆，商用车消费量为 3424906 辆。乘用车消费量占总消费量比重约为 85%。可见我国汽车消费以私人家庭消费为主。很多家庭有汽车消费的需求，但通常来说一个家庭只会消费 1~2 辆车。因此单个消费者占卖方销售量很小的比例。而卖方行业由规模较大的几家企业（上汽、长安等）组成，对价格影响能力较强。且卖主能够通过整合上游零部件产业实现前向一体化，而消费者无法实现后向一体化。因此消费者很难在议价的阶段占到有利的地位。

3. 替代品的威胁

我们认为目前中国市场汽车的替代品威胁不大。以下主要讨论私家车的替代品。私家车的替代品主要包括公共交通（公交车、地铁）和出租车等。

根据《基于 NL 模型的北京公共交通票价对出行方式影响研究》，公共交通能否替代私家车，出行距离与公交票价是两个重要影响因素。在 0~10 千米距离内，公交车和私家车都是人们的出行选择，当票价随距离升高时，选择私家车的人数也会增加。当出行距离超过 15 千米时，选择地铁出行的人数高于公交和私家车出行的人数。可以看出在距离较远时，地铁由于方便快捷且价格低廉，能够代替私家车成为出行选择。而远距离出行的需求与城市规模大小有关，在城市规模大、公共交通发达的地方，公交的便利可以一定程度上减少私家车出行的需求，从而减少购车数量。

出租车最大的作用，就是代替小汽车，为没有买车的人提供服务。出租车的优点在于，互联网的发展使许多网约车平台诞生，从而方便了出租车与乘客进行对接，大大节约了出行时间。同时出租车也扮演着解决长距离公共交通的"最后几公里"，即消费者搭飞机高铁等长途公交时，承担载他们去机场、车站的功能。

尽管这些替代品能够对私家车的销售造成威胁，但随着居民收入的提高，居民更倾向于采取更为舒适的出行方式。同时，居民对于购买私家车除了出行的需求之外，从《从消费观"破解"国人购车行为》一文中，作者指出购车还有满足社交需求和自我满足的功能。在中国，买车的人通常在意家人朋友对他们的车的看法，例如对名牌车的消费，能够让他们的亲戚朋友感到羡慕，让家人感到骄傲。"有车一族"能够形成对"无车一族"的鄙视链，买高端品牌汽车的人会向其他人炫耀，对汽车的追捧成为时尚，拥有汽车成为身份象征。因此其他出行方式虽然能够一定程度上代替私家车，却无法大幅减少私家车的购买。

4. 新进入者威胁

汽车产业是资本和技术密集型，进入门槛较高。因而新进入者数量不大。而且新进入者想要进入市场并赚到平均利润，必然具有一定的市场竞争力，抢占其他厂商的市场份额。我国汽车市场份额多被几家大型汽车厂商垄断，其他小型的汽车厂商能分到的市场份额小之又小。新进入车企除非在新能源、无人驾驶领域技术上形成突破，或者具有超越现有竞争者的平台资源优势，否则要想在行业中站稳脚跟难度很大。因此进入已经发展成熟的中国汽车行业并不是一件容易的事情。

5. 现有竞争者间的竞争

中国市场车企的竞争首先体现在国内几家大型汽车厂商间的竞争，如上汽、一汽、长安等。绝大多数产业中的企业，其利益是紧密联系、相互影响的。各企业也会制定有效的竞争战略以获取竞争优势，而在实施过程中也自然而然形成了企业间的相互竞争。根据杨亚东的《2015年中国汽车市场消费者行为分析》，中国消费者并不会总是购买同一个品牌的汽车，47.4%的消费者在换车时更想要购买别的品牌。因此各车企的销售额主要取决于其产品的质量。各车企应当通过加大科研花费投入，提高汽车的生产水平以获取竞争优势。

此外，中国市场车企的竞争还体现在国内厂商与国外产商间的竞争。有一部分消费者购车预算越高，就越想要购买国外高档汽车而不是国产车。同时也有消费者有强烈的爱国愿望，认为我们国家的科技水平已经发展，国产汽车不会输给外国汽车，且处于支持国货的心理，选择购买国产汽车。总而言之，随着我国汽车产业的发展成熟，几个大型汽车企业发展向好，而对小型车企不利。

二、公司分析

（一）历史沿革

作为中国汽车四大集团阵营企业，长安汽车的正式名称为重庆长安汽车股份有限公司，拥有158年深厚历史、36年造车经验，全球共有15个生产基地，35个整车以及发动机工厂。其前身最早可追溯到洋务运动时期的上海洋炮局，后改名为金陵制造局。抗日战争爆发后，西迁重庆，其兵工厂的身份贯穿中国近代历史的整个过程。中华人民共和国成立后，进军汽车行业，开启了长安的汽车产业之路。1996年10月31日，重庆长安汽车股份有限公司以长安汽车有限责任公司作为独立发起人，凭借它的微型汽车和发动机生产有关的经营性净资产与它持有的重庆长安铃木汽车有限公司股权，折股5.0619亿股，通过募集方式向境外投资者发行境内上市外资股，即B股2.5亿股，总股本有人民币7.5619亿元。1997年5月19日，在获得中国证券监督管理委员会批准后，长安汽车向社会公开发行人民币普通股，即A股1.2亿股。此后，长安汽车发展冲进快车道。2016年，长安汽车年销售量超过300万辆，截至2019年11月，中国长安汽车品牌用户累计超过1800万，成为中国品牌汽车领跑者。

（二）公司优势

从整个汽车行业来看，长安汽车董事长张宝林曾在由中国汽车报主办、证券时报协办的"2018中国汽车品牌发展峰会"上表示，中国汽车产业具有五大发展优势，一是对产业本身理解日益深刻的优势；二是对产业政策把握日趋精准的优势；三是我国虽然汽车保有量已经很大了，但需求量仍然很大，这个市场还有深入发掘的潜力；四是对客户需求洞察更加深刻的优势；五是与新兴业务融合高效敏锐的优势。

长安集团由军工企业长安机器厂和江陵厂经合并转型而来，老牌国企，血统纯正，走过了百年的风风雨雨，今天的长安，已成长为全国排名第四的大型汽车行业，国内生产制造体系最完善的汽车集团之一。分析其成长的全过程可以发现，他们对营销模式的不断探索、提升、创新乃至变革，是其得以顺时代发展的决定性优势。

另外，国家层面一直都重视国有汽车产业的振兴，陆续出台了多项政策指导并规划行业发展，长安汽车集团也先后提交了《关于促进汽车产业持续健康发展的政策建议》《关于完善智慧交通及车联网标准的建议》《关于助推中国汽车品牌向上的建议》《关于促进小（微）型汽车消费及以旧换新的建议》四项议案，由此可见长安公司在汽车行业的重要地位和独特优势。

（三）业务概况

长安汽车的主营业务范围包括开发、生产、销售汽车、汽车发动机系列产品、配套零部件、模具、工具，从事机械安装工程，提供科技咨询服务，自营或代理各类商品与技术的进出口（国家限定公司经营或禁止进出口的商品和技术除外）。

公司主营业务为汽车制造，东方财富网的数据显示，长安汽车 2019 年主营收入中汽车销售占比为 99.91%，其他方面的营收几乎可以忽略不计。在销售区域分布上，长安汽车以国内市场为主，收入占比高达 95.66%，国外市场占比 4.34%。

（四）股本结构

东方财富网数据显示，截至 2020 年 3 月 31 日，长安汽车共有股东 14.42 万人（户）。股份高度集中，前十大流动股东持股占 55.4%，其余流通股份占 44.6%。长安汽车的实际控制人就是第一大股东——中国兵器装备集团有限公司（公司持股比例：21.56%）。经营范围涵盖国有资产投资与经营管理；武器装备的研发、生产、保障、服务；车辆、电力设备、机械设备、光电信息产品设备、化工材料（危险化学品除外）、工程与建筑机械、消防器材、医疗与环保设备、研发、制造、销售金属和非金属材料及制品等综合服务业务。

同时，公司第二大股东中国长安汽车集团有限公司是由中国兵器装备集团有限公司100%控股，这意味着中国兵器装备集团有限公司实际控制着超过 40% 的长安汽车股份，是绝对的控制者。最新的长安汽车前十大流通股东的持股结构如表 1.3.4 所示。

表 1.3.4　　　　　　　　　**长安汽车前十大流通股东的持股结构**

名次	股 东 名 称	股东性质	股份类型	持股数（股）	占总流通股本持股比例	增减（股）	变动比例
1	中国兵器装备集团有限公司	其他	A 股	1035312673	21.56%	不变	—
2	中国长安汽车集团有限公司	其他	A 股	928044946	19.32%	不变	—

名次	股东名称	股东性质	股份类型	持股数（股）	占总流通股本持股比例	增减（股）	变动比例
3	中国证券金融股份有限公司	其他	A股	234265333	4.88%	不变	—
4	中汇富通（香港）投资有限公司	投资公司	B股	154120237	3.21%	不变	—
5	香港中央结算有限公司	其他	A股	134769572	2.81%	17072844	14.51%
6	中央汇金资产管理有限责任公司	其他	A股	55393100	1.15%	不变	—
7	DRAGON BILLION SELECT MASTER FUND	其他	B股	38400332	0.80%	393596	1.04%
8	GIC PRIVATE LIMITED	QFII	B股	35283393	0.73%	不变	—
9	CAPE ANN GLOBAL DEVEL-OPING MARKETS FUND	其他	B股	24279825	0.51%	2428700	11.11%
10	中国工商银行–易方达价值成长混合型证券投资基金	证券投资基金	A股	20672905	0.43%	不变	—
	合计	—	—	2660542316	55.40%	—	—

数据来源：东方财富网。

（五）公司战略

1. 品牌塑造

经超过百年的发展，在行业政策和社会大环境的影响和洗礼下，长安汽车这家知名民族企业已形成独具自身特色的公司战略。在品牌塑造方面，长安汽车公司注重自身在公众视野中的形象，并提出以下四条相关战略。

（1）重视企业形象的树立。

自成立以来，长安公司初心未变，时刻以为便利人类移动生活、不断提升创造价值为己任，树立起长安汽车对每个顾客负责任、值得每个合作伙伴信赖的世界一流汽车企业形象。

（2）重点开发节能环保、安全适用的产品。

长安公司深知产品之于公司是基本，为提升品牌的活力，努力在全球范围内设立了研究中心，国内方面在上海（后迁至合肥）、北京设有研究院，海外方面则包括意大利、日本、英国、美国四地的研究中心。通过不断创新，开发具有创造性同时兼顾人性化的产品，是长安汽车公司想为全世界提供的。

（3）企业立志做最佳雇主。

个人是集团的基础，员工是企业的基础。在重视企业发展的同时，长安汽车努力为员工打造个人价值实现所需要的广阔空间。创造挑战自我、实现价值的舞台，在长安汽车集团中受重视的程度不亚于提供富有竞争力的薪酬、挑战性的工作环境，有利于营造积极向上的竞争氛围，这无疑会为长安汽车集团成为汽车行业的最佳雇主之一助力。

（4）重视企业社会责任的履责。

通过为广大社会提供产品、服务和工作机会，极大地扩大社会就业，开展有助于和谐社会建立的公益活动，长安集团日益成为负责任的企业公民。

2. 企业愿景

长安公司形成了整个行业内颇具特色的发展理念：在长安汽车最新的战略发布会上，企业发展主题被设定为"创新 创业 创未来"。"一个核心、四大转型"的发展规划是长安汽车张宝林董事长提出的新思想：长安汽车将把重心放在四大转型上，即从产品经营向品牌经营转型、从客户服务向客户经营转型、从原有产品向新能源智能产品转型、从提供产品和服务向同时提供解决出行的方案转型。长安汽车在 2020 年和 2025 年的目标规划分别为：到 2020 年，市场占有率达到 12.7%。实现中国品牌规模国内第一，全球前十二；新能源车型销量进入行业第一梯队。到 2025 年，市场占有率达 15.7%。实现全面电气化，同时实现中国品牌规模国内第一，全球前十；新能源车型销售量实现中国品牌第一。

项目组成员：芦雨　何佳霖　杨元婷　谢岸欣

案例 4：片仔癀

一、行业分析

（一）医药行业概况

医药行业是我国国民经济的重要组成部分，对于保护和增进人民健康、提高生活质量，救灾防疫、军需战备以及促进经济发展和社会进步均具有十分重要的作用。医药行业是传统产业和现代产业相结合，一、二、三产业为一体的产业。其主要门类包括：化学原料药及制剂、中药材、中药饮片、中成药、抗生素、生物制品、生化药品、放射性药品、医疗器械、卫生材料、制药机械、药用包装材料及医药商业。从运营情况来看，医药行业主要分为医药工业和医药商业两大类；其中医药工业可分为七大子行业，分别为：化学原料药制造业、化学制剂制造业、生物制剂制造业、医疗器械制造业、卫生材料制造业、中成药制造业、中药饮片制造业。

我国中成药生产行业市场集中度不高，为自由竞争行业。在地域格局上，以中东部地区较为集中。中成药企在各地区生产经营存在一定的不同，中东部地区主要以传统中成药为主营产品，在西部地区则多以民族药为主，藏药、白药等具有各民族特色的中成药为当地企业的核心产品。中成药企业多靠近中药材种植产地，因为较低的采购成本及运输成本，能为中成药企业带来更高的收益。因而东北、西南等全国17个中药材生产地也成为国内中成药企业落脚的热门地区。

（二）行业发展现状

药品销售终端包括各级医院、零售药店和基层医疗机构。2012年以前，终端药品销售额保持20%以上的高增速增长，之后终端药品销售额增速开始回落。2012年增速为18.0%，销售额增速首次低于20%，2016年我国药品终端市场销售额为14975亿元，同比增长为8.3%，增速跌破双位数，2017年上半年为8037亿元，同比增长7.8%，增速持续放缓。药品终端销售额的增速持续回落，规模以上医药企业经营好于制药工业整体。但整体上，医药行业整体高增长时代已经过去。

受医保控费等各项政策影响，2015年是医药行业最困难的时候，规模以上医药企业工业增加值和营收增速都降到10%以下，创下多年新低；终端市场药品销售额也从2008年最高25%以上的增速持续下降到目前10%以下的增速水平。但我们认为行业最困难的时候也已经过去。

一是老龄化加速到来。医药具有刚性需求特点，与人口结构的变化，疾病谱的变迁密切相关。我国人口老年化加剧，肥胖人群增多等都将驱动医药刚性需求的上升。到2040年我国60岁以上人口的比例预计达到28%，65岁以上老年人的年均医疗开销是青壮年的3倍，人口基数不变的条件下，随着老龄化的发展，对医疗资源的需求成倍增长。

二是政策影响边际效应递减。各项政策对行业的影响，随着时间推移和行业自身内部的调整，其效应正边际递减。工信部数据表明，代表医药行业优秀企业的规模以上医药工业企业的增加值和营收等各项经营数据已连续两年回升，医药行业增速正缓慢走出底部。

（三）行业竞争格局

1. 行业内竞争者

片仔癀由于具有独到的药效和受国家保护的绝密配方，在市场上有其独到的优势。但片仔癀一直面临其他竞争者的威胁。随着同仁堂、东阿阿胶等中药企业进行销售及管理改革、重新焕发活力，片仔癀的规模及发展速度都落后于同行。参与竞争的还有天士力、益佰制药等集中于新剂型开发的企业。随着发改委对医保药品降价范围的扩大，中药行业的竞争最终也将呈现白热化。

2. 供应商讨价还价能力

如果自然资源破坏得不到制止，中药资源的保护和利用就得不到实现。原材料是中医药企业的根本，上游原材料价格的上升将会直接增加企业的生产成本缩小其利润空间。片仔癀的最主要原材料为麝香。天然麝香的数量有限，而人工养麝及活体取香技术尚未真正实现产业化。在国内麝香存量减少，但在国内麝香价格不到国际市场麝香交易价格的 50% 的情况下，国内麝香价格有上涨空间，这就意味着片仔癀未来不得不接受较高的麝香采购价从而增加生产成本。

3. 潜在竞争者威胁

除了国内现有竞争者，国外大型制药企业也在虎视眈眈。中药在国际上越来越受到重视，而中国作为中药的发源地，必然会成为国际大型制药企业争夺中药市场的主战场。在药品流通领域，外资进入中国药品分销市场的步伐正在加速，中外合作的序幕正在拉开。因此对仅凭片仔癀一种药方维持了几百年的企业来说，要时刻保持警惕性和危机感。

4. 买方议价能力

国家发改委对医保药品的降价措施挤压了医药企业的利润和生存空间，医疗机构、零售药房作为最大的消费终端，能直接与消费者接触，具有强大的议价能力，与此同时将降价压力转移到医药流通和药品生产企业，其中流通环节承受了较大的部分。"医药不分"导致医院在医药流通中占绝对垄断地位，一方面由于医生对于患者药品选择具有绝对的决策权，另一方面由于 85% 的药品通过医院销售，而药品制造业集中度强，产品差异化小，医院与生产商的议价能力极强。

5. 替代品威胁

片仔癀的主要功效为清热解毒、消肿止痛、活血化瘀，且在肝病的预防和治疗上有特殊功效，企业未来也将重点向肝药生产企业发展。但在中药品种中，同种疗效的不同药品有很多，慢性肝炎药物涉及十几家上市公司的龙头品种。由于片仔癀长期注重国外市场，在国内品牌知名度不高，且产品价格定位较高，部分消费者会选择相同疗效但价格更低的替代药品。

（四）宏观环境对行业的影响

1. 政策环境

为保障医药行业健康有序发展，政府相继推出一系列政策法规，医药行业壁垒不断提高。新版《药品注册管理办法》出台，新药获批标准更加严格；2009 年新医改进一步落实，医药市场规模扩张；2010 年 10 月原卫生部通过新版《药品生产质量管理规范》（GMP）的修订，医药企业资金压力上升；2011 年原卫生部对三甲医院药品目录进行进一步限制，显著加强医药终端产品竞争态势；2012 年发改委规定对批发和销售环节差价率实行上限控制，进一步削弱医药企业的利润；2016 年 1 月 1 日起，叫停不具备处理和提取能力的中成药生产企业，缺少资金和技术支持的中小企业面临淘汰。

2. 经济环境

过去几十年，中国经济取得了举世瞩目的成就，GDP 总量稳步上升。但 2013 年进入经济新常态以来，经济增速明显放缓，经济形势并不乐观。医药行业的集中度仍有待提高，面临着一场大的升级整合。我国医药国有企业的收入利润虽都位于前列但增速远不及民营企业。上市国有企业集中于中药和医药商业但在生物医学等前瞻性创新领域发展迟缓，在资本运作和经营效率方面表现不够突出。面对当前的宏观形势，医药企业需要通过重组并购或其他资产整合的方式，实现创新驱动和产业升级，保持长久健康发展。

3. 社会环境

中国人口增长、结构老龄化、城镇化进程加快、价值观转变、消费结构升级等因素都给医药行业带来了更大的契机和挑战。城镇化进程加快使得医疗卫生行业城镇化趋势加快，卫生资源大幅提升。城镇化叠加人口老龄化会带来人均医疗费用的大幅增长，医保覆盖面扩大。而居民收入增长又为卫生医药及保健品行业发展带来了曙光。与此同时，科技革命兴起，移动互联网技术与医药产业的深度融合成为热点，医药行业在市场结构、行为、绩效等方面都面临根本性改变。

4. 技术环境

我国中医药行业产品研发存在两种主要现象：研发重复严重、水平低下；在创新资源稀缺的同时又存在严重的资源浪费现象。我国中医药品研发起步晚、专业化程度低。另外，在中医药品创新领域市场和政府的职责边界不清晰，对企业创新的扶持政策不明确。同时，医药产品中的假药劣质药问题严重。除了政策影响，医药行业内部也在发生变化，大型医药企业通过并购重组集中优势研发资源但举措谨慎。之前几年累积创新药的成果释放已接近完成，之后医药研发会更加困难。虽然政府加大了对中医药物研发的扶持水平，但与成熟国家相比仍有很大差距。

（五）行业发展趋势

医药产业归根结底是为大健康服务，将因循健康产业的需求做出调整。2016 年是"十三五"开局之年，2017 年、2018 年进入"十三五"攻坚之年。中央明确指出"十三五"是全面建成小康社会的决胜阶段，"先有健康后有小康"。医药行业必须准确把握国内外的医药产业发展环境和条件的深刻变化，明确企业发展方向和工作重点，为实现由制药大国向制药强国跨越，迈出更加坚实的一步。加快融入并推进大健康产业，提升行业自主创新能力，提高产业集中度，推进中药现代化，加快高端医疗器械转型升级。随着"互联网+"发展战略推出，工业化与信息化深度融合。

二、公司分析

（一）公司简介

漳州片仔癀药业股份有限公司是国家高新技术企业、中华老字号企业，其前身为成立于 1956 年的原漳州制药厂，于 1999 年 12 月改制创立。2003 年 6 月，片仔癀药业股票于上交所成功上市，股票代码为 600436，经两次增发及一次配股，现股本 6.03 亿股。拥有 34 家控股子公司、8 家参股公司和 4 支产业基金，职工 2100 多人。

片仔癀的公司的主要经营范围为片剂、硬胶囊剂、颗粒剂、丸剂（水丸、水蜜丸)、糖浆剂、酊剂（含外用）、软膏剂、锭剂、煎膏剂、中药饮片（含直接口服饮片）（净制）的生产；糖果制品（糖果）的生产；代加工片剂、硬胶囊剂、颗粒剂类保健食品的生产；饮料（固体饮料类）的生产；对外贸易；工艺美术品、化妆品的批发、零售。

目前公司拥有片仔癀、片仔癀胶囊、复方片仔癀软膏等中成药产品几十个，独家生产的国家一级中药保护品种——片仔癀，被誉为"国宝神药"，传统制作技艺被列入国家非遗名录，并被列入国家一级中药保护品种，被评为中国中药名牌产品。2017 年片仔癀的中国品牌价值更是达到 298.19 亿元，并连续 20 年位居中国中成药单项出口创汇第一名。片仔癀继 1995 年被原国家国内贸易部认定为"中华老字号"之后，2006 年再次被商务部认定为首批"中华老字号"，2007 年 7 月被评为中华老字号品牌价值 20 强。

（二）企业文化

1. 企业理念

企业使命：传承中药文化，创新国宝名药，以大国工匠品质传承 5 百年的宫廷秘方和秘法，用新时代科技推动公司创新发展，成就卓越境界。

企业愿景：将片仔癀打造成大健康领域的领导品牌。秉承"以匠心、仁心铸造精品国药"的质量精神，实施"一核两翼"发展战略，把公司打造成拥有厚重中医药文化价值、主要绩效指标位。

企业核心价值观：良药济世、臻于至善。传承明代御医"悬壶济世"之仁德，不断探索创新，使公司达到前所未有的新高度。

2. 企业指导思想

"传承+创新"：传承宫廷秘方和秘法，严格遵守古法炮制，品质始终如一。融合现代科技和管理理念，创新发展国宝名药。

"生态+文明"：倡导"和合共生"理念，与自然环境和谐共存，与供应商、经销商互惠互利，与员工共生发展，构建企业生态文明系统。"匠心+仁心"：坚持精选优质道地药材，专注生产细节和质量，匠心打造国宝名药。秉承"良药济世"精神，追求卓越品质，造福人类健康。

3. 质量方针

选材精良：在用药选材上精挑细选，采用优质的道地药材及原辅料进行生产，从源头上确保产品质量。匠心精制：专注生产细节和质量，以精湛的工艺技术，严谨的科学管理，追求卓越的产品质量，打造国药中的精品。服务精诚：以客户为中心，专注于满足客户需求，为客户提供优质产品与服务。精益求精：发扬工匠精神，不断创新与改进、持续发展，追求更高的产品质量和服务水平。

4. 发展战略

激活市场终端活力，助力产品销售快速增长；瞄准前沿科技，推动产品创新体系建设；优化生产安全管理，推动企业高质量发展；提升资本运营的针对性；完善风险防控体系建设，确保国有资产安全。

（三）发展历程

1555 年（明朝），当时皇帝的御医隐居漳州东门，利用宫廷的秘法，将田七、蛇胆、牛黄、麝香等配合起来制成片仔癀。

1911 年，璞山岩的一名僧侣，到漳州东门成立了"馨苑茶庄"的制药所，开始专门制造片仔癀。

1956 年，"馨苑茶庄"在 1956 年被"同善堂联合制药厂"并购，之后"同善堂联合制药厂"改名为"漳州制药厂"。

1993 年，以漳州市制药厂为核心企业成立片仔癀集团公司。

1999 年，由片仔癀集团公司以药业相关资产出资，并与其他 4 家法人共同发起设立漳州片仔癀股份有限公司，其中片仔癀集团占有 80% 的股权，同年，被评为全国驰名商标。

2002 年，片仔癀系列药品被国家质量监管检验检疫局认定为原产地标记保护品牌。

2003 年，片仔癀以 4000 万股 A 股在上海证券交易所上市交易。

2004 年，片仔癀被评为福建省大、中型国有及国有控股企业绩效"十佳"。

2006 年，片仔癀入选商务部首批"中华老字号"，并入选中华老字号百强榜 20 强，福建省出口名牌。

2012 年，片仔癀被评为中国最具投资价值医药上市公司 10 强。

（四）股本结构

股权结构是公司治理结构的基础，公司治理结构则是股权结构的具体运行形式。不同的股权结构决定了不同的企业组织结构，从而决定了不同的企业治理结构，最终决定了企业的行为和绩效。

片仔癀公司股权高度集中。图 1.4.1 显示了片仔癀公司前十大流通股东情况。公司的绝对控股股东是漳州市九龙江集团有限公司，所占股份在 80% 以上。表 1.4.1 则展示了片仔癀公司 2017—2018 年股东人数和股价变化。数据显示该公司股东人数变化不大，但是股票价格攀升很快，由 2018 年年初的 63.2 元涨到年末的 101.26 元，上涨幅度超过了 60%。

表 1.4.1　　　　　　　　　　片仔癀股东人数变化情况

	2018/9/30	2018/6/30	2018/3/31	2018/3/30	2017/12/31
股东人数（万户）	7.03	6.73	5.84	5.84	6.51
较上期变化（%）	4.472	15.23	0	-10.24	6.82
人均流通股（股）	8581.8	8965.8	10000	10000	9273.5

	2018/9/30	2018/6/30	2018/3/31	2018/3/30	2017/12/31
较上期变化（%）	−4.28	−13.22	0	11.41	−6.39
筹码集中度	非常集中	非常集中	非常集中	非常集中	非常集中
股价（元）	101.26	111.93	82.98	82.98	63.2
人均持股金额（万元）	87	100	86	86	59
前十大股东持股合计（%）	69.8	69.74	68.34	—	68.54
前十大流通股东持股合计（%）	69.8	69.74	68.34	—	68.54

数据来源：东方财富网。

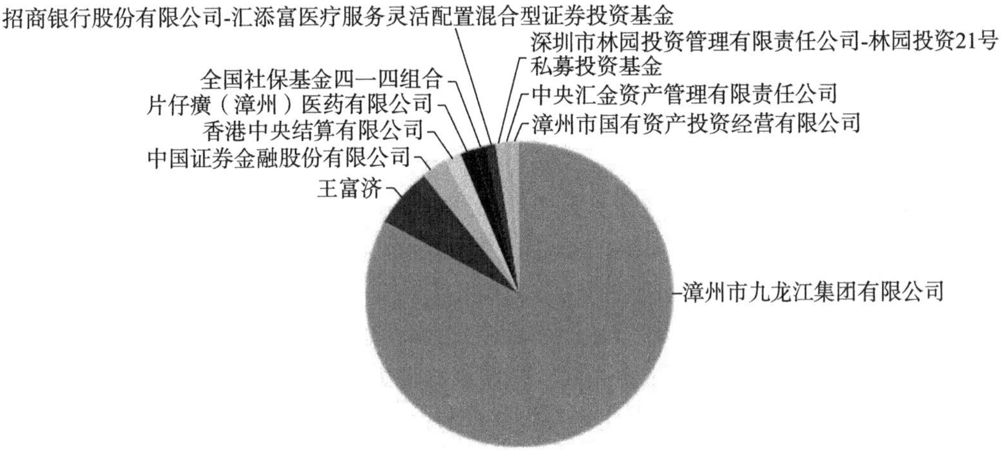

图 1.4.1 片仔癀十大流通股东明细

数据来源：东方财富网。

(五) 公司战略 SWOT 矩阵分析

1. 优势分析

（1）品牌优势。

漳州片仔癀药业股份有限公司是国家高新技术企业，中华老字号企业。独家生产、具有近 500 年历史的国宝药业、福建三宝片仔癀，经过半个多世纪的磨砺，在治癌、抗癌、保健等方面独具特色。产品种类多，涉及广。在医药行业，日用及化妆品和食品行业都有涉及。其中，医药行业属于片仔癀公司的主要营业收入的行业，极具竞争优势。

（2）质量优势。

生产产品属国家级中药保护品种，处方、工艺受国家保护，其传统制作技艺被列入国家非物质文化遗产，蝉联国家质量金质奖，在海内外享誉斐然。公司秉承"良药济世"精神，建立了以质量为先的经营发展战略，形成崇尚质量、追求卓越的质量文化，在"选材精良、匠心精制、服务精诚、精益求精"质量方针的指引下，实施"战略供应链"的全面质量管理模式，以先进的质量水平和管理水平领导中国大健康产业的发展。

（3）技术优势。

片仔癀是中国绝密级宝药，处方、工艺受国家秘密保护，其传统制作技艺也被列入国家非物质文化遗产。片仔癀公司每年会把销售收入的3%作为研发经费，与研究所或者高校一起研发产品。目前，片仔癀已经进行了二次开发，发现其对肝病和肿瘤有明显治疗和抑制作用。

2. 劣势分析

（1）原材料匮乏。

天然麝香是片仔癀的主要原料。但是由于林麝数目锐减，野麝香很少，需求量不断上升，根本满足不了人民的需求，因此片仔癀一直在提价。如今，片仔癀正在加大人工养麝的工程量，增加麝香的产量。

（2）竞争对手众。

根据东方财富网的数据，片仔癀医药产品线的利润占据总利润的49.15%，日用及化妆品的利润占据总利润的6.63%，食品的利润占据总利润的0.10%。虽然公司在片仔癀这一产品上难逢对手，但是在药妆、日用品上，竞争对手众多。

（3）区域劣势。

片仔癀的市场主要集中在华东地区，体现出区域发展不平衡的特点。根据东方财富网数据，2018年华东地区收入占总收入的72.36%，华南地区收入占总收入的8.9%，境外地区收入占总收入的7.63%，而其他一些地区收入占比并不可观，市场亟待进一步拓展。

3. 机会分析

中药行业是我国传统的优势产业，药品消费市场的发展空间非常大。政府把片仔癀列入了"十二五"规划，在政策上对公司进行扶持。加入WTO以后，随着关税的降低，片仔癀对外出口额一直在增加。数字经济的迅速发展使网上交易方便快捷，公司海外网上订单增长很快。

4. 威胁分析

漳州片仔癀公司有大量的产品出口，公司存在着一定的汇率风险。如果人民币升值，片仔癀的出口价格就会升高，进而影响其销量。漳州片仔癀公司涉及的种类多，范围广。所涉及的日用及化妆品和食品等行业存在着较多的竞争者，且竞争对手很强大。由于麝香已经被列入国家重点计划管理物资，因此对麝香数量进行了限制，而人们的需求又在不断地增加，这使得片仔癀的主要原料麝香供应更为紧缺。详细的SWOT矩阵分析请见表1.4.2。

表 1.4.2	SWOT 分析	
	优势 S 1. 品牌优势 2. 质量优势 3. 产品优势 4. 技术优势	劣势 W 1. 原材料匮乏 2. 营销手段匮乏 3. 竞争对手多 4. 区域劣势
机会 O 1. 有利的政策因素 2. 积极的经济因素 3. 发展空间大	SO 战略 1. 把握政府在政策上和经济上的扶持机会，实现销售收入的增长 2. 通过利用品牌、质量、产品的优势，扩大公司的发展	WO 战略 1. 利用政府政策帮助解决区域的问题 2. 加强广告的投入，提高产品的知名度，多创新，克服营销手段匮乏的劣势，增加销售收入
威胁 T 1. 汇率风险 2. 竞争对手的威胁 3. 片仔癀的主要原料麝香供应紧缺	ST 战略 1. 利用技术方面的优势，增加人工麝香的产量，解决主要原料麝香的紧缺问题 2. 利用质量和产品的优势，提升自身的实力	WT 战略 1. 稳定麝香的供应数量 2. 选择合适的区域，好的区域能更好地吸引消费者，从而打败竞争对手

项目组成员：旷欣婷　汤洁茹　姚艳阳　王蕾　李欣　蔡文玲　李梦婕　张盈莹

案例 5：牧原食品

牧原食品股份有限公司（简称牧原股份）是一家总部位于河南省的集生猪养殖、屠宰加工、饲料加工于一体的大型现代畜牧企业，是国家农业产业的重点龙头企业。牧原股份创立于 1992 年，经过多年的发展，旗下已有 88 个全资子公司和 2 个参股公司。公司于 2014 年 1 月 28 日在深交所上市，股票代码为 002714。截至 2018 年 12 月 31 日，公司具有年可出栏生猪 1000 万头、年可加工饲料近 500 万吨、年可屠宰生猪 100 万头的生产能力。

一、宏观分析

本书首先采用 PEST 分析方法，从政策环境、经济环境、社会环境和技术环境四个方面入手，从整体上分析生猪养殖行业在当前阶段所处的宏观环境，以期深入了解宏观环境如何影响牧原食品的公司价值。

（一）政策环境

和生猪养殖行业相关的政策包括激励政策和规制政策。激励政策包括奖励资金和税收优惠。如2019年9月，由财政部、农业农村部联合发布的《财政部办公厅农业农村部办公厅关于支持做好稳定生猪生产保障市场供应有关工作的通知》明确要求：将通过奖励资金重点支持生猪生产发展、动物疫病防控和流通基础设施建设，继续扩大生猪调出大县奖励力度，调动地方，尽快将增产潜力转化为实际生产能力。而且根据我国的企业所得税法规定，自2008年起，家禽牲畜的饲养所得是可以免征所得税的。同时，根据我国增值税的条例规定，农业生产者销售自产农产品也是可以免征增值税的。

规制政策包括相关食品安全政策和环保政策。如国家建立了相应的安全质量问题责任追究体系。具体的措施有定点屠宰和对问题猪肉进行源头追查。一方面规范了市场，打击了私屠滥宰的行为，另一方面也体现出了大型规模化养殖屠宰企业在食品安全方面相对于散户的比较优势。在环保方面，2019年9月5日，为了稳定生猪生产，同时保障市场供应，相关部门联合印发通知，要求进一步规范养殖区和禁养区的划分和管理工作，从而促进其生产和发展。

（二）经济环境

随着改革开放的发展，目前我国GDP处于一个稳健增长的状态，人均可支配收入不断提高，人民生活水平也在大幅提升。

中国是全球最大的猪肉消费国。几十年来，我国的人均猪肉消费量增加了好几倍。以2017年的数据为例，中国的猪肉产量为5451.80万吨，而中国猪肉消费量为5611.00万吨，消费量增长率高达3.77%。猪肉产量小于消费量，形成供不应求的市场态势。见图1.5.1。

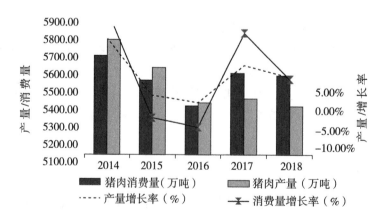

图1.5.1　2014—2018年中国猪肉产量、消费量及增长趋势

数据来源：国家统计局。

（三）社会环境

猪肉因其价格适中、脂肪含量高、口感香嫩、做法多种多样、副产品种类丰富，深受消费者喜欢。因此在中国人的饮食中一直占有难以企及的地位。当前，我国的居民消费结构升级，居民肉食消费向名优品牌倾斜，更加追求猪肉的质量，绿色、健康也成为消费者关注的热点。

（四）技术环境

原农业部在关于生猪养殖的"十三五"规划中提出，生猪出栏量在 500 头以上的规模化养殖场的比例到 2020 年要提高到 52%，而在 2014 年，这一比例为 42%。随着生猪养殖及畜牧技术不断提高，对疫情的控制水平也有了大幅提高。此外，物流配送、冷链技术以及包装保鲜技术都有所提高，使得较大范围的运输和一定时期的存储成为可能。

总之，宏观经济的增长，以及猪肉在居民饮食中的地位，保证了相对稳定的猪肉需求量。国家对生猪养殖行业有较多的政策支持，牧原股份由于养殖规模较大，在政府补助方面每年能收到国家 1 亿元以上的补助，这对公司业绩是一个良好的驱动因素。随着环保政策的趋严，加速小型养殖场的退出，规模化养殖已经是大趋势。

二、行业分析

本书采用波特五力竞争力模型，分别从潜在进入者的威胁、替代品的威胁、供应者讨价还价的能力、购买者讨价还价的能力、产业内现有企业的竞争这五个方面对生猪养殖行业的产业竞争情况进行分析。并且评价公司在行业竞争中所处的地位，以及当前竞争格局对公司战略制定所产生的影响。

（一）潜在进入者的威胁

生猪养殖行业的技术门槛相对其他行业来说比较低，但由于规模效益，当前几家大型养殖企业能有效地控制成本，从而形成了潜在进入者的主要壁垒。同时，目前我国对该行业的政策要求越来越高，政府对生猪的养殖地和猪肉的质量都进行了严格把控，并且猪是容易受病毒感染的禽类动物，这使投资者的投资风险增加，所以这些年的潜在进入者比以前少很多。目前已进入生猪养殖的上游企业中，占比最大的还是为养殖场提供饲料和疫苗的供应企业，分别是：新希望、中粮集团等；而进入该行业的下游企业中，大多数为猪肉加工商，其中有：双汇发展、唐人神集团等。生猪养殖上下游大型企业进入该行业，在加剧竞争的同时也促进了产业链延伸和一体化的生产。

（二）替代品的威胁

猪肉虽然一直在国民饮食结构中占大头，但随着居民消费能力和生活质量的提升，国民饮食结构越来越丰富化和多元化，牛肉、羊肉、鸡肉和鸭肉等肉类逐渐成为猪肉的主要替代品。在中国人的餐桌上，目前猪肉占总消费肉类的比例为62%，相较于2000年87.6%的占比，下降了约25%，而禽肉类比例增幅显著。可见，猪肉在今后的肉类消费中的比例有可能会继续下降。但因为中国人传统上喜食猪肉，猪肉的价格相较牛肉和羊肉仍具有不小的竞争力，未来猪肉依旧会是中国人饮食生活中的主力军。

（三）供应商讨价还价的能力

生猪养殖商上游的供应商主要是饲料供应商。猪饲料价格的波动会影响养殖行业的成本，进而影响养殖行业的利润空间。养殖行业主要由大型养殖户和众多散户组成，相较于大型养殖户，散户天然议价能力较弱，属于价格的被动接受者，一旦饲料价格剧烈波动，非常容易受到明显的冲击。而大型养殖户由于规模效应和生产一体化，能够实现饲料和养殖互通，从而实现自给自足。大型养殖户饲料供应的主要价格影响因素是其原材料的收购价格。牧原股份是河南的大型养殖企业，旗下有自己的饲料加工生产厂，并且河南是粮食大省，其豆类和玉米的产量尤其丰富，这也为牧原股份的饲料原材料供给提供了先天的优势。凭借低廉的运输成本和收购价格，牧原股份的饲料成本能控制在较低的水平，这也为养殖利润回报构筑了较大的升值空间。

（四）购买者讨价还价的能力

食品加工厂、屠宰场和大基数的散户是生猪的主要购买者。对于大型食品加工厂和生猪屠宰场来说，巨大的生猪收购量使其拥有较强的议价能力。而单个散户由于购买力不足，议价能力非常有限。牧原股份一体化和规模化的养殖生产模式大大降低了生猪成本，其生猪的售价竞争力不输于普通散户养殖，并且牧原股份大品牌的影响力和公信力，使得旗下生猪更受购买者的青睐和欢迎。

（五）产业内竞争格局

生猪养殖行业的竞争格局及牧原股份所处在的竞争地位主要有如下几个特征。

1. 国内生猪养殖行业规模化发展速度慢，散养模式占主流

在我国生猪养殖行业中，生猪养殖以小农生产为主，散养模式长期占主流，而规模化发展速度相对较慢。近年来，尽管中国生猪养殖规模化情况有所进展，但是生猪养殖规模超过1万头的养殖场数量仍旧不超过全部养殖场数量的1%，总体发展未达到理想预期。并且随着非洲猪瘟等疫病的入侵，生猪数量大幅降低，规模养殖发展前景受阻。

2. 竞争格局主要呈现为大基数散养户与小基数大规模养殖企业的对抗竞争

当前我国生猪养殖仍以小农散户生产为主流，生猪市场主要是大量散户和少数规模化企业在竞争角逐，而大型养殖企业之间的竞争情况相对较弱。根据国家统计局数据，2018年全国生猪出栏总量为69382万头，其中生猪养殖行业10大上市猪企共出栏5594万头，占据了约8%的份额。

3. 养殖企业中牧原股份竞争力强劲

国家统计局数据表明, 2018 年中国养殖行业生猪出栏量排名前 10 的企业分别为: 温氏、牧原、正邦、新希望、正大、中粮、雏鹰、湖北襄大、天邦、杨翔。其中, 牧原股份以年出栏生猪量 1101 万头的规模位列中国生猪养殖行业第 2 名, 竞争力远超其后 8 大企业, 仅次于温氏。出栏量排名如图 1.5.2 所示。

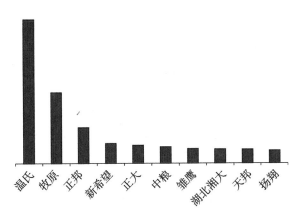

图 1.5.2　2018 年国内十大养殖企业出栏量排名
数据来源: 国家统计局。

通过波特五力模型的分析, 我们可以得出如下结论: 国内生猪养殖行业规模化发展速度较慢, 散养模式占主流。大基数散养户与小基数大规模养殖企业的对抗角逐构成了生猪市场的竞争格局, 而大规模养殖企业之间的竞争程度较弱。在此格局下, 牧原股份有较大的产能规模扩张空间。与此同时, 牧原股份的饲料原材料主要来自本地河南, 并拥有自己的饲料加工厂, 能够实现饲料的自给自足, 从而有效地控制了饲料成本, 摆脱了饲料供应商的议价束缚。牧原股份一体化和规模化的养殖能够提供更具竞争优势的猪肉价格和更加可靠的猪肉品质, 相比散户来说, 更吸引产业链下游的购买商。综上所述, 牧原股份在生猪养殖行业有广阔的成长空间和强劲的品牌竞争力。

　　项目组成员: 杨丽君　史瑞丽

第二章 公司财务分析

财务分析是一种从财务报表中选取有用信息的结构性方法，财务分析的目的是揭示公司财务活动（包括筹资活动、投资活动、经营活动与分配活动）的效率或能力，包括偿债能力、盈利能力、营运能力以及发展能力，为下一步的公司估值分析提供依据。本部分选取了八个不同行业的上市公司案例——宁德时代、海康威视、中电鑫龙、腾讯公司、申通快递、温氏股份、中信证券以及分众传媒，对其财务报表进行了较为全面、科学与系统的分析，为下一步的公司估值分析提供依据。

偿债能力是指企业偿还本身所欠债务的能力。根据偿债期长短，偿债能力可分为短期偿债能力，如流动比率、速动比率、现金比率等；长期偿债能力，如资产负债率、产权比率、已获利息保障倍数等。

盈利能力是指企业投入一定资源所取得利润的能力。对于股东（投资人）而言，企业盈利能力的强弱是至关重要的指标。股东关心企业赚取利润的多少并重视对利润率的分析，是因为他们获取股息的多少与企业的盈利能力紧密相关。此外，企业盈利能力增加还会使股票价格上升，从而使股东获得资本收益。对于债权人而言，利润是企业偿债的重要来源，特别是对长期债务而言。盈利能力的强弱直接影响企业的偿债能力。因此，对债权人而言，分析企业的盈利能力也是非常重要的。根据不同的资源投入，盈利能力可分为资本经营盈利能力，即利润与所有者权益之比，如净资产收益率；资产经营盈利能力，即利润与总资产之比，如总资产收益率；商品经营盈利能力，即利润与收入之比，如销售净利率。

营运能力是指企业营运资产的效率。根据不同的资产范围，营运能力可分为流动资产营运能力，如流动资产周转率、应收账款周转率和存货周转率等；固定资产营运能力，如固定资产周转率；总资产营运能力，如总资产周转率等。

发展能力通常是指企业未来生产经营活动的发展趋势和发展潜能，也可以称为企业增长能力。企业应该追求健康的、可持续的增长，这需要管理者利用股东和债权人的资本进行有效运营，合理控制成本，增加收入获得利润，在补偿了债务资本成本之后实现股东财富的增加，进而提高企业价值。这种增长的潜力就是企业的发展能力，对这种能力进行分析便能对企业的未来成长性进行预测，从而评估企业价值。可见，企业发展能力分析具有重要意义。可用股东权益增长率、利润增长率、收入增长率和资产增长率等指标衡量。上述各种能力是企业财务效率的体现，各项财务效率的高低最终都将体现在企业的财务结果上，即体现在企业的价值上。企业价值是企业财务效率的综合反映或体现。

本部分财务分析案例还采用了杜邦分析法。所谓的杜邦分析法是指在分析盈利能力、营运能力、偿债能力等的基础上，为综合分析企业财务状况，以净资产收益率为核心，利用几种重要财务比率之间的内在联系来综合分析企业的盈利能力、资产利用状况、企业资本结构的变动等指标对企业获利能力的影响情况。

案例1：宁德时代

一、偿债能力分析

偿债能力根据时间长短分为短期偿债能力与长期偿债能力，是指企业归还到期债务的能力。流动比率、速动比率和现金比率三个指标可衡量企业短期偿债能力，资产负债率和产权比率可衡量企业长期偿债能力，故选用这五个指标对宁德时代的偿债能力进行分析。

（一）流动比率

流动比率为流动资产与流动负债的比率，国际上普遍认为，其下限为1，最合适的比值为2，站在不同角度，对流动比率的期许不同。对企业来说，追求一个适当的流动比率有利于企业更好的发展。

从图2.1.1可以看出，2014—2019年，宁德时代近6年的流动比率均值为1.72，代表流动负债仅占流动资产的1/2左右，纵使宁德时代半数的流动资产不能迅速变现，其仍可偿还整个流动负债，不会陷入流动负债违约危机。宁德时代的流动比率在2015年急剧下降，为2014—2019年最低点，仅为1.03，说明当时宁德时代的流动资产刚好能够偿还流动负债，但当流动债务结清时，几乎无剩余的流动资产，日常资金支出需要依赖日常经营的利润或其他借款，急剧下降的原因主要是当年年末公司有较大额长期负债将于1年内到期，但此时流动比率仍保持在1以上。2016年该指标又急剧上升，波动幅度较大，此后逐年下降，但均大于1，清晰明确地表现出宁德时代资产具有良好的流动性。

（二）速动比率

速动比率为速动资产（流动资产−存货）与流动负债的比率。根据图2.1.1可知，2014—2017年宁德时代速动比率逐年增加，2017年之后有所下降，呈现与流动比率相同的趋势，但均大于1，说明宁德时代的资产流动性得到改善，流动性较强，短期偿债能力较强，无须担忧到期无法偿还短期债务，2017—2019年呈现小幅下降趋势，企业需引起注意，密切关注此后速动比率，及时做出调整。

（三）现金比率

现金比率为现金类资产与流动负债的比率，最能反映企业直接偿付流动负债的能

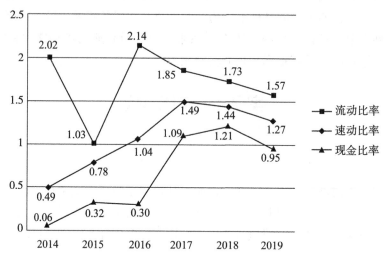

图 2.1.1 2014—2019 年宁德时代的短期偿债能力指标

数据来源：Wind 数据库。

力，比率越高，偿债能力越强。根据图 2.1.1 可知 2014 年为现金比率最低点，但随着宁德时代的快速发展，现金流不断增加，2017 年增幅最大，从 2016 年的 0.30 增长到 2017 年的 1.09，增长比率高达 263%。

（四）资产负债率

资产负债率是企业负债总额除以资产总额的百分比。资产负债率低于 50% 为保守派公认的合适水平，而 60% 是国际上所认同的恰当水平。

根据图 2.1.2 宁德时代与同行业的坚瑞沃能和亿纬锂能的资产负债率对比可知，2014 年和 2015 年宁德时代资产负债率较高，原因是前期宁德时代为了扩大生产规模进而在未来占领动力电池市场更多的份额，完成向国内龙头的飞跃，故扩大举债规模。2016 年资产负债率急剧下降，回归一个正常的范围，财务更加稳健，长期偿债能力更强，原因是宁德时代在 2015 年年末通过股权融资的方式，获得超百亿元融资，从而扩充了资本，增加了总资产。2016—2019 年，资产负债率逐年稳步增长，在 50% 上下波动，是一个比较合适的水平。但高于行业平均水平，说明长期偿债能力低于业内平均水平，与可比上市公司对比，2016—2018 年均低于可比上市公司，其他年份高于其他两家公司，说明宁德时代偿债能力位于中等水平（见图 2.1.2）。

（五）产权比率

产权比率是企业负债总额与所有者权益总额的比率。据图 2.1.3 可知，2014 年为宁德时代近 6 年产权比率最高点，高达 10 左右，远远超过行业平均水平，但 2014—2016 年，产权比率急剧下降，在 2016 年仅为 0.83，主要是宁德时代通过 2015 年年末

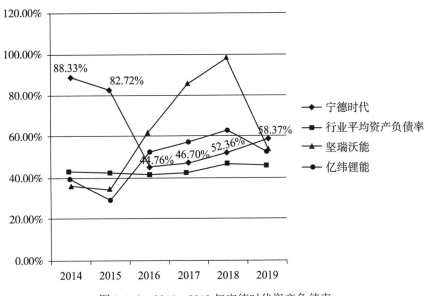

图 2.1.2　2014—2019 年宁德时代资产负债率

数据来源：Wind 数据库。

及 2016 年年末的两次大规模股权融资，企业所有者权益大幅增加所致。总体来讲，产权比率处于一个先下降后缓慢上升的趋势，近四年宁德时代产权比率为 1.16，低于新能源行业该指标平均数额 1.59，且低于可比上市公司，说明宁德时代具有较强的偿债能力，但同时也降低了获利能力。

图 2.1.3　2014—2019 年宁德时代与行业的产权比率

数据来源：Wind 数据库。

综上所述，从偿债能力的 5 个指标可以看出，在整体上，宁德时代的发展趋势是向好的，2017 年后，流动比率和速动比率逐年下降，但 2016—2019 年比值均高于 1。资产负债率自 2016 年开始持续稳定上升，在 50% 上下波动，说明债务状况较好，但高于行业平均水平。近四年宁德时代产权比率为 1.16，低于新能源行业该指标平均数额 1.59。总而言之，在偿债能力方面，无论是从短期还是长期来看，宁德时代债务状况都较为健康，处于行业平均水平，偿债能力表现良好，债务违约风险较低。

二、盈利能力分析

盈利能力通常是指企业在一定时期内赚取利润的能力。盈利能力是一个相对概念，即利润是相对于一定的资源投入、一定的收入而言的。利润率越高，盈利能力越强；利润率越低，盈利能力越差。本案例将从销售净利率、总资产收益率和净资产收益率三个方面选取指标来对宁德时代的盈利能力进行分析。

（一）销售净利率

销售净利率是公司净利润与销售收入净额的比率，是衡量企业在一定时期内的销售收入获取利润的能力。表 2.1.1 显示 2014—2017 年，宁德时代的销售净利率处于缓步增长状态，在同行业中处于领先地位。2018—2019 年，其净利润有所下降，但仍在 10% 以上，处于行业中等水平。

表 2.1.1 　　　　　　**2014—2019 年宁德时代销售净利率与同行业对比表**

公司	2014 年	2015 年	2016 年	2017 年	2018 年	2019 年
宁德时代	6.41%	16.67%	19.61%	20.97%	12.62%	10.95%
亿纬锂能	6.69%	12.31%	13.47%	14.52%	13.40%	24.16%
坚瑞沃能	2.81%	6.37%	11.24%	−38.66%	−98.69%	51.10%

数据来源：Wind 数据库。

（二）总资产收益率（ROA）

总资产收益率又称资产所得率，是净利润与总资产的比率。它表示企业包括净资产和负债在内的全部资产的总体获利能力，用以评价企业运用全部资产的总体获利能力，是评价企业资产运营效益的重要指标。表 2.1.2 显示 2014—2019 年，宁德时代的总资产收益率在 2015 年达到最高点，为 16.46%，之后便呈逐渐下降状态，但在同行业中仍处于较高水平，体现了宁德时代较强的盈利能力。

表2.1.2 **2014—2019年宁德时代总资产收益率与同行业对比表**

公司	2014年	2015年	2016年	2017年	2018年	2019年
宁德时代	3.87%	16.46%	15.66%	10.72%	6.05%	5.72%
亿纬锂能	5.48%	7.96%	9.17%	7.31%	6.67%	11.77%
坚瑞沃能	0.92%	2.55%	3.84%	-14.81%	-16.74%	2.95%

数据来源：Wind数据库。

（三）净资产收益率（ROE）

净资产收益率，是净利润与平均股东权益的百分比，是公司税后利润除以净资产得到的百分比，该指标反映股东权益的收益水平，用以衡量公司运用自有资本的效率。指标值越高，说明投资带来的收益越高。

表2.1.3显示2014—2019年，宁德时代的净资产收益率在2015年达到最高点，为123.22%，这可能源于以下三个原因：（1）收购邦普循环，布局电池回收和再生产业链。（2）成为国家首家批量供应乘用车三元动力电池的企业。（3）动力电池系统使用量进入全球前三。2015年之后，净资产收益率便呈下降趋势，但在同行业中仍处于较高水平，体现了宁德时代较高的投资价值。

表2.1.3 **2014—2019年宁德时代净资产收益率与同行业对比表**

公司	2014年	2015年	2016年	2017年	2018年	2019年
宁德时代	21.19%	123.22%	34.07%	19.30%	11.75%	12.83%
亿纬锂能	9.05%	11.28%	13.79%	16.05%	17.18%	27.39%
坚瑞沃能	1.22%	3.75%	9.68%	-61.54%	-178.86%	72.27%

数据来源：Wind数据库。

三、营运能力分析

（一）营运能力分析概述

营运能力是指企业利用各项资产获取利润的能力，在影响企业盈利能力和偿债能力的因素中起主导作用。相关的财务指标主要有周转率，比如运营资金周转的快慢，可通过应收账款进行反映——观察销售款项的回收期限，期限越短，甚至不产生应收账款，销售资金能及时进行投资或生产，代表营运能力越强；除资金方面的周转率外，固定资产、流动资产在正常情况下可以体现企业的运作速度；存货也可以体现营业利润的高低，当存货周转快时说明销售情况好，反过来又促进企业进行生产，甚至扩大生产规模，实行成本竞争战略，提高生产效率。因此，根据宁德时代2014—2019年财务报告中的相关数据，我们计算出可以反映其营运能力的相关财务数据，并做成图表进行分析。

（二）流动资产营运能力分析

1. 流动资产周转率

流动资产周转率为流动资产的平均占用额与一定时期流动资产所完成的周转额之比。根据表2.1.4可知，除了2015年流动资产周转率有所增长以外，近年呈现稳定下降的趋势，说明流动资产对收入的增长作用开始减慢，流动资产利用率开始下降，而这主要是存货周转率的不断下降所导致，宁德时代须提高流动资产周转率，提高流动资产的利用率。2017—2019年流动资产周转率均小于1，说明流动资产的使用效率较低，但鉴于锂电池行业的行业平均流动资产率均小于1，可以看出宁德时代的流动资产周转率表现尚可。

2. 应收账款周转率

应收账款周转率是企业销货收入与平均应收账款余额的比率。由表2.1.4的信息可知，在2015—2018年宁德时代应收账款周转率呈下降趋势，说明公司在经营快速扩张的同时，对下游整车厂商的账款回收能力在下降，更多地采用赊销的方式获取订单。宁德时代2014—2019年该指标均值为2.58，低于业内平均数额4.10，且没有1年高于行业平均水平，表明收账效率和应收账款的变现速度相对较差，虽然应收账款的账期大部分短于1年，但涉及金额比较大，过多的资金压在应收账款上，这会降低资金的流动性，提高坏账的风险，这一风险值得警惕。

3. 存货周转率

存货周转率是企业销货成本与存货平均余额的比率，反映企业的销售能力。如表2.1.4所示，宁德时代的存货周转率在2014—2016年有较大幅度的上升，在2016—2019年有所下降。2016年年末急剧下降的原因是募集资金到位，使得业务规模增长，存货量增加。2018年存货周转率显著下降，通过分析其年报可知，宁德时代存在部分产品滞销，值得投资者高度关注。且该指标6年均值为4.47，低于业内平均数额4.85，也就是说，企业的存货周转率比其他企业的周转率低，存货周转较差，既增加了运营成本，也降低了资产的流动性。

表2.1.4　　　　　　　宁德时代2014—2019年运营能力指标

运营能力指标	2014年	2015年	2016年	2017年	2018年	2019年	均值
营业周期（天）	28.86	156.92	169.07	195.63	174.8	160.08	197.56
存货（亿元）	3.12	10.42	13.60	34.18	70.76	114.81	41.15
存货周转天数（天）	174.53	69.63	51.6	67.5	94.91	102.83	93.50
存货周转率（次）	2.06	5.17	6.98	5.33	3.79	3.5	4.47
行业存货周转率（次）	4.23	4.03	3.89	4.02	3.93	9.01	4.85

运营能力指标	2014 年	2015 年	2016 年	2017 年	2018 年	2019 年	均值
应收账款（亿元）	3.72	23.94	73.16	69.19	62.25	83.39	52.61
应收账款周转天数（天）	154.3	100.6	129.5	182.4	172.3	133.5	145.43
应收账款周转率（次）	2.33	3.58	2.78	1.97	2.09	2.70	2.58
行业平均应收账款周转率（次）	3.42	3.11	3.25	3.45	3.25	8.09	4.10

数据来源：同花顺、原点参数、东方财富网。

（三）固定资产营运能力分析

固定资产周转率是分析固定资产营运能力的重要指标，为企业年销售收入净额除以固定资产平均净值所得到的百分比。

根据图 2.1.4 和图 2.1.5，2014—2015 年宁德时代固定资产周转率急剧增加，2015—2019 年呈现下降的趋势，主要原因是宁德时代不断加大投入，扩大产能，因此导致固定资产快速增加，但目前固定资产周转率较为平稳。与同行业的坚瑞沃能、亿纬锂能进行比较，宁德时代 2014—2019 年的固定资产周转率的均值大部分时候位居第一，说明宁德时代的固定资产使用效率较高。

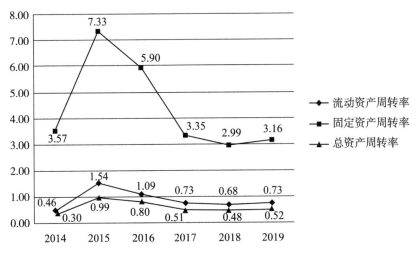

图 2.1.4 宁德时代 2014—2019 年营运能力分析

数据来源：Wind 数据库。

（四）总资产营运能力分析

衡量总资产营运能力的主要指标为总资产周转率，其是指一定时期净利润与总资产的比率。比率越大，说明企业获取利润的能力就越强，越有助于企业的可持续发展，在

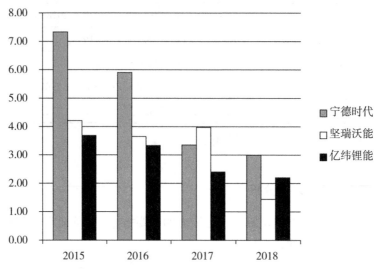

图 2.1.5　2015—2019 年三家上市公司固定资产周转率

数据来源：Wind 数据库。

选择某家上市公司股票的时候必须考虑到它的总资产营运能力。

根据图 2.1.6 所示，总资产周转率呈现与流动资产周转率相同的趋势，2014—2015 年，总资产周转率有所增加，但近年呈现持续下降的趋势，说明宁德时代的资产对收入的增长作用开始减慢，资产利用率开始下降。特别是 2015—2017 年，此比率显著下降，查阅同期年报资产负债表中的资产总额项目及利润表中营业收入项目可知，该时间段其营业收入的增长幅度低于资产总额的增长幅度，与 2015 年新能源汽车产业链市场爆发，企业扩大产能，新构建生产线，进一步扩张市场有关。与行业进行比较，2014—2019 年宁德时代的平均总资产周转率为 0.60，略低于行业的平均总资产周转率 0.67；与可比上市公司进行对比，其与亿纬锂能不相上下，优于坚瑞沃能，可见宁德时代须提高资产周转率，总资产的运营效率有待优化。

（五）小结

营运能力是公司评估的重要方面，我们不能只局限于那些指标和数值，应该全面分析每一个指标，从整体上把握一个公司的营运状况，这样才能更加彻底地分析出公司的实际情况。综合上述分析可知，宁德时代的资产在使用效率方面处于持续下滑的状态，其关键原因是宁德时代在固定资产方面的投资持续提升，固定资产的周转率持续向下，但流动资产的周转率保持稳定状态，说明尽管宁德时代资产使用效率尚可，然而在持续提高对固定资产投入的同时，还需要适当提高工程项目的建设速度，尽早展现出固定资产投资效益，优化固定资产使用效率，从而进一步促进总资产使用效率的提高，在应收账款方面，其回收能力有待加强。简而言之，在营运能力方面，宁德时代的几个重要指标在同行业中属于中等偏下的水准，说明其营运能力还有待提高。

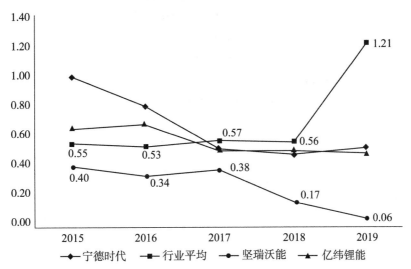

图 2.1.6　2014—2019 年宁德时代与行业平均的总资产周转率

数据来源：Wind 数据库。

四、成长能力分析

对公司进行成长能力分析的目的在于观察公司在一定时期内的经营能力发展状况。一家公司即使收益很好，但如成长性不好，也不能很好地吸引投资者。表 2.1.5 展示了宁德时代的往期盈利数据，从中可分析出宁德时代的成长能力。

表 2.1.5　　　　　　　　　　宁德时代往期盈利数据

	2015 年	2016 年	2017 年	2018 年	2019 年
营业总收入（亿元）	57.03 亿	148.79	199.97	296.11	457.88
营业总收入同比增长率（%）	557.93	160.90	34.40	48.08	54.63
利润总额（亿元）	11.00	34.00	48.48	42.05	57.61
利润总额同比增长率（%）	1662.02	209.10	42.58	-13.27	37.00
每股现金流量净额（元）	0.98	1.06	1.85	-0.50	8.84
每股净资产（元）	2.66	25.25	12.63	15.01	17.27
净资产收益率同比增长率（%）	250.38	-75.20	-14.73	-34.50	16.29

数据来源：Wind 数据库。

2014—2019 年，宁德时代的销售规模不断扩大。2015 年，宁德时代的营业总收入为 57.03 亿元，利润总额为 11 亿元，之后年度，这两项指标都不断增长。截至 2019 年，宁德时代营业总收入为 457.88 亿元，利润总额为 57.61 亿元，可以说是实现了飞跃式增长。每股现金流量和每股净资产整体呈稳步增长状态。净资产收益率同比增长率在 2015 年最高，为 250.38%，以后每年都呈负增长。这主要是由于 2015 年的净资产收益率高达 123.22%，而 2016—2019 年的净资产收益率都稳定在 20% 左右。但在 2019年，宁德时代的净资产收益率同比增长率已转正，为 16.29%。结合锂电池行业和宁德时代近几年发展情况，可以看出宁德时代目前发展速度较快，成长能力较好，规模扩张较快，未来发展趋势向好。较多机构对宁德时代的部分指标进行了预测，预测情况如表2.1.6 所示。①

表 2.1.6　　　　　　　　　　　　　宁德时代成长性预测②

预测指标	2017 年	2018 年	2019 年	2020 年预测	2021 年预测	2022 年预测
每股收益（亿元）	1.71	1.45	1.96	2.30（96 家）	3.15（96 家）	4.06（92 家）
上一个月预测每股收益（亿元）	1.71	1.45	1.96	2.37（109 家）	3.16（109 家）	4.05（106 家）
每股净资产（亿元）	12.63	15.01	17.27	21.96（86 家）	24.91（86 家）	28.76（82 家）
净资产收益率（%）	18.99	11.75	12.78	10.70（93 家）	12.72（93 家）	14.11（89 家）
归属于母公司股东的净利润（亿元）	38.80	33.90	45.60	53.00（95 家）	72.40（95 家）	93.60（91 家）
营业总收入（亿元）	200.00	296.00	458.00	511.00（94 家）	697.00（94 家）	922.00（90 家）
营业利润（亿元）	48.30	41.70	57.60	66.60（86 家）	92.00（86 家）	120.00（82 家）

数据来源：东方财富网。

注：预测值后"（）"内数值代表对该预测指标作出预测的机构家数。2017 年、2018 年、2019年每股收益及上一月预测每股收益数据均为经最新股本计算所得。

宁德时代作为一家独角兽企业，有较多机构对其成长性指标进行了预测。由表2.1.6 可知，市场认为宁德时代的成长性较好，对 2020—2022 年的部分指标进行预测时，其每股收益、每股净资产、营业总收入、营业利润等重要指标数值逐年上升，在许多方面表现出强劲的增长能力，市场前景乐观。因此，总体而言，宁德时代具有较好的发展能力和发展前景。

①　此案例为 2019 年分析预测所得结果。
②　根据估值模型要求，应为预测数据，因此，案例为 2019 年分析预测，预测的是当时 2020 和2021、2022 年的数据，特此说明，后同。

五、杜邦分析法

杜邦分析法是利用几个重要的财务比例来综合分析企业财务状况的方法，以权益收益率为核心，利用几种财务比率之间的内在联系来综合分析企业的盈利能力、资产利用状况、企业资本结构的变动等指标对企业获利能力的影响情况。其公式可表示为：

$$权益收益率（ROE）=\frac{净利润}{总权益}=\frac{净利润}{销售额}\times\frac{销售额}{总资产}\times\frac{总资产}{总权益}$$
$$=销售利润率\times总资产周转率\times权益乘数$$

本书选取宁德时代 2015—2019 年的相关数据，对其运用杜邦分析法进行分析。相关数据如表 2.1.7 所示。

表 2.1.7 　　　　　　　　　宁德时代杜邦分析法相关指标

	2015 年	2016 年	2017 年	2018 年	2019 年
销售利润率（%）	16.67	20.76	21.44	12.62	10.95
总资产周转率（次）	0.99	0.80	0.51	0.48	0.52
权益乘数	5.79	1.81	1.88	2.10	2.40
总资产收益率（%）	16.46	16.58	10.96	6.05	5.72
归属母公司股东的净利润占比（%）	97.9	97.72	92.46	90.66	90.98
净资产收益率（%）	130.37	69.55	18.99	11.75	12.78

数据来源：东方财富网。

根据 2015—2019 年的杜邦分析对比数据，宁德时代在 2015 年的净资产收益率最高，达到了 130.37%。这主要得益于其资产负债率高达 82.72%，权益乘数高达 5.79。随后几年，宁德时代进行融资扩张，资产负债率逐渐下降，维持在 50% 左右，因此权益乘数在随后几年都稳定在 2 左右。总资产收益率的下降源于销售利润率的变化和总资产周转率的下降。销售利润率虽然有所波动，但整体保持在 10% 以上。而总资产周转率随着资产总额的增加不断下降，近几年稳定在 0.5 左右。公司通过降低财务杠杆控制了自身风险，有助于企业长期健康发展。

项目组成员：章琦　黄灿慧

案例 2：海康威视

一、偿债能力分析

偿债能力是指企业用其资产偿还长期债务与短期债务的能力。企业有无支付现金的能力和偿还债务的能力，是企业能否生存和健康发展的关键。企业偿债能力是反映企业财务状况和经营能力的重要指标。偿债能力是企业偿还到期债务的承受能力或保证程度，包括偿还短期债务和长期债务的能力。

（一）流动比率

流动比率是流动资产对流动负债的比率，用来衡量企业流动资产在短期债务到期以前，可以变为现金用于偿还负债的能力。一般认为流动比率维持在 2 左右较为合适，它表明企业财务状况相对稳定可靠。一般说来，比率越高，说明企业资产的变现能力越强，短期偿债能力亦越强；反之则越弱。

图 2.2.1 描述了海康威视 2016—2019 年流动比率的变化，可以看出近年来海康威视的流动比率整体趋势有所下降，但总体情况较好，四年中最小值仍高于 2，说明企业的短期偿债能力较强，偿债风险不是很大。

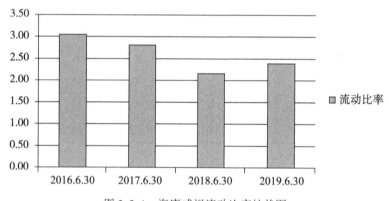

图 2.2.1 海康威视流动比率柱状图

数据来源：巨灵金融服务平台。

在进行同一公司不同时段纵向对比后，本书在此选取同行业公司进行横向对比。选取的另外 5 个公司分别为深康佳 A、深华发 A、深科技、中信通讯以及 TCL 集团。从图 2.2.2 可以看出海康威视的流动比率明显要高于同行业另外 5 家公司，流动比率越高说明短期偿债风险较小，一定程度上可以说明海康威视的偿债风险要低于行业平均水平。

（二）速动比率

速动比率是指速动资产对流动负债的比率。它是衡量企业流动资产中可以立即变现用于偿还流动负债的能力。通常认为合理的速动比率为 1，这时企业无须动用存货，也可以保持对流动负债的偿还。比率越高，短期偿债能力亦越强；反之则越弱。如图 2.2.3 所示，近年来海康威视的速动比率有所下降，但最小值仍然高于 1.5，说明其短期偿债能力较强，偿债风险偏低。

如图 2.2.4 所示，与同行业其他 5 家公司相比，海康威视的速动比率明显要高于同

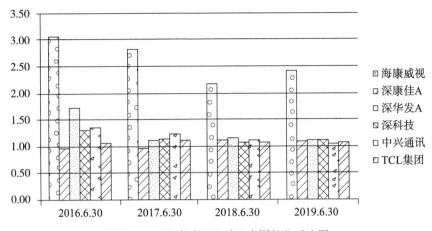

图 2.2.2 海康威视流动比率同行业对比图

数据来源：巨灵金融服务平台。

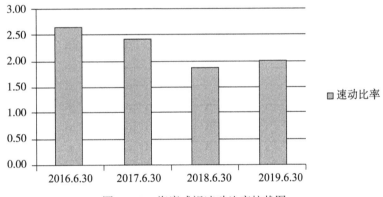

图 2.2.3 海康威视速动比率柱状图

数据来源：巨灵金融服务平台。

行业的其他公司，速动比率高于行业的平均水平，说明其短期偿债能力较强，短期偿债风险偏低。

(三) 产权比率

产权比率是负债总额与所有者权益总额的比率，产权比率越低表明企业自有资本占总资产的比重越大，长期偿债能力越强。产权比率反映企业基本财务结构是否稳定。一般情况下，产权比率越高企业所存在的风险也越大，长期偿债能力也较弱。一般认为产权比率应当维持在 0.7~1.5。

一般来说，产权比率低的企业是低风险、低报酬的财务结构，企业的长期偿债能力较好，从图 2.2.5 可以看出，海康威视产权比率大多都在 0.7 上下浮动，说明产权比率较小，海康威视的长期偿债能力较好，长期偿债风险偏低。

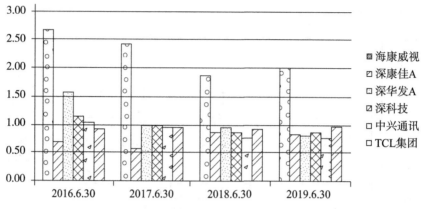

图 2.2.4 海康威视速动比率同行业对比柱状图
数据来源：巨灵金融服务平台。

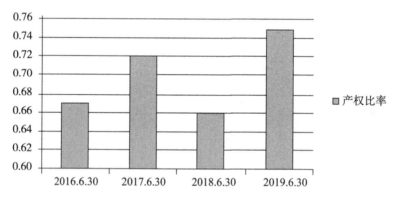

图 2.2.5 海康威视 2016—2019 年产权比率变化趋势
数据来源：巨灵金融服务平台。

图 2.2.6 显示，与同行业的公司相比，海康威视的产权比率要远低于同行业的平均水平，海康威视属于低风险、低报酬的财务结构，其长期偿债能力较强，长期偿债风险偏低。

（四）有形资产/负债

有形资产/负债是衡量企业偿债能力的重要指标，该比率越高证明企业的长期偿债能力越强。从图 2.2.7 可以看出，海康威视的有形资产/负债比率在 2016—2019 年略微下降，但最低值要高于 1.25，证明企业的长期偿债能力较强。

从图 2.2.8 可以看出，与同行业的公司相比，海康威视的有形资产/负债要远高于同行业的平均水平，说明该公司的长期偿债能力远远强过同行业其他公司。海康威视的长期偿债能力较强，长期偿债风险偏低。

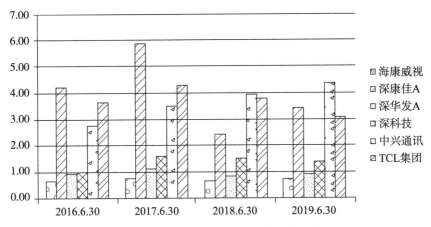

图 2.2.6 海康威视产权比率行业对比图
数据来源：巨灵金融服务平台。

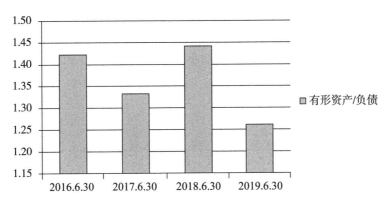

图 2.2.7 海康威视 2016—2019 年有形资产/负债变化趋势
数据来源：巨灵金融服务平台。

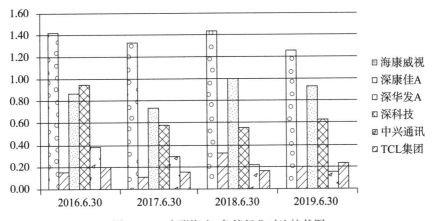

图 2.2.8 有形资产/负债行业对比柱状图

（五）小结

通过对以上四个指标的分析，可以衡量海康威视的偿债能力。通过短期偿债能力指标和长期偿债能力指标的分析，笔者发现海康威视的偿债能力指标处于较优水平，近年来流动比率有所下降，但最小值仍然高于2，速动比率最小值仍然高于1.5，海康威视产权比率大多都在0.7上下浮动，产权比率较小，海康威视的有形资产/负债比率近年来最低值要高于1.25，偿债能力要明显高于同行业的水平。

二、盈利能力分析

（一）净资产收益率

净资产收益率是净利润与平均股东权益的比值，是公司税后利润除以净资产得到的百分比率，该指标反映股东权益的收益水平，用以衡量公司运用自有资本的效率。指标值越高，说明投资带来的收益越高。该指标体现了自有资本获得净收益的能力。

从图2.2.9可以看出，近年海康威视的净资产收益率总体呈上升趋势，由2010年的27.35%上升到2018年的33.99%，前期小幅下降，而后逐年回升。2014—2018年总体保持较稳定的发展趋势，变化幅度不大。净资产收益率在2014年达到最大值，企业总体获利能力较强。

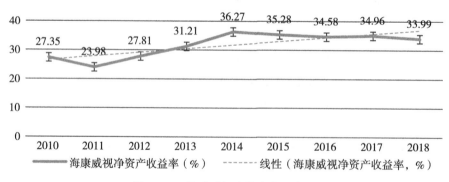

图2.2.9　海康威视净资产收益率图

数据来源：巨灵金融服务平台。

（二）销售利润率分析

销售利润率是企业利润与销售额之间的比率。它是以销售收入为基础分析企业获利能力，反映销售收入收益水平的指标，即每元销售收入所获得的利润。

其计算公式为：销售利润率=利润总额/营业收入×100%

销售毛利率与销售利润率是不同的两个指标，后者剔除了期间费用，前者仍包含期间费用（如管理费用、财务费用等）。

从二者公式可以看出其差异：

$$销售利润率=利润总额/营业收入\times100\%$$

$$销售毛利率=（营业收入-营业成本）/营业收入\times100\%$$

而利润总额=营业收入-营业成本-费用。因此，可以看出销售毛利率一般大于销售利润率。

销售利润率对权益利润率有很大作用。销售利润率高，权益利润率也高；反之，权益利润率低。影响销售利润率的因素是销售额和销售成本。销售额高而销售成本低，则销售利润率高；销售额低而销售成本高，则销售利润率低。

图 2.2.10 罗列了 2014—2018 年海康威视的销售利润率以及与同行业五家公司的对比，海康威视的销售利润率处于行业的上游水平，近年来销售利润率虽然有所下降，但仍然处于较高水平，说明的企业的营业水平在同行业中较为领先。

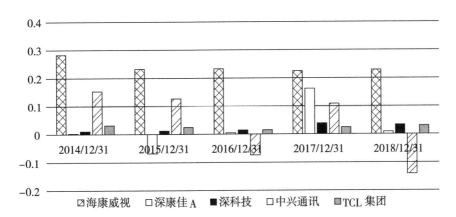

图 2.2.10 海康威视销售利润率同行业对比图

数据来源：巨灵金融服务平台。

（三）总资产收益率

总资产收益率是分析公司盈利能力时又一个非常有用的比率。总资产收益率的高低直接反映了公司的竞争实力和发展能力，也是决定公司是否应举债经营的重要依据。

由表 2.2.1 可以看出，海康威视的总资产收益率近年来整体水平远超同行业的其他公司，处于领先水平。例如其在 2014 年的总资产收益率是 TCL 集团的 5.34 倍左右，虽然海康威视的总资产收益率呈现逐年下降趋势，但是其降幅较小，2016—2018 年相对持平，且仍高于大部分企业。

表 2.2.1 　　　　　　　　　　海康威视总资产收益率同行业对比一览表

	海康威视	深康佳 A	深科技	中兴通讯	TCL 集团
2014/12/31	26.47%	0.37%	1.13%	2.64%	4.95%

	海康威视	深康佳 A	深科技	中兴通讯	TCL 集团
2015/12/31	22.80%	−8.22%	1.26%	3.24%	3.16%
2016/12/31	20.72%	0.59%	1.72%	−1.06%	1.65%
2017/12/31	20.18%	24.93%	4.05%	3.77%	2.31%
2018/12/31	19.78%	2.36%	3.74%	−5.09%	2.30%

数据来源：东方财富网。

（四）盈利能力和成长性能力总结

企业的盈利能力和成长性是投资者关注的重点，未来增长潜力大的企业意味着未来更可能实现估值的大幅度提升。

从盈利能力来看，海康威视的 ROE＼销售净利率＼毛利率均保持在高位，且比较稳定，波动较小。从另一个角度，总资产的报酬率来看，2016—2018 年海康威视总资产报酬率逐年下降，表明随着公司经营规模的扩张，资产运营的效率在下降。为了验证资产运营效率的下降，笔者进一步检查了公司的存货周转天数、应收账款周转天数。

海康威视于 2010 年上市，如果我们拉大时间跨度可以发现从 2009 年开始，该公司的各项周转天数呈现非常显著的单边增长或单边下降特征，直到 2016 年达到巅峰并开始反向变化。

应收账款周转天数从 2009 年的 41.63 天，增加到 2018 年的 135.55 天，应收账款周转天数的显著延长，通常看来反映了销售政策的重大变化，即为了扩大销售延长客户账期，也可能存在会计操纵。应收账款周转天数的增长，让我们对海康威视的财务数据有了担忧。与此同时，应付账款周转天数与应收账款周转天数几乎保持了完美的同步，可能导致这种情况出现的原因要么是公司对供应商的议价能力很强，使之与公司的应收周转保持匹配，要么是公司存在会计操纵。

由于公司保持了高速的营收增长，存货周转天数呈现稳中下降的趋势。

由于应收账款周转天数和应付账款周转天数的完美契合，公司的净营业周期（净营业周期＝存货周转天数＋应收账款天数－应付周转天数）呈现稳中下降的趋势，2018 年年末的净营业周期为 63.61 天。

总体来看公司的净营业周期较短，经营效率比较高。不过应收账款周转天数的单边增长以及和应付账款的同步尚有待深入研究。

三、营运能力分析

营运能力是指企业的经营运行能力，即企业运用各项资产赚取利润的能力。营运能力的高低揭示了企业资金运营周转的情况，反映了企业对经济资源管理、运用的效率高低。某种意义上，营运能力影响了企业的获利能力和偿债能力，在整个财务分析中起到了重要的作用。企业资产周转越快，流动性越高，企业的偿债能力越强，资产获取利润的速度就越快。我们对于海康威视的营运能力分析包括流动资产周转情况分析、固定资产周转情况分析和总资产周转情况分析，通过同行业对比分析，我们可以了解海康威视资产各方面的能力，如流动性、资产利用效率和利用潜力等。

（一）流动资产周转率

流动资产周转率指企业一定时期内主营业务收入净额同平均流动资产总额的比率，企业流动资产周转率越高或周转天数越短，说明企业的流动资产运用效率越高，有助于企业提高盈利。

从图2.2.11可以看出，与同行业的中国长城、深华发、深科技、中兴通讯和TCL集团相比，海康威视的流动资产周转率处于行业的下游水平，整体还呈现略微的下降趋势，这反映了海康威视近年来存货管理能力和销售经营能力有所下降，这种情况不利于企业提高盈利，企业需要采取相关措施提升资产周转率。

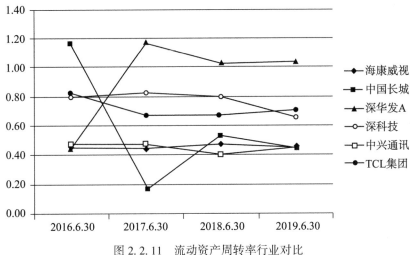

图2.2.11　流动资产周转率行业对比

数据来源：巨灵金融服务平台。

（二）固定资产周转率

固定资产周转率，也称固定资产利用率，是企业销售收入与固定资产净值的比率。固定资产周转率表示在一个会计年度内，固定资产周转的次数，或表示每1元固定资产支持的销售收入。如果固定资产周转率与同行业平均水平相比偏低，则说明企业对固定资产的利用率较低，可能会影响企业的获利能力。

从图2.2.12可以看出，与同行业的公司相比，海康威视的固定资产周转率处于行业的上游水平，近年来固定资产周转率有所下降，但仍然处于较高水平，说明企业对固定资产的利用率较高，将会提高企业的获利能力。

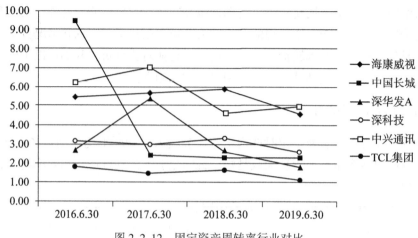

图 2.2.12 固定资产周转率行业对比

数据来源：巨灵金融服务平台。

（三）总资产周转率

总资产周转率是企业一定时期的销售收入净额与平均资产总额之比，它是衡量资产投资规模与销售水平之间配比情况的指标。总资产周转率越高，说明企业销售能力越强，资产投资的效益越好。

从图 2.2.13 中可以看出海康威视总资产周转率处于行业的上游，2016—2019 年总资产周转率呈现稳定的态势，变化不大，说明该公司的总资产周转速度较快，销售能力较强，资产利用率较高，营运能力强，但仍然有较大提升空间。

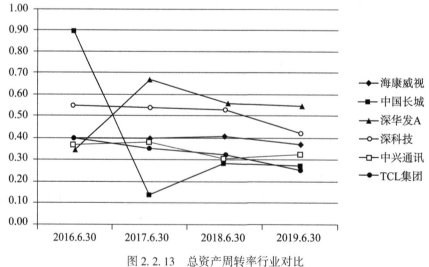

图 2.2.13 总资产周转率行业对比

数据来源：巨灵金融服务平台。

（四）小结

通过对海康威视流动资产周转率、固定资产周转率和总资产周转率的分析，我们发现虽然海康威视的流动资产周转率处于行业的下游水平，整体还呈现略微的下降趋势，流动资产周转率还有上升的空间；但是海康威视的固定资产周转率处于行业的上游水平，企业对固定资产的利用率较高；海康威视总资产周转率处于行业的上游，说明资产利用率较高。总体而言，与同行业对比，海康威视的营运能力较好。

四、杜邦分析

本节我们用杜邦分析法来分析海康威视的业绩驱动因子。本次分析的时间跨度为3年，即2016—2018年，以及对2019年中报数据进行跟踪。研究和分析的一个基本前提是，不断地在所呈现的信息的层次下寻找有意义的信息，通过对所呈现信息的分解揭示公司的利润驱动因素。"细化颗粒度"是杜邦分析的基础：通过分离ROE的不同组成部分，有助于发现公司的优势，并评估其可持续性。追求粒度也有助于发现潜在的运营缺陷，找出公司的较弱业务，并为与管理层就可能出现的问题进行对话提供机会。

在杜邦分析前，我们先了解了海康威视2016—2018年整体的财务数据。从损益表上看，海康威视的利润来源主要是主营业务，投资收益等非经营性业务的收益比较少。账面商誉2.63亿元，占资产总额的比重只有0.4%，说明公司主要依靠核心主营业务的经营而非并购投资来扩大规模和获得利润，因此杜邦分析模型中不涉及需要特别剔除的事项。

接下来我们分析主营业务的业绩驱动因子。2016—2018年，公司的权益净利率ROE分别是34.09%、34.44%、33.42%，整体上保持在较高水平，我们想知道海康威视是否还能持续保持如此高的权益净利率，同时也担心2018年权益净利率的下降会不会成为转折点。

将权益净利率分解为销售净利率×资产周转次数×权益乘数，我们注意到2018年销售净利率上升了0.5个百分点，而资产周转率以及权益乘数有所降低。进一步分解销售净利率，笔者发现净利率上升是税负和利息费用的下降所致，息税前利润率有所降低（见表2.2.2）。

表2.2.2　　　　　　　　**海康威视2016—2018年杜邦分析分解表**

	2018年年报	2017年年报	2016年年报
权益净利润（ROE）（%）	33.42	34.44	34.09
权益净利–同比增减（%）	−1.03	0.35	−0.33
因子分解			
销售净利率（%）	22.84	22.38	23.24

续表

	2018 年年报	2017 年年报	2016 年年报
净利润/利润总额（％）	91.05	89.42	89.29
利润总额/息税前利润（％）	101.94	101.21	100.05
息税前利润/营业总收入	24.48	24.73	25.90
资产周转率	0.87	0.90	0.89
权益乘数	1.69	1.70	1.65
归属母公司股东得净利润占比（％）	99.75	100.36	100.03

数据来源：巨灵金融服务平台。

从总体上看海康威视 2018 年权益净利率 ROE 的降低主要是息税前利润率降低所致，进一步地，我们想知道是哪一块业务导致的降低。由于海康威视没有披露分部报告，因此笔者只能从主营业务分析中的按地区和按产品的分类来分析。

我们发现，2016—2018 年公司国内业务的毛利率逐年上升，而国外业务的毛利率呈现波动状态，2018 年公司国外业务的毛利率下降了 3.93 个百分点。2018 年国内外业务毛利率基本持平（见表 2.2.3）。

表 2.2.3　　　　　　海康威视 2015—2019 年国内外收入构成

	2019 年	2018 年	2017 年	2016 年	2015 年
毛利率（％）					
国内	46.78	44.85	42.02	39.09	38.49
国外	45.21	44.86	48.79	47.6	44.6
收入构成（％）					
国内	70.98	71.53	70.78	70.68	73.66
国外	29.02	28.47	29.22	29.32	26.34

数据来源：巨灵金融服务平台。

从收入构成上看，国内业务的营收占比在逐渐增加，体现在国内业务毛利率和收入占比的提升，因此息税前利润率的下降与毛利无关，应该是期间费用增长所致。

我们分析各项费用率时发现，销售费用率连续 3 年逐年增长，2016—2018 年销售费用率分别是 9.37％、10.57％、11.82％，2019 年中报销售费用率为 13.43％，销售费用率的增长表明公司市场开拓的成本在逐年增加，公司所面临的竞争日趋激烈。与此同时公司管理、研发两项费用的比率也同样呈增长态势，此处不赘述。

项目组成员：姚爽　孙傲

案例 3：中电鑫龙

一、资产负债表

（一）资产规模和结构分析

1. 资产规模

随着安徽中电鑫龙的扩张战略实施，公司资产规模逐渐扩大。通过公司资产负债表可以看到，2012—2016 年，公司总资产共增长了 33.92 亿元，其中 2015 年总资产增长率高达 124.67%。具体来看，2015 年的资产增长主要是由于公司 2015 年完成了对北京中电兴发科技有限公司、苏州开关二厂有限公司的并购，具体情况见图 2.3.1、图 2.3.2。

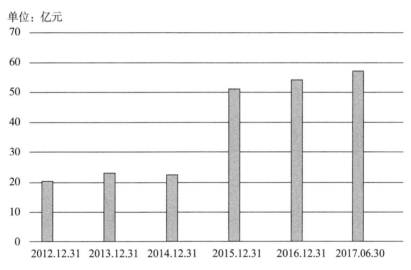

图 2.3.1　2012—2016 年中电鑫龙总资产

资料来源：安徽中电鑫龙 2012—2017 年年度报告。

2. 资产结构

流动资产是指企业可以在 1 年或者超过 1 年的一个营业周期内变现或者运用的资产，代表企业短期的可运用资金，具有变现时间短、周转速度快的特点。流动资产比率是指流动资产占总资产的比重，在资产总量一定的情况下，流动资产比率越高，说明企业流动资产在总资产中所占比重越大，企业承担风险的能力也越强。其计算公式为：流动资产率＝（流动资产/资产总额）×100%。

从流动资产比率来看，中电鑫龙 2012 年流动资产占总资产的比重为 83.25%，2013 年为 78.60%，2014 年为 72.25%，2015 年为 50.78%，2016 年为 54.06%，2016 年为 57.17%。流动资产占总资产的比重在 2015 开始大幅减少（见图 2.3.3）。结合利润表

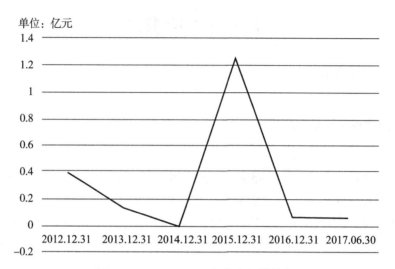

图 2.3.2　2012—2016 年资产年增长率

资料来源：安徽中电鑫龙 2012—2017 年年度报告。

可以看到，2014—2016 年，中电鑫龙的销售收入和营业利润持续增长，说明公司加速了资金周期运转，经营状况良好，正在发挥现有潜力，创造出更多利润。

图 2.3.3　2012—2016 年流动资产比率

资料来源：安徽中电鑫龙 2012—2017 年年度报告。

（二）负债和所有者权益分析

从企业的负债情况来看，2012—2016 年，中电鑫龙的负债共增加了 2.63 亿元，其中，2013 年增加了 17.65%，年增加额为 1.54 亿元；2014 年减少了 5.00%，年减少额为 1.57 亿元；2015 年增加了 108.42%，年增加额为 10.39 亿元；2016 年减少了 43.94%，年减少额为 8.37 亿元。这是由于中电鑫龙在 2015 年将重点放在了全面布局、收购资产上（见图 2.3.4）。

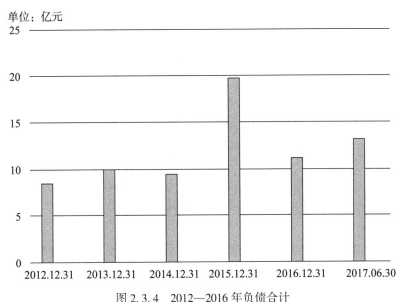

单位：亿元

图 2.3.4　2012—2016 年负债合计

资料来源：安徽中电鑫龙 2012—2017 年年度报告。

从企业的股东权益情况来看，2012—2016 年，中电鑫龙的所有者权益共增加了 31.26 亿元，其中，2013 年增加了 9.32%，年增加额为 1.1 亿元；2014 年增加了 2.33%，年增加额为 0.30 亿元；2015 年增加了 135.83%，年增加额为 17.93 亿元；2016 年增加了 38.32%，年增加额为 11.93 亿元，增长明显（见图 2.3.5）。

（三）财务指标分析

1. 短期偿债能力

短期偿债能力是指企业以流动资产偿还流动负债的能力，它反映企业偿付日常到期债务的能力。对于企业而言，衡量其短期偿债能力的指标一般为流动比率、速动比率以及现金比率。

（1）流动比率。

流动比率是企业流动资产与流动负债的比率，一般来说，流动比率越高，说明企业偿还短期负债的能力越强，流动负债得到偿还的保障越大，一般认为流动比率应大于 2。流动比率的计算公式为：流动比率＝流动资产/流动负债×100%。

通过计算可以得出，2012—2016 年，中电鑫龙的流动比率分别为 2.427547、2.156062、2.048689、1.640457、2.918327，除 2015 年低于公认标准外，其余年份都

单位：亿元

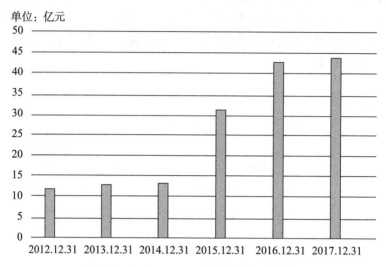

图 2.3.5 2012—2016 年所有者权益合计

资料来源：安徽中电鑫龙 2012—2017 年年度报告。

高于公认标准，说明中电鑫龙的短期偿债能力较强，风险较小（见图 2.3.6）。

图 2.3.6 2012—2016 年流动比率

资料来源：安徽中电鑫龙 2012—2017 年年度报告。

（2）速动比率。

速动比率是企业速动资产与流动负债的比率，一般来说，流动资产扣除存货后称为速动资产，通常认为正常的速动比率为 1，低于 1 的速动比率表明短期偿债能力偏低。速动比率的计算公式为：速动比率＝速动资产/流动负债×100%＝（流动资产－存货）/流动负债×100%。

通过计算可以得出，2012—2016 年，中电鑫龙的速动比率分别为 1.823529、1.533013、1.330836、1.11097、2.032869（见图 2.3.7），其在资金的变现能力较强，短期偿债能力偏强。同时比较流动比率和速动比率可以发现，中电鑫龙的存货价值较大。

图 2.3.7 2012—2016 年速动比率

资料来源：中电鑫龙 2012—2017 年年度报告。

（3）现金比率。

现金比率是企业现金类资产与流动负债的比率，是速动资产扣除应收账款后的余额，由于应收账款存在着发生坏账损失的可能，某些到期的账款也不一定能按时收回，因此速动资产扣除应收账款后计算出来的金额，最能反映企业直接偿付流动负债的能力。一般来说，现金比率越高，说明企业偿债能力强。现金比率的计算公式为：现金比率＝（速动资产–应收账款）/流动负债×100%。

通过计算可以得出，2013—2016 年，中电鑫龙的现金比率分别为 0.916786、0.707083、0.476904、0.438174、1.003984（见图 2.3.8）。2016 年现金比率出现了骤升，这是因为货币资金由 2015 年的 4.51 亿元增加到 2016 年的 7.93 亿元，而应收账款无太大变化。

2. 长期偿债能力分析

长期偿债能力是指企业对债务的承担能力和对偿还债务的保障能力，是反映企业财务安全和稳定程度的重要标志，企业偿债能力越强，债权的安全程度就越高。

（1）资产负债率。

资产负债率是期末负债总额除以资产总额所得到的百分比，也就是负债总额与资产总额的比例关系。资产负债率反映债权人所提供的资本占全部资本的比例，也可以衡量企业在清算时保护债权人利益的程度。其公式为：资产负债率＝负债总额/资产总额×100%。

从投资者的立场看，投资者所关心的是全部资本利润率是否超过借入资本的利率，

图 2.3.8　2012—2016 年现金比率
资料来源：安徽中电鑫龙 2012—2017 年年度报告。

即借入资金的利息率。假使全部资本利润率超过利息率，投资人所得到的利润就会加大；如果相反，运用全部资本利润率低于借入资金利息率，投资人所得到的利润就会减少，则对投资人不利。

从债权人的立场看，他们最关心的是各种融资方式安全程度以及是否能按期收回本金和利息等。如果股东提供的资本与企业资产总额相比，只占较小的比例，则企业的风险主要由债权人负担，这对债权人来讲是不利的。因此，债权人希望资产负债率越低越好，企业偿债有保证，借给企业的资金不会有太大的风险。而中电鑫龙的资产负债率的不断增加，不利于债权人实现债权。

从经营者的立场看，举债数额越大，公司资产规模越大，盈利指标更好看，越是显得企业活力充沛。因此，经营者希望资产负债率稍高些。通过举债经营，扩大生产规模，开拓市场，获取较高的利润。这也是中电鑫龙近年来资产负债率不断增加（见图 2.3.9）的重要原因。

（2）产权比率。

产权比率是负债总额与所有者权益总额的比率，是企业财务结构稳健与否的重要标志。该指标表明由债权人提供的和由投资者提供的资金来源的相对关系，反映企业基本财务结构是否稳定。一般来说，产权比率越低，表明企业自有资本占总资产的比重越大，长期偿债能力越强。

通过计算可以得出，2013—2016 年，中电鑫龙的产权比率分别为 0.71864407、0.7751938、0.71969697、0.63668487、0.25847654（见图 2.3.10）。中电鑫龙的产权比率虽有波动，但整体而言，产权比率较低，长期偿债能力比较强。

（3）长期资本负债率。

长期资本负债率是指企业长期债务与长期资本的比率，其计算公式为：长期资本负债率＝非流动负债/（非流动负债＋所有者权益）×100%。

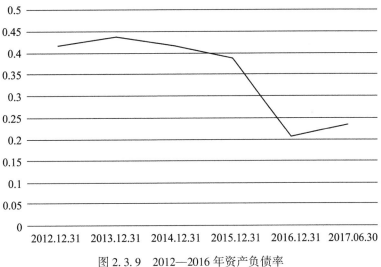

图 2.3.9　2012—2016 年资产负债率
资料来源：安徽中电鑫龙 2012—2017 年年度报告。

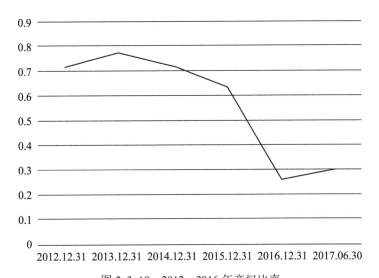

图 2.3.10　2012—2016 年产权比率
资料来源：安徽中电鑫龙 2012—2017 年年度报告。

　　通过计算可以得出，中电鑫龙的长期资产负债率在 2012—2015 年保持稳定，但 2016 年的长期资本负债率降低到 0.022925，每 100 元的长期资本中长期负债低于 2.3 元，长期债务负担轻，长期债权人的保障程度极高。2016 年的资产负债率大幅降低主要是因为中电鑫龙在 2015 年进行了大规模的经营规模扩张和收购资产（见图 2.3.11）。

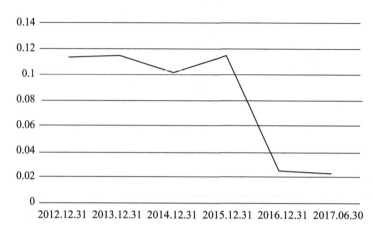

图 2.3.11　2012—2016 年长期资产负债率

资料来源：安徽中电鑫龙 2012—2017 年年度报告。

二、现金流量表

（一）2011—2016 年相关现金流量分析

1. 经营活动产生的现金流

如图 2.3.12 所示，中电鑫龙近 6 年的经营活动波动是比较大的。销售商品、提供劳务的现金流入在 2011—2015 年都处于平缓上升的态势，增速多维持在 10% 上下。2015 年安徽鑫龙兼并了北京中电后，企业业务范围拓宽改良，到 2016 年，销售商品、提供劳务的现金流入增速达到了 62.06%。经营活动现金流入的总额变动大主要是购买商品、接受劳务等其他经济活动共同作用影响的结果。另外值得注意的是，中电鑫龙 2013 年现金流出的金额远超现金流入。

如图 2.3.13 所示，2011—2016 年中电鑫龙销售商品和提供劳务收到的现金流量占经营产生的现金流入总额的比例比较稳定，除去 2013 年销售业绩下滑较多，现金大量流出的情况以外，其他年份所占比重均在 94% 及以上，现金流入主要来源于企业的主营业务收入。

2. 投资活动产生的现金流

由表 2.3.1 数据可知，中电鑫龙在投资方面近年的动作很大，体现在每年现金流出量大，净现金流都为负上。在对外投资上，中电鑫龙 2011—2015 年从相对保守到逐渐放开。2015 年由于并购支出了大笔投资资金，现金流出为 2014 年的 538.58%，投资产生净现金流也相应增大。2016 年企业并购的影响初显，取得的投资收益率有明显提升，较前一年翻了 200 多倍，收益也翻了近 4 倍。在对内投资上，中电鑫龙十分重视顺应形势和行业发展趋势开展创新。该公司一直坚持花巨资提升生产设备性能和生产技术水平。2016 年在企业合并后，中电鑫龙购建固定资产、无形资产和其他长期资产所支付

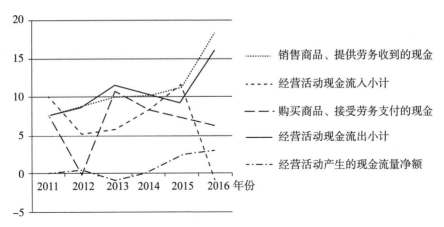

图 2.3.12 2011—2016 年中电鑫龙经营活动产生的当期现金流量走势变化
资料来源：深圳证券交易所 2011—2016 年中电鑫龙年度报告。

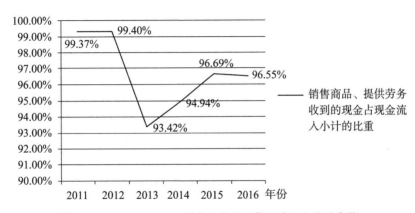

图 2.3.13 2011—2016 年中电鑫龙经营活动现金流量走势
资料来源：深圳证券交易所 2011—2016 年中电鑫龙年度报告。

的现金较 2015 年增加了 100.21%。

表 2.3.1   **2011—2016 年中电鑫龙投资活动现金流**   单位：百万元

报 告 期	2011 年	2012 年	2013 年	2014 年	2015 年	2016 年
收回投资所收到现金	3.00	—	—	0.74	0.74	161.30
取得投资收益所收到现金	0.04	0.15	0.15	0.15	0.51	1.94
处置固定资产、无形资产和其他长期资产而收回的现金净额	0.30	0.11	0.11	0.37	3.86	3.14
现金流入小计	0.34	0.27	0.26	1.26	4.38	166.38

续表

报　告　期	2011 年	2012 年	2013 年	2014 年	2015 年	2016 年
购建固定资产、无形资产和其他长期资产所支付的现金	134.41	—	150.14	58.79	25.67	51.40
投资所支付的现金	20.00	19.59	0.75	0.75	20.45	151.50
现金流出小计	154.41	60.31	150.89	154.55	832.39	228.33
投资活动产生的现金流量净额	−154.06	−60.04	−150.63	−153.29	−828.01	−61.95

资料来源：深圳证券交易所 2011—2016 年中电鑫龙年度报告。

3. 筹资活动现金流

筹资活动所产生的现金流量有一大特点：现时流量与未来流量在一定程度上具有对应性，即某一期间该类现金流入量的发生在一定程度上意味着未来存在相应的现金流出量；且之前该类现金流出量的存在，是以往相应的现金流入所引起的必然结果。

由表 2.3.2 可知，中电鑫龙融资最稳定和主要的方式是借款，2011—2016 年电鑫龙未曾发行过企业债券，这一点在之后的章节中即有解释，而企业吸收的权益投资波动很大，这与企业的业务模式和企业决策是息息相关的。在安保愈来愈重要的社会环境下，2012 年中电鑫龙抓住机遇，获得了贵州六盘水平安城市项目总包合同，这成为公司一个重要的转折点。项目筹得了一笔数额很大的资金。项目的成功实施也极大提升了公司技术、人员素质、管理水平等。另外，从表中数据我们仍可以看出企业并购给发展带来了巨大益处，接受投资的现金流量就达到 2012 辉煌时近 2 倍的数额，但由于企业的负债金额较大，利息重，现金净流量相比绝对量仍较小。中电鑫龙融资的能力仍需提高，负债问题也应该得到更多的关注。

表 2.3.2　　　　　　**2011—2016 年中电鑫龙投资活动产生的当期现金流量**　　　单位：百万元

报　告　期	2011 年	2012 年	2013 年	2014 年	2015 年	2016 年
吸收投资所收到的现金	4.60	517.40	37.99	37.99	478.52	1050.90
取得借款所收到的现金	545.60	689.01	608.00	698.00	953.00	566.00
发行债券收到的现金	—	—	—	—	—	—
收到其他与筹资活动有关的现金	1.51	2.27	5.61	5.61	—	—
现金流入小计	551.71	1208.69	651.61	698.00	1431.52	1616.90
偿还债务所支付的现金	391.50	804.40	445.50	657.00	660.75	1417.00
分配股利、利润和偿付利息所支付的现金	44.12	46.33	32.44	52.49	39.64	72.42
支付的其他与筹资活动有关的现金	—	2.84	4.92	1.08	5.43	2.23

报 告 期	2011年	2012年	2013年	2014年	2015年	2016年
现金流出小计	448.96	853.57	482.86	710.57	705.82	1491.65
筹资活动产生的现金流量净额	102.75	355.12	168.75	-12.57	725.70	125.25

资料来源：深圳证券交易所 2011—2016 年中电鑫龙年度报告。

综合以上对三种现金流项目的分析，中电鑫龙维持着相对稳定的销售业绩和主要收入，但在投资、融资的现金流上有非常大的波动，除去企业并购决策因素，企业在资金利用上还存在分散性、高效性和风险控制上的不足。完成并购后，企业的发展更需要协调好经营活动、投资活动和融资活动，充分发挥每一笔资金的作用。

（二）现金流量比率分析

1. 经营活动现金流占比分析

表 2.3.3 列出的数据显示，经营活动现金流占营业收入的比重和经营活动现金流占经营活动净收益的比重总体来说都有较大幅度的增加。销售商品、提供劳务的现金流入占营业收入的比重先增加后减少，主要是因为经营范围变动，非主营业务活动先减少后增加。2016 年三种比率下降较为明显，并购企业相关服务性业务单元增加了总营业额。因而相关比率上升或下降。

表 2.3.3　　　　　　　　　　　现金流相关比率表

报 告 期	2011年	2012年	2013年	2014年	2015年	2016年
经营活动现金流占营业收入比重	1.24%	4.89%	-9.26%	2.73%	28.03%	17.63%
经营活动现金流占经营活动净收益比重	0.1311	0.4356	-1.5728	2.4096	3.2686	1.6667
资本支出/折旧和摊销	23.76	—	6.10	1.45	0.19	0.71
销售商品、提供劳务收到的现金/营业收入	88.37%	94.88%	110.46%	124.84%	129.39%	109.50%

数据来源：深圳证券交易所 2011—2016 年中电鑫龙年度报告。

2. 现金流动负债比率分析

现金流动负债比率，是企业一定时期的经营现金净流量同流动负债的比率，它可以从现金流量角度来反映企业当期偿付短期负债的能力。该指标从现金流入和流出的动态角度对企业的实际偿债能力进行考察，反映本期经营活动所产生的现金净流量足以抵付流动负债的倍数。由于净利润与经营活动产生的现金净流量有可能背离，有利润的年份不一定有足够的现金（含现金等价物）来偿还债务，所以利用以收付实现制为基础计量的现金流动负债比率指标，能充分体现企业经营活动所产生的现金净流量可以在多大程度上保证当期流动负债的偿还，直观地反映出企业偿还流动负债的实际能力。

现金流和流动负债之比可以用来衡量企业流动负债的偿还能力，一般该指标正常情况应该大于1，表示企业流动负债的偿还有可靠保证，指标越大，表明企业现金净流量越多，到期偿债的能力越有保障。但从表2.3.4可以看到，中电鑫龙部分年份债务风险很高。在融资不足的情况下，举债和购置资产等经济活动导致大量现金流出，而经营活动，包括销售商品、提供劳务在内的业务所带来的现金流入短期内没有大量补充和大幅增加，导致企业债台高筑，不仅影响了正常的资金周转，限制了企业扩大生产规模和开拓业务，同时对自身和债权人的利益保障都不够充分，会使得资金的流入更加困难。虽然到了2016年并购后现金流动负债比率有了回复的迹象，但这种比率所反映的债务危机和巨大风险仍然需要引起关注。

表2.3.4　　　　　　　　　　　　　现金流动负债比率表

报　告　期	2011 年	2012 年	2013 年	2014 年	2015 年	2016 年
经营活动产生的现金流量净额（亿元）	0.11	0.46	−0.83	0.22	2.45	2.95
流动负债合计（亿元）	8.41	6.97	8.33	8.01	15.77	10.04
预收账款（亿元）	0.56	0.43	0.34	0.49	4.01	3.46
除预收款项外的流动负债（亿元）	7.85	6.53	7.99	7.52	11.76	6.58
现金流动负债比率	−5%	49%	−8%	−18%	9%	36%

数据来源：深圳证券交易所2011—2016年中电鑫龙年度报告。

3. 现金流量满足率分析

现金流量满足率为经营活动产生的现金流量净额和投资活动产生的现金流量净额的比率，表示前者对后者的覆盖程度，这里投资活动产生的现金流量净额是指其绝对值。据之前对数据的绝对量分析，中电鑫龙的投资活动大多是对内投资，购建固定资产、无形资产和其他长期资产有大量现金流出，因此企业非常需要资金支持，而经营产生的现金流量净额本身绝对值较小，且还会出现资金短缺，现金流量入不敷出的状况，因此企业满足率非常低甚至为负，2016年满足率大幅度增长，主要是因为企业收回投资结余的现金流量较多，在经营活动产生现金净流量连续增长情况下，才有了跳跃式的提高（见表2.3.5、图2.3.14）。

表2.3.5　　　　　　　　　　　　　现金流量满足率表

报　告　期	2011 年	2012 年	2013 年	2014 年	2015 年	2016 年
经营活动产生的现金流量净额（亿元）	0.11	0.46	−0.83	0.22	2.45	2.95
投资活动产生的现金流量净额（亿元）	−1.54	−0.60	−1.51	−1.52	−8.28	−0.62
现金流量满足率	6.95%	76.91%	−55.66%	14.43%	29.54%	475.62%

数据来源：深圳证券交易所2011—2016年中电鑫龙年度报告。

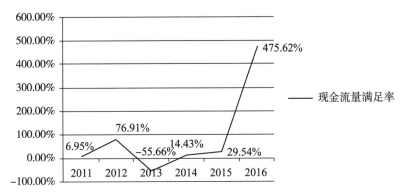

图 2.3.14　2011—2016 年中电鑫龙现金流量满足率走势变化

资料来源：深圳证券交易所 2011—2016 年中电鑫龙年度报告。

综合以上数据和比率分析结果，可以看出中电鑫龙的发展和管理改善空间还是很大的，在对内对外的资金协调上，仍需要作出改变，尤其是在严重的负债问题和资金短缺问题上，需要作出较大的修正和调整，以实现企业规模、发展方向的突破，这些问题的解决也能够带动资金周转速度加快，融资能力水平大幅提升，给企业带来额外的无形利益。

三、利润表

（一）结构分析

1. 收入构成情况分析

我们从 2011—2017 年（其中，2017 年只包含前三个季度的数据，由于行业特点，第四季度的数据缺失不会对 2017 年整体走势有较大影响）中电鑫龙年报中选取营业收入、投资收益和营业外收入（如利得）数据，分别计算它们占总收入的比重。结果如图 2.3.15 所示。

由图 2.3.15 可知，营业收入在总收入中始终占据最大比重，甚至在 2011 年超过了100%，在 2017 年达到了 99.58%。直到 2013 年，投资收益对总收入的贡献才较为突出，超过 20%，这与企业在对外投资和持有商业银行股票等金融企业股权投资方面的正确战略密不可分。但在 2014 年经历了公司业绩"滑铁卢"之后，投资收益对收入的总贡献率大幅减少，而营业外收入包括利得等比重在逐步提高。说明在 2015—2017 年公司整体的战略转型期间，营业收入是公司总收入的最主要来源，其变化幅度较小，说明公司的技术研发导向和政策导向发展战略对公司业绩的贡献是较为突出的。

2. 成本费用结构分析

我们选取了营业成本、税金及附加、销售费用、管理费用、财务费用、资产减值损失、营业外支出与所得税费用，分别计算它们占总支出的比重。结果如图 2.3.16 所示。

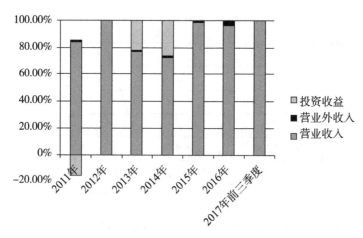

图 2.3.15 2011—2017 年前三季度中电鑫龙收入结构

资料来源：深圳证券交易所 2011—2016 年中电鑫龙年度报告。

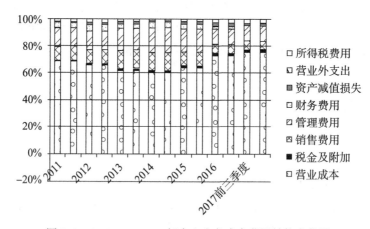

图 2.3.16 2011—2017 年中电鑫龙成本费用结构变化图

资料来源：深圳证券交易所 2011—2017 年中电鑫龙年度报告。

由图 2.3.16 可知，营业成本在总成本费用中占比最高，稳定在 70% 上下，其次分别是管理费用和销售费用。管理费用在 2014 年经历了公司业绩大波动之后逐步下降，在 2016 年达到 11.95% 这个相对低点，这和近几年来公司转型带来的人才结构优化有着密不可分的关系。财务费用在 2017 年的前三季度甚至变成了负值，主要原因在于公司收入增长，银行存款增加，导致利息收入增加；同时由于负债较少，利息支出较少，财务费用在二者作用下呈现负值。

（二）趋势分析

1. 总体趋势分析

从图 2.3.17 中不难发现，除去 2014—2015 年营业收入增速受短期宏观形势影响大幅下降，其他时候的营业收入增长都较为稳健，甚至出现 2017 年前三个季度的营业收入就已经超过 2016 年度营业收入的情况。这与公司充分把握国家大力发展新型智慧城市的市场机会、不断引进人才进行转型等有密不可分的关系。

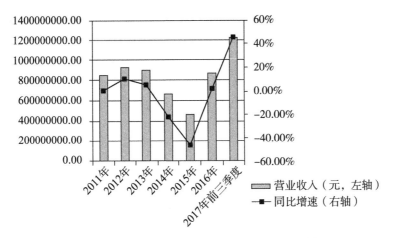

图 2.3.17　2011—2017 年前三季度公司营业收入及同比增速

数据来源：安徽中点兴发与鑫龙科技股份有限公司 2011—2017 年前三季度报告合并利润表。

　　公司净利润的增速整体上波动较大，反映出公司业绩走势不稳定性（见图 2.3.18）。而在经历 2014 年宏观形势的低潮之后，公司盈利能力又在稳步复苏，同时伴随 2017 年前三季度紧跟政策导向的公司转型，预期 2017 年净利润的增长量和同比增长速度会达到甚至超过 2016 年的水平。

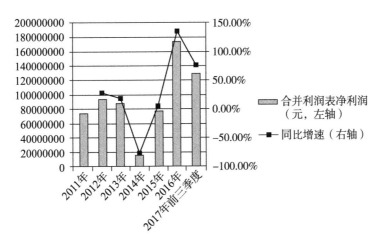

图 2.3.18　2011—2017 年前三季度公司合并利润表净利润及同比增速

数据来源：安徽中电鑫龙 2011—2017 年前三季度报告合并利润表。

2. 指标趋势分析

（1）毛利率及净利率。

毛利率是毛利与销售收入（或营业收入）的比值，其中毛利是收入和与收入相对应的营业成本之间的差额。

由图 2.3.19 可知，公司的毛利率和净利润率整体波动较大，其中毛利率和净利润率曾跌至零界线以下，在 2015 年分别为−1.52%和−0.09%。这是受到 2014 年整体项目工期延期的强烈影响。自 2015 年开始，由于公司新纳入多家子公司、购销合同数量较大，毛利率和净利润率都大幅回升，分别超过了 20%。同时伴随 2017 年鑫龙公司积极响应国家新型城市建设的政策，盈利在稳步回升，从 2017 年度前三个季度的数据来看情况较为乐观。

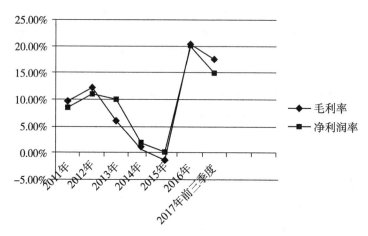

图 2.3.19 2011—2017 年前三季度公司毛利率及净利率

数据来源：安徽中电鑫龙 2011—2017 年前三季度报告合并利润表。

（2）三费率。

三费率主要指销售费用率、管理费用率、财务费用率，分别指销售费用、管理费用、财务费用占主营业务收入的比重。

从图 2.3.20 可知，三费率整体波动趋势较为一致，其中管理费用在三种费用中的占比始终是最高的，在 2011—2014 年，三费率都基本保持着平稳上升趋势。但在 2015 年三费率大幅攀高，其中，管理费用率甚至高达 30.26%。不过在接下来几年三费率均大幅回落，甚至低于 2011 年的费率，这反映了公司在 2016—2017 年逐步由原有智能输配电设备制造商发展成为提供智慧新能源等一揽子解决方案的服务商的战略转型。

（三）财务指标对比分析：基于资产盈利能力的分析

1. 总资产报酬率

总资产报酬率，是企业一定时期内获得的息税前利润总额与平均资产总额的比率。其中，息税前利润总额＝利润总额＋利息支出。该指标用以衡量企业资产的综合利用效果。

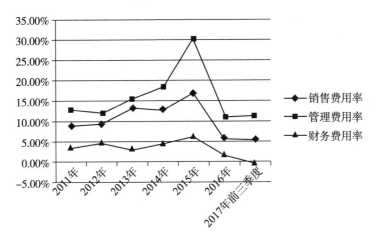

图 2.3.20　2011—2017 年前三季度公司三费率变化
数据来源：安徽中电鑫龙 2011—2017 年前三季度报告合并利润表。

一般情况下，总资产报酬率越高，表明企业的资产利用效益越好，整个企业盈利能力越强。

中电鑫龙的总资产报酬率在行业中并不突出，而 2017 年的走势也不容乐观。由图 2.3.21 可知，由于受到 2013—2014 年宏观环境从紧而导致项目工期延长的影响，原本呈下降趋势的总资产报酬率大幅下跌至谷底，约为 0.80%。此后两年企业的资产利用效益呈现回升趋势，但是基于 2017 年的项目中标情况、新型智慧城市 PPP 模式的年度整体运行情况等尚未完全公布，我们无法断定 2017 年鑫龙电器（2017 年 4 月新更名称）的资产利用效益是否继续呈下滑趋势。

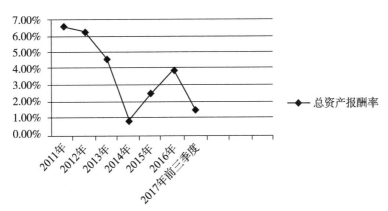

图 2.3.21　2011—2017 年前三季度总资产报酬率
数据来源：安徽中电鑫龙 2011—2017 年前三季度报告合并利润表。

2. 净资产收益率

净资产收益率，是企业一定时期净利润与平均净资产的比率，反映了企业自有资金的投资收益水平。其中，平均净资产等于期初所有者权益加上期末所有者权益的均值。一般认为，净资产收益率越高，企业自有资本获取收益的能力越强，运营效益越好，对企业投资人、债权人利益的保证程度越高。

从图 2.3.22 中可以看出，中电鑫龙的净资产收益率在 2011—2014 年一直处于持续下滑的趋势，并且在 2014 年跌至最低点，约为 0.65%，缩水至 2011 年的约 1/6。此后的两个会计年度零三个季度里，净资产收益率几经波动又回到接近 1.00% 的水平，说明企业自有资本获取收益的能力不稳定，营运能力不稳健，在某种程度上会影响债权人和投资人投资的信心。

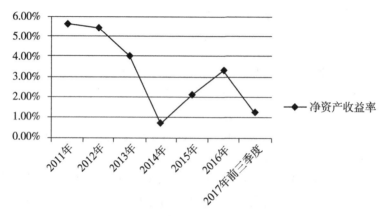

图 2.3.22　2011—2017 年前三季度净资产收益率

数据来源：安徽中电鑫龙 2011—2017 年前三季度报告合并利润表。

项目组成员：周冬妮　郭甜妮　廖沫珈

案例 4：腾讯公司

一、偿债能力分析

（一）流动比率

$$流动比率 = \frac{流动资产}{流动负债} \times 100\% = \frac{253968}{240156} \times 100\% = 105.75\%$$

腾讯公司的流动比率为 105% 左右，与正常迅速发展的网络运营公司的 150% ~ 200% 相比，属于偏低的水准，证明资产的变现能力属于较弱的水准，短期偿债能力不强，不利于风险发生时风险的阻止和补救。但是从其产业内部行情来看，由于绝大多数的收入和资产都被电子信息化的产品或资本衍生物所占据，因此在流动比率上的数值较低。流动资产相比总资产来说所占份额不大。

（二）速动比率

$$速动比率 = \frac{速动资产}{流动负债} \times 100\% = \frac{253968 - 718}{240156} \times 100\% = 105.45\%$$

腾讯公司的速动比率为105%左右，相比来说和流动比率基本相似，这与腾讯公司本身的特征和行业的特色相关。由于电子网络产业中的交付都是网络虚拟产品，因此存货方面所占资产比例十分低，或者说很少存在存货。所以速动比率和流动比率几乎相等。

（三）现金比率

$$现金比率 = \frac{流动资金}{流动负债} \times 100\% = \frac{189571}{240156} \times 100\% = 78.93\%$$

（流动资金＝流动资产–存货–预付账款、现金及其他应收款项（流动）– 应收账款及票据）

由表2.4.1可见，腾讯公司的现金比率为80%左右，在同行业中属于较高水平，这与腾讯公司的微信业务有着密不可分的关系。由于微信支付与客户的资金转移有着很密切的联系，因此腾讯公司货币资金和金融衍生品类的资产所占比率较高。

表2.4.1　　　　　　　　　腾讯公司历年各比率对比分析表

年份	流动比率	速动比率	现金比率
2015	1.25	1.25	1.10
2016	1.47	1.47	1.23
2017	1.18	1.17	0.95
2018	1.07	1.07	0.84
2019	1.06	1.05	0.79

数据来源：腾讯公司历年财务报表。

从历年数据对比中可以看出，腾讯公司的流动比率在5年内整体呈现下降趋势，但是整体变化幅度较小，说明流动性正在减弱，证明了腾讯公司的非流动资产和负债占比越来越大，这也是一个公司发展步入成熟阶段的体现。

二、盈利能力分析

（一）销售利润

$$销售净利润率 = \frac{净利润}{销售收入净额} \times 100\% = \frac{95888}{377289} \times 100\% = 25.42\%$$

由历年销售利润结果可以看出腾讯的销售营业利润是腾讯总利润的主要部分。数据显示，腾讯的销售营业利润整体占比为 30% 左右。由 2017 年的 30.48%、2018 年的 25.58% 到 2019 年的 25.42%，可以看出净利润率整体呈现下降的趋势。

（二）总资产报酬

$$总资产报酬率 = \frac{税前利润总额}{平均总资产} \times 100\% = \frac{109400}{838753} \times 100\% = 13.04\%$$

2017 年公司总资产收益率为 13.04%，在同行业中公司的投资资本回报率维持在一个稳定的水平。对于网络公司而言，新产品的投资与研发占支出的主要部分，而维持着稳定的资产回报率则说明了腾讯公司无论是在运营还是在战略投资上都十分稳定。

（三）净资产收益率

$$净资产收益率 = \frac{税前利润总额}{平均总资产 - 存货} \times 100\% = \frac{109400}{838753 - 718} \times 100\% = 13.54\%$$

腾讯公司的净资产收益为 13.54%，几乎为行业平均水平的 2 倍，公司的盈利能力很强。由于腾讯的主要收入为网络游戏收入，随着游戏行业盛行，腾讯的游戏地下城与勇士、穿越火线、英雄联盟、QQ 飞车大受用户欢迎，收入占比极高，因此 ROE 到达顶峰。如今腾讯转入微信时代，ROE 呈现下降趋势，但仍处于极高水平。

三、营运能力分析

（一）运营能力分析概述

公司所在行业的总资产周转率平均为 0.65，由表 2.4.2 可以看出，腾讯公司总资产周转率平均值为 0.62，与之十分接近。固定资产周转率呈现先升后降的趋势。由于拥有超过 70% 的电脑以及软件设备投入，还有线下电子设备的开发，这部分增长有利于扩大业务规模，增加收入来源。流动资产周转率呈现先降后升的趋势。

表 2.4.2　　　　　　　　腾讯公司历年各周转率对比分析表

年份	流动资产周转率	固定资产周转率	总资产周转率
2014	1.22	9.50	0.57
2015	0.89	11.50	0.43
2016	1.00	12.73	0.43
2017	1.45	12.68	0.50
2018	1.58	10.66	0.49
2019	1.60	9.21	0.45

数据来源：腾讯控股历年财务报表。

（二） 流动资产周转情况分析

$$流动资产周转率 = \frac{收入净额}{平均流动资产总额} = \frac{377289}{235524} = 1.60$$

腾讯公司的流动资产周转率为1.60，在高收入的同时，流通自传率处于较高水平，企业资产的利用率属于较高水平，证明腾讯公司有着较为合理的内部管理制度和措施，能充分利用流动资产，调动闲置的货币资金并创造收益，整体的资金整体使用率较为良好。

（三） 固定资产周转情况分析

$$固定资产周转率 = \frac{收入净额}{平均固定资产总额} = \frac{377289}{40957} = 9.21$$

由于该指标受折旧方法和折旧年限计算方式的影响较大，而腾讯采用的折旧计算方式为累计折旧法，固定资产的主要部分为电脑设备以及一些电力电子软件，因此该数值参考价值和参考意义不大，较高的固定资产周转率说明了收入较高。

（四） 总资产周转情况分析

$$总资产周转率 = \frac{收入净额}{平均总资产} = \frac{377289}{838753} = 0.45$$

总资产周转率为0.45，说明了整体的资产利用率在行业中属于中等水准，周转率越高，则企业销售能力越强，自身投资收益越好。

（五） 小结

腾讯公司的大部分收入是实质性的现金流入，并且状况逐年稳定，周转率维持在一个稳定的水平，腾讯公司的营业保障资产运行顺利，收入质量高，降低了未来发展中的商业风险。

四、成长能力分析

$$收入增长率 = \frac{收入增长额}{上年度收入总额} \times 100\% = \frac{64595}{312694} \times 100\% = 20.66\%$$

$$净利润增长率 = \frac{利润增长额}{上年度利润总额} \times 100\% = \frac{15904}{79984} \times 100\% = 19.88\%$$

$$资产增长率 = \frac{资产增长额}{上年度总资产} \times 100\% = \frac{100000}{1420000} \times 100\% = 7.04\%$$

由上述三个公式我们得到2019年腾讯公司收入增长率为20.66%，净利润增长率为19.88%，资产增长率为7.04%。因此我们认为公司历年来维持着稳定增长，拥有较高的成长能力。

五、杜邦分析

杜邦分析法综合反映企业会计期间内的经营效率和财务状况及其影响因素。2019年，公司净资产收益率为 22.31%，总资产收益率为 11.44%，销售净利润为 25.42%，总资产周转率为 0.45，权益乘数为 1.95（见表 2.4.3）。根据以往的数据分析可以得出，2015—2019 年，由于腾讯步入了微信时代，整体公司的战略都有了很大程度上的变化，因此财务数据与 2015 年之前有了很大差异。

表 2.4.3　　　　　　　　腾讯公司相关数据对比分析表

年份	净资产收益率	总资产收益率	权益乘数	销售净利率	总资产周转率
2014	35.88%	17.25%	2.08	30.26%	0.57
……					
2017	30.48%	15.24%	2	30.48%	0.5
2018	25.44%	12.53%	2.03	25.58%	0.49
2019	22.31%	11.44%	1.95	25.42%	0.45

数据来源：腾讯控股历年财务报表。

腾讯公司调整发展战略对营运模式产生了较大影响，从数据上来看公司的资产周转效率呈持续下降趋势。其间公司还进行了大规模的投资和收购，导致公司总资产量提升、经营成本增加以及净收益下降，综合表现为营运指标和盈利指标表现较差，但尚未出现大幅波动。企业的权益乘数不断降低，代表负债比率不断降低，股东面临的投资风险减少，有利于增强投资者信心。

综上所述，腾讯公司近年的扩张政策在一定程度上影响了盈利能力与营运能力，但是从前文中可以看出，公司保持较高的收入增长速度并且增长趋势稳定。公司权益乘数持续下降的同时流动比率也不断降低，说明公司的非流动资产占比近年来稳定上升，积极的扩张政策带来的负效应有限，结合近期互联网行业的竞争不断加剧，笔者认为腾讯公司在竞争中具有一定的规模优势，有利于长期发展。

项目组成员：赵麒翔　陈可滢　黄伟

案例 5：申通快递

一、偿债能力分析

企业的偿债能力是指企业偿还各项债务的能力。分析企业的偿债能力可以了解企业发展的稳定性。

（一）短期偿债能力

（1）流动比率。

流动比率是流动资产和流动负债之比。流动比率越高，企业的流动性越好。2015—2010年，申通快递的流动比率呈现出先上升后下降的趋势，其中2016年和2017年流动比率高于标准值2，其余年份均未达到标准值，2020年流动比率仅为1.32，体现了申通快递的短期偿债能力偏弱（见图2.5.1）。

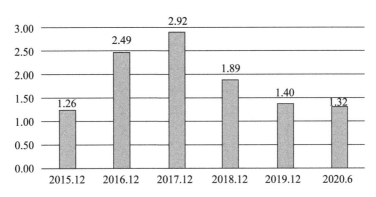

图2.5.1　2015—2020年申通快递流动比率
数据来源：新浪财经。

从横向的公司对比中可以看出，2018—2020年快递公司的流动比率均低于标准值，且较2015年和2016年有着明显的下降走势（见图2.5.2）。从侧面反映出快递行业对于存货的管理水平有待加强。

图2.5.2　2015—2020年四家快递公司流动比率对比
数据来源：新浪财经。

（2）速动比率。

　　流动资产中含有流通较久的存货资产，剩余的存货、严重的损坏等不良的管理问题，都会影响到企业的资产现金流动性大小。速动比率为了排除存货的负面效应，对流动比率的公式进行改良，其中的流动资产的部分要将存货的部分排除在外。该过程能更好地体现出企业的流动性。申通快递的速动比率呈现出先上升后下降的趋势，且近年的速动比率均高于标准值1。表明申通快递的存货占比较低，资金流动性较好（见图2.5.3、图2.5.3）。

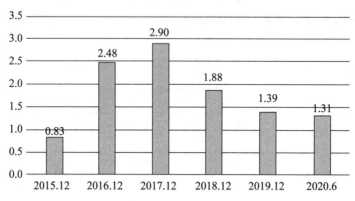

图 2.5.3　2015—2020 年申通快递速动比率

数据来源：新浪财经。

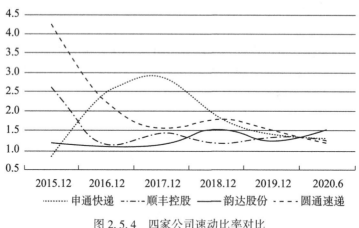

图 2.5.4　四家公司速动比率对比

数据来源：新浪财经。

（3）现金比率。

2015—2020 年，申通快递的现金比率处于先上升后下降的趋势（见图2.5.5）。企业的现金比率过高，表明企业有更多的现金资产可以用于快速偿债，营运资金没有得到充分利用。

从公司横向对比图中可以看出，申通快递的现金比率总体上明显高于其他三家快递

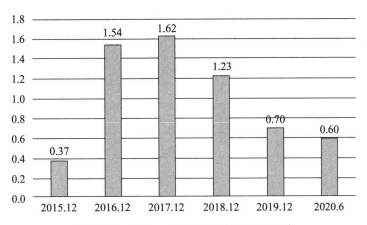

图 2.5.5 2015—2020 年申通快递现金比率
数据来源：新浪财经。

公司（见图 2.5.6），这从一定程度上可以说明申通快递的营运资金没有得到充分利用。

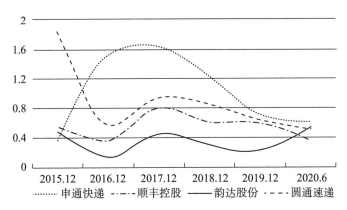

图 2.5.6 四家公司现金比率对比
数据来源：新浪财经。

总体而言，申通快递 2017—2020 年短期偿债比率处于下降状态，表明企业营运资本利用率大幅提高。这是因为该公司的快速发展需要大量的资金投入，短期贷款是最好的选择。手续简便，融资成本相对较低。当前流动资产的增长率远远落后于短期负债的增长率，短期偿债比率下降。同时，从同行业公司的横向对比中可以看出，与其他快递公司相比，申通快递的营运资本利用率仍存在一定的差距。

（二）长期偿债能力

（1）资产负债率。
资产负债率是负债总额和资产总额之比。该比率数值越大，代表企业的偿债能力越弱；数值越小，代表企业的长期偿债能力越强。2015—2020 年申通快递的资产负债率呈现出先急速下降而后缓慢上升的趋势（见图 2.5.7）。目前仍保持在较低水平，表明企业资产和负债之间的比例合理均衡，企业经营状况安全稳健。

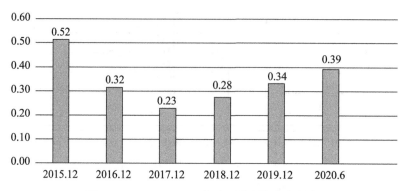

图 2.5.7　2015—2020 年申通快递资产负债率

数据来源：新浪财经。

从公司横向对比图中也可以看出，2017—2019 年资产负债率均低于同行业的其他快递公司（见图 2.5.8），这表明申通快递的长期偿债能力在行业中处于领先水平，另外，资产负债率较低表明公司管理层较为保守，没有较好地发挥财务杠杆的积极作用。

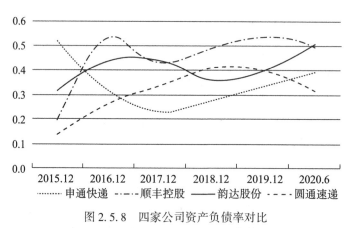

图 2.5.8　四家公司资产负债率对比

数据来源：新浪财经。

（2）产权比率。

产权比率是负债总额和股东权益之比，反映了债权人投入的资本受到股东权益的保障程度。2019 年申通快递的产权比率为 0.5，2020 年为 0.59（见图 2.5.9、图 2.5.10），均符合企业标准的产权比率，体现了目前其资本结构较为合理。

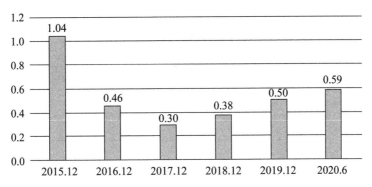

图 2.5.9 2015—2020 年申通快递产权比率

数据来源：新浪财经。

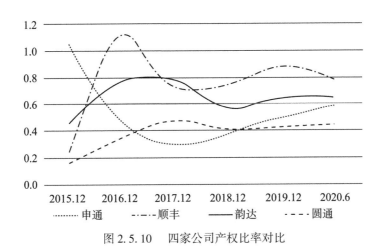

图 2.5.10 四家公司产权比率对比

数据来源：新浪财经。

二、盈利能力分析

盈利能力指企业在正常的营业情况下获得利润的能力。它反映了企业经营和发展的质量以及可持续发展的水平。常用指标主要有销售净利率、资产报酬率、净资产收益率等。

1. 销售净利率

销售利润率主要依据销售收入反映企业的获利水平，为企业利润与销售额的比率。2015 年申通快递的销售净利率几乎为 0，以后年度较为稳定，受新型冠状病毒肺炎疫情影响，2019 年及 2020 年上半年净利率降低。由同为快递行业的四家企业，申通、顺丰、韵达及圆通的销售净利率的对比图可以发现申通的销售净利率在 2016—2019 年较为稳定，基本处于第二的位置，2019 年四家企业的差距逐渐缩小，但在 2020 年其净利率跌落到 2015 年的水平，甚至落后于行业平均水平（见图 2.5.11、图 2.5.12）。

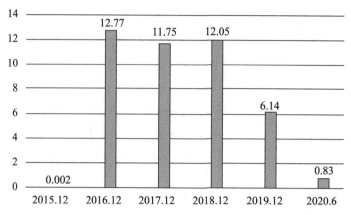

图 2.5.11　2015—2020 年申通快递销售净利率（%）
数据来源：新浪财经。

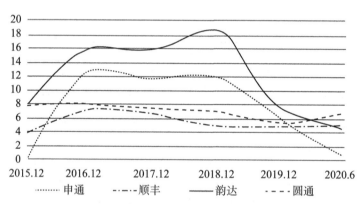

图 2.5.12　2015—2020 年四家企业销售净利率对比（%）
数据来源：新浪财经。

2. 资产报酬率

总资产报酬率的高低直接反映资产利用效率的高低，二者成正比例。报酬率越高，说明企业能够有效利用资金增加收入并合理节约使用；报酬率越低，反映企业资产利用效率低，应结合企业业务能力及经营状况分析原因，提高资金周转率。申通快递资产报酬率自 2016 年以后保持稳定上升趋势，2019 年开始下降，与销售净利率变化趋势一致。2019 年之前申通的资产报酬率在行业中总体是相对稳定的并保持在一个较高的水平，说明申通快递在资产利用方面表现较为优秀，但到 2020 年直线下降，落后于其他三家企业（见图 2.5.13、图 2.5.14）。

3. 净资产收益率

净资产收益率主要反映公司运用自有资本投资获得收益的能力。申通快递 2015 年净资产收益率仅为 0.53%，2016 年开始达到 23.18%，变化非常大，2019 年出现回落，

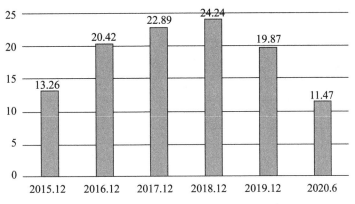

图 2.5.13　2015—2020 年申通快递资产报酬率（%）

数据来源：新浪财经。

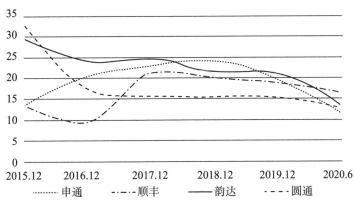

图 2.5.14　2015—2020 年四家企业资产报酬率对比（%）

数据来源：新浪财经。

2020 年仅为 0.78%，回到 2015 年刚起步时的水平，波动起伏较大。行业整体水平从 2015 年开始迅速上升，2016 年达到峰值又缓慢下降，其中申通 5 年间基本保持在第二的水平，并紧跟行业整体趋势，但 2019—2020 年下降幅度远大于其他企业（见图 2.5.15、图 2.5.16）。

三、营运能力分析

营运能力主要是指企业经营资产的效率和效益水平。效率和效益水平是指资产的周转率和利用效果。周转率越快，利用效果越高，企业的营运能力就越强。因此，运营能力可以从根本上决定企业的运营状况和经济效益。对企业营运能力的分析可以有效评估资产流动性，提高预期收益水平，为提高企业经济效益指明正确方向。

1. 应收账款周转率

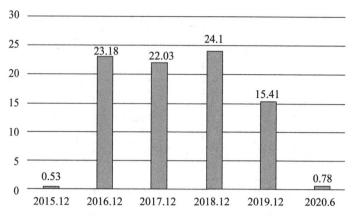

图 2.5.15　2015—2020 年申通快递净资产收益率（％）

数据来源：新浪财经。

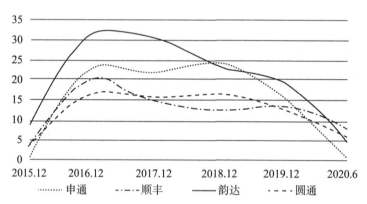

图 2.5.16　2015—2020 年四家企业净资产收益率对比（％）

数据来源：新浪财经。

　　应收账款对公司流动资产的质量有着重要的影响，若能及时收回应收账款，资金使用效率便可大幅提升，否则就会面临出现坏账的风险。应收账款周转率就是反映公司应收账款周转速度的指标。2015—2019 年申通快递的应收账款周转率呈现波动式上升的趋势，2020 年却急速下降至 9.57（见图 2.5.17）。

　　从公司层面对比得出，2015—2016 年整个快递行业的应收账款周转率都出现了大幅增加，因为 2015 年快递行业正处于发展初期，管理结构尚不完善，资金使用效率较低，2016—2019 年应收账款周转率基本保持稳定。2020 年因为疫情的影响快递行业的应收账款周转率均出现一定程度的下滑。申通快递的应收账款周转率在整个行业中处于中等水平（见图 2.5.18）。

　　2. 存货周转率

　　存货周转率即存货的周转次数。其周转的效率越高，资金流动性越好，企业的运营

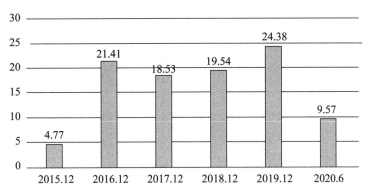

图 2.5.17　2015—2020 年申通快递应收账款周转率

数据来源：新浪财经。

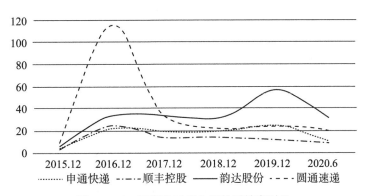

图 2.5.18　四家公司应收账款周转率对比

数据来源：新浪财经。

业绩越高。2015—2019 年，申通快递的存货周转率是一直上升的，体现了其资产流通性较强，说明企业开始重视流动资产的结构优化，实现利润的最大化。2020 年受疫情影响，存货周转率出现了大幅下滑（见图 2.5.19）。

从公司层面对比分析，2015—2019 年，四家快递公司的存货周转率均呈现逐年上升的趋势，其中，申通快递的上升幅度最大。2020 年四家快递公司的存货周转率普遍下滑，申通快递的下降幅度最大（见图 2.5.20）。

3. 流动资产周转率

流动资产周转率反映的是公司流动资产的使用情况，以及管理水平的高低。申通快递在 2015—2019 年的流动资产周转率呈现波动式增长的走势，说明企业流动资产利用效果乐观，管理水平稳步提高。2020 年申通快递的流动资产周转率下跌为 1.37（见图 2.5.21）。

从公司层面对比分析，从整体来看，行业中另外三家快递公司的流动资产周转率均呈现下降趋势，申通快递在经历了 2015—2019 年的上升后，2020 年又跌到四家快递公

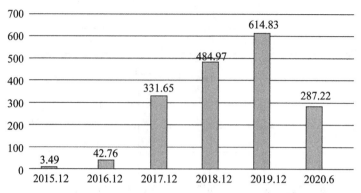

图 2.5.19　2015—2020 年申通快递存货周转率

数据来源：新浪财经。

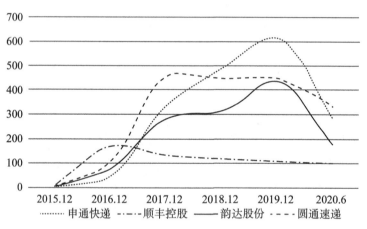

图 2.5.20　四家公司存货周转率对比

数据来源：新浪财经。

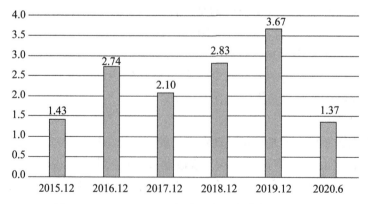

图 2.5.21　2015—2020 年申通快递流动资产周转率

数据来源：新浪财经。

司中的最低值，快递行业的流动资产利用效率还有待提高（见图2.5.22）。

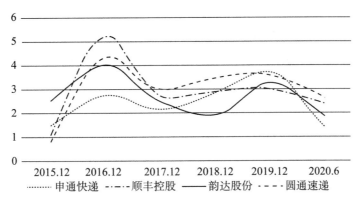

图 2.5.22 四家公司流动资产周转率对比

数据来源：新浪财经。

4. 总资产周转率

总资产周转率是企业营业收入与平均资产总额的比值，反映资产总量的规模和销售水平的情况。总资产周转率越大，企业的销售水平越高。总体来看，申通快递的总资产周转率呈增长趋势。表明了申通快递 2019 年的资产利用程度较高，产品市场占有率较大。2020 年受疫情影响，申通快递的总资产周转率大幅下降（见图2.5.23）。

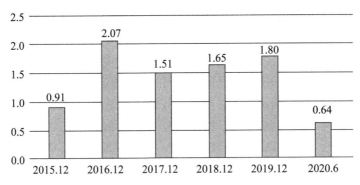

图 2.5.23 2015—2020 年申通快递总资产周转率

数据来源：新浪财经。

从公司层面对比分析，近年整个快递行业的总资产周转率呈现出先大幅上升，再下降，再保持稳定，而后大幅下降的趋势，其中申通快递的下降幅度最大。快递行业的总资产周转率仍有待提升，行业销售水平有待加强（见图2.5.24）。

总体而言，申通快递的营运能力受疫情影响严重，相关资产周转率较同行业其他企业而言下降幅度最为明显。

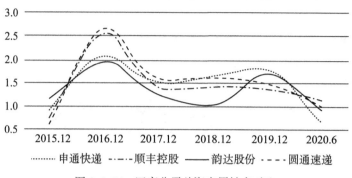

图 2.5.24　四家公司总资产周转率对比

数据来源：新浪财经。

四、成长能力分析

在保证公司的基本业务运营之外，公司可以通过自身经营获得的收益或者其他融资方式获取的资金来发展其他业务，从而扩大经营能力，成长能力主要通过企业未来发展的趋势与速度来体现。评价企业成长能力的主要指标有净利润增长率、主营业务收入增长率、总资产增长率等。

1. 净利润增长率

净利润增长率反映出公司的经营成果，净利润的正增长说明公司是有成长能力的，其数值可以用本年与上年净利润的差值和上年净利润的比值来表示。2015 年和 2019 年、2020 年上半年申通快递均出现了负增长，尤其在 2015 年、2020 年净利润增长率分别达到-99.33%、-90.72%，企业处于完全亏损状态。除 2016 年外，行业整体均处于不景气的状态，且 2017—2019 年四家企业净利润增长率差别较小，但 2016 年顺丰的净利润增长率到达近 300%，遥遥领先，相较于其他三个企业，申通则一直都保持着较小增幅，2018—2020 年申通净利润增长率则出现直线下降的趋势，申通快递成为四家企业中增长率最低的企业，所以就近年数据来看，申通成长能力有待提升（见图 2.5.25、图 2.5.26）。

2. 主营业务收入增长率

主营业务收入增长率的计算公式与净利润增长率相对应。通常情况下单一主营业务且拥有突出成绩的公司成长能力较强。申通快递专注于快递业务，从 2016 年开始，连续四年主营业务收入增长率维持在 30% 左右，并呈现稳定增长趋势，基本可以认定申通快递是具有成长性的。快递行业的四个龙头企业除 2015 年出现负增长的情况，从 2016 年开始主营业务收入均较为稳定，申通快递保持在平均水平，但仍有进一步提高增长率的空间。2020 年申通主营业务收入增长率再次跌为负值，且整个行业除顺丰有小幅增长之外均呈现下降趋势，可见疫情对于快递行业的影响之大（见图 2.5.27、图 2.5.28）。

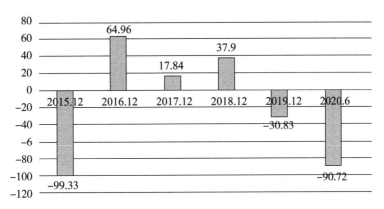

图 2.5.25 2015—2020 年申通快递净利润增长率（%）
数据来源：新浪财经、同花顺。

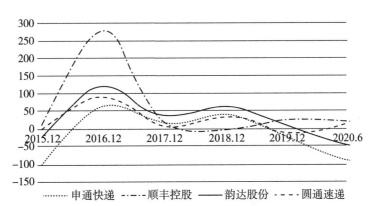

图 2.5.26 2015—2020 年四家企业净利润增长率对比（%）
数据来源：新浪财经。

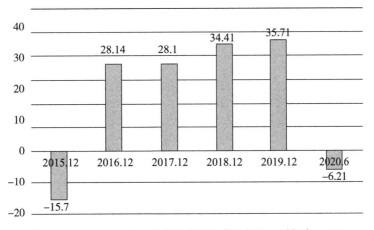

图 2.5.27 2015—2020 年申通快递主营业务收入增长率（%）
数据来源：新浪财经、申通快递年报。

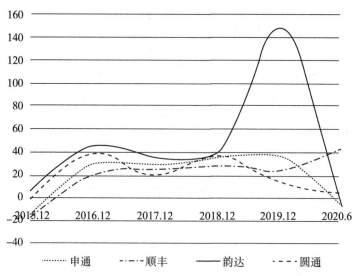

图 2.5.28　2015—2020 年四家企业主营业务收入增长率对比（%）

数据来源：新浪财经。

3. 总资产增长率

总资产增长率主要反映企业资产规模扩张速度。申通快递 2016 年进行了大规模的扩张，总资产增长率高达 180%，但后续几年增长率出现较大幅度下降，说明申通快递并没有盲目扩张，而是严格控制资产规模扩张的质量，保证企业未来持续发展的能力。申通快递的总资产增长率基本保持在行业中游水平，说明扩张规模小于其他企业且不如其他企业稳定，2019 年及 2020 年整个行业均处于小幅度增长的状态（见图 2.5.29、图 2.5.30）。

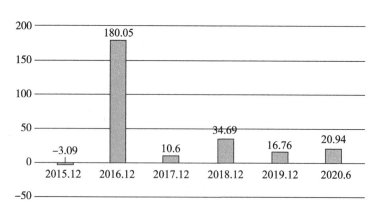

图 2.5.29　2015—2020 年申通快递总资产增长率（%）

数据来源：新浪财经、申通快递年报。

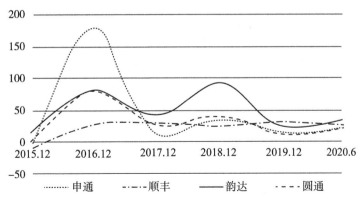

图 2.5.30　2015—2020 年四家企业总资产增长率对比（%）
数据来源：新浪财经。

项目组成员：戴雯　洪云

案例 6：温氏股份

一、偿债能力分析

1. 纵向指标

资产负债率＝总负债/总资产，是企业衡量债务压力的主要指标。2019—2020 年为温氏股份市占率扩张期，且遭遇猪瘟及疫情的冲击，其资产负债率应相对上行。但从图 2.6.1 中我们可以看出其走势呈现先升后降趋势，2019 年第二季度资产负债率达到顶点，之后缓慢下行，在疫情过后现金流紧张的经济时期，28.65% 的资产负债率十分稳健，但同时相对较低的资产负债率也让市场怀疑其是否正在履行所声称的扩张战略，我们会在后续指标进行验证。

表 2.6.1 为 2019—2020 年温氏股份三个偿债能力关键指标的变化，其中速动比率＝速动资产/流动负债，速动资产＝流动资产－存货，在养猪行业中存货为关键资产，故剔除这一变量看速动比率十分必要，一般与 1 做比较，速动比率维持在 1 较为正常，它表明企业的每 1 元流动负债就有 1 元易于变现的流动资产来抵偿，短期偿债能力有可靠的保证。速动比率过低，则企业的短期偿债风险较大，温氏股份 2020 年 3 月 31 日速动比率为 0.45，上一期（2019 年 12 月 31 日）为 0.61，偿还流动负债压力明显（见表 2.6.1）。同时考察速动比率指标还应同时考察应收账款质量，从应收账款周转天数指标来看其质量优良，因此可忽略其对速动比率的负面影响。

图 2.6.1　2019—2020 年温氏股份资产负债率

数据来源：同花顺。

表 2.6.1　　　　　　　　　温氏股份偿债能力指标

	2020-03-31	2019-12-31	2019-09-30	2019-06-30
流动比率	1.85	1.88	1.63	1.59
速动比率	0.45	0.61	0.40	0.55
应收账款周转天数	1.72	1.18	1.39	1.29

数据来源：同花顺。

流动比率是流动资产/流动负债，一般认为流动比率应在 2 以上，表示流动资产是流动负债的 2 倍，即使流动资产有一半在短期内不能变现，也能保证全部的流动负债得到偿还，温氏股份 2020 年 3 月 31 日流动比率为 1.85，上一期（2019 年 12 月 31 日）为 1.88，短期偿债能力具有一定的保障，但仍未达优良线。再结合流动比率的变化趋势可以看出，虽然存在一定的负债压力，但短期承载能力具有一定的保障，公司现金流较为平稳。偿债能力较为优越。2019—2020 年上半年的资产负债率是呈现下降趋势的，说明当前公司的负债持续增加，还没有迎来扩张后达到盈利的一个拐点。

综合以上三个指标，温氏股份短期偿还流动负债压力明显，但从长期及综合来看负债率较低，资金压力小。

2. 横向指标

横向指标选取资产负债率以评估温氏股份在行业中的偿债压力，从图 2.6.2 可明显看出温氏股份的资产负债率长期控制在 35% 以下，相对其竞争对手，偿债压力小，资金充裕。

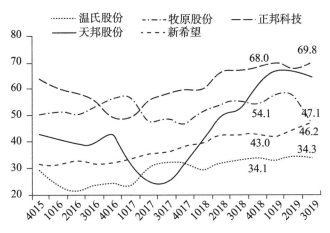

图 2.6.2 同行业资产负债率对比（%）

数据来源：天风证券。

结论：与 2019 年一季报相比，温氏股份偿债能力有所加强。处于一年中高位。其中，盈利增速明显高于债务增速，即时支付现金能力下滑。对 2020—2021 年的预测是盈利持续增长，负债压力进一步减小。

二、盈利能力

1. 纵向指标

净利润是一个企业经营的最终成果。净利润多，企业的经营效益就好；净利润少，企业的经营效益就差。它是衡量一个企业经营效益的主要指标。这里选用 2018—2019 年净利润指标变动观察盈利能力纵向变化，因为在 2019—2020 年养猪业大事件频出，局势变化极大，因此着重关注这一时期。从净利润的变化可以看出，温氏股份在非洲猪瘟风波中表现良好，成功恢复收入水平，2019 年三季报中 63.31 亿元的净利润高于 2018 年三季报中的 30.99 亿元（见图 2.6.3、表 2.6.2）。

表 2.6.2 温氏股份纵向盈利指标对比

	2020 年一季报	2019 年年报	2019 年三季报	2019 年中报	2018 年年报
销售净利率	10.81%	19.75%	13.11%	4.74%	7.44%
销售毛利率	20.55%	27.66%	19.80%	11.34%	16.85%
净资产收益率	4.11%	35.69%	16.65%	3.95%	11.89%

数据来源：同花顺。

图 2.6.3　温氏股份 2018—2019 年净利润报告期变化图

数据来源：同花顺。

2. 横向指标

横向分析选取行业内的各个龙头企业，即温氏主要竞争对手，牧原股份、正邦科技、新希望作为比较对象。

从图 2.6.4 中可以看出正邦科技与新希望在净利率方面远低于温氏股份，牧原股份与温氏股份上下来回，彼此竞争超越。牧原股份波动较大，极值明显，温氏股份整体平稳，除 2013 年经营初期未成为龙头时波动较大，2013 年后稳中有进，且温氏股份与牧原股份一般同向变化，净利率的变化趋势也反映了养猪行业波动情况。截至 2019 年第三季度，猪瘟影响大体结束，温氏股份净利率回归 13% 左右，是峰值的 70%，进一步印证了其盈利能力恢复稳健，同时与牧原股份净利率趋同。

经横纵指标对比得出结论：温氏股份盈利能力稳健可持续，在行业猪周期内波动较小，同时盈利能力在行业中处于领先地位，投资需考量养猪企业对于疫情的防控能力，从数据中可以看出，即使在 2019 年高峰期时，企业受非洲猪瘟影响也比较小，盈利恢复迅速，可以看出企业防疫能力出众。

同时温氏股份的盈利结构相对于同行业竞争对手较为特殊，在盈利结构中生猪养殖占比 60%，肉鸡养殖占比 30%，其他占比 10%，禽类养殖较为平稳，且多于猪肉盈利周期互补，温氏这一对冲风险战略在 2019 年猪瘟期猪肉盈利低谷时卓有成效，肉鸡养殖龙头地位稳定，禽类市场向好，稳定补贴猪肉板块。

结论：与 2018 年一季报相比，温氏股份盈利能力维持稳定，处于一年中相对低位。其中，主营获利能力大幅增强，企业经营效益扭亏为盈。对 2020—2021 年的预测是主营获利能力进一步增强。

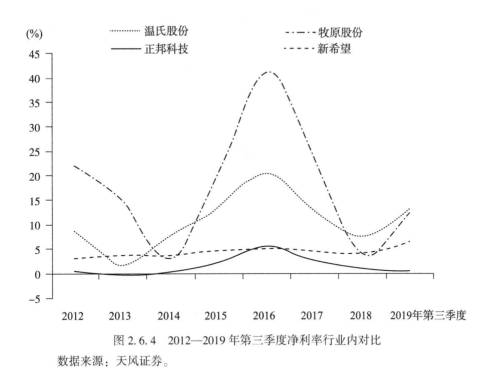

图 2.6.4　2012—2019 年第三季度净利率行业内对比

数据来源：天风证券。

三、营运能力

对于养猪行业来说，运营能力的考量是很关键的，是否能够及时地将存货变现以及存货变现速率决定了企业经营质量以及效率，对比同行业总资产周转率，温氏股份的轻资产扩张模式为其取得了巨大优势。当然总资产周转率高，即代表经营效率好的一个前提是固定资产的质量，是不能出现大幅变动的。结合 2019 年第三季度温氏股份固定资产在建工程余额的数值我们可以看出其固定资产运转良好，且在稳步扩张，从而可以印证经营效率良好。

营业周期是考察企业资产运营效率的一项重要指标，体现了企业经营期间全部资产从投入到产出的流转速度，反映了企业全部资产的管理质量和利用效率。通过该指标的对比分析，可以反映企业本年度以及以前年度总资产的运营效率和变化，发现企业与同类企业在资产利用上的差距，一般情况下，该数值越低，表明企业总资产周转速度越快。销售能力越强，资产利用效率越高。图 2.6.5、表 2.6.3 数据显示 2020 年一季度之前营业周期是逐渐复苏的过程，2020 年第一季度报告出台后，可以看出温氏股份的营业周期有所下降，疫情期间物流受阻直接反映于营业周期，对比行业内各个龙头企业，可以看出温氏股份应对危机能力较强，营业周期虽下降幅度不大，但在行业中仍有明显优势。

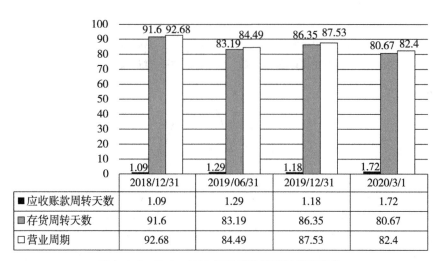

	2018/12/31	2019/06/31	2019/12/31	2020/3/1
■应收账款周转天数	1.09	1.29	1.18	1.72
▨存货周转天数	91.6	83.19	86.35	80.67
□营业周期	92.68	84.49	87.53	82.4

图 2.6.5 2019—2020 年温氏股份营运状况变化

数据来源：同花顺。

表 2.6.3 **2020 年一季度经营周期横向对比**

企业	温氏股份	牧原股份	正邦科技	新希望
营业周期（天）	82.4	262.7	125.07	60.36

数据来源：同花顺。

结论：与 2019 年一季报相比，温氏股份运营能力有所加强。处于一年中高位。其中，资金占用情况明显加重，存货变现能力有所增强。对 2020—2021 年的预测是运营能力平稳，存货变现能力有所减弱。

四、现金流分析

在现金流量表中，我们主要分析经营现金流与净利润的对比，在农林牧渔行业中经营现金流是个非常重要的指标，由于存在税收优惠等种种政策，农林牧渔行业的资产造假存在更大可能，也更容易，需要综合经营活动现金流与净利润的差额考察企业的真实运营现金流。

因此我们结合经营现金流与净利润的对比进行分析。温氏股份净利润始终高于经营活动现金流，符合正常运营要求。同时结合 2015—2019 年第三季度温氏股份生产性生物资产的增长速度，可看出温氏股份经营现金流充沛，投资效率较高（见表2.6.4）。

表 2.6.4 **经营活动现金流与净利润（归母）对照表**

时间	2019-12-31	2020-03-31
净利润（归母）	88.90	18.92
经营活动现金流	60.85	11.09

数据来源：同花顺。

同行业内横向对比，温氏企业现金流始终领先，以 50 亿元为轴上下波动，其余企业在 10 亿元以下区间波动，现金流具有明显竞争优势（见图 2.6.6）。

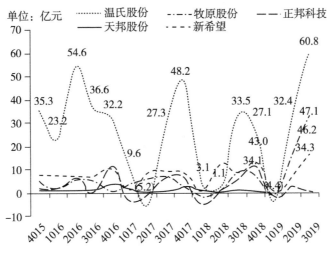

图 2.6.6　行业内经营现金流多季度对比
数据来源：天风证券。

结论：2020—2021 年我们预测温氏股份现金流充沛持续，运营效率仍占高位，行业内具有竞争优势。

五、特殊指标

猪瘟冲击的 2019 年，温氏的固定资产扩张仍在稳步进行，从图 2.6.7 可看出其扩张的绝对值仍是行业之首。公司通过模式升级和生物安全防控体系建设，猪瘟控制效果显著，产能已经开始快速逐步恢复，2019 年年底公司种猪存栏达到 170 万头，较 2019 年 9 月增加 40 万头。2019 年年底公司能繁母猪达到 120 万~130 万头，公司目标是 2020 年年底实现能繁母猪存栏 200 万头，预计 2021 年实现出栏 3000 万头，2021 年后每年增加约 1000 万头，公司进入加速扩张阶段，叠加猪价高位影响，公司盈利有望持续高位。

消耗性生物资产，是指为出售而持有的，或在将来收获为农产品的生物资产，包括生长中的大田作物、蔬菜、用材林以及存栏代售的牲畜等，该科目主要是农林牧渔行业的公司使用。生产性生物资产是指生产消耗性生物资产的部分资产。

对于温氏股份而言，消耗性生物资产主要包括种鸡蛋、种鸭蛋、种鸽蛋、胚蛋、鸡苗、鸭苗、鸽苗、猪苗、仔牛、肉鸡、肉鸭、肉鸽、肉猪等。生产性生物资产包括：未成熟的种猪、成熟的种猪，种猪包括种公猪和种母猪。

消耗性生物资产主要是用来出售的，作为存货处理；生产性生物资产主要是用来繁殖后代的，作为类固定资产进行处理，进行折旧。

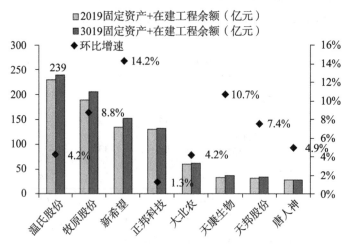

图 2.6.7　同行业 2019 年第三季度固定资产+在建工程余额
数据来源：东方财富网。

温氏股份及同行业内各个龙头企业 2016—2019 年消耗性及生产性生物资产如图 2.6.8、图 2.6.9 所示。

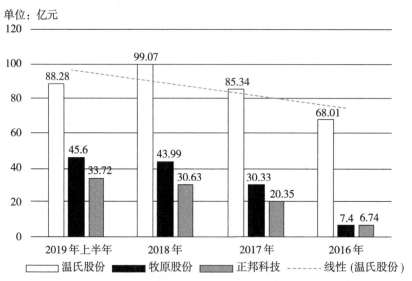

图 2.6.8　2016—2019 上半年三家企业消耗性生物资产统计对比图
数据来源：东方财富网。

如果说消耗性生物资产代表下半年，那么生产性生物资产代表的就是下一年，现在生产性生物资产越多，其繁育的仔猪就越多，仔猪越多，未来可售的商品猪就越多。因此可考虑将生产性生物资产作为净利润的行业预测参考指标之一，结合 2017—2019 年

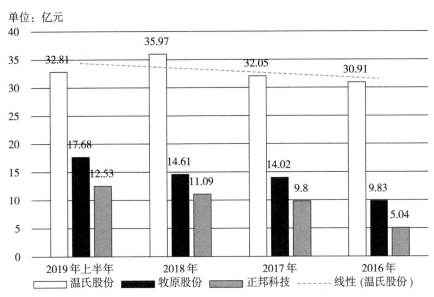

图 2.6.9　2016—2019 年上半年三家企业生产性生物资产统计对比图
数据来源：东方财富网。

行业净利润变化，净利润的比值与生产性生物资产的比值接近（2019 年需考虑猪瘟对不同运营模式的影响程度），具体见图 2.6.10、图 2.6.11。

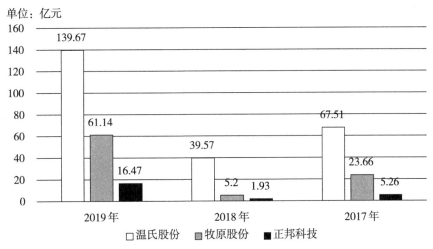

图 2.6.10　三家企业 2017—2019 年净利润（归母）变化图
数据来源：东方财富网。

2019 年 12 月底，公司母猪存栏达到 170 万头（2019 年 9 月初为 130 万头），其中能繁母猪达到 120 万～130 万头，产能快速恢复。根据公司规划，到 2020 年年底，公司

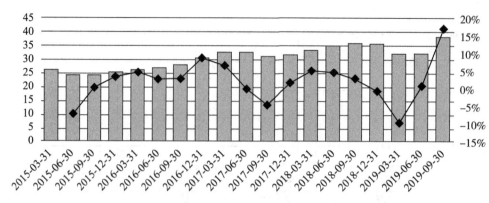

图 2.6.11 温氏股份 2015—2019 年生产性生物资产变化图

数据来源：天风证券。

能繁母猪存栏将达到 200 万头，较 2019 年年底增长 54%~67%。温氏股份生产性生物资产在 2019 年第三季度重回快速增长。我们预计 2019 年第四季度公司生产性生物资产将维持高增长。

温氏股份 2020 年第一季度净利润为 18.98 亿元，我们根据生产性生物资产与各财务指标的变化趋势预测全年净利润在 110 亿~130 亿元区间。

六、成本中的管理与研发费用

成本中的三费指销售费用、财务费用、管理费用，销售费用与财务费用整体较为稳定，变化不大，管理费用近年来占比不断提高，主要是股票摊销与人员薪酬不断增加所致。研发费用增加明显，从 2017 年的 2.33 亿元增长到 2018 年的 5.53 亿元。业内规模企业防控猪瘟，基本都是以提升改善自身防疫水平为主，防止出现类似天帮用疫苗后大量死猪的悲剧，非必需生猪疫苗使用量会继续减少，而疫苗费用所占的比例会是未来判断养猪企业防疫水平的一个重要指标。因此温氏股份开展生物制药业务，包括兽用生物制品、兽用药物制剂和饲料添加剂三大业务，全方位支持养殖。再结合行业内的研发费用对比（见表 2.6.5），可以看出温氏股份研发费用提升，目前看来这是一个理智的决策，但是具体投入产出比如何还要看之后几年在防疫上的绩效。

表 2.6.5 养猪行业研发投入对比

公司简称	研发投入总额排名	三年研发投入总额（亿元）	三年营业收入（亿元）	研发投入总额/营业收入
大北农	1	16.32	548.85	2.97%
温氏股份	2	8.05	1722.48	0.47%

公司简称	研发投入总额排名	三年研发投入总额 （亿元）	三年营业收入 （亿元）	研发投入总额/ 营业收入
海大集团	3	7.87	1018.99	0.77%
中牧股份	4	6.91	124.78	5.54%
生物股份	5	4.40	53.15	8.28%
正邦科技	6	4.14	616.48	0.67%
傲农生物	7	3.28	156.43	2.10%
瑞普生物	8	3.15	32.07	9.82%
天邦股份	9	2.58	99.50	2.59%
新希望	10	2.21	1925.10	0.11%
禾丰牧业	11	1.85	413.17	0.45%
牧原股份	12	1.78	290.36	0.61%

数据来源：天风证券。

七、温氏股份 VS 牧原股份

1. 杜邦分析（以 2019 年报为例）

温氏股份：ROE＝33.94%＝（权益乘数）1.41×（资产周转率）1.22×（净利率）19.75%

牧原股份：ROE＝25.58%＝（权益乘数）1.67×（资产周转率）0.49×（净利率）31.34%

从杜邦分析表面上看，温氏股份的高 ROE 是由高周转率决定的，而牧原股份的高 ROE 是由高杠杆撬动的，但实际上，温氏股份是将育肥环节的利润给予农户，换取了轻资产高周转率服务性的经营模式，这种服务模式的资本回报率更高。牧原股份则以重资产模式，换取了生产稳定性、全局优化能力、更高的利润率、更低的社会资源依赖性以及更强的可复制性，而高杠杆更多地是作为公司扩张的一种手段，牧原股份的高回报主要还是由高净利决定的，若无需扩张，负债率可进一步下降，牧原股份的净利率可以进一步上升。

牧原股份净利率高于温氏股份的原因有两个，一是牧原股份仔猪净利率高，二是温氏股份有其他业务的拖累，我们排除掉这两方面的因素，仍然可以得出结论：牧原股份的育肥猪净利率已经开始高于温氏股份，究其根本，温氏股份是以一部分净利润（代养费），换取了高资产周转率的商业模式。牧原股份端到端的重资产模式使得生产中的外部联系都转为内部联系，提高了全局优化能力，赢得了更高的净利率。牧原股份其实也牺牲了一定的净利率，为了更快地扩张而付出高财务费用。

温氏股份资产周转率高于牧原股份，主要原因在于温氏股份肉鸡的周转率远高于肉猪周转率，而剔除鸡，温氏股份猪的存货周转率仍然高于牧原股份，这主要是因为温氏股份很多环节的成本是隐形的，不计入存货成本，如委托养殖费用和农户育肥环节的折旧与摊销费用，导致存货金额相差较大。另外，牧原股份处于快速扩张期，存货先于销售额大幅增长，拉低了存货周转率。

温氏股份最新主体信用评级为 AAA，牧原股份主体信用评级为 AA+。总的来说，牧原股份尚处于快速扩张期，资金需求量较大，筹资活动较温氏股份更加活跃，而温氏股份自由资金很充足，获取资金的成本比牧原股份低一些。

相较于牧原股份，温氏股份有自己的药物与疫苗生产企业，防疫方面有着更多年的积累，分散的育肥户降低了防疫压力，所以温氏股份在这方面有成本优势。

2. 债务股权比率比较

债务股权比率被用于判断一家公司是以债务融资为生，还是以股权（包括留存收益）融资为主。具有持续竞争优势的公司一般会利用盈利作为运作资金，因此从理论上讲，它的债务股权比率较低。而那些没有持续竞争优势的公司一般靠债务为其提供运作资金，因此它的债务股权比率较高。

温氏股份的债务股权比率历年都少于1，且趋势是逐年往下走，再配合留存收益逐年递增来看，温氏股份在利用盈利作为经营资金，可以纳入具有持续竞争优势的公司之列（见图 2.6.12）。

图 2.6.12　温氏股份 VS 牧原股份 2007—2019 年债务股权比率图

数据来源：巨灵数据库。

我们可以清楚地看到牧原股份的比率常年都大于1，而且看增长曲线是逐年上升，债务股权比率是1意味着每一元的股东权益就有一元的债务。所以我们更希望我们投资的公司能像温氏股份那样，每一元的股东权益对应只有0.4元左右的债务，而不是大于1元。

3. 成本拆分角度

在没有质量差异化的养猪业，成本控制是企业最重要的竞争力之一。

温氏股份和牧原股份凭借不同的养殖模式在市场上均获得了可持续的成本优势，温氏股份轻资产模式导致低折旧、低财务费用，但农户代养成本高；而牧原股份一体化养殖重资产，折旧、财务费用高（未来会随着产能的释放不断摊低），但人工成本更低

（见表 2.6.6）。2019 年，牧原股份育肥完全成本为 11.43 元/kg，温氏股份约 12 元/kg，其他上市公司约 12.5~13.5 元/kg，散养户约 12~15 元/kg。

表 2.6.6　　　　　　　　　　　温氏股份、牧原股份企业经营细节模式对比

科目	温氏股份	牧原股份
饲料环节	原料成本较高	领先，养殖体系效率略高
人工效率	包括人员成分较杂	领先，管理一体化
人员薪酬	高，为牧原股份 2 倍有余	—
动保（疫苗兽药）	—	高，规模养殖，抗疫需求
折旧与摊销	—	高，重资产性质
销售	高	—
管理	高，薪酬支出	高额奖金、员工持股计划
财务费用	—	大幅高于温氏股份，扩张需求

数据来源：天风证券研报。

农业是一个技术更新周期很长的行业，成本优势并不容易被颠覆，牧原股份、温氏股份的护城河在于成本。2017 年，牧原股份育肥完全成本为 11.43 元/kg（2018 年第二季度为 11.29 元/kg），温氏股份约 12 元/kg，其他上市公司约 12.5~13.5 元/kg，散养户约 12~15 元/kg。在"阳性技术"渗透率较高的时代，行业成本下降主要依靠主体的变更（即农户退出，规模企业补栏），但行业的供给主体变化每年仅 3%~5%，CR10 仍然只有 6%~8%，供给结构还处于量变阶段，并未达到质变阶段，这决定了具有成本优势的企业具备较大的价值发展空间。

4. 总结与未来趋势分析

温氏股份、牧原股份各为养猪业中两种模式的典型代表，温氏股份为公司-农场合作龙头，高周转，低杠杆，轻资产，人工费用高，利益共担风险较大，高回报率服务性经营模式。

牧原股份为自繁自养龙头，特点为高净利，高杠杆，低成本，重资产，稳定性高，可复制性强，高杠杆源于扩张需求。2020—2021 年内看好温氏股份，原因如下：

（1）温氏股份在猪周期的盈利周期，轻资产模式有利于获取高盈利（目前头均盈利第一），同时在现金流紧张的经济大背景下，温氏股份现金流充裕可实现快速发展。

（2）政策红利，国家提倡公司带动农户致富的发展模式。

（3）用地优势，与农户合作使得扩张中成本极高的土地资源无须担心。

（4）吸纳散户优势，散户或退出或集结为农场/养殖场，可快速扩张吸纳散户。

（5）转型方便，若有需求，转型为"公司+养殖场"或自繁自养，成本较低。

项目组成员：石从磊　陆博

案例 7：中信证券

一、财务来源及其占比

截至 2020 年 6 月 30 日，中信证券的财务来源及其占比如图 2.7.1 所示。

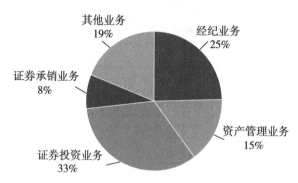

图 2.7.1 财务来源及其占比（截至 2020 年 6 月 30 日）

数据来源：中信证券公司年报。

从图 2.7.1 可以看出，中信证券五项业务的占比相对平均。从当前来看，依赖程度最高的是投资银行业务，达到 33%；在这之后的盈利增长主要依靠经纪业务，占比大约为 1/4。

二、偿债能力分析

中信证券作为一家金融机构，结合行业的整体情况来看，其资产负债率都显著高于其他行业的公司，但是偿债能力仍然十分重要，偿债能力体现公司在长期和短期内是否具有较强的流动性，特别是在压力情境下是否能够保持稳健经营，如果缺乏流动性，那么在市场环境发生变化时就可能会面临危机，在这种情况下能否保持存续能力和成长能力也是一个问号，所以偿债能力分析是尤为重要的。

（一）流动比率

反映企业短期偿债能力的指标有很多，常用到的是流动比率，流动比率是流动资产与流动负债的比值。一般来说，流动比率越高说明企业在短期内能够动用的流动资产越多，或者能够直接变现的金融资产占比越多，能够及时以较低的成本获得贷款的能力越强，也就是企业短期内流动性越好；反之则越弱。

图 2.7.2 描述了中信证券 2015—2020 年流动比率的变化，可以看出近年来中信证券的流动比率整体呈上升趋势，2019 年和 2020 年受疫情影响流动比率有小幅下降，但最小值始终高于 1.4，说明企业的短期偿债能力良好，可有效降低短期偿债风险。

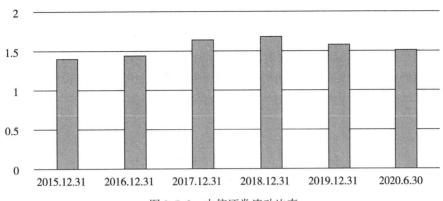

图 2.7.2 中信证券流动比率

数据来源：中信证券 2015—2020 年公司年报。

这里选取了五个证券公司 2015—2020 年 6 月的流动比率数据（见图 2.7.3）。从总体看，中信证券公司的流动比率在这五家证券公司中处于中等偏低的水平，总体数值在 1.6 左右徘徊，且波动幅度较小。这说明公司对流动负债的偿还保障度和安全性较高且稳定。

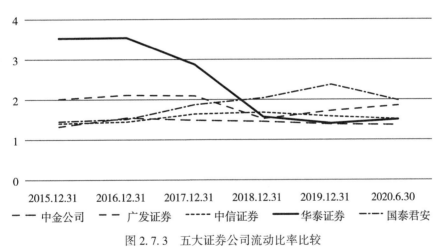

图 2.7.3 五大证券公司流动比率比较

数据来源：同花顺及各证券公司 2015—2020 年年报。

（二）速动比率

速动比率是在流动比率的基础上进一步细化的指标，它的计算表达式是速动资产比流动负债。与流动比率相比，它们之间的区别在于速动比率的分子不包括存货、预付账款、一年内到期的非流动资产和其他流动资产等，这些资产的特点是变现能力相对较差，受到的制约因素较多，因此在计算速动比率时扣除了这些资产。速动比率一般来说在 1 附近较为合适。

图 2.7.4 是中信证券 2015—2020 年 6 月的速动比率。对于证券公司而言，流动资产与速动资产几乎无区别，因此速动比率与流动比率数值基本相等，趋势相似。可以看到，中信证券速动比率波动幅度较小，且最低值为 1.4。除此之外，前四年速动比率呈显著上升趋势，由于疫情等原因 2019 年、2020 年该值才小幅下降，说明短期偿债能力较强，偿债风险较低，但也反映出公司的资金运用效率不高。

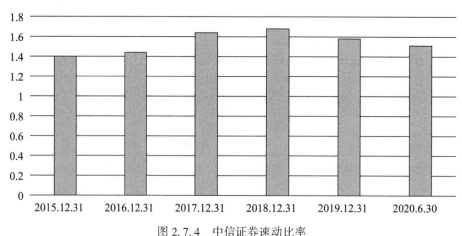

图 2.7.4 中信证券速动比率

数据来源：同花顺及中信证券 2015—2020 年年报。

比较五大证券公司近年的速动比率，笔者发现中信证券呈稳定居中水平，并且数值不低，表明中信证券的短期偿债能力相对较强，短期偿债风险较低（见图 2.7.5）。

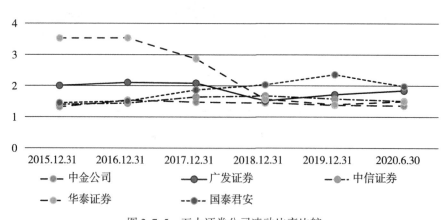

图 2.7.5 五大证券公司速动比率比较

数据来源：同花顺软件及各证券公司 2015—2020 年年报。

综上所述，中信证券公司的短期偿债能力相对较强，对于短期债务和流动负债的偿还能力较有保障。

3. 资产负债率

资产负债率是总负债与总资产之间的比值，是反映企业负债水平及风险程度的重要指标，适宜水平一般认为在 40% ~ 60%。资产负债率越小，企业的长期偿债能力越强，经营风险越低。

图 2.7.6 为中信证券近年的资产负债率走势，该公司近年来资产负债率基本处于70% ~ 80%，虽有波动但幅度较小，且 2018—2020 年有小幅上升趋势。而资产负债率衡量企业利用债权人提供资金进行经营活动的能力，反映债权人发放贷款的安全程度。由此可见中信证券的长期偿债能力较弱，存在较大的长期偿债风险。

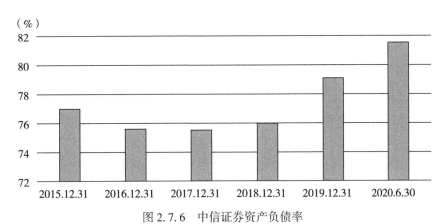

图 2.7.6 中信证券资产负债率

数据来源：同花顺及中信证券 2015—2020 年年报。

对比同行业公司近年的资产负债率，可以看出中信证券的资产负债率处于中等水平且走势平缓，但 2019 年、2020 年增速相对其他公司较高，需要引起注意（见图 2.7.7）。

图 2.7.7 五大证券公司资产负债率比较

数据来源：同花顺及各证券公司 2015—2020 年年报。

（四）产权比率

产权比率是负债总额比所有者权益总额。该比率反映企业基本财务结构是否稳定。

图 2.7.8 为中信证券近年的产权比率。该公司产权比率几乎在 3~4 波动，说明企业存在一定的偿债风险，长期偿债能力较弱（见图 2.7.8）。

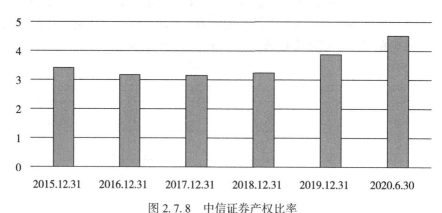

图 2.7.8 中信证券产权比率

数据来源：同花顺及中信证券 2015—2020 年年报。

中信证券的产权比率处于行业中等水平且波动较小，但 2019 年、2020 年呈上升趋势，说明公司以自有资金偿还全部债务的能力适中，债权人投入的资本受股东权益保障程度较好，但未来仍需注意（见图 2.7.9）。

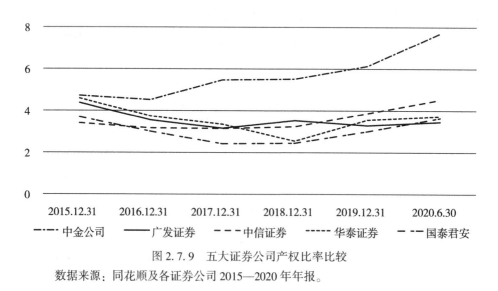

图 2.7.9 五大证券公司产权比率比较

数据来源：同花顺及各证券公司 2015—2020 年年报。

综上所述，中信证券公司的长期偿债能力较弱。

三、盈利能力分析

盈利能力是企业获取利润的能力，公司经营业绩的好坏最终可通过盈利能力反映，其有多种表现方法，通常情况下用相对数或绝对数来衡量其影响力，在这里主要用以下两个指标分析其盈利能力：资产收益率和净资产收益率。

（一）资产收益率（ROA）

资产收益率是企业税后净利润与资产总额之比，衡量每单位资产创造多少净利润，反映了公司的竞争实力和盈利能力。该比率越高，表明资产利用的效益越好，企业获利能力越强，经营管理水平越高。在证券行业，ROA 由佣金类业务与资本金业务的收益率共同决定，目前主要取决于佣金类业务（经纪业务）。

图 2.7.10 反映了中信证券的资产回报率，可以看出，资产回报率呈下降趋势，但其并非个例。受经纪业务"价格战"冲击，佣金类业务收益率下降，ROA 下滑成必然趋势，反映出证券行业业务结构逐渐转变，重资产化和盈利模式变化。除此之外，中信证券的资产回报率基本在 1%~2% 波动，说明公司对资产的综合运用能力还有待加强。

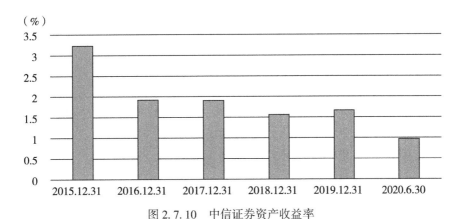

图 2.7.10　中信证券资产收益率

数据来源：中信证券公司 2015—2020 年年报。

（二）净资产收益率（ROE）

净资产收益率也称权益报酬率，是净利润与平均股东权益的百分比。该比率反映股东权益的收益水平，衡量公司运用自有资本的效率。该值越高说明投资带来的收益越高，体现了自有资本获得净收益的能力。其中，ROE＝ROA×权益乘数。

由图 2.7.11 可知，中信证券的净资产收益率基本维持在 6%~8% 之间，说明投资收益较高，企业运用自有资本的效率较高。而 2015 年的净资产收益率和净利润均显著高于其他年度，究其原因为券商行业的发展与市场行情高度相关，2015 年股票市场呈现牛市状态，企业盈利能力显著上升（见图 2.7.12）。

图 2.7.11 中信证券净资产收益率

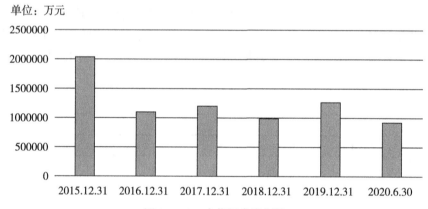

图 2.7.12 中信证券净利润

数据来源：中信证券公司 2015—2020 年年报。

四、营运能力分析

营运能力是指以企业的日常经营来衡量其盈利能力和盈利质量，也就是从多个角度衡量企业对资产的管理效率。中信证券和一般的制造类或者商品流通企业不同，其本身并不生产实质性的产品，主要是生产金融产品，因此通过营运能力对其进行分析要注意其跟一般上市公司的区别。总的来说，营运能力分析下的几个指标数值越大，代表公司对资产的管理能力越强，经营周期越短，相应地，资产得到充分利用的程度越高，盈利能力也会越高。以下是对中信证券开展的营运能力分析。

（一）流动资产周转情况

考虑到数据的可获取性和分析结果的可靠性，在流动资产中我们选择了应收账款考核其流动资产周转状况的指标。应收账款周转率越高，公司收账越迅速，资产流动性越强，坏账损失越少。

这里选取了近年中信证券的应收账款周转率数据。从图 2.7.13 可以看出，2015—2017 年中信证券的应收账款周转率处于较高水准，但应收账款率一直在不断下降且 2020 年降到 1 以下，说明中信证券对流动资产的利用效率呈下降趋势，流动性有所下降，面临一定偿债风险。

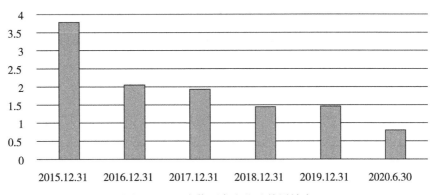

图 2.7.13　中信证券应收账款周转率

数据来源：中信证券公司 2015—2020 年年报。

（二）固定资产周转情况分析

固定资产周转率，是年销售收入净额与固定资产平均净值的比率。该比率表示在一个会计年度内固定资产周转的次数。

从图 2.7.14 可以看出，中信证券的固定资产周转率在 2015—2016 年处在较高水平，但从 2017 年开始出现显著下降且一直维持在较低水平，说明企业对固定资产的利用率较低，这会降低企业的获利能力。

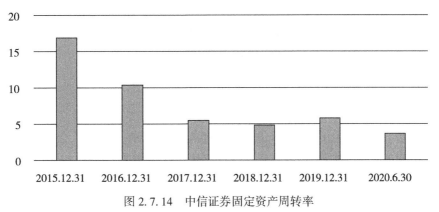

图 2.7.14　中信证券固定资产周转率

数据来源：中信证券公司 2015—2020 年年报。

(三) 总资产周转情况分析

总资产周转率是企业一定时期的销售收入净额与平均资产总额之比，衡量资产投资规模与销售水平之间的配比情况。总资产周转率越高，说明企业销售能力越强，资产投资的效益越好。

从图2.7.15中可以看出中信证券的总资产周转率波动较小，稳定在5%～8%，但有小幅下降趋势且2020年该值较低，说明中信证券的总资产周转速度较慢，销售能力较弱，资产利用率不高，有待加强。

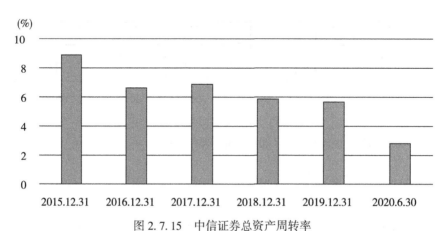

图2.7.15 中信证券总资产周转率

数据来源：中信证券公司2015—2020年年报。

五、成长能力分析

衡量企业的发展能力，主要从企业将来经营规模的扩张趋势以及营运能力角度出发分析企业未来盈利水平，判断其是否能够达到企业的理财目标。一般选取的财务指标分为两类，一类为资产增长率指标，另一类为收入利润增长的指标。本次分析选用营业收入增长率、净利润增长率以及总资产增长率这三个指标从不同方面考察公司的成长性。

(一) 营业收入增长率情况分析

由图2.7.16可看出中信证券的营业收入在2015年出现最大值，之后在较低水平小幅波动。公司近年来营业收入的大幅下降与整体金融发展形势密切相关；2015年牛市结束后，整个证券市场交易量大幅萎缩，使得公司营收承压。而从营收具体项目来看，占公司营收比重最大的经纪业务、佣金收入等大幅下滑是公司营收下降的重要原因；同时，利息净收入也有所下降，但值得一提的是，公司投资收益有了一个较大的提升，表明公司的收入结构进行了优化。

由图2.7.17可看出中信证券在营业收入方面走在行业前列，连续六年均位于第一，

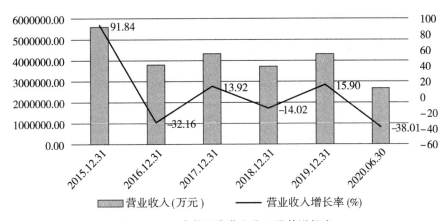

图 2.7.16　中信证券营业收入及其增长率

数据来源：同花顺及中信证券 2015—2020 年年报。

说明公司的盈利水平较高。虽然营业收入呈下降趋势，但同行业公司均有所下滑，与市场经济情况有关，并非公司经营不善。

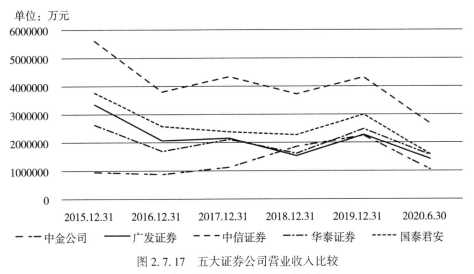

图 2.7.17　五大证券公司营业收入比较

数据来源：同花顺软件及各证券公司 2015—2020 年年报。

(二) 净利润增长率情况分析

用净利润增长率对公司的经营效益进行判断，其与营业收入的变化趋势相一致，公司净利润也是在 2015 年达到顶点，之后一直在较低水平波动。究其原因是营业收入减少和营业成本提升的共同影响使得公司的净利润收益率大幅下降（见图 2.7.18）。

与营业收入状况一致，中信证券净利润水平近年也一直保持在行业前列，虽有下降

图 2.7.18 中信证券净利润及其增长率

数据来源：同花顺软件及中信证券 2015—2020 年年报。

趋势但非个体原因，说明公司盈利情况较好（见图 2.7.19）。

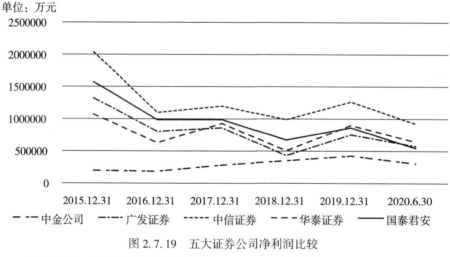

图 2.7.19 五大证券公司净利润比较

数据来源：同花顺软件及各证券公司 2015—2020 年年报。

（三）资产增长率情况分析

用总资产增长率来衡量公司的规模扩张能力从而判断公司的成长性。从图 2.7.20 可以看出，公司总资产规模在 2015—2020 年处于上升趋势，总体保持平稳。

资产总额中中信证券仍旧保持行业领先地位，波动较小，呈稳步上升趋势，说明公司运营状况良好，盈利能力较强，有效利用了资源（见图 2.7.21）。

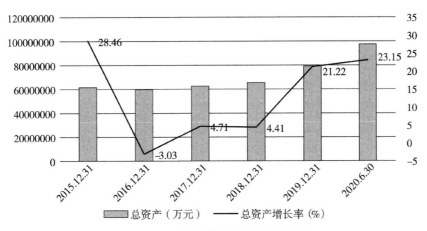

图 2.7.20　中信证券总资产及其增长率

数据来源：同花顺及中信证券 2015—2020 年年报。

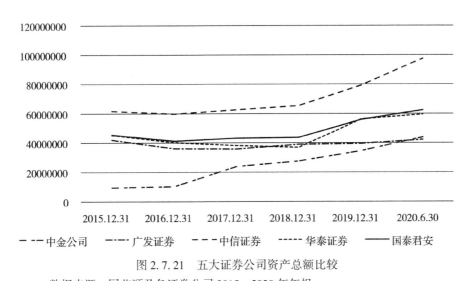

图 2.7.21　五大证券公司资产总额比较

数据来源：同花顺及各证券公司 2015—2020 年年报。

六、杜邦分析

图 2.7.22、图 2.7.23 为 2019 年年末中信证券的各项财务指标信息。

图 2.7.23 为中信证券近年来四个财务指标的数据。可以看到，公司的净资产收益率自 2015 年到达高位后一直处于下降态势，利用杜邦恒等式进行分解后可看到权益乘数和销售净利率近几年均有一定程度的下滑，但下滑幅度最大的还是销售利润率，即盈利能力的下降是净资产收益率下降最主要的因素，结合前述分析可具体到获取收入能力的下降以及成本控制能力的缺失；此外，公司的资产运营能力以及资本结构也存在可优化的空间。

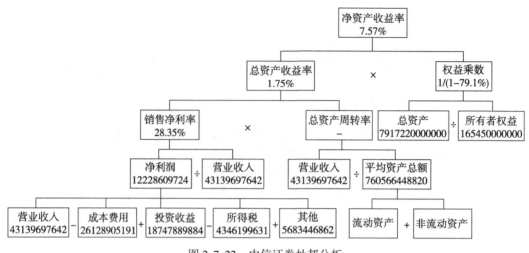

图 2.7.22 中信证券杜邦分析

数据来源：同花顺及中信证券 2019 年年报。

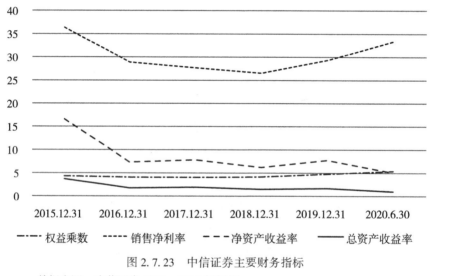

图 2.7.23 中信证券主要财务指标

数据来源：中信证券 2015—2020 年年报。

项目组成员：陈露

案例 8：分众传媒

一、偿债能力分析

偿债能力衡量的是公司偿还自身债务的能力，是反映公司陷入财务困境可能性的重要指标，包括短期偿债能力和长期偿债能力。其中，短期偿债能力反映公司偿还流动负债的能力，长期偿债能力则体现了企业偿还自身所欠长期负债的能力。本书选取了资产负债率指标对长期偿债能力进行分析，短期偿债能力则采用流动比率和速动比率两个指标做分析。

1. 长期偿债能力分析

资产负债率反映企业长期偿债能力，该比率越低则长期偿债能力越强，面临的财务风险也就越小。

一般认为，公司的资产负债率小于60%时比较理想，有利于平衡公司风险和收益。从图2.8.1可以看出，分众传媒的资产负债率目前远远低于60%，这意味着分众传媒的资产大头是所有者权益，属于低风险低报酬财务结构，在这种结构下，公司的长期偿债能力较强。

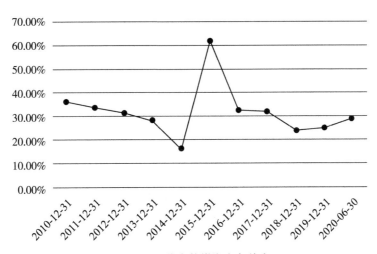

图 2.8.1 分众传媒资产负债率

数据来源：CSMAR 数据库。

2. 短期偿债能力分析

偿债能力分析中流动比率和速动比率反映了企业短期偿债能力，这两个比率越高，说明企业短期偿债能力越强，偿还流动负债的可能越大。

由图2.8.2可见，分众传媒在2010—2020年的流动比率以及速动比率的变化基本一致，2010—2015年，分众传媒流动比率和速动比率略有波动，但整体比较稳定，2015—2018年出现明显的上升，2018年后小幅回落。一般而言，公司流动比率为2时，被认为是比较合适的。根据图2.8.2的数据，2016年以前，分众传媒的流动比率略低于2，但之后稳定在2之上，说明其流动资产已经得到了较为有效地运用，且有助于增加其自身的价值。

一般而言，速动比率指标大于或接近1的公司，短期偿债能力较强。根据图2.8.2的数据可以看出，分众传媒近年的速动比率都远远超过1，2019年达到3.13，这说明分众传媒短期偿债能力非常强。

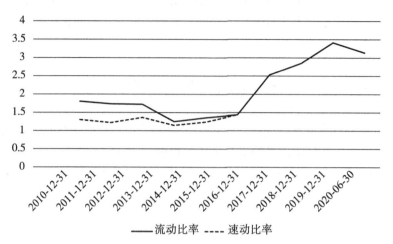

图 2.8.2　分众传媒短期偿债能力分析

数据来源：CSMAR 数据库。

二、盈利能力分析

盈利能力是指企业获取利润的能力，本书采用销售净利率、净资产收益率两个指标，比率越高，说明企业经营效率越好，通过销售获取利润的能力越强。

在发展前期（2010—2014 年），分众传媒销售净利润和净资产收益率很低甚至一度为负，但在业务模式发展较成熟之后，其盈利能力的相关指标表现非常亮眼，在传媒行业位于前列。2015 年，分众传媒销售净利率和净资产收益率出现巨幅飞跃，主要是其在美股市场完成私有化后，借壳七喜控股回归 A 股，成为海归第一股，"明星股"的光环为分众传媒赢得了客户青睐，且分众传媒作为梯媒行业的开创者之一，在当时楼宇电梯电视市场占有率高达 95%。而在之后的几年，由于市场竞争的加剧，分众传媒的销售净利率和净资产收益率出现了一定幅度的下滑，盈利能力受到一些影响，但依然较为可观（见图 2.8.3）。

三、营运能力分析

营运能力主要用于分析公司资产营运效率。一个企业相关资产的周转率或周转速度是体现其营运能力高低的重要指标。本书选取了总资产周转率、应收账款周转率、存货周转率三个指标进行分析。

1. 总资产周转率

一个企业总资产的周转速度越快，说明该企业的资产管理水平越好，利用率越高。总资产周转率越低，则企业资产管理效率越差，企业的营运能力也会随之受到影响。2010—2014 年，分众传媒总资产周转率整体波动幅度相对较大，在 2015 年之后稳定在 0.8 左右，但整体呈现下降趋势。吉宏股份与天地传媒都是营销传媒行业的龙头企业，

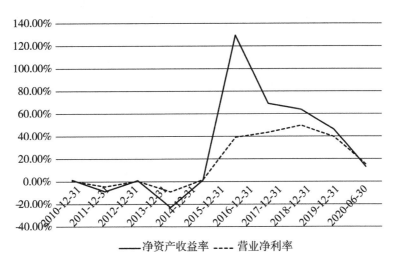

图 2.8.3　分众传媒盈利能力分析

数据来源：CSMAR 数据库。

从图 2.8.4 可以看到，天地在线的总资产周转率整体较高，在 2.6~4.5 波动，吉宏股份的总资产周转率较低，但自 2016 年起呈提高趋势。总体而言分众传媒的总资产周转率相比这两家龙头企业表现较差，其经营效率较低，营运能力有待进一步提高。

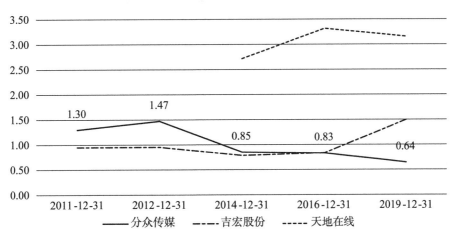

图 2.8.4　分众传媒及行业内其他企业总资产周转率

数据来源：CSMAR 数据库、各公司年报。

2. 应收账款周转率

应收账款周转率反映的是公司应收账款周转速度的比率，表现了一定期间内公司应收账款转为现金的平均次数。对于一个企业来说，应收账款周转天数越少，说明应收账款的周转速度越快、流动性越强。

CSMAR 数据显示，2013—2018 年分众传媒的应收账款周转天数整体呈现明显的上涨趋势，2010—2019 年其存货周转天数由 34 天攀升到 135.23 天，主要原因是分众传媒的业务有较大扩张。吉宏股份与天地在线的应收账款天数并没有出现较大的波动，天地在线上市时间较晚，其业务规模有限，因此应收账款总量较小，但吉宏股份的应收账款周转情况明显呈好转趋势，对比可得分众传媒的应收账款管理水平在行业中并不具有优势。

3. 存货周转率

一般而言，如果企业经营顺利，存货周转率越高，说明企业存货周转得越快，企业的销售能力越可观。2016 年，分众传媒完成重组上市，业务呈爆发式增长。2011—2019 年分众传媒的存货周转率大幅下跌，2020 年，受疫情影响，存货周转率有较剧烈下降，与吉宏股份有一定差距（见图 2.8.5）。

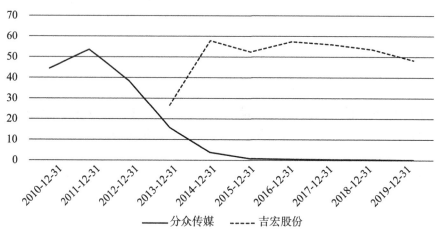

图 2.8.5　分众传媒及行业内其他企业存货周转率

数据来源：CSMAR 数据库、各公司历年年报。

四、成长能力分析

成长能力分析是指分析一个公司在一段时期内，其自身的扩展经营能力。成长能力的好坏直接决定着公司的发展速度，是对其未来前景预测的一个重要环节。本书选取了营业收入增长率、净利润增长率和总资产增长率三个指标对分众传媒的成长能力进行分析。其中，选取的指标数值越大，则表示该公司成长能力越好。

营业收入增长率是企业本年营业收入较上一年增长或减少的幅度，直接体现企业当年的营业状况。分众传媒营业收入增长率在 2016—2018 年波动小，整体呈平稳上升趋势，在 2019 年有较大幅度下滑，主要是因为分众传媒在东南亚市场进行了大额投资，当年未实现盈利。但在 2020 年，分众传媒在韩国及新加坡投资的公司实现盈利，为分众在东南亚的扩张带来了曙光。

　　净利润增长率是企业本年营业利润较上一年增长或减少的幅度，相比营业收入增长率，将企业的营业成本、期间费用、资产减值损失等包含在内，能更准确地度量了企业的创收效率。2015年，借壳上市使分众传媒的营业利润增长率显著上升，超过2000%倍，在之后的两年，净利润增长率也很高。主要是因为楼宇媒体和影院媒体两项业务有了大幅发展，同时，分众传媒也注意对日常经营产生的各项成本费用等进行控制，减少各项开支。2018年及2019年净利润的负增长，除却境外投资亏损的原因以外，楼宇广告的生态变化——竞争加剧导致电梯物业租金大幅提高而企业客户的相对广告价格降低，也对分众传媒的经营造成了一定影响。在不考虑因受大额境外投资影响而较为异常的2019年数据的情况下，分众传媒的资产增长率表现情况依然较为优异（见表2.8.1）。

表2.8.1　　　　　　　　　　　分众传媒2015—2019年成长能力指标

年份	2016	2017	2018	2019
营业收入增长率	18.38%	17.63%	21.12%	−16.60%
净利润增长率	31.37%	34.30%	−3.03%	−67.97%
总资产增长率	−2.98%	28.24%	22.29%	−1.76%

　　数据来源：CSMAR 数据库。

　　项目组成员：吴华　王子一

第三章　公司估值分析

公司基本面分析除了需要对公司所处的宏观政治经济环境进行分析，对公司所处行业以及公司在行业中的地位进行分析，理解公司战略和主要产品线，分析公司财务绩效表现之外，还需要对公司进行价值评估，以期为外部投资者和公司管理层提供决策参考。前面四个步骤的分析可以理解为对公司价值进行精确评估的前置条件。

公司价值是一个多维度概念，常见的公司价值有公司的账面价值（即出现在财务报表上的资产价值）、公司的市场价值（即公司股票价值和债务价值）和公司的内部价值（即公司的真实价值）。我们知道，基本面分析遵循"价格围绕价值波动"的原理。这里的"价值"对应的是上述公司的内在价值，而"价格"则主要指公司的股票市值。内在价值的评估是公司基本面分析的重要工作。因为公司内在价值的评估可以指导外部投资者的投资决策，也可以验证公司内部战略是否需要调整。

公司估值的方法主要分为绝对估值法、相对估值法和混合估值法。绝对估值法是指通过对上市公司历史及当前的基本面进行分析和对未来反映公司经营状况的财务数据的预测，通过估值模型的估算获得上市公司股票的内在价值。如股利贴现模型（DDM）可以预测上市公司股息红利贴现估计公司内在价值，现金流贴现模型（DCF）可以预测公司现金流贴现估计公司内在价值，剩余收益模型（RE）可以预测公司剩余收益贴现估计公司内在价值，而超额剩余收益模型（AEG）可以预测公司超额剩余收益贴现估计公司内在价值。相对估值法是指使用市盈率、市净率、市销率等公司财务比率指标与其他多只股票（对比系）进行对比，判断股票价格是否被低估或者被高估。常用的相对估值方法包括 PE、PB、PEG、EV/EBITDA、可比公司估值法等。而混合估值法是对二者的结合运用。

一、公司绝对估值方法介绍

本章后附件 1 是公司绝对估值法（包括股利贴现模型、现金流贴现模型、剩余收益模型和超额收益增长模型）的文字说明、录屏文件、EXCEL 命令和数据包。

二、公司相对估值方法介绍

本章后附件 2 是公司相对估值法的文字说明、录屏文件、EXCEL 命令和数据包。

当然，不同公司估值方法各有利弊，其实用性存在差异，因此应该结合起来使用。比如在现有的绝对估值法中，中国上市公司用股利贴现模型估值通常会严重低估企业价值，因为中国的上市公司普遍对股东派发股息红利的比率较低。股息红利再贴现的价值完全无法替代公司的内在价值。现金流贴现模型更适合于评估投资者眼中的经营稳健、现金流稳定的"金牛"型公司而不是高增长的公司。而相对估值模型更适合于评估新上市公司或者高增长的公司。比如新经济类公司的主要盈利来源是数字型资产和平台流量、网络效应等无形资产。这些在传统的财务报表中没有计入，因此也无法在绝对估值法中的财务数据预测中得到体现，常常导致公司价值被低估的结果。下面我们就用几个具体的案例来具体谈谈公司估值的实际运用。

案例1：凌志软件

一、财务数据预测

（一）预测方法

通过对凌志软件（SH688588）的经营及财务分析，我们发现该公司作为一家龙头IT服务公司，营业收入和净利润一直保持较为平稳的增速，具有稳定向好的现金流，并且各明细科目都和营收保持相对稳定的比例关系。因此，本书选取销售百分比法对该公司进行相关财务指标数据的预测。首先综合宏观经济、行业的动态背景以及公司各项历史指标数据对未来营业收入进行数值预测，其次根据各项目与收入稳定的百分比关系预测项目值，编制财务预测报表，进行公司估值。

考虑到该公司稳定的盈利，而股利发放与销售收入并无直接稳定的联系，本书采用固定股利增长的方式预测未来一定年份股利发放率，并参考同行业发展形态较为成熟的公司对其未来更长一段时间内的股利支付率进行预测。

（二）预测阶段

为了确保得到较为精准合理的估值数据，本书的预测周期分三个阶段。

1. 2021—2022年为直接价值预测期

在这一阶段，对于公司营收增长的预测可以直接参考相关权威机构发布的研究报告。根据贝格数据和财通证券关于凌志软件的研究报告数据，2020—2022年该公司营收预测值分别为7.94亿元，10.63亿元，14.26亿元，因此预测公司2021—2022年营收增长率分别为33.88%和34.05%。

2. 2023—2025年为持续增长期

未来随着大范围多层次的金融软件需求涌现，以及不断丰富的技术储备得以应用，凌志软件业绩的高度确定性变得明朗。因此，在2023—2025年这一阶段，我们预测凌志软件仍将延续前一阶段的增长态势，即公司营业收入年均增幅能够稳定在33.9%的水平。

3. 2026年及以后为永续期

从长远来看，公司营业收入的增长率跟国家GDP增长率相挂钩，野村综合研究所研究认为，未来十年中国经济增速将逐渐放缓至 5%，并在此后维持相当长一段时期，因此我们将公司的长期增长率锚定在 5% 的水平，但考虑到该公司高成长性的科技属性，故基于 2019 年规模以上互联网和相关服务业营收 21.4% 的增长率，对该公司的长期增长率水平予以修正，最终得到 10% 长期增长率的设定。

（三）预测结果

首先，通过营业收入预测，我们对企业营运方面各项财务指标进行了预测（见表3.1.1）。

表 3.1.1　　　　　　　净利润、自由现金流量等指标预测结果

科目/时间	2019	2020（E）	2021（E）	2022（E）	2023-2025	2026 年及以后
营业总收入（亿元）	5.97	7.94	10.63	14.26	33.9% 增长	10% 增长
利润总额（亿元）	1.63	2.15	2.89	3.87	33.9% 增长	10% 增长
净利润（亿元）	1.5	2.01	2.69	3.61	33.9% 增长	10% 增长
自由现金流量（亿元）	1.19	1.85	2.48	3.32	33.9% 增长	10% 增长
EPS（元）	0.37	0.5	0.67	0.9	33.9% 增长	10% 增长

数据来源：东方财富 Choice 数据库。

其次，该公司 2017—2020 年股利发放率的数据如表 3.1.2 所示。

表 3.1.2　　　　　　　　**2017—2020 年公司股利分派情况**

年份	2017	2018	2019	2020
股利政策	每 10 股派 1 元	每 10 股派 2 元	每 10 股派 2 元	每 10 股派 2 元（上半年）
股本总数（亿股）	3.6	3.6	3.6	4.0001

数据来源：东方财富 Choice 数据库。

由历史数据可知，自 2018 年以来凌志软件的股利分配一直稳定在 0.2 元/股的政策水平，因此，我们假定 2021—2022 年公司仍保持 0.2 元/股的分配方案不变，同时股本总数按照 11.11% 的水平实现规模扩张，直接计算得到 2021—2022 年的股利支付额。但是，在未来更长的时间跨度期内，我们对于该公司股利支付的预测就需要以同行业发展较为成熟公司的股利政策作为参考，取其平均值，最终我们假定 2023 年及以后的股利支付率为 17%，故该公司未来股利支付情况如表 3.1.3 所示。

表 3.1.3 股利支付预测结果

年份	2021	2022	2023—2025	2026 年及以后
股利支付额（亿元）	0.89	0.99	净利润×17%	净利润×17%

数据来源：东方财富 Choice 数据库。

二、现金流折现模型估值

（一）模型简介

现金流折现模型通过采用把企业预期现金流量折现加总的方法对企业进行估值，具体的计算公式如下：

$$V = \sum_{t=0}^{n} \frac{FCFF_t}{(1 + WACC)^t} + \frac{FCFF_n \times (1 + g)}{WACC - g} \times \frac{1}{(1 + WACC)^n}$$

其中，V 为公司价值，$FCFF_t$ 是 t 期自由现金流，加权平均资本成本 WACC 作为公司要求回报率 r。

由于公司价值 $V=D+E$，其中 D 为公司债务市值、E 为公司权益市值。我们对公司的权益价值进行估值是计算其中 E 的内在价值。$E=V-D$，所以计算每股权益价值需要将公司价值 V 减去债务 D 的价值，再除以发行股数。

（二）估值过程及结果

本书对于 DCF 模型的运用分成两个部分进行。首先是对 2021—2025 年预期自由现金流的折现。自由现金流由上文预测得出，折现因子可用公式表达为 $(1+Rwacc)^n$，其中 Rwacc 是在东方财富 Choice 数据库中直接得到的数据，为 11.95%。n 表示相应年限，通过系列计算可以得到该公司截至 2025 年预期自由现金流的折现值。

其次考虑 2026 年及以后预测现金流的永续价值。由于本书在此前设定了该阶段自由现金流按照 10% 固定比例增长，于是通过戈登模型的应用，即 $DCF = \frac{FCF1}{r - g}$，可以得到 2026 年及以后的预期现金流永续价值。再将永续价值折现到 2020 年，获取永续价值 2020 年的现值。二者加总即为该公司的总价值，减去净负债，并除以股本数量，最终求得每股价值为 67.65 元（见表 3.1.4）。

表 3.1.4 DCF 模型估值结果 单位：亿元

	2020	2021E	2022E	2023E	2024E	2025E
自由现金流	—	2.48	3.32	4.45	5.95	7.97
折现因子	—	1.1195	1.2533	1.403	1.5707	1.7584
自由现金流折现值	—	2.2153	2.6490	3.1717	3.7881	4.5325

续表

	2020	2021E	2022E	2023E	2024E	2025E
截至 2025 年现值	16.3566	—	—	—	—	—
永续价值	—	—	—	—	—	449.5897
永续价值现值	255.6795	—	—	—	—	—
总价值	272.0361	—	—	—	—	—
负债价值	1.43	—	—	—	—	—
权益价值	270.6061	—	—	—	—	—
股份数量	4	—	—	—	—	—
每股价值	67.6515	—	—	—	—	—

数据来源：东方财富 Choice 数据库、同花顺。

三、剩余收益模型估值

（一）模型简介

剩余收益模型的中心思想为：企业的锚价值是当期企业账面价值。企业内在价值由锚价值加上企业未来剩余收益的现值之和组成。公司价值等于当期的净资产账面价值与未来剩余收益现值之和，其具体公式如下：

$$V_0^E = B_0 + \frac{RE_1}{\rho_E} + \frac{RE_2}{\rho_E^2} + \frac{RE_3}{\rho_E^3} + \cdots + \frac{RE_T}{\rho_E^T} + \frac{VE^T - B_T}{\rho_E^T}$$

其中，V_0^E 为企业总价值，B_0 为公司净资产的账面价值，ρ_E 为企业的要求回报率，RE_t 为第 t 期企业的剩余收益。剩余收益可由 $RE_t = NI_t - r \times BV_{t-1}$ 计算得出。此公式中，NI_t 为企业第 t 期的净利润。

（二）估值过程及结果

根据凌志软件 2020 年的财务数据及其未来财务预测数据，得到 2021—2025 年的 EPS、DPS 预测值，根据 $BV_t = BV_{t-1} + NI_t - D_t$ 得到各期每股净资产的值，并根据 $ROCE_t = EPS_t / BPS_{t-1}$ 求出每期已动用资本回报率。由 $RE_t = EPS_{t-r} \times BPS_{t-1}$ 得到每期剩余收益。

又由凌志软件的加权平均资本成本 11.95%（WACC）获得各期的折现因子，进而求出各期剩余收益的现值并求和，得到截至 2025 年的剩余收益总现值。由于本书假设凌志软件将在 2026 年进入企业永续期，并假设永续增长率 g 为 10%，通过永续价值公式 $CV = RE_{2025} \times (1+g) / (r-g)$ 得到剩余收益在 2025 年的永续价值，再将永续价值贴现到 2020 年得到现值。最后将凌志软件的每股净资产、截至 2025 年的剩余收益总现值、永续价值现值三个值相加得到其每股价值。具体计算过程见表 3.1.5。

表 3.1.5   剩余收益模型计算过程   单位：元

年份	2020	2021（E）	2022（E）	2023（E）	2024（E）	2025（E）
每股收益（EPS）	0.5	0.67	0.9	1.21	1.61	2.16
每股股利（DPS）	0.2	0.2	0.2	0.2	0.3	0.4
每股净资产（BPS）	2.178	2.648	3.348	4.358	5.768	7.481
已动用资本回报率（ROCE）	—	30.77%	33.99%	36.15%	36.95%	37.45%
要求回报率	11.95%	—	—	—	—	—
每股剩余收益（RE）	—	0.410	0.584	0.810	1.089	1.471
折现因子	—	1.1195	1.2533	1.4030	1.5707	1.7584
RE 现值	—	0.3660	0.4657	0.5773	0.6935	0.8364
RE 总现值（至 2025 年）	2.9389	—	—	—	—	—
永续价值（CV）	—	—	—	—	—	82.967
永续价值的现值	47.1831	—	—	—	—	—
每股价值	52.2995	—	—	—	—	—

数据来源：东方财富 Choice 数据库。

如表 3.1.5 所示，根据剩余收益模型，最终计算得到凌志软件的每股价值约为 52.2995 元。

四、股利贴现模型估值

（一）模型简介

股利贴现模型是一种绝对估值方法，它的基本原理是公司发放的全部股利即为公司的内在价值，表达式如下：

$$V = \sum_{t=1}^{\infty} \frac{D_t}{(1+k)^t}$$

其中，D_t 是第 t 年每股股票股利的期望值，r 是股票的期望收益率，本书用加权平均资本成本表示。

（二）估值过程及结果

本书对于 DDM 模型的运用分为 3 个部分，根据上文对于股利数据的预测，预期 2021 年和 2022 年两个年份股利政策延续 0.2 元/股的传统，预期 2023 年及以后该公司按照净利润的 17% 发放股利，在此基础上本书选取 EPS 和 DPS 作为参数指标，分别得到三个估值阶段各自的 DPS，接着对各个阶段的 DPS 进行折现，折现方法同上，可分别计算出 DPS 总现值和永续价值现值，最终进行加总得到每股价值 48.1326 元（见表 3.1.6）。

表 3.1.6 　　　　　　　　　　**DDM 模型计算结果** 　　　　　　　　单位：元

年份	2020	2021	2022	2023	2024	2025
EPS	—	—	—	1.2051	1.6136	2.1606
DPS	—	0.2	0.2	0.2049	0.2743	0.3673
折现因子	—	1.1195	1.2533	1.4040	1.5707	1.7584
DPS 各年现值	—	0.1787	0.1596	0.1460	0.1746	0.2089
DPS 总现值	0.8678	—	—	—	—	—
永续价值	—	—	—	—	—	83.1105
永续价值现值	47.2648	—	—	—	—	—
每股价值	48.1326	—	—	—	—	—

五、超额收益增长模型估值

（一）估值原理

超额收益增长模型假定公司的锚价值是公司的收益。因收益是一个流量的概念，因此超额收益增长模型的理念是资本化公司收益和超额收益增长的现值和来获得公司内在价值，即权益资本价值＝远期收益资本化的价值＋超额收益增长资本化的价值。超额收益增长的估值公式为：

$$V_0^E = \frac{1}{\rho_E - 1}\left[\mathrm{Earn}_1 + \frac{\mathrm{AEG}_2}{\rho_E^1} + \frac{\mathrm{AEG}_3}{\rho_E^2} + \cdots + \frac{\mathrm{AEG}_t}{\rho_E^{t-1}} + \frac{\dfrac{\mathrm{AEG}_{t+1}}{\rho_E - g}}{\rho_E^{t-1}}\right]$$

其中，V_0^E 是指基期的权益资本价值，ρ_E 是权益资本回报率，Earn_1 是指第一期每股收益的预测值，AEG 指的是超额收益增长，为带息收入与正常收益之间的差值。一项投资的总收益称为带息收益，等于除息收益加上利息的再投资收益。价值是根据预期带息收益来确定的，各项收益的计算公式如下：

$$带息收益_t = 除息收益_t + (\rho_E - 1) \times 股息_{t-1}$$

$$正常收益_t = 除息收益_{t-1} \times \rho_E$$

$$\mathrm{AEG}_t = 带息收益_t - 正常收益_t$$

（二）估值过程及结果

基于前文对于 DPS 与 EPS 的预测值来进行测算。具体计算步骤如下：

（1）计算 $Earn_1$：将 2021 年的 EPS 预测数据作为 $Earn_1$。

（2）考虑股利再投资收益：将前一年的 DPS 乘上预期收益率，这里采用前文推导出的预期回报率 11.95%，计算出股利再投资收益。考虑股利再投资的收益是 DPS 值加上 DPS 再投资收益的和。

（3）计算超额收益增长：由于预测凌志软件存在超额收益增长，超额收益增长是考虑股利投资收益减去该年正常收益之差。正常收益由前一期的 EPS 乘上（1+要求回报率）得到。

（4）计算 AEG 现值：将每一期所计算出的 AEG 进行贴现。

（5）计算超额收益增长的永续价值 CV 并折现：公司的长期增长率 g 采用前文提到的 10%。

（6）资本化率：这里的资本化率采用 11.95%。

（7）估值：将总收益除以资本化率得到公司每股价值为 116.23 元（见表 3.1.7）。

表 3.1.7　　　　　　　　　　　　　AEG 模型估值结果　　　　　　　　　　　单位：元

	2020A	2021E	2022E	2023E	2024E	2025E
DPS	—	0.2	0.2	0.20	0.27	0.37
EPS	—	0.67	0.9	1.21	1.61	2.16
DPS 再投资	—	—	0.02	0.02	0.02	0.03
考虑股利再投资的收益	—	—	0.92	1.23	1.63	2.19
正常收益	—	—	0.75	1.01	1.35	1.80
超额收益增长	—	—	0.17	0.23	0.28	0.39
折现因子	—	—	1.25	1.40	1.57	1.76
AEG 现值	—	—	0.14	0.16	0.18	0.22
AEG 总现值	—	0.70	—	—	—	—
永续价值（CV）	—	—	—	—	—	22.02
CV 现值	—	12.52	—	—	—	—
总收益	—	13.89	—	—	—	—
资本化率	—	0.1195	—	—	—	—
每股价值	116.23	—	—	—	—	—

六、相对估值法估值

相对估值法，是指选择同行业的其他几个类似公司来对目标公司进行估值的方法。

相对估值法一般步骤如下：首先选择几个目标公司，选择的公司要和目标公司处于同一个细分领域，再计算公司的价值。在本案例中，我们主要采用市盈率和市净率两个财务比率来对公司进行估值。

（一）市盈率（P/E）估值法

市盈率的公式为：$P/E = P/EPS$。其中，P 为每股市价，EPS 指每股盈利。

对于大多数公司来说，市盈率的值是很容易获取的，但市盈率也会受许多因素影响，进而影响估值结果。比如，选取的可比公司收益不是很稳定，那么市盈率会有一定的波动；通货膨胀也会影响每股收益，使得每股收益虚增，影响股价预测。在选择可比公司的时候，标准是这些公司要和目标公司的经营模式以及经营市场相似。我们选取和凌志软件类似的中国对日外包软件公司博彦科技、润和软件和神州信息进行对比（见表 3.1.8）。

表 3.1.8　　**市盈率对比（凌志软件、同行业其他公司、行业平均）**

	2020A	2021E	2022E	2023E
凌志软件	63.18	40.03	29.64	23.98
博彦科技	18.51	11.57	10.13	9.58
润和软件	46.23	37.29	30.09	22.39
神州信息	27.98	17.79	14.18	11.31
行业平均	79.99	46.11	35.79	27.08

数据来源：东方财富网、中证指数有限公司官网、雪球。

从表 3.1.8 中可以看出，凌志软件的市盈率低于行业均值和行业中值，但是高于同行业的其他可比公司。凌志软件的市盈率高于可比公司，说明它的价格可能被高估，投资具有风险。但凌志软件的高市盈率也说明了投资者对它增长潜力的认同，并且凌志软件的预测市盈率逐年降低，也恰好说明它未来的成长性被看好，当一家公司增长速度很快以及未来的业绩增长非常被看好时，股票目前的高市盈率也许恰好准确地估量了该公司的价值。

从估值方面而言，根据市盈率的公式得：股价=市盈率×每股税后利润。这里的市盈率我们采用 2021 年预测的行业平均市盈率 46.11，凌志软件 2020 年每股税后利润是 0.5 元。所以公司股价=46.11×0.5＝23.055 元。

（二）市净率（P/B）估值法

市净率=P/BV，P 是每股市价，BV 是每股净资产。市净率的优势在于公司账面价值很容易获取。一般来说，市净率越低，那么该股票就越值得投资，市净率越高，那么该股票就越不值得投资。通常，市净率为 1~5 是正常的，市净率大于 5 就说明泡沫严重，价格被高估，有较大的投资风险。但是不能一概而论，应该对不同的行业区分对待。轻资产的行业例如互联网、软件服务行业等，它们的资产规模较小，但是盈利能力很强，允许 PB 高一些，重点是看它的盈利能力和增长能力。尽管凌志软件市净率较高，结合其所处的盈利能力较强的软件行业来看，其未来业绩增长被普遍看好，较大的PB 并不能说明它一定存在价格被高估的现象。从估值角度看，每股市价＝市净率×每股净资产。预测 2021 年市净率 PB 为 8.45（见表 3.1.9），预测 2021 年每股净资产为2.6475，所以公司股价 = 2.6474×8.45≈22.37 元。

表 3.1.9　　　　　　　　　凌志软件 2020—2023 年市净率预测

	2020A	2021E	2022E	2023E
市净率	9.78	8.45	7.34	6.61

数据来源：东方财富网。

七、总结

本书运用的绝对估值模型主要有 DCF、RE、DDM 以及 AEG 模型，其中 DCF 模型预测的股价为 67.652 元，RE 模型预测的股价为 52.2995 元，DDM 模型预测的股价为48.1323 元，AEG 模型预测的股价为 116.23 元。就 AEG 模型来说，严谨意义上 DPS 归属于股东而不是企业，如果企业无法运用股利进行再投资，公司的实际收益并不等于公司的带息收益，以此根据带息收益计算得来的公司内在价值有高估的可能。

就相对估值法来说，本书所选取的可比公司的发行上市时间最早为 2000 年，最晚为 2012 年，均比凌志软件有更悠久的企业发展历史，其公司价值和股票价格在资本市场中接受了来自投资者更为长久的评估与考验，而凌志软件作为 2020 年 5 月正式发行上市的新兴科技股，其增长潜力的不确定性也给股票价格预期带来了很大的不确定性，若运用选取的这三家可比公司的指标平均值对凌志软件的股价进行预测，可能会带来较大的预测误差。因此在相对估值模型下，PE 估值法和 PB 估值法算出来的公司股票价格分别为 23.055 元和 22.37 元，综合得每股价值 22.71 元。结果也可能存在较大偏差。

综上，结合各个模型的优缺点及其适用于凌志软件的情况来看，运用 DCF 模型、RE 模型和 DDM 模型进行估值所得的结果应更为准确。本书选取 DCF 模型的股价预测结果 67.652 元、RE 模型的股价预测结果 52.2995 元、DDM 模型的股价预测结果48.1323 元的平均值 56.0279 元作为凌志软件的最终股价预测结果。

凌志软件公司处于软件板块上市公司，细分板块属于 IT 外包服务。当下计算机板块的总体市盈率已达到 77 倍以上，根据上述分析，IT 外包服务板块的行业平均市盈率是 80 左右，均属于历史较高水平。公司市盈率与行业市盈率基本持平。结合对凌志软件基本面的分析，目前凌志软件在财务绩效各方面，如盈利、营运以及偿债能力上均属于行业佼佼者。考虑到公司对日客户资源的优质稳定，未来业绩保持30%以上的增速和对国内行业应用软件开发服务及产品的市场渗透以及科创板高估值的属性，目前公司的估值水平处于一个相对合理的状态。

公司历年毛利率均保持在40%以上，毛利率比较平稳且呈上升趋势。2020年一季度的略微下滑，主要源于今年海内外疫情的影响。其中对日软件开发服务毛利率较高，国内行业应用软件解决方案的毛利率低于对日业务，公司对日收入占比高，且公司业务可复制性强，预计未来公司毛利率保持45%的水平。结合2020年中报来看，目前公司财务费用短期承压，主要是由于公司大力开拓国内及日本业务，相关人力成本上升；公司越来越重视研发投入，研发费用整体呈现上升趋势。但这在未来会成为提升公司竞争力的前期投入。

　　项目组成员：杨颖琦　胡可　章静

案例2：特变电工

一、要求回报率的计算

（一）CAPM 模型概述

资本资产定价模型是由美国学者夏普（William Sharpe）、林特尔（John Lintner）、特里诺（Jack Treynor）和莫辛（Jan Mossin）等人于1964年在资产组合理论和有效市场假说的理论基础上发展起来的，主要研究资产回报率的影响因素以及资产的均衡价格，是现代金融市场价格理论的支柱。该模型目前被广泛应用于投资决策和公司理财领域。资产组合包括无风险资产和风险资产的组合。当资本市场达到均衡时，资产收益率等于无风险收益率和风险资产收益率的和。风险资产的价格受风险资产与市场组合的收益影响敏感程度 β 系数的影响。资本资产定价模型公式如下：

$$R_i = R_f + \beta_i (R_m - R_f)$$

（二）数据说明

特变电工的要求回报率通过资本资产定价模型计算获取。其中：

R_f：选取 2017 年一年期国债利率作为无风险收益率，为 3.61%；

R_m：选取近一年上证指数收益率作为市场组合收益率，为 10.53%；

β：即特变电工的风险溢价。

本书选取 2013 年 12 月到 2017 年 11 月特变电工的月个股回报率（分为考虑现金红利再投资和不考虑现金红利再投资）与 2013 年 10 月至 2017 年 11 月上证 A 股指数的月平均收益率数据，放入 Eviews 软件进行回归。结果显示，系数 β 的 t 统计量为 -13.39，

p 值为 0，表示在 1% 的显著水平上拒绝原假设，对应的解释变量应包括在模型中。特变电工 A 股的 β 系数的估计值为 1.101，略大于 1，说明特变电工 A 股的价格波动高于市场指数回报率。将 β 值与各项数据代入公式，可得特变电工的要求回报率为 11.236%。

二、现金流贴现模型估值

现金流贴现估值法（discounted cash flow method）是指把企业预期现金流还原为当前现值。首先用公司营运现金流减去投资现金流得到自由现金流，然后用公司的资本成本对预期的每期自由现金流进行贴现，加总进而得出公司的内在价值。

（一）现金流贴现法的基本原理

任何资产的价值等于其预期未来自由现金流的现值总和，这是现金流贴现模型的估值原理。通过选取适当的贴现率，折算预期在公司生命周期内产生的全部自由现金流之和，从而得出公司的价值。

（二）现金流贴现模型的假设条件及适用性

1. 假设条件

（1）公司所面临的经营环境是确定的。人们的预期是合理的，公司所面临的宏观和行业环境以预定的模式发展，没有太大的变化。

（2）公司保持一个相对稳定的资本结构。公司的债务、优先股和普通股所占比率在一段时间内影响资本成本，在模型中则假定这些比率是稳定的。

（3）公司在长时间内不进行重组。

（4）公司不存在未被利用的资产。未被利用的资产不能产生任何现金流，从而使具备这种资产的公司价值被低估。

（5）公司未来的现金流是正的，而且是有规律可循的。如果公司未来的自由现金流是负的，则不适用现金流贴现模型进行估值。

（6）外部利率和贴现率的变化不会影响公司未来自由现金流。

（7）公司的变化具有线性、连续的特点，不会出现跳跃式的突变。大多数公司的变化是遵循上述规律的。一旦有外部或内部的突发因素使公司出现剧烈变化，使自由现金流预测准确性受到较大影响，则不适用现金流贴现模型估值。

（8）公司管理层和股东利益一致。公司获得的超额现金流只在可盈利的业务项目上进行再投资，否则将分配给股票持有者。

（9）人们具有充分的理性，可以应用一切可以利用的信息进行预测和估计，不同的人预期一致。

2. 适用条件

现金流贴现估值法是对企业和股票估值最为严谨的方法，能够比较准确地估计公司股票的内在价值。但估值结果取决于对未来现金流的预测及对与未来现金流的风险特征相匹配的折现率的估计，如何正确地选择参数比较困难，当实际情况与假设的前提条件有差距时，就会影响股价估计结果的可靠性。

如果可以比较可靠地估计企业未来现金流，同时，根据未来现金流的风险特征能够确定较为准确的贴现率，就采用现金流贴现法。当然，此方法除了适用于现金流相对确定的资产外，也适用于当前处于成熟稳定发展阶段的公司。

（三）估值

由于特变电工的自由现金流并不是稳定增长的，因此本书采用两阶段估值模型进行估值。即 2017—2022 年 t 期自由现金流为 $FCFF_t$，2023 年之后自由现金流增长率为 g。即假设特变电工在 2023 年及以后达到稳定增长，所以两阶段 DCF 估值模型公式为：

$$V = \sum_{t=1}^{t=n} \frac{FCFF_t}{(1+WACC)^t} + \frac{FCFF_{n+1}}{WACC - g_n (1+WACC)^n}$$

其中：WACC 为加权平均资本成本，g_n 为稳定增长状态下的自由现金流增长率。

1. 贴现率的确定

贴现率是依据复利计息的原理，将未来一定时期内所产生的预期收益折算成现值的比率。贴现率取决于所预测现金流的风险程度，资产风险越高，贴现率越高；反之，资产风险越低，贴现率越低。通常贴现率可以用行业平均收益率、市场贷款利率、资本成本率等来表示，实际上贴现率就是资本成本，有公司的资本成本和项目成本的资本成本。本书中所涉及的贴现率指的是公司加权资本成本 WACC，表示的是组成公司资本结构各种资金来源的成本的加权和，也就是债务成本和权益成本的加权平均数。

（1）权益资本成本的计算。

运用资本资产定价模型（CAPM）对权益资本成本进行计算，计算公式为：

$$R_i = R_f + \beta(R_m - R_f)$$

其中，R_i 是投资者要求的必要收益率，即预期收益率；R_f 是无风险收益率，在本书中，我们选取 2017 年一年期国债利率作为无风险收益率，为 3.61%；R_m 为市场组合收益率，在本书中，我们选取近一年上证指数的收益率作为市场组合收益率，为 10.53%；β 为相关系数，由 CAPM 模型得出 β 值为 1.102，据此，我们得出，预期收益率 R_i 为 11.24%。

通过计算，得知公司权益资本成本率为 11.24%。

（2）债务资本成本的计算。

根据特变电工财务状况可以看出，特变电工资产雄厚、负债融资比例不大，负债的偿还性良好，可以采用中国人民银行 2017 年公布的五年期贷款利率 4.9% 作为其债务筹资资本 K_b。根据特变电工年报可得，特变电工的企业税率是 15%，因此其税后债务资本成本 = $K_b \times (1 - T_c)$ = 4.9% × (1 - 15%) = 4.17%

（3）资本结构的计算。

通过特变电工 2016 年年报，可以看到公司总资产为 749.93 亿元，公司总负债为 475.77 亿元，所有者权益总额为 274.17 亿元，通过计算我们得出，特变电工的资本结构如下：

债务比例是 63.44%，股权比例是 36.56%。

（4）加权平均资本成本的计算。

在对公司的价值评估实践中，采用的折现率通常是加权平均资本成本率（WACC）。其计算公式为：

加权平均资本成本率 WACC＝税后资本成本率×（债务/总资产）+权益资本成本率×（股本/总资产），将数据代入计算可得：

$$WACC = 4.17\% \times 63.44\% + 11.24\% \times 36.56\% = 6.75\%$$

2. 自由现金流的预测（见表 3.2.1、表 3.2.2）

表 3.2.1　　　　　　　　特变电工 2014—2016 年自由现金流　　　　单位：亿元人民币

年份	2013A	2014A	2015A	2016
自由现金流	−21.37	6.82	25.30	6.03

数据来源：巨灵数据库。

表 3.2.2　　　　　　　特变电工 2017—2020 年自由现金流预测及贴现

	2017E	2018E	2019E	2020E	2021E	2022E
预测	7.06	8.26	9.63	11.27	11.98	12.73
折现因子	1.1001	1.1124	1.2374	1.3765	1.5312	—
贴现	6.61	7.25	7.91	8.68	8.64	—

数据来源：巨灵数据库。

本书研究对象特变电工股份有限公司是一家处于成熟期又快速发展的上市公司，故而笔者对其未来的发展持有乐观态度，公司未来具体的稳定增长率计算过程如下：

假定特变电工的自由现金流预测期又分为两个时段，第一个时段是第一个四年（2017—2020 年）高速增长，此时增长率假设与目前公司增长率一致。特变电工 2016 年、2017 年、2018 年增长率分别为 15%、20%、20%，本案例中取 2017—2020 年的增长率 17%；第二时段为第二个四年（2021—2023 年），此时，电力行业处于稳定增长阶段，预计增长率处于 5%~7.5%，取增长率为 6.3%；公司的永续价值计算期从 2023 年开始，假定此时公司的稳定增长率将与国家宏观经济增长率保持一致，根据中国发展高层论坛 2015 年会，国务院发展研究中心副主任刘世锦指出，预测未来十年中国经济平均增速将维持在 6.2% 左右，故本书选取 6.2% 作为公司永续期的增长率。

（四）股价的计算

由上文得出特变电工加权平均资本成本 WACC 为 6.75%，稳定增长状态下的自由现金流增长率 g_n 为 6.2%。

通过计算，我们得出特变电工以下数据：

2017—2020 年总现值为：$\sum\limits_{t=1}^{t=5} \dfrac{\text{FCFF}_t}{(1+\text{WACC})^t} = 39.09$ 亿元；

永续价值为：$\dfrac{\text{FCFF}_{n+1}}{(\text{WACC}-g_n)(1+\text{WACC})^n} = 1639.07$ 亿元；

永续价值现值为 1070.45 亿元；

故，公司总价值＝截至 2017 年总现值＋永续价值现值＝39.09＋1070.45＝1109.54 亿元；

由巨灵数据库查得，特变电工公司净负债为 475.77 亿元；

故，权益价值＝公司总价值－净负债＝633.77 亿元；

由巨灵数据库得知，特变电工目前共有流通股 32 亿股；

故得出特变电工每股内在价值为 19.81 元。

三、股利贴现模型估值

(一) 概述

股利贴现模型（DDM）是用于股票估值的一种模型，是收入资本化法运用于普通股价值分析的一种模型。以适当的贴现率将股票未来预计将派发的股息折算为现值，以评估股票的价值。DDM 与将未来利息和本金的偿还折算为现值的债券估值模型相似。模型的原理为：股票的内在价值是其逐年期望股利的现值之和。

(二) 股利贴现模型基本函数形式

股利贴现模型是研究股票内在价值的重要模型，其基本公式为：

$$V = \sum_{t=1}^{\infty} \frac{Dt}{(1+k)t}$$

其中 V 为每股股票的内在价值，Dt 是第 t 年每股股票股利的期望值，k 是股票的期望收益率或贴现率。公式表明，股票的内在价值是其逐年期望股利的现值之和。

(三) 对股利贴现模型的评价

优点：

（1）含义简单。股东得到的就是股利，所以股票估值可以通过预测股利来实现。

（2）可预测性。短期来看，股利支付通常比较稳定，所以可预测性好。

缺点：

（1）相关性不足。股利支付与价值创造并没有必然联系，至少短期来看是如此。股利支付没有考虑收益中的资本利得。

（2）预测期。需要较长的预测期。

适用情况：特别适用于股利支付与企业价值创造活动紧密相关的情形，比如固定股利支付的情况。

（四）数据预测及估值

通过分析特变电工 2012—2016 年年报可以得出特变电工每年每股股利，从而对 2017—2021 年每股股利进行预测（见表 3.2.3）。

表 3.2.3　　　　　　　　　　特变电工 2012—2016 年每股股利

年份	2012	2013	2014	2015	2016
股利（元/每股）	0.12	0.16	0.16	0.18	0.21
股利增长率	—	33.33%	0%	12.5%	16.67%

数据来源：巨灵数据库。

根据公司年报披露数据计算得到特变电工的股利平均支付率为 0.31，根据表 3.2.3 计算得到的特变电工的平均股利增长率为 15.63%。

将 DPS 各年加总现值为 1.263，预测的 DPS 永续价值现值为 2.78，所以预测的每股价值为 4.043 元（见表 3.2.4）。

表 3.2.4　　　　　　应用 DDM 估值模型（假定 2021 年后股利恒定为 0.43）

	2017	2018E	2019E	2020E
每股股利	0.24	0.28	0.32	0.37
折现因子	—	1.1124	1.2374	1.3765
股利现值	—	0.252	0.259	0.269
股利总现值	1.023	—	—	—
永续价值	—	—	—	3.83
CV 现值	2.78	—	—	—
每股价值	4.043	—	—	—

数据来源：巨灵数据库。

通过股利贴现模型得出特变电工的预测股价为 4.043 元，远低于 2017 年特变电工股价。DDM 模型自身存在一定的局限性，与公司发放股利水平有关，由于特变电工股利发放较少，因此在估值上股利贴现模型并不十分适用。

四、剩余收益模型

（一）剩余收益模型概述

剩余收益是指公司的净利润与预期收益之差。企业只有赚取了超过股东要求的报酬的净利润，才算是获得了正的剩余收益；如果只能获得相当于股东要求的报酬的利润，仅仅是实现了正常收益。

剩余收益模型使用公司的账面价值和预期剩余收益的现值来表示股票的内在价值。在考虑货币时间价值以及投资者所要求的风险报酬情况下，将企业预期剩余收益按照一定的贴现率进行贴现以后加上当期账面价值就是股票的内在价值。

$$V_0^E = B_0 + \frac{RE_1}{\rho_E} + \frac{RE_2}{\rho_E^2} + \frac{RE_3}{\rho_E^3} + \cdots + \frac{RE_T}{\rho_E^T} + \frac{V_E^T - B_T}{\rho_E^T}$$

（二）剩余收益模型估值分析

（1）关注公式成长的价值动因，主要关注公司投资的盈利能力和投资的增长，并对这两个指标进行战略性的思考。

（2）该模型是建立在利用资产负债表对已经确认的资产总价值（账面价值）基础上预测企业的利润而不是对公司的现金流进行预测。

（3）采用权责发生制的会计性质，确认价值增加先于现金流动，将价值的增加与价值的付出相匹配，将投资作为资产而不是简单地记为损失，弥补了公司自由现金流为负不能进行准确估值的缺陷。

（4）剩余收益模型相较于自由现金流和股利贴现模型预测的时期较短，主要是在短期确认较多的价值，预测的盈利指标和增长指标趋于稳定。

（5）剩余收益模型预测的收益具有可验性，可以通过市场分析师提供的预测值和后期公司的财务报表进行验证。基于剩余收益观念，可以更好地协调公司各个部门之间的利益冲突，促使公司的利益最大化。但是利用剩余收益模型对公司估值要求对权责发生制的会计原则有一定的理解，主要依赖于会计数字，但是很多情况下会计数字并不可靠。

（三）估值过程

当期普通股权益回报率 ROCE 是根据当期每股盈利 EPS 和上期每股净资产 BPS 的比值得出。投资者要求报酬率，可以根据 CAPM 模型进行估算。剩余价值 RE＝（ROCE-要求回报率）×账面价值，前面我们通过 CAPM 模型已得出公司要求回报率为11.24%。

假设 2021 年的永续增长率为未来十年的 GDP 平均增长率 6.3%，因此 CV 现值＝RE（1+GDP 同比增长）／（贴现率-永续增长率）

每股价值＝BPS（2016 年）+RE 现值总和+CV 现值，我们据剩余收益模型对特变电工公司的估值为每股价值为 12.83 元（见表 3.2.5、表 3.2.6）。

表 3.2.5 对 2017—2022 年各期的剩余价值进行贴现加总得到的 RE 总现值

年份	2016	2017	2018	2019	2020
EPS	0.68	0.77	0.89	1.03	1.19

年份	2016	2017	2018	2019	2020
股利派发率	30.88%	31.17%	31.17%	31.17%	31.17%
DPS	0.21	0	0.24	0.28	0.32

数据来源：巨灵数据库。

表 3.2.6   **剩余收益模型计算结果**

	2017	2018E	2019E	2020E	2021E
EPS	0.77	0.89	1.03	1.19	1.38
DPS	0.24	0.28	0.32	0.37	0.43
BPS	6.76	7.37	8.08	8.90	9.85
ROCE	12.35%	13.17%	13.98%	14.73%	15.51%
RE	0.07	0.13	0.20	0.28	0.38
折现因子	—	1.1124	1.2374	1.3765	1.5312
剩余价值现值	—	0.12	0.16	0.20	0.25
剩余价值总现值	0.73	—	—	—	—
永续价值	—	—	—	—	8.18
永续价值现值	5.34	—	—	—	—
每股价值	12.83	—	—	—	—

数据来源：巨灵数据库。

五、超额收益增长模型估值

(一) 超额收益模型概述

超额收益增长模型基于带息收益进行估值，通过衡量收益对价值变化的影响，将流量的资本化转化为存量，从而对资产进行估值。即：

锚价值＝收益÷要求回报率

权益价值＝锚价值+资本化预期超额收益增长的价值

超额收益增长（AEG）是指考虑了股息再投资收益与要求回报率水平增长的收益之差：

根据超额收益增长模型得到计算公式：

$$V_0^E = \frac{1}{\rho_E - 1}\left[\text{Earn}_1 + \frac{\text{AEG}_2}{\rho_E} + \frac{\text{AEG}_3}{\rho_E^2} + \cdots + \frac{\text{AEG}_t}{\rho_E^{t-1}} + \frac{\dfrac{\text{AEG}_{t+1}}{\rho_E - g}}{\rho_E^{t-1}}\right]$$

（二）计算过程

表 3.2.7 是我们运用超额收益增长模型对特变电工进行估值的结果。

表 3.2.7　　　　　　　　　　超额收益增长模型估值过程　　　　　　　　　单位：元

	2016	2017E	2018E	2019E	2020E	2021E
EPS	0.59	0.69	0.79	0.91	1.19	1.38
DPS	0.21	0.24	0.28	0.32	0.37	0.43
DPS 再投资	—	—	0.031	0.036	0.042	0.048
带息收益	—	—	0.821	0.946	1.232	1.438
正常收益	—	—	0.77	0.88	1.02	1.32
超额收益增长	—	—	0.051	0.066	0.212	0.118
折现因子	—	—	1.1124	1.2374	1.3765	1.5312
AEG 现值	—	0.33	—	—	—	—
永续价值（CV）	—	—	—	—	—	1.15
永续价值现值	—	0.75	—	—	—	—
总收益	—	1.77				
资本化率	—	0.1124				
每股价值	—	15.74				

数据来源：巨灵数据库。

计算数据：依据前五年数据求的平均股利支付率（payout ratio）为 0.31。根据 CAPM 模型得到的要求回报率为 11.24%，折现因子为 ρ，预期股利和预期每股收益采用 DDM 模型的数据。永续价值的增长率我们采取的是我国 GDP 未来十年的平均增长率 6.3%。

计算过程：

（1）股息（DPS）再投资的收益为前一期的股息乘以要求回报率，即：$DPS_t = DPS_{t-1} \times 11.24\%$。

（2）带息收益即每股收益（EPS_t）加上股息再投资的收益。

（3）正常收益为前一期的收益（EPS_{t-1}）乘以要求回报率。

（4）超额收益增长的总现值，将 2018—2021 年每一期的 AEG_t 按照 ρ^{t-1} 折现加总得到总现值。

（5）根据 2021 年的超额收益，以我国 GDP 增长率作为长期增长率计算出永续价值，并算出永续价值的现值。

（6）总收益即每股收益（ EPS₁ ）加上 AEG 总现值，然后除以资本化率即为每股现值，即：

$$总收益 = EPS_1 + \frac{AEG_2}{\rho} + \frac{AEG_3}{\rho_2} + \frac{AEG_4}{\rho_5} + \cdots = 0.69 + 0.051/1.1124 +$$

$0.066/1.2374 + 0.212/1.3765 + 0.118/1.5312 + 0.77 = 15.74$

因此根据 AEG 模型估计出的每股股价为 15.74 元。

在此模型中永续价值的增长率我们采用的是当下的 GDP 增长率，但从我国的宏观经济发展状况来看，我国当下正处于经济结构转变、经济发展模式转型的时期，GDP增长率近年来出现下滑的趋势，但总体上来看我国经济仍处于快速发展的阶段。

超额增长收益模型从投资者角度来讲就是购买的公司收益，它的估值结果主要是建立在公司实现的收益上，对于广大投资者来讲易于理解；另外该模型可以在多种会计准则下运用，具有多功能性；同时与分析师预测的收益和收益增长率相结合，能增强可信度。

六、可比公司法估值

（一）可比公司法概述

可比公司法就是在无法准确判断公司绝对价值的情况下，借助其他类比公司的参照倍数来估算公司的价值。在可比公司法中，有两个重要的参数，一个是公司价值乘数，即到底用几倍的估值来计算；另一个是公司可预测的未来，一般是预测公司未来 12 个月的利润状况。根据不同公司的状况，目前可比公司法中，公司价值乘数的选择有三种：市盈率 P/E、市净率 P/B、市销率 P/S。

在几家与特变电工类似的可比公司中，我们选择了正泰电器与金风科技，原因如下：

（1）企业的上市交易历史足够长。建议可比对象的上市交易历史在 24 个月（2年）左右以上为好。正泰电器上市日期为 2010 年 1 月 21 日，上市交易历史长达 7 年多，金风科技 2007 年 12 月 26 日上市，交易历史比正泰电器还要长，有一定的股票交易历史数据，经营情况要相对稳定一些，有一定时间的交易历史能有效保证可比对象的经营稳定性。

（2）企业具有相同或相似的经营业务。正泰电器的经营范围为低压电器及元器件、电子元器件、电源类产品、电力工具、电力整流器、切割及焊接设备的研发、设计、制造、加工、安装、调试、销售及相关技术服务，经营进出口业务（国家法律法规禁止和限制的除外），是一家低压电器制造企业。金风科技主要从事大型风力发电机组生产销售及技术引进与开发、应用；建设及运营中试型风力发电场；制造及销售风力发电机零部件；有关风机制造、风电场建设运营方面的技术服务与技术咨询；风力发电机组及其零部件与相关技术的进出口业务。两家公司与特变电工同属输配电器行业。

（3）企业生产规模相当。企业生产规模相当实际就是要求资产规模和能力相当，这样可以使企业更具有可比性，这个标准的要求可以适当放宽。三家公司总市值比较见表 3.2.8。

表 3.2.8　　　　　　　　　　　　三个公司的总市值比较

排名	股票代码	名称	公司总市值（元）
3	002202	金风科技	67034432205
4	601877	正泰电器	56259855693
5	600089	特变电工	36851799589

数据来源：巨灵数据库。

（4）企业经营业绩相似。所谓经营业绩相似就是可比对象与被评估资产经营状态应该相似。要求可比对象与被评估企业在经营业绩方面相似。针对投资者而言，投资风险在盈利企业与亏损企业之间有很大的差异性，从表 3.2.9 可以看出三个公司都是营利性企业，且营业利润相当。

表 3.2.9　　　　　　　　　　　　三个公司的经营业绩比较

名称	每股收益（元）	投资收益（亿元）	营业利润（亿元）
金风科技	0.65	8.45	26.7
正泰电器	0.91	1.11	23.2
特变电工	0.50	0.628	26.6

数据来源：东方财富网。

（5）预期增长率相当。在必要时可以适当放宽要求。预期增长率相当实际就是要求企业的未来成长性相当，从而增强可比性。三家公司预期增长率见表 3.2.10、表 3.2.11、表 3.2.12。

表 3.2.10　　　　　　　　　　　　特变电工预期增长率

特变电工	2017 年预测	2018 年预测	2019 年预测
营业总收入（元）	42991455833.33	47422852500.00	52498210909.09
增长率（%）	7.16	10.31	10.7
市盈率	14.57	12.45	10.76

数据来源：东方财富网。

表 3.2.11　　　　　　　　　　　正泰电器预期增长率

正泰电器	2017 年预测	2018 年预测	2019 年预测
营业总收入（元）	23864583333.33	27236733333.33	32186300000.00
增长率（%）	18.35	14.13	18.17
市盈率	20.94	17.07	14.34

数据来源：东方财富网。

表 3.2.12　　　　　　　　　　　金风科技预期增长率

金风科技	2017 年预测	2018 年预测	2019 年预测
营业总收入（元）	28023775454.55	32520989090.91	38581115500.00
增长率（%）	6.17	16.05	18.63
市盈率	20.43	17.59	14.61

数据来源：东方财富网。

（二）确认比较指标（见表 3.2.13）

表 3.2.13　特变电工和正泰电器 2017 年第三季度销售收入、利润以及权益的账面价值

	销售收入	净利润	账面价值	市销率 P/S	市盈率 P/E	市净率 P/B
正泰电器	15936585490.81	2065111632.03	19216989647.7	2.07	16.79	4.4
金风科技	17006751441.72	2355583551.27	20178964385.19	1.75	23.45	2.35
特变电工	28126131623.41	2295758939.50	27520596773.46	0.94	19.31	1.57

数据来源：理财大视野。P/E、P/B、P/S 值取自近五年中位数。

（三）通过计算得出目标公司价值（见表 3.2.14）

表 3.2.14　　　　　　　　　　　计算目标公司价值

	可比公司平均比率	特变电工的财务数据	特变电工内在价值
PS	1.91	28126131623.41	53720911401
PE	20.12	2295758939.5	46190669863
PB	3.375	27520596773.46	92882014110
平均价值			64264531791

通过表 3. 2. 14 的计算方式，我们得到了特变电工的平均估值为 64264531791. 29225 元，约 643 亿元，除以总股本 371864. 78 万股，可得公司每股价值 17. 28 元。

（四）可比公司法的局限性

首先 P/E 估值的每股盈余往往受会计人为操作的影响，从而使得每股盈余并未真实反映出公司的盈利水平，P/E 估值也就有失偏颇。其次，市盈率指标受市场影响很大，随着经济周期和股市的波动，市盈率也将跌宕起伏，不能如实反映公司的价值。市盈率的真实性还依赖市场的发达程度和投资者的预期，比如一些发展比较好的行业，可能市盈率会被市场低估，很大程度上是因为其依赖于人们对于未来的预期，并不是企业价值的真正体现。

P/B 估值忽略了净资产收益率（ROE）差异的影响，这明显使得 P/B 估值得出的结论不太让人信服。ROE 衡量了公司对股东投入资产的使用效率，它的高低恰恰是区分公司是否优秀的根本。市净率还具有显著的个体差异性，不同的市场经济体的市净率、同一市场经济体的市净率，甚至是同一经济体在不同的股票市场的市净率都具有极大的差异性，因此其不适合作为一种标准用于相互比较。

P/S 的局限显而易见，它仅仅考虑了公司的收入状况，没有考虑成本、利润以及股东的净资产，仅适用于初创，没有办法准确预测盈利的企业。

因此，建议结合其他估值方法共同确定公司内在价值。在统筹各种估值方法后，我们排除了个别不适用模型预测的股价，得出特变电工内在价值在 17~19 元。

项目组成员：张瀚譞　汪静　刘馨宇　欧琳　苏旭燕　郭梦雨　玉米提·吐尔逊　阿斯哈不丽·阿合买提　郑鸿墨

案例 3：哔哩哔哩

一、估值难点与选择

（一）互联网初创公司特点

新经济公司的估值目前是难点。以哔哩哔哩为例，哔哩哔哩作为初创互联网公司，不像传统公司一样生产实体产品获利，其主要资产为无形资产，主要产品为服务型产品及以网络为载体的虚拟产品，而且此类公司具有以下几个特点。

1. 高风险性

互联网公司的核心发展力为技术创新能力，技术创新迭代越快，企业经营风险越高。即使经营业绩良好、占有较大市场的公司也有可能在数年内没落。例如乐视在短短一年跌落神坛、土豆与优酷合并后销声匿迹。在哔哩哔哩所处的国内二次元视频市场，早期 Acfun 一家独大，但不到 10 年哔哩哔哩后来居上完成反超，而 Acfun 濒临破产。

2. 资产结构特殊

互联网公司资产结构特殊，是轻资产型经营模式，提供的商品服务具有创新性。主要盈利来源不是厂房、设备等实物资产，而是平台品牌、网络资源、版权、专利与员工能力等无形资产，而这些无形资产目前很难准确地在财务报表中体现出来。

3. 发展的阶段性

互联网公司发展和决策具有阶段性。企业发展初期，互联网公司以开发并占有新兴市场起家，会为了研发新产品和技术以及扩大市场而进行巨大的前期资本成本投入和时间成本投入，导致企业多为亏损状态。即使到达稳健增长期，企业也将面临高度的外部竞争压力以及高度的风险。投资者对前一阶段成果的评估会对后一阶段的决策有着重大影响，这也决定了互联网公司项目发展和决策的阶段动态性。

4. 粉丝经济

互联网公司的盈利主要通过用户来实现，且互联网行业马太效应明显，拥有越多的用户，就拥有越高的收入。在整个行业都是用户至上，流量为王。粉丝和黏性用户越多，公司价值越大。但是粉丝、流量等不确定性较强，很难评估其价值，因而通常无法通过财务报表获取信息。

（二）互联网公司估值难点

基于互联网公司这几个特点，可以发现对哔哩哔哩这样的初创互联网企业估值有以下几个难点，以至于传统估值方法较难准确判断其公司价值。

1. 缺乏可比公司

互联网公司的价值来源于其特有的商业模式，但不同的互联网公司商业模式差别很大，在商业模式、用户群体、产品质量上很难有相似之处，即使有也一般处于同一水平，很难作为公认的参考。如哔哩哔哩主要营收来源于直播、广告、游戏，但其同类型公司很难寻找，短视频方面与抖音、YouTube 营收方式不同，游戏方面与腾讯体量不同，因此相互比较时，参考意义有限。

2. 缺乏历史数据

互联网行业为新兴行业，尤其是互联网视频行业，于 20 世纪末才出现，因此市场数据较少。同时，由于互联网技术以及金融技术的发展，如今新兴的互联网上市公司的发展历史相对传统行业非常短，很难有可供追溯、研究的历史数据。

3. 未来现金流预期不可靠

互联网行业的细分市场未发展完善，成长性难以预测，同时又由于公司会面临一系列决策，而各决策之间又有可能具有链式反应，未来的现金流难以预测。

4. 存在不确定性因素

互联网公司主要盈利资产为无形资产，很难在财报上反映出来，而且该类资产，如品牌、客户资源等相对而言易受宏观环境等不确定性因素的影响，同时其衡量标准也并不唯一，如用户数就有注册用户数、活跃用户数、付费用户数等多个衡量标准。

（三）估值方法

在对哔哩哔哩估值前，首先我们必须明晰对于数据的预测方法，可分为定性与定量两种。定性预测法主要依赖个人或集体的经验智慧，依据历史数据对未来发展状态做出估计。常用的方法主要为：主观概率法和专家会议法等。该方法的局限性非常明显：预测结果受预测者主观的影响非常大。由于互联网行业发展时间短，市场仍不健全，因此相关知识、经验相对而言比较匮乏，很难准确进行估计。同时，定性预测法也缺乏对事物发展数量上的精确描述。定量预测法主要依据统计方法与数学模型，通过历史数据建立预测模型来做出定量的预测。一般常用的有回归方法、计量经济模型、移动平均法等，这些方法需要大量的历史数据做支撑，但初创互联网企业大多缺少历史数据。

二、用户价值模型估值

（一）模型介绍

本书除了使用较为适合哔哩哔哩的传统公司估值手段外，借鉴互联网公司的盈利特点，引入以用户为核心进行价值估计的方法，以契合互联网公司中用户价值占比远超其他传统行业的特点。研究中心的用户价值模型主要分为两类：

第一类，现金流贴现模型的应用。由于传统互联网公司的收入来源于用户所提供的资金，如会员费、购买线上服务等，认为公司的价值就是用户贡献现金流的折现综合，表达式为：$V = \sum_{i=1}^{n} \sum_{t=0}^{T_i} \dfrac{k \times CF_{it}}{(1+r)^t}$

其中，n 为用户量，T 为用户时长，CF 为用户现金流，r 为折现率，k 为公司产品及服务对用户为公司贡献现金流的影响因子。k 与日活跃用户与月活跃用户（DAU/MAU）成正比，CF 可以用每用户平均收入（average revenue per user，ARPU）替代。

第二类，梅特卡夫定律的应用。依据梅特卡夫定律，认为一个网络价值等于该网络内的节点数的平方，通过过往学者对传统估值模型的修正，出现了完全基于用户价值的估值模型，如 DEVA 估值模型。DEVA 估值模型是第一个将梅特卡夫定律应用到公司估值中的模型。梅特卡夫定律用公式可表示为：

$$V = M \times C^2$$

其中 M 为用户初始投入，C 为单个用户的价值，该方法没有考虑现金流等因素，而是完全考虑了用户相关的变量。但实际生活中并不是所有的用户都是有效用户，用户带来的价值也不尽相同，因此可能会高估公司的价值。而且 DEVA 估值法只考虑初始投入的成本 M 来简化会计计量，但是不同的互联网公司有着不同的商业模式，有些公司的价值虽然仍然和网络规模的平方成正比，但其价值可能被扩张市场的花费所掩盖，误差比较大。

修正后的 DEVA 法可表示为：

$$V = P \times (MAU \times ARPU) \times \ln(MAU \times ARPU)$$

其中，P 为用户付费率，MAU 为活跃用户数，ARPU 为用户平均贡献值，为月收入与月活跃人数之比。

另一个根据梅特卡夫定律得到的较为成熟的估值模型为：

$$V = \alpha \times ARPU \times MAU^2 + b + \varepsilon$$

该方法利用回归分析，得出适用于目标公司的特定的估值系数，而对于缺少数据的公司，可以利用其他相似公司的解释力度 $\dfrac{\alpha \times ARPU \times MAU^2}{V}$ 来进行推导。

此外，国泰君安证券研究部提出定性公式 $V = K \times P \times \dfrac{N^2}{R^2}$，其中 P 为溢价率系数，K 为变现因子，N 为用户规模，R 为节点间距离，但公式中的参数 K、P、R 的定义、计算和评价标准尚不明确，这个模型应用目前只停留在定性分析的层面。

（二）模型估值

本书以第二类方法对哔哩哔哩进行估值，因为用户价值法需先满足梅特卡夫定律前提，即网络的价值与其收入成正比，而收入与单个用户收益成正比，与用户数的平方成正比。所以先对哔哩哔哩收入与 ARPU、MAU^2 之间是否满足梅特卡夫理论进行验证，结果如图 3.3.1 所示。

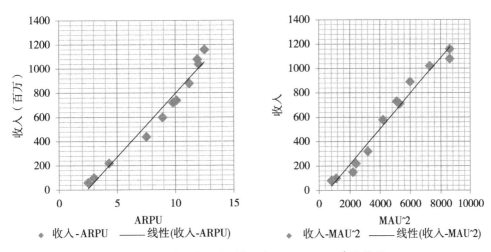

图 3.3.1　哔哩哔哩公司收入与 ARPU、MAU^2 的关系

图 3.3.1 结果显示，哔哩哔哩公司收入与每用户收入水平以及用户数呈显著正相关关系。其他学者还对互联网行业龙头腾讯和 Facebook 两家公司的相关数据进行了回归来判断解释度，结果也充分验证了前文假说（见表 3.3.1）。

表 3.3.1　　　　　　　　　腾讯与 Faceook 公司的回归数据

公司	α	B	R^2	显著度	解释度
Facebook	1.83E-08	88113.2	0.889799	***	99.88%
腾讯	2.49E-08	236093.2	0.962501	***	83.06%

数据来源：《初创互联网公司价值估值研究》（刘一凡）。

利用 2020 年第一季度哔哩哔哩的数据：市值 $V = 115.87$ 亿美元，每用户平均收入 $\text{ARPU} = \dfrac{7.9}{7 \times 0.134 \times 3} = 2.81$ 美元，用户量 MAU = 1.72 百万人。由于并非所有的用户都会进行付费，应考虑月活跃用户与付费用户所得出的用户的付费率 $P = \dfrac{115.87}{1.72 \times 2.81 \times \ln(1.72 \times 2.81)} = 15.23$。我们可预计 2021 年 MAU = 2.5 亿人，ARPU = 3.2 美元：

$$V = 15.23 \times 2.5 \times 3.2 \times \ln(2.5 \times 3.2) = 253.36 \text{ 亿美元}$$

考虑公司的股票发行量，则哔哩哔哩每股内在价值为：$V = \dfrac{253.35}{3.23} = 78.44$ 美元，高于当前公司美股股价。

三、相对估值法估值

（一）方法概述

相对估值法，是通过计算估值公司与选取的可比公司的市盈率（P/E）、市净率（P/B）、市销率（P/S）等财务比率指标，将估值公司的指标值与各可比公司相应指标的平均值进行对比的估值方法。如果估值公司的指标值低于对比公司相应指标值的平均值，则股票价格被低估，反之，则被高估。被低估的股票价格极有可能上涨，并使得指标值逐渐趋向于平均值。

相对估值法主要包括 P/E、P/B、P/S、EV/EBITDA 等估值方法。其中，市盈率（P/E）即每股价格与每股收益的比值，一般在中国最为常用。但使用市盈率估值的前提是公司有正的利润，而对于哔哩哔哩这样的初创型公司净利润为负，并不适用。因此，下文主要是介绍在中国金融行业较为常用的市净率（P/B）估值法和市销率（P/S）估值法。

相对估值法的一个难点就是要找到几个可以作为类比的公司，由于哔哩哔哩与其他互联网公司在商业模式、用户群体等方面存在较大差异，很难找到一个合适的对比公司，因此，在通过权衡之后笔者主要选择了五家和哔哩哔哩有着一定相似之处的公司，它们分别是爱奇艺、网易、虎牙、欢聚、腾讯控股，将通过与这五家互联网公司的对比分析来对哔哩哔哩进行估值。

（二）市净率（P/B）估值法

1. 模型介绍

市净率（P/B）为每股股价与每股净资产之比。相对于采用较为稳定的账面价值的市盈率，市净率反映了投资者的投资资金与目标公司的净资产之间的倍数关系。一般而言，市净率越低，投资风险越低，投资价值越高。

基本公式：$市净率 = \dfrac{每股市价}{每股净资产} = \dfrac{市值}{净资产}$

2. 估值过程及结果（见表 3.3.2）

表 3.3.2　　　　　　　　　　　　　各公司市净率

股票代码	公司名	总市值（亿元）	净资产（亿元）	市净率
BILI	哔哩哔哩	827.41	76.36	10.84
IQ	爱奇艺	914.13	97.15	9.41
NTES	网易	3931.97	730.41	5.38
HUYA	虎牙	253.19	86.85	2.92
YY	欢聚	425.11	388.84	1.09
HK0700	腾讯控股	42131.59	4888.24	8.62

注：总市值计算时点为 2019 年 12 月 31 日，净资产源自各公司 2019 年年度报告。
数据来源：同花顺网站（数据保留两位小数）。

由表 3.3.2 可计算出五家可比公司平均市净率：

$$平均市净率 = \frac{9.41 + 5.38 + 2.92 + 1.09 + 8.62}{5} = 5.484$$

由于求得的哔哩哔哩的市净率为 10.84，高于对比公司的平均市净率，可以认为其价值被高估。

由 2019 年哔哩哔哩的每股净资产 21.49 元，可进一步计算哔哩哔哩的估计价值，用平均市净率乘以每股净资产求得：

公司内在价值 = 5.48 × 21.49 = 117.85 元／股

总市值 = 117.85 × 3.47 = 408.95 亿元

（三）市销率（P/S）估值法

1. 模型介绍

市销率为每股股价与每股营业收入之比。有些公司，如大部分互联网公司，其净利润不断变化，而且前期多为负数，因此相对于市盈率，使用营业收入来作为衡量的市销率就更加适用了。市销率越低，该公司投资价值越大。选用市销率估值的主要原因就是市销率不会出现负值，对于像哔哩哔哩这样目前仍属于亏损状态的成长型互联网企业，计算出的价值乘数也是有意义的。

$$基本公式：市销率 = \frac{每股市价}{每股营业收入} = \frac{市值}{营业收入}$$

2. 估值过程及结论（见表 3.3.3）

表 3.3.3 各公司市销率

股票代码	公司名	总市值（亿元）	营业收入（亿元）	市销率
BILI	哔哩哔哩	827.41	67.78	12.21
IQ	爱奇艺	914.13	252.5	3.62
NTES	网易	3931.97	592.41	6.64
HUYA	虎牙	253.19	83.75	3.02
YY	欢聚	425.11	240.28	1.77
HK0700	腾讯控股	42131.59	3772.89	11.17

注：总市值计算时点为 2020 年 6 月 12 日，营业收入源自各公司 2019 年年度报告。

数据来源：同花顺网站（数据保留两位小数）。

根据可比公司求得的五大公司的平均市销率为：

$$平均市销率 = \frac{3.62 + 6.64 + 3.02 + 1.77 + 11.17}{5} = 5.24$$

因为求得的哔哩哔哩市销率为 12.21，高于平均市销率，所以仅从市销率看该公司的价值也有被高估的可能。

2019 年哔哩哔哩的每股营收为 20.66 元，若用平均市销率乘以每股营收，可得：

$$股价 = 5.24 \times 20.66 = 108.02 元／股$$

从而求得：

$$总市值 = 108.02 \times 3.47 = 374.85 亿元$$

从同花顺网站获得的数据显示，截至 2020 年 6 月股价为 254.7 元/股，通过市净率与市销率进行估值的结果均低于其当前价值，因此存在股票内在价值被高估的可能。

四、DCF 模型估值

（一）模型介绍

DCF 模型即现金流贴现模型，是根据预测公司未来的自由现金流量贴现对公司进行估计，综合考虑公司永续价值以及负债，对公司股票发行价格进行估值的一种方法。

使用 DCF 模型进行估值的关键是：一是确定未来存续期内各年度的自由现金流量，二是确定合适的贴现率，贴现率和股票的风险有关，风险越大则贴现率越大，反之亦然。

其计算过程如下：

The discounted cashflow（DCF）model

Cash flow from operation（inflows）	C_1	C_2	C_3	C_4	C_5	$\rightarrow$
Cash investment（outflows）	I_1	I_2	I_3	I_4	I_5	$\rightarrow$
Free cash flow	$C_1 - I_1$	$C_2 - I_2$	$C_3 - I_3$	$C_4 - I_4$	$C_5 - I_5$	$\rightarrow$

公司权益价值等于公司价值减去公司债务：

$$V_0^E = V_0^F - V_0^{ND}$$

公司权益价值等于预测现金流贴现和加上公司永续价值贴现减去公司债务：

$$V_0^E = (C_1 - I_1)/\rho_F + (C_2 - I_2)/(\rho_F)^2 + (C_3 - I_3)(\rho_F)^3 + \cdots + (C_T - I_T)/(\rho_F)^T + CV/(\rho_F)^T - V_0^{ND}$$

（1）一般认为企业的生命周期无限长，同时不可能对所有未来年份做出预测，因此计算公式分成两个部分，即：

价值＝预测期间各期现金流量现值之和＋永续价值现值

（2）任何资金的使用都是有成本的，即必须考虑资金的时间价值，将未来各期的现金流量通过贴现率转换为现值。

贴现率又可称为要求回报率或资本成本，一般用 r 表示，上式中 $\rho = 1 + r$。我们通过 CAMP 模型计算要求回报率：

$$r = R_f + \beta \times (R_m - R_f)$$

r：要求回报率；

R_f：无风险利率；

R_m：市场平均收益率；

β：对资本市场系统风险变化的敏感程度。

（3）若预测期后的现金流量是一个固定值，即预测期之后现金流无增长，则：

$$CV = CT - \frac{IT}{r}$$

若预测期后的现金流量按某一固定比率 g 增长，则

$$CV = (CT - IT) \times \frac{1+g}{\rho - g}$$

CV：永续价值；

g：自由现金流量预期增长率；

r：要求回报率。

DCF 模型通过对自由现金流的折现计算，反映了公司内在价值的本质。通常 DCF 模型比较保守，因此所得结果可作为股票价格的底线值。但对于现金流波动频繁、不稳定的行业所得出的估值结果可信度会有所降低，DCF 模型选用的参数会对估值结果有极大影响，如果参数不适用，则结果将存在较大偏差。

（二）模型估值

1. 数据来源

R_f：美国五年期国债利率 2.5%；

R_m：标普 500 收益率几何平均结果 5.75%；

β：$\beta = 1.14$，数据来自雅虎财经；

r：$r = R_f + \beta \times (R_m - R_f) = 2.5\% + 1.14 \times (5.75\% - 2.5\%) = 6.21\%$

自由现金流量预测结果见表 3.3.4。

表 3.3.4　　　　　　　　　　自由现金流量预测值：网络资料

	2020E	2021E	2022E	2023E
自由现金流量	52.33	72.68	98.90	132.71
自由现金流现值	52.33	68.43	87.67	110.78

数据来源：未来智库。

永续价值：EV/EBITDA 所得结果

债务价值：78.80 亿元（东方财富）

总股本：3.47 亿（老虎证券）

现价：35.87 美元（6 月 12 日）（老虎证券）

2. 计算过程及结果

$$\beta = 1.14$$
$$R_f = 2.5\%$$
$$R_m = 5.75\%$$
$$r = R_f + \beta \times (R_m - R_f) = 2.5\% + 1.14 \times (5.75\% - 2.5\%) = 6.21\%$$

假定增长率 $g = 0$

自由现金流：2020 年：52.33

2021 年：72.68

2022 年：98.90

2023 年：132.71

$$\rho = 1 + r = 1 + 6.21\%$$

自由现金流现值：2020 年：$\dfrac{52.33}{1} = 52.33$

2021 年：$\dfrac{72.68}{1 + 6.21\%} = 68.43$

2022 年：$\dfrac{98.90}{(1 + 6.21\%)^2} = 87.67$

2023 年：$\dfrac{132.71}{(1 + 6.21\%)^3} = 110.78$

$$\mathrm{CV} = \frac{\mathrm{DCF}_{2023}(1 + g)}{r - g} = \frac{110.78}{6.21\%} = 1783.89$$

$$\mathrm{CV}\ 现值 = \frac{\mathrm{CV}}{(1 + 6.21\%)^3} = 1488.92$$

企业价值 $= 52.33 + 68.43 + 87.67 + 110.78 + 1488.92 = 1808.13$ 元

企业权益价值 $= 1808.13 - 78.80 = 1729.33$ 元

$$每股价值 = \frac{1729.33}{3.47} = 498\ 元$$

$$现价 = 35.87 \times 7.1 = 254.7\ 元$$

根据公司内在价值和股价的比较结果可以看出哔哩哔哩公司价值被低估。

五、不同估值方法结果比较

作为互联网初创公司，哔哩哔哩公司的股票一直处于波动中。同时由于可参考数据相对较少，不同估值方法对其数据应用不同，如用户价值模型估值远高于市值，而市净率、市销率估值不及市值，结果存在较大偏差。因此较为稳妥的方法是通过多种估值方法考察其结果，并得出重合度较大的区间。

结合其他学者对哔哩哔哩的估值，综合所有可参考数据图比较结果（见图3.3.2）。根据标准普尔 500VIX 波动率指数（平均值 19.24%）和纳斯达克 100 波动率指数（24.6%），粗略取波动范围为 22%，哔哩哔哩公司的市值范围为（196.72，491.25），汇总得到足球场图，其价值区间为（360，560），因此目前哔哩哔哩公司的股票价值为被低估状态。

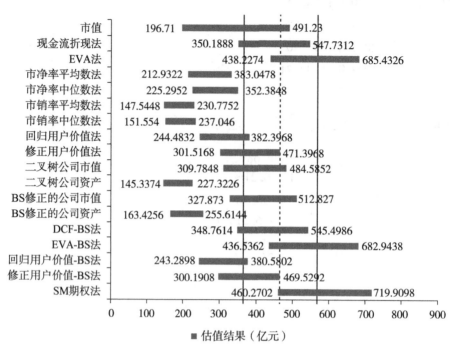

图 3.3.2 估值结果比较

数据来源:《初创互联网公司价值估值研究》。

项目组成员:徐若然 董陶 常胜男

案例4:虎牙公司

一、公司估值理论简述

作为资本市场的核心主体,上市公司的价值评估也越来越受到人们重视。对上市公司资产定价,是投资者进行投资决策和管理层评估公司战略的依据。公司估值主要有两类方法,即相对估值法与绝对估值法。

(一)绝对估值法

绝对估值模型可分为现金流贴现模型(DCF)、股利贴现模型(DDM)、剩余收益模型(RE)等。这些模型被广为应用。但是由于一些客观假设的存在,不同的模型也存在着一些问题以及缺陷。

股利贴现模型:股票价值等同公司股东能得到的分红收入和,通过相应折现率利用公式折现得到公司的准确估值,这是较为基本的模型。

现金流贴现模型：该模型认为，企业的估值等于企业未来的自由现金流量，即将企业的未来现金流折现即可得到相应的预计自由现金流，再通过扣除相应的债务成本以及其他的成本，即可得到最后的估值。

剩余收益模型：通过将未来的公司剩余收益用相应折现率贴现，以此作为估值基础。理论上来说，即是"档期会计利润与未来会计利润相关联，未来会计利润与未来的分红相关联，未来的股利与现在公司估值相关联"。

（二）相对估值法

相对估值法，借鉴了同价理论，通过参考同一行业中的可比公司，寻找相似的价值关键点之后再估算公司的价值。但是，只有在有可比公司存在的情况下才能发挥相对估值法的作用。一般来讲，可比公司以及目标公司都是利用财务比率指标进行估值。最常见的指标是市净率、市盈率和市销率等。相对估价法步骤如下：首先选择可比公司、然后再选择财务比率指标，计算可比公司财务比率指标的均值，运用到目标企业的最终价值估计的计算中。

二、估值总体思路（见图3.4.1）

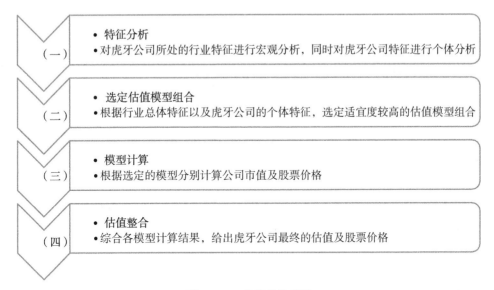

图3.4.1　估值总体思路

三、估值过程

（一）特征分析

由于不同行业具有不同的特征，各估值模型对不同行业公司的适宜度是不同的。

同时，处于同一行业的不同公司由于战略、业务的差异而具有不同的特征。虎牙公司属于互联网行业，因此，在选定虎牙公司估值模型组合之前，应综合分析互联网行业的总体特征以及虎牙公司的个体特征，选取适宜度较高的估值模型组合，提高估值的准确性。

互联网行业作为最近20年发展起来的新兴产业，其本身的外部性、虚拟性使其具有很多特征，这些特征具体如下（见图3.4.2）。

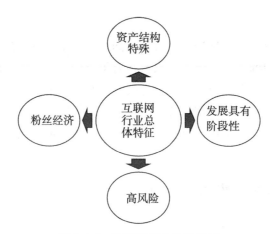

图3.4.2 互联网行业总体特征

（1）资产结构特殊，多为轻资产。

互联网公司与传统的公司存在的很大不同点就是其资产构成，传统企业的资产多为有形资产，如库存商品、生产设备等，这些资产很容易折合为货币，记入财务报表；但互联网公司的资产多为轻资产，如软件、平台、流量等无形资产，这些资产不容易记入财务报表。

（2）行业具有高风险性。

互联网公司由于收益大多来源于流动性很强的网络流量，且互联网行业的竞争激烈，进入者众，导致这一行业具有很高的风险性，很多公司由于流量流失以及竞争者的追赶而陷入衰退。

（3）发展具有阶段性。

互联网行业的很多公司都具有前期投资巨大—用户基数快速增长—扭亏为盈—盈利增长这一发展规律，因此互联网公司的发展一般都具有很强的阶段性，前期呈现亏损状态，后期进入盈利状态。

（4）粉丝经济。

在评价一个互联网公司的盈利水平中，用户数量是一个十分重要的指标，用户数量的多少反映了互联网公司的盈利潜力的大小。在互联网行业，马太效应明显，行业领先者往往能够依靠巨大的用户数量垄断市场。

分析完互联网公司的总体特征，接下来我们对虎牙公司的个体特征进行分析。经过前文对虎牙公司战略、财务等方面的分析，我们可以总体给出虎牙公司具有的以下特征：

（1）虎牙公司用户数量多，市场潜力大。

虎牙公司以游戏直播为主要业务，月活跃用户可达 1.5 亿人，累计注册用户超过 2 亿人，巨大的用户基数使得虎牙公司未来的市场潜力十分巨大，2019 年第四季度，虎牙公司总收入 24.68 亿元，相比于 2018 年同期的 15.05 亿元增长了 64.0%。

（2）虎牙公司目前处于成长期。

虎牙公司成立于 2017 年，2018 年在美国上市，是一家十分年轻的公司，虎牙公司在 2017 年第四季度实现盈利，目前公司业绩良好，仍处于上升期。

（3）虎牙公司无股息分红。

目前暂无虎牙公司对股东进行股息分红的记录。

（二）选定估值模型组合

在对互联网行业的总体特征及虎牙公司的个体特征进行分析后，我们依据这些特征来选定适用度较高的估值模型。

首先因为互联网公司发展具有很强的阶段性，前期多呈现亏损状态，所以根据以往收益情况来估计当下市值的模型是不适用于虎牙公司的，如静态市盈率模型需要依据以往的利润来进行估值。在这里我们可以选用动态市盈率模型，依据未来预期的利润来估计公司市值。

根据虎牙公司的个体特征，其无股利分红，故无法使用股利贴现模型进行估值，因此在绝对估值法中我们可以选用现金流贴现模型与剩余收益模型。

同时我们可以参考一些研究公司估值模型的论文，根据百度百科给出的各行业估值模型适宜度排名，互联网行业适宜度排名前三的估值模型分别是动态市盈率模型、现金流贴现模型、静态市净率模型。根据以上的分析，我们初步选定了四个模型组成了虎牙公司的估值模型组合，分别是：现金流贴现模型、剩余收益率模型、动态市盈率模型、静态市净率模型。在运用各估值模型进行计算后，我们会评估结果的适用性舍去明显不适用的结果。

（三）模型计算

1. 自由现金流量折现模型

（1）模型介绍。

DCF 是利用数学模型预测公司将来的营运现金流（现金流入）和投资现金流（现金流出）来计算出自由现金流（FCF），再按照时间对应的贴现率计算现值，最后确定公司内在价值的方法。一般的步骤有：首先预期企业未来各年度的现金流；其次找到一个相对应的折现率，折现率的大小主要依赖于未来现金流的相应风险系数，如果风险偏大，那么要求的折现率就对应增高；如果风险偏小，那么要求的折现率就对应降低。

（2）基本公式：

$$PV = \frac{FCF_1}{1+r} + \frac{FCF_2}{(1+r)^2} + \cdots + \frac{FCF_H}{(1+r)^H} + \frac{PV_H}{(1+r)^H}$$

$$PV_H = \frac{FCF_{H+1}}{r-g}$$

通过查询东方财富 APP 虎牙公司数据，我们可以得到虎牙公司 2016—2019 年的现金流量数据。利用数学模型预测之后年度的现金流量，如表 3.4.1 所示，2020—2024 年的预测现金流量数据分别为 3.56、3.67、3.65、3.54、3.33，由于直播市场有限，公司在面临市场趋于饱和时，无法继续扩大经营规模。假设虎牙公司没有进行业务转型，我们预计五年后市场已经进入成熟期并走向衰退，公司现金流会以 5% 的速度减少。

根据 Choice 数据库查询到的数据，虎牙公司的日 β 值为 0.81，根据英为财经数据知 2020 年 3 月、4 月中国十年期国债平均收益率为 2.663%、2.51%，取均值 2.59% 为无风险收益率 R_f，取 2019 年 2 月 28 日至 2020 年 3 月 29 日全年上证指数涨跌幅作为市场收益率 $R_m = 11.44\%$。代入 CAPM 计算公式得到必要收益率 $R = 9.76\%$。

根据 2019 年年报披露的信息知：虎牙公司自上市以来主要通过股权融资的方式获取资金，根据现有信息无法准确得到企业的非流动负债偿付及借款利息支出情况。2019年公司流动负债为 3.49 亿元，占总负债额的 91.36%。由于互联网公司一般保持轻负债的经营模式，股东权益占资产的比率较大，若在计算 WACC 时将债务成本视为 0 或取较低值，则会在一定程度上低估公司的加权成本。此外，考虑到互联网直播行业尚未进入成熟阶段，在行业发展初期投资者在进行股权投资时要求的回报率（预期）也相对偏高，因此本书将权益收益率作为现金流折现法下的折现因子，使估值结果更为保守，避免出现尾部风险。

虎牙公司自由现金流预测结果及贴现模型估值结果如表 3.4.1、表 3.4.2 所示。

表 3.4.1　　　　　　　　　　　虎牙公司自由现金流预测结果

年份	自由现金流预测
2020	3.56
2021	3.67
2022	3.65
2023	3.54
2024	3.33

表 3.4.2 虎牙现金流贴现模型估值结果

年份	2019	2020E	2021E	2022E	2023E	2024E	2025E+
FCFF	—	3.56	3.67	3.65	3.54	3.33	3.16
折现因子	—	1.10	1.20	1.32	1.45	1.59	1.59
现值	—	3.24	3.05	2.76	2.44	2.09	—
现值和	16.82	—	—	—	—	—	—
永续价值（CV）	—	—	—	—	—	—	21.43
CV 的现值	13.45	—	—	—	—	—	—
FCFF 总现值	30.27	—	—	—	—	—	—

通过预测得出将来的自由现金流之后，我们利用必要报酬率10%作为现金流的折现率，最后计算汇总企业中现金流量现值，为30.27亿元。

再用企业总价值30.27亿元减去公司净负债账面价值25.8亿元，得到权益总值为4.47亿元除以总股数2.09亿股，得出每股价值为2.14元。

2. 剩余收益模型

（1）模型介绍。

剩余收益模型使用公司在当前报表的账面价值以及相应的预期剩余收益（RE）的折现价值来评估公司价值。模型充分考虑了货币的时间价值以及风险折价影响。

（2）基本公式：

$$V_0^E = B_0 + \frac{RE_1}{\rho_E} + \frac{RE_2}{\rho_E^2} + \frac{RE_3}{\rho_E^3} + \cdots + \frac{RE_T}{\rho_E^T} + \frac{V_E^T - B_T}{\rho_E^T}$$

V_0^E 表示普通股权益价值，B_0 为公司资产负债表上权益当期的账面价值，RE 为各期普通股获得的综合收益减去期初普通股的账面价值 B_{t-1} 与要求的回报率 $\rho_E - 1$ 的乘积，ρ_E 为根据 CAPM 模型计算出的股东要求回报率 r 加 1。

$$RE_t = Earn_t - (\rho_E - 1) B_{t-1}$$
$$= [ROCE_t - (\rho_E - 1)] B_{t-1}$$

这里 $ROCE_t = Earn_t / B_{t-1}$

（3）估值过程（见表 3.4.3）。

首先，利用数学模型，基于东方财富网所获得的虎牙公司历年财务数据，预测未来四年的相应每股收益（EPS），分别为-0.513，-0.07，-0.008，0。得出这一预测的主要原因是由于虎牙公司上市时间较短，公司账面利润较低，大部分利润和资金被用于营销以及市场投入，开支较大，故账面利润数据较低，增速较慢，假设在未来保持0增长速度。

值得注意的是，虎牙公司目前尚未有过分红记录，故每股分红（DPS）都为零，由于虎牙仍处于市场开拓期，发放股利等行为可能性较低，所以预测 DPS 也为零。表3.4.4 的剩余收益模型估值结果显示，虎牙公司的内在价值为每股-0.1元。与现实情况不太符合。

表 3.4.3　　　　　　　　　　　虎牙未来每股收益预测结果

移动平均			未来每股收益预测值			
Yt=(Yt−1+Yt−2+……+Yt−4)/4		年份	t	Yt	Xt	
Xt=Yt−Yt−1						
Xt某季度每股收益预测值			17	−85.6775	−3.247	
		2020	18	−85.1394	0.538	−0.513
			19	−84.6867	0.453	
			20	−84.4834	0.203	
			21	−84.9967	−0.513	
		2021	22	−84.8266	0.170	−0.070
			23	−84.7484	0.078	
			24	−84.7638	−0.015	
			25	−84.8339	−0.070	
		2022	26	−84.7931	0.041	−0.008
			27	−84.7848	0.008	
			28	−84.7939	−0.009	
			29	−84.8014	−0.008	
		2023	30	−84.7933	0.008	0.000
			31	−84.7933	0.000	
			32	−84.7955	−0.002	

数据来源：东方财富数据库。

表 3.4.4　　　　　　　　　　　虎牙 RE 估值计算过程

	预测期				
	2019	2020E	2021E	2022E	2023E
EPS	—	−0.51	−0.07	−0.01	0.00
DPS	—	0.00	0.00	0.00	0.00
BPS	17.95	17.44	17.37	17.36	17.36
ROCE	—	−0.03	0.00	0.00	0.00
RE	—	−2.26	−1.77	−1.70	−1.69
折现因子	—	1.10	1.20	1.32	1.45
RE 的现值	—	−2.06	−1.47	−1.29	−1.17
至 2023 年 RE 的总现值	−5.99	—	—	—	—
永续价值（CV）	—	—	—	—	−17.36
CV 的现值	−11.97	—	—	—	—
每股价值	−0.01	—	—	—	—

3. 动态市盈率模型

传统的市盈率指标（P_0/E_0）是一种静态指标，只能反映股价与过去盈利水平的倍数关系，而不能反映股价与未来获利能力之间的倍数关系。构建动态市盈率模型的基本思想是寻找驱动股价变动的基本因素，并就股价与股价的驱动因素关系进行分析。一般动态市盈率（P_1/E_1）等于未来股价 P_1 与未来收益 E_1 之比。对于上市公司来说，可以从每日股票交易行情中获取现时股价数据；而预测期每股收益则取决于预测期的总资产收益率（ROA_1）、所得税税率（T_1）、总资产额（TA_1）和流通在外的普通股股数（N_1）。

$$基本公式：\frac{P_1}{E_1} = \frac{N_1 \times P_0}{ROA_1 \times (1 - T) \times TA_1}$$

我们估值的思路是依据 2019 年股价（P_0），2020 年总资产收益率（ROA_1）、所得税税率（T_1）、总资产额（TA_1）、流通在外的普通股股数（N_1），计算虎牙公司 2020 年的动态市盈率，再乘以 2020 年虎牙公司的每股收益，得到虎牙公司 2020 年的预测股价，进而计算其市值。对于模型中的一些固定的参数，如虎牙 2019 年股价均值（P_0）、所得税税率（T_1）、流通在外的普通股股数（N_1），我们可以通过查阅资料确定。通过查询东方财富 APP 虎牙公司数据，我们可以得到：$P_0 = 25.75$ 元，$T_1 = 17.02\%$，$N_1 = 2.19$ 亿股。

对于总资产收益率，我们可以依据以往的数据进行回归预测（见图 3.4.3）。首先，我们通过虎牙公司往年的财报，可以得到虎牙公司 2017—2019 年的总资产收益率数据，分别是-13.74%、-59.63%、5.08%，依据这三年的数据，我们对虎牙 2020 年总资产收益率进行预测。我们选用抛物线来进行拟合，因为总资产收益率一定程度上能反映企业的发展情况，而企业的发展不可能是呈直线式的无限增长，绝大多数企业会经历增长、稳定、衰退，因此抛物线比直线更能反映企业发展的特点。

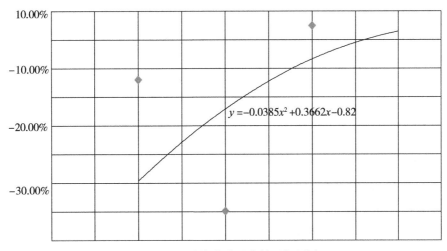

图 3.4.3　总资产收益率的回归预测

通过回归预测，我们可以得到 2020 年总资产收益率的预测值为 4.01%（ROA_1）。对于总资产额，我们同样可以依据以往的数据进行线性回归，我们从虎牙公司往年的财报中得到了虎牙公司 2016—2019 年的总资产额数据（见表 3.4.5）。

表 3.4.5　　　　　　　　　　　**2016—2019 年虎牙公司总资产额**

年份	2016	2017	2018	2019
总资产额（亿元）	1.67	13.01	71.06	113.67

数据来源：东方财富数据库。

我们利用这些数据，进行线性回归，见图 3.4.4。

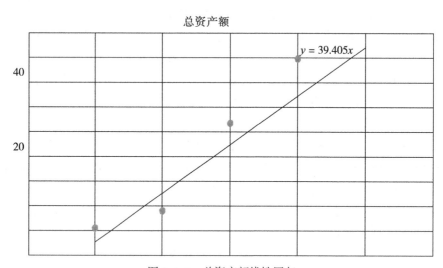

图 3.4.4　总资产额线性回归

通过线性回归，我们可以计算出 2020 年虎牙公司预测总资产额为 148.37 亿元（TA_1）。

确定了模型所有参数后，我们将参数代入模型，可以计算出虎牙公司 2020 年动态市盈率为 9.44。通过查阅虎牙公司的 2020 年第一季度的季报，得出虎牙公司 2020 年第一季度每股收益 $E = 0.72$ 元，以此大致代替 2020 年的每股收益，预测 2020 年公司每股价值为 7.36 元。

4. 静态市净率模型

市净率指的是每股股价与每股净资产的比率。市净率可用于股票投资分析，一般来说，市净率较低的股票，投资价值较高，相反则投资价值较低。我们首先根据 2020 年虎牙第一季度的季报计算其每股净资产，然后通过虎牙公司以往的财务数据，计算各年的市净率，通过回归分析，预测其 2020 年的市净率，从而预测虎牙 2020 年的股价及公司价值。

由于虎牙公司 2018 年才上市，故我们从虎牙公司的财报中只能得出 2018 年与 2019 年两年的市净率数据，分别是 1.14、0.65。依据回归预测，我们可以得出 2020 年市净率的预测值为 0.16。通过查阅东方财富 APP 虎牙公司数据，得知 2020 年第一季度每股净资产为 41.35 元，以此代替 2020 年预测每股净资产。通过计算我们可以预测 2020 年公司每股内在价值为 6.61 元。

（四）估值整合

在运用各估值模型进行计算后，我们将对估值的结果进行评估与整合。在四个估值结果中，只有剩余收益模型计算出的股价为负数，与其他模型的计算结果差距过大且明显不符合实际，因此将剩余收益模型计算结果舍去，取其他三个模型的计算结果来进行整合。

我们选取现金流贴现模型、动态市盈率模型、静态市净率模型三个模型来进行整合，取这三个模型计算结果的均值作为虎牙公司最终估值结果（见表 3.4.6）。

表 3.4.6 　　　　　　　　　　　虎牙公司估值结果整合

	现金流贴现模型	动态市盈率模型	静态市净率模型	均分
公司市值（亿元）	1.23	16.13	14.48	10.61
每股内在价值（元）	0.59	7.36	6.61	4.85

通过最终的估值计算我们得出虎牙公司的价值为 10.61 亿元，每股内在价值为 4.85 元，均低于虎牙公司的真实市值及股票价格。

我们认为虎牙公司价值被市场高估的原因主要有以下几点：虎牙公司作为互联网公司，其很多资产为轻资产，传统的财务报表相关数据不能完全反映其资产真实的价值。且虎牙公司目前仍处于起步阶段，其用户数量巨大，市场普遍看好其未来的发展潜力。根据有关报道，作为斗鱼、虎牙两大公司第一股东的腾讯有意将两大公司合并，合并后的公司将成为中国最大的视频平台，这样的讯息抬高了投资者对虎牙的预期。

项目组成员：徐益民　宋嘉豪

案例 5：温氏股份

一、公司分析

温氏股份具有典型的周期股特征。本案例的周期特征是指猪周期。猪周期市场特征如下：猪价上涨，母猪存栏量提升，仔猪数量增加、生猪出栏量增加，导致猪价下降；之后母猪存栏量下降，仔猪数量下降，生猪出栏量下降导致猪价上涨。猪周期一般历时3~4年，见图3.5.1。受母猪库存影响较大，贴合基钦周期模型。

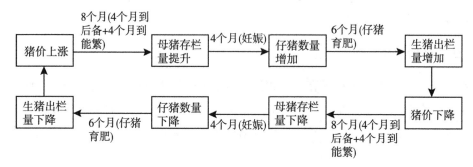

图 3.5.1　猪周期特征

受2019年猪肉减产及近年疫情叠加影响，截至2020年年初，生猪行业处于历史低点并趋于复苏。温氏股份2019报告期内销售肉猪1851.66万头，同比下降16.95%，但是受国内生猪供给偏紧的影响销售价格同比上涨46.57%，养猪业务收入及盈利同比大幅上升。

依据历史经验，"猪周期"每3年会出现一次谷底，之前的2013年、2016年及2019年均得到市场行情验证，见图3.5.2。如果"猪周期"谷底经验继续有效，2020年温氏股份的市场表现应当有所回升，但受疫情叠加因素影响，温氏股份无法独立于大盘行情，不确定性较大。

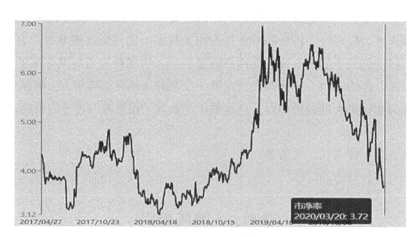

图 3.5.2　温氏股份市净率走势图
数据来源：亿牛网。

二、估值模型选择

(一) 绝对估值法——现金流贴现模型

现金流贴现估值法（DCF）受公司增长率和加权平均成本的影响尤其大，无法精准反映市场当下对资产价值的定价。DCF 适合基于长期稳定经营的公司假设下的资产价值评估。但是对于生猪养殖这种强周期行业来说，预测公司未来 10 年的增长率尤为困难，导致预估的未来自由现金流和公司实际发展会存在较大偏差。

(二) 相对估值法——市盈率估值法

资产价值的均值回归难以在周期股上实现，一般来说，周期股的投资逻辑是：市盈率（PE）在高点时，对应公司业绩和周期的低点，应该买入；而 PE 在低点时，对应公司业绩和周期的高点，应该卖出；PE 估值更多反映的是对公司未来盈利的预期，对于生猪养殖这种强周期行业，公司业绩跟随生猪价格大幅波动，与之对应其 PE 的波动性也非常剧烈，即便使用较长周期下调整后的业绩预测，PE 估值也无法避免短期估值无法有效衡量的问题。

(三) 头均估值法

生猪养殖企业"头均市值"的概念本质上是 PE 估值方法在单头生猪上的细化：即单头生猪一轮完整周期下的平均净利润（头均盈利）乘以未来盈利的预期。所以"头均市值"的本质亦是基于生猪养殖企业未来盈利预期的估值，由于生猪价格的周期性波动，"头均市值"和 PE 一样会随着价格呈现出周期性波动的规律。

运用"头均市值"对生猪养殖企业进行估值，极其容易错误地演变为对公司的出栏量进行估值。我们必须认识到，虽然生猪之间的外观、重量等可能均无差异（同质化产品），但因为公司之间完全成本的差异，不同生猪背后所代表的盈利能力也是不同的。完全成本的高低决定了各大生猪养殖企业头均盈利的差异，而成本管控能力优异的企业又理应享受一定的估值溢价，这种盈利能力的差异反映到具体公司上就是"头均市值"的不同。所以对于生猪养殖企业而言，"头均市值"高不一定代表被高估，"头均市值"低也不一定就代表被低估，其中衡量的核心标准是完全成本。

综合以上考量，我们选用股利贴现模型和剩余收益模型进行估值。

三、股利贴现模型估值

股利贴现固定增长模型（DDM），是一种衡量股票内在价值的最基本评价模型，所谓内在价值指的是股票本身所具有的价值，而不是它的市场价格，股票的内在价值可以用股票每一年股利收入的贴现之和来评价，股利是发行股票的公司给予股东的回报，按照股东所持有的股份比例来进行利润分配，每一股股票所分得的利润就是每股股票的股利。温氏股份以分红丰厚著称，股利发放稳定，因此极为适用。

先使用 CAPM 模型算得所需要要求回报率：

$$r = R_f + \beta(R_m - R_f)$$

r 表示公司股票的预期收益率，即要求回报率，R_f 表示无风险收益率，本书选取存款利率作为无风险利率 $R_f = 1.9\%$，$R_m - R_f$ 表示市场风险补贴，即股票市场整体预期回报率（取沪深 300 指数衡量）高出无风险资产的回报，R_m 为 4.03%。β 表示市场风险测度，利用数据库中 2015—2020 年的交易数据回归计算得到温氏股份的 β 值，得到 $\beta = 2.105$，算得 $r = 6.3\%$，即温氏股份要求回报率为 6.3%。

从温氏股份自身情况来说，该公司自上市以来共发放七次股利，发放股利稳定，适合该模型，表 3.5.1 选取的是该公司 2015—2019 年的股利发放情况。

表 3.5.1　　　　　　　　　　温氏股份 2015—2019 年股利支付情况

年份	股利支付率（%）	收益留存率（%）	每股股利（元）
2015	29.24	70.6	0.38
2016	36.9	63.1	0.45
2017	30.39	69.61	0.35
2018	66.57	33.43	0.45
2019	37.57	62.43	0.74

数据来源：巨灵数据库。

由此可见，温氏股份基本符合固定支付股利企业的条件，公司 2015—2019 年都发放了股利，所以我们判断公司在之后的报告期内没有特殊情况都会延续之前的股利发放决策。根据我们对于温氏股份基本面的资料收集和分析，采取 DDM 中的永续增长模型。

$$V = \frac{D_1}{r - g}$$

$$D_1 = D_0(1 + g)$$

D_0 为最新分发每股股利，V 即每股股票的内在价值，g 为股价的预计固定增长率，拟 2015—2019 年为一完整的猪周期，2019 年为事件突发期，需要做极值剔除处理。根据计算猪周期一轮周内的平均固定增长率为 5.75%，预计固定增长率为 6.0%，要求回报率 r 为 6.3%，代入数据得 $V = 60.33$ 元，即估计温氏股份每股内在价值为 60.33 元。

四、剩余收益模型估值

所谓剩余收益（RE）是指公司的净利润与股东所要求的报酬之差。剩余收益的基本观点认为企业只有赚取了超过股东要求的报酬的净利润，才算是获得了正的剩余收益；如果只能获得相当于股东要求的报酬的利润，仅仅是实现了正常收益。剩余收益模型强调对股东要求的满足即利用资本创造价值能力的考察，适用于养猪业此类资本产出风险较小，重视效率的行业。

剩余收益需要进行资本成本的调整从而反映会计上未加确认但事实上存在的权益资本的机会成本。剩余收益模型使用公司账面价值和预期剩余收益的现值和来表示股票的内在价值。RE 模型的基本公式为：

$$V_0^E = B_0 + \frac{RE_1}{\rho_E} + \frac{RE_2}{\rho_E^2} + \frac{RE_3}{\rho_E^3} + \cdots + \frac{RE_T}{\rho_E^T} + \frac{V_E^T - B_T}{\rho_E^T}$$

$$V_E^T - B_T = \frac{RE_T \times (1 + g)}{r - g}$$

$$ROCE_t = \frac{Earn_t}{B_{t-1}}$$

$$RE_t = Earn_t - (\rho_E - 1) B_{t-1}$$

使用剩余收益模型估值通常有以下步骤：

（1）预测未来几年内的收益与股利分配情况。

（2）根据预测数值计算未来几年的每股账面价值。

（3）计算未来几年的剩余收益情况。

（4）将剩余收益折现至当前，并与永续价值现值加总，得到估值。

（一）预测每股收益（EPS）

每股收益即每股盈利，又称每股税后利润、每股盈余，指税后利润与股本总数的比率，是普通股股东每持有一股所能享有的企业净利润或需承担的企业净亏损。该比率反映了每股创造的税后利润。比率越高，表明所创造的利润越多。

根据 2013—2019 年的历史每股收益我们可看出猪周期对公司影响明显，同时 2013年属于起步阶段，属于极端极值应剔除出参考范围，公司大致呈现出 3~4 年为一波动猪周期。2020 年疫情突发，猪周期上行期延长。预测未来几年中国经济基本面稳健，养猪行业未有革命性变革，猪企盈利稳中有进。同时疫情常态化风险对公司造成一定负面影响。表 3.5.2 据此进行 2020—2023 年的 EPS 估计。

表 3.5.2　　　　　　　　　　　　**温氏股份 2013—2019 年 EPS**

年份	2019	2018	2017	2016	2015	2014	2013
EPS	2.6614	0.7511	1.2932	2.2584	1.4264	0.7400	0.1700

数据来源：巨灵数据库。

表 3.5.3 根据历史数据预测了温氏股份 2020—2023 年的 EPS 值。

表 3.5.3   温氏股份 2020—2023 年 EPS 预测值

年份	2020E	2021E	2022E	2023E
EPS	2.40	1.60	0.80	2.20

（二）预测每股股利（DPS）

表 3.5.4 报告了温氏股份 2015—2019 年的股利发放情况。数据显示，温氏股份发放分红稳定，猪周期对其极值影响较小，但 2019 年对比之前股利发放突增，可能是因为公司管理层希望起到一个稳定市场信心的作用。本书结合 2020—2023 年疫情防控常态化以及温氏股份市占率不断扩大的背景，对温氏股份 2020—2023 年的 DPS 进行预估（见表 3.5.5）。

表 3.5.4   温氏股份 2015—2019 年发放股利情况

年份	每股股利（元）
2015	0.38
2016	0.45
2017	0.35
2018	0.45
2019	0.74

数据来源：东方财富网。

表 3.5.5   温氏股份 2020—2023 年发放股利预测

年份	每股股利预测（元）
2020	0.64
2021	0.55
2022	0.45
2023	0.50

（三）永续阶段剩余收益（RE）增长率

在 2019 年政府政府工作报告中尚未对 2020 年 GDP 制定增长目标，这主要是因为全球疫情和经贸形势不确定性很大，我国发展面临一些难以预料的影响因素，为了避免过高估计企业的后续成长能力，我们更为保守地将 2023 年后的永续阶段 RE 固定增长率定为 3.5%。

要求回报率 r 仍保持 CAPM 模型结果 6.3%，具体估值过程如表 3.5.6 所示。

表 3.5.6　　　　　　　　　　　　温氏股份 RE 模型计算表

	2019A	2020E	2021E	2022E	2023E
EPS	—	2.40	1.60	0.80	2.20
DPS	—	0.64	0.55	0.45	0.50
BPS	8.50	10.26	11.31	11.66	13.36
ROCE	—	0.28	0.16	0.07	0.19
RE	—	1.86	0.95	0.09	1.47
折现因子	—	1.06	1.13	1.2	1.26
RE 的现值	—	1.755	0.84	0.075	1.17
至 2023 年 RE 的总现值	3.84	—	—	—	—
永续价值（CV）	—	—	—	—	54.34
CV 的现值	43.12	—	—	—	—
每股价值	55.46	—	—	—	—

由剩余收益模型可得出温氏股份在 2019 年年末的每股价值为 55.46 元。

五、总结

综合以上 2 种绝对估值方法，温氏股份的内在价值为 55~58 元，高于当前温氏股份股价 28.05 元。温氏股份稳健发展的长期势头保持不变，流动性风险、商誉减值风险均较低，且最近一个季度营收利润持续增长，再加上中国逐步复工，畜禽养殖行业有望回归正轨，长线价位有望突破 50 元。

风险提示：猪价及母猪出栏量低于预期；成本上涨压力；疫情及政策风险；宏观经济增长不达预期。

　　项目组成员：倪灏　杨新宇　林海琳

案例 6：海天味业

一、要求回报率的计算

（一）资本资产定价模型介绍

资本资产定价模型（CAPM）是由美国学者威廉·夏普在 1964 年提出的。夏普在马科维茨的有效证券投资组合理论的基础上，继续做出严格的假设。依据分离定理、市场证券组合和市场均衡原理，得出对于任何市场中的证券（或证券组合）的收益是由无风险收益加上风险溢价收益之和，进而推导出最初的资本资产定价模型：

$$E(R_p) = R_f + \beta(R_m - R_f)$$

其中，$E(R_p)$ 是资产或资产组合的要求回报率；R_f 是无风险利率；β 是 Beta 系数，即资产 i 的系统性风险；R_m 是市场要求回报率；$R_m - R_f$ 是市场风险溢价，即市场要求回报率与无风险回报率之差。

（二）具体数据

1. 市场收益率（R_m）

通过东方财富 Choice 金融终端得到 5 年上证综指平均收益率为 9.96%。

2. 无风险资产收益率（R_f）

采用 2018 年一年期国债利率来代替无风险资产，通过东方财富 Choice 金融终端得到一年期国债的利率为 2.5%。

3. β 系数

通过东方财富 Choice 金融终端得到海天味业经调整 β 系数为 0.87。

4. 预期收益率（$E(R_p)$）

利用 CAPM 模型对股票预期收益率的计算公式得到 R_i 为 8.99%。

5. 预测 EPS

通过东方财富 Choice 金融终端得到海天味业 2018—2020 年预测 EPS。见表 3.6.1。

表 3.6.1　　　　　　　　　　**2018—2020 年海天味业 EPS 预测数据**

关键指标	2018E	2019E	2020E
EPS	1.5892	1.9156	2.2762

数据来源：东方财富 Choice 数据。

二、可比公司法估值

可比公司法指在公司估值的过程中先找到几家与目标公司类似的可比公司，再确认进行比较的指标，如利润、账面价值、销售收入、现金流等，并计算可比公司的各个比率，最后将上述比率的平均值或中位数运用于目标公司，得出目标公司的价值。这里采用 PE 估值法进行预测（见表 3.6.2）。

表 3.6.2　　　　　　　　　　**可比公司与海天味业的财务比率表**　　　　　　　　单位：亿元

股票代码	公司简称	利润	市值	P/E
600872	中炬高新	4.15	195.90	33.09
603299	井神股份	1.74	26.59	43.38

股票代码	公司简称	利润	市值	*P/E*
002650	加加食品	1.54	66.8	48.07
603288	海天味业	33.84	—	—

数据来源：同花顺。

将可比公司的各价格比率取平均值，得到行业平均市盈率为 41.51，将平均值乘以海天味业的净利润则得出海天味业的价值，即可得海天味业价值为：PE×利润＝1404.75 亿元。而海天味业 2017 年 11 月 26 日的市场价值为 1674 亿元。根据该估值结果可判断，海天味业价值被高估。

模型适用性：中国的证券市场中价格对公司价值的反映作用较弱，采用市盈率指数的外部环境条件并不是很成熟；另外在可比公司的选择上受到很大约束，很难找到财务结构、业务范围一致的同行业公司，所以该增持结论有待进一步探讨。

三、PEG 估值

(一) PEG 的概念

PEG（市盈率增长率比率）是综合考察价值和成长性最为普遍的方法之一，用它可以找出相对于盈利增长率市盈率较低的股票。它通常被简化表示为市盈率除以预期投资盈利增长率。

PEG 指标（市盈率相对盈利增长比率）是用公司的市盈率除以公司的盈利增长速度。由市盈率的概念可知：

PE＝每股价格/每股收益；

PEG 公式为：

$$PEG = PE/g$$

PEG 指标估值方法是对 PE 估值方法的一种补充。PEG 指标也有着一定的局限性。PEG 指标要求市盈率和盈利增长率都有一个稳定的年度基础以及可预测周期。同时，尽管 PEG 指标同 PE 一样相对可以比较，但却受到公司构成的影响，特别是会计方法的影响。在预期收益率的预测方面有着很大的不确定性与主观性。

(二) 估值原理

如果 PEG 大于 1，则这只股票的价值就可能被高估，或市场认为这家公司的业绩成长性会高于市场的预期。通常，那些成长型股票的 PEG 都会高于 1，甚至在 2 以上，投资者愿意给予其高估值，表明这家公司未来很有可能会保持业绩的快速增长，这样的股票就容易有超出想象的市盈率估值。

如果 PEG 等于 1，市场赋予这只股票的估值可以充分反映其未来业绩的成长性。

如果 PEG 小于 1，要么是市场低估了这只股票的价值，要么是市场认为其业绩成长性可能比预期的要差。通常价值型股票的 PEG 都会低于 1，以反映低业绩增长的预期。

由于 PEG 需要对未来至少 3 年的业绩增长情况作出判断，而不能只用未来 12 个月的盈利预测，因此大大提高了准确判断的难度。事实上，只有当投资者有把握对未来 3 年以上的业绩表现作出比较准确的预测时，PEG 的使用效果才会体现出来，否则反而会起误导作用。此外，投资者不能仅看公司自身的 PEG 来确认它是被高估还是低估了。如果某公司股票的 PEG 为 1.2，而其他成长性类似的同行业公司股票的 PEG 都在 1.5 以上，则该公司的 PEG 虽然已经高于 1，但价值仍可能被低估。

(三) 计算过程

图 3.6.1 呈现了 2016—2020 年海天味业的净利润和每股收益。其中 2016—2017 年为实际值，数据来源于东方财富网，2018—2020 年为预测值。

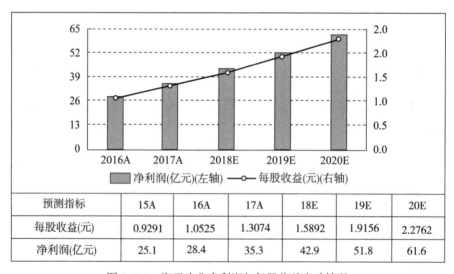

预测指标	15A	16A	17A	18E	19E	20E
每股收益(元)	0.9291	1.0525	1.3074	1.5892	1.9156	2.2762
净利润(亿元)	25.1	28.4	35.3	42.9	51.8	61.6

图 3.6.1　海天味业净利润与每股收益变动情况

数据来源：东方财富网。

根据 PEG 模型公式我们首先计算盈利增长率：

盈利增长率 =（净利润增长额／上年净利润）×100%；

根据研报预测数据，盈利增长率 =（8.9/42.9+9.8/51.8）/2 = 19.83%；

预测 2018 年 PE = 41.01，故 PE/g = 2.1>1，根据 PEG 模型估值结果，我们认为目前该公司价值相对被高估。

模型评价：

优点：PEG 模型综合考虑市盈率与增长率之间的关系，是投资者选股的重要参考指标。

缺点：受到公司构成的影响，特别是会计方法的影响，在预期收益率的预测方面有着很大的不确定性与主观性；更适用于成长期的公司。

四、DCF 模型估值

现金流折现模型是通过预期企业投资和经营的现金流的差额得到企业的每年的自由现金流，再减去企业负债，得到企业权益价值。

假设企业一直在市场上存在。除了预测有限期的现金流，DCF 模型还需要加上有限期之后的自由现金流的价值，称为永续价值。

计算公式：

$$V = \sum_{t=1}^{n} \frac{\text{FCFF}_t}{(1 + \text{WACC})^t} + \frac{\text{FCFF}_n + 1}{(\text{WACC} - g) \times (1 + \text{WACC})^n}$$

其中 V 表示企业价值，FCFF 表示自由现金流，WACC 为企业加权平均资本成本。g 为企业自由现金流增长率。

上式中的第二部分为永续价值。我们预测 T 期后自由现金流将以一个固定比率增长，也可以表示为：

$$CV_T = \frac{C_{T+1} - I_{T+1}}{\rho_F - g}$$

其中 CV_T 表示公司永续价值，$C_{T+1} - I_{T+1}$ 为 $t+1$ 期的自由现金流，ρ_F 为要求回报率，也可以用企业加权平均资本成本 WACC 替代，g 为自由现金流增长率。假设海天味业的 WACC 为 7.5%，自由现金流增长率为 4%，则 DCF 模型估值过程及结果见表 3.6.3。

表 3.6.3　　　　　　　　**海天味业 DCF 模型估值表**

年份	2017	2018E	2019E	2020E
经营现金流	—	4217.17	6314.82	7128.25
投资现金流	—	660.72	870.89	961.04
自由现金流	—	3556.45	5443.93	6167.21
折现率（WACC＝7.5%）	—	1.075	1.156	1.242
自由现金流现值	—	3308.326	4709.28	4965.55
总现值	12983.16	—	—	—
永续价值（CV，g＝4%）	—	—	—	183254.24
CV 的现值	147547.70	—	—	—
企业价值	160530.86	—	—	—
净负债账面价值	4896.95	—	—	—
权益价值	155633.91	—	—	—

续表

年份	2017	2018E	2019E	2020E
流通股股数（百万股）	2701	—	—	—
每股价值（元）	57.62	—	—	—

数据来源：东方财富 Choice 数据。

　　根据计算，截至 2020 年公司总现值为 12983.16，永续价值现值为 147547.70，权益价值=总现值+永续价值现值−总负债=155633.91；每股价值=权益价值/流通股股数（亿股）= 155633.91/2701 =57.62 元。

　　即公司最后的每股估值结果为 57.62 元。

　　模型适用情形：当投资能产生稳定的自由现金流或产生以固定比率增长的自由现金流时，现金流折现模型的估值效果比较好。

五、RE 模型估值

　　剩余收益模型是在考虑货币时间价值以及投资者所要求的风险报酬情况下，将企业预期剩余收益按照一定的贴现率进行贴现以后加上当期权益价值所得到的股票的内在价值。

　　计算公式：

$$V_0^T = B_0 + \frac{RE_1}{\rho_E} + \frac{RE_2}{(\rho_E)^2} + \frac{RE_3}{(\rho_E)^3} + \cdots + \frac{RE_T}{\rho_E^T} + \frac{V_E^T - B_T}{\rho_E^T}$$

　　根据计算，截至 2020 年公司每股股票剩余收益总现值为 3.724 元，永续价值现值为 38.048 元，每股价值=总现值+永续价值现值+当前权益价值=37.196 元。

　　通过表 3.6.4 可以看出，模型估算的每股内在价值为 37.196 元。

表 3.6.4　　　　　　　　　　海天味业 RE 模型估值表

年份	2017	2018E	2019E	2020E
每股收益（EPS）	1.3074	1.5892	1.9156	2.2762
股利支付率	63.89%	63.89%	63.89%	63.89%
每股股利	0.835	1.0153	1.2239	1.4543
BPS	4.091	4.665	5.942	7.579
ROCE	—	38.8%	41.06%	38.31%
RE（r=8.99%）	—	1.221	1.496	1.742
折现因子	—	1.0899	1.188	1.295
RE 的现值	—	1.12	1.259	1.345
至 2020 年 RE 的现值	3.724	—	—	—

年份	2017	2018E	2019E	2020E
永续价值 CV（$g=4\%$）	——	——	——	38.048
CV 的现值	29.381	——	——	——
每股价值（元）	37.196	——	——	——

数据来源：东方财富 Choice 数据。

六、AEG 模型估值

最后一个部分采用的是 AEG 模型，即超额收益增长模型，与前面采用的 RE 模型有明显区别，RE 模型的估值是基于账面价值，而 AEG 模型是基于超额收益增长来估值。由于收益是流量概念，因此要将其资本化，转化为存量，才能为资产定价。对于普通股来说，基于超额收益增长的定价公式为：

$$V_0^E = \frac{1}{\rho_E - 1}\left[\text{Earn}_1 + \frac{\text{AEG}_2}{\rho_E} + \frac{\text{AEG}_3}{\rho_E^2} + \cdots + \frac{\text{AEG}_t}{\rho_E^{t-1}} + \frac{\dfrac{\text{AEG}_{t+1}}{\rho_E - g}}{\rho_E^{t-1}}\right]$$

一项投资的总收益称为带息收益，等于每股收益加上利息的再投资收益。价值是基于预期带息收益确定的，而正常收益则等于上一期的每股收益与权益资本回报率的乘积。

下面仍然利用前述几个模型中的 2018 年每股股利和每股收益和基于此的 2019 年以及 2020 年的每股股利和每股收益，结合上述给出的公式得到结果，如表 3.6.5 所示。

表 3.6.5　　　　　　　　　　　　海天味业 AEG 模型估值表

	2017	2018E	2019E	2020E
每股收益	1.3074	1.5892	1.9156	2.2762
每股股利	0.835	1.0153	1.2239	1.4543
每股股利再投资	0.075	0.091	0.0913	0.11
带息收益	1.382	1.68	2.0069	2.3862
正常收益	——	1.425	1.7321	2.2755
超额收益增长（AEG）	——	0.255	0.2748	0.1107
折现因子（1.0899^t）	——	1.0899	1.1879	1.295
AEG 现值	——	0.234	0.231	0.085
AEG 总现值	0.55	——	——	——
永续价值（CV，$g=4\%$）	——	——	——	2.307
CV 现值	1.782	——	——	——

续表

	2017	2018E	2019E	2020E
总收益	3.714	—	—	—
资本化率	0.0899	—	—	—
每股价值	41.308	—	—	—

数据来源：东方财富网。

通过上表可以看出，模型估算的每股内在价值为 41.308 元。

七、总结

通过相对估值法和绝对估值法对于公司进行了估值测评，但不同模型间估值结果有些差异，因为模型选取的数据来自第三方网站，真实性有待考究；且同行业参照公司选取和海天味业主营业务不完全一致，导致估值结论不完全一致。

在相对估值模型部分运用了 PE 模型和 PEG 模型进行分析。在 PE 模型中选取了中炬高新、井神股份及加加食品三家公司为参照公司，对于海天味业进行了估值。通过同花顺对于各家公司的利润、市值以及市盈率等数据进行了归纳分析，从而得出行业的平均市盈率为 41.51，海天味业的价值为 1404.75 亿元，而海天味业于 2020 年 11 月 26 日的市场价值为 1674 亿元，可判断其价值被高估。

在 PEG 模型中，若 PE/G>1，则公司价值相对高估，或是市场认为其业绩成长性可能比预期的要好。我们选取了近三年的数据预测出 2018 年该公司的 PE/G 的值为 2.1>1，表明公司价值被高估。因此，通过两种相对估值模型进行分析，可得该公司的价值是相对高估的。

在绝对估值模型中，我们选择现金流折现模型、剩余价值模型、超额收益增长模型。DCF 模型也就是现金流折现模型，通过对海天味业 2018 年预期投资和经营现金流的数据进行定价，其中，增长率采用 4%，通过 CAPM 模型结合公司的财务杠杆得出折现率为 7.5%，得到公司的价值，然后再减去负债的价值，来得到权益的价值。通过该模型估算出海天味业股价为 57.62 元/股。

通过剩余收益模型，将海天味业预期剩余收益按照一定的贴现率进行贴现，这里根据 CAPM 模型计算得出收益率是 8.99%，从而贴现率是 1.089，然后再加上当期权益价值，得到海天味业的内在价值是 37.196 股。

通过超额收益增长模型，基于超额收益增长来估值，计算得出海天味业股价为 41.308 元/股。最后中和三个绝对估值结果，得到海天味业的每股内在价值在 45 元左右。

因公司在产业升级且收益稳步上升，可观望未来政策和公司公告，应对于内、外部风险作出相应防范。

项目组成员：陈乐 罗丹 谢铭 翟志恒 苏荣荣 朱雪婷 刘作远

案例7：比亚迪

一、*P/E* 模型估值

（一）模型简介

市盈率是最常用来评估股价水平是否合理的指标之一，由股价除以年度每股盈余（EPS）得出（以公司市值除以年度股东应占溢利也可得出相同结果）。计算时，股价通常取最新收盘价，而 EPS 方面，若按已公布的上年度 EPS 计算，称为历史市盈率，若是按市场对今年及明年 EPS 的预估值计算，则称为未来市盈率或预估市盈率。计算预估市盈率所用的 EPS 预估值，一般采用市场平均预估，即追踪公司业绩的机构收集多位分析师的预测所得到的预估平均值或中值。

（二）主要数据预测

1. *P*：每股市价

为了使预测值更加准确，取比亚迪公司近十日股票均价 47.91 元，取价日期：2018年 11 月 2 日。

2. EPS：每股收益

每股收益即 EPS，又称每股税后利润、每股盈余，指税后利润与股本总数的比率。它是测定股票投资价值的重要指标之一，是分析每股价值的一个基础性指标，是综合反映公司获利能力的重要指标，它是公司某一时期净利润与股份数的比率。该比率反映了每股创造的税后利润，比率越高，表明所创造的利润就越多。公司只有普通股时，每股收益就是税后利润，股份数是指发行在外的普通股股数。如果公司还有优先股，应先从税后利润中扣除分派给优先股股东的利息。

EPS 预测：10 月 29 日，比亚迪发布 2018 年前三季度业绩报告。2018 年前三季度，比亚迪营业额为 889.91 亿元，归属上市公司净利润约为 15.27 亿元。同时，比亚迪预计 2018 年全年净利润约为 27.27 亿~31.27 亿元。① 有分析认为，净利润的逐季攀升，显示出比亚迪在行业整体下行的大背景下，有着较强的盈利能力和较高的投

① 对于多项关键财务指标的好转原因，比亚迪内部工作人员向《证券日报》记者透露："最直接相关、影响最大的应该是公司汽车销量的逆势高速增长。"比亚迪三季报显示，公司第三季度单季的净利润为 10.48 亿元，与 2017 年同期的 10.69 亿元基本持平，环比 2018 年二季度（3.77 亿元）大幅增长 178%。单看 2018 年第四季度的话，比亚迪预计净利润约为 12 亿~16 亿元，环比 2018 年第三季度（10.48 亿元）增幅为 14.50%~52.67%。值得注意的是，比亚迪的另一个关键指标也明显好转。比亚迪三季报显示，期内经营活动产生的现金流量净额由 2018 年 6 月底的-16.07 亿元转正，变为66.50 亿元。比亚迪乘用车销量逆势高速增长：2018 年 1~9 月，比亚迪乘用车销量同比增速超过25%，特别是 7~9 月同比增速都超过 30%，且环比增速呈现上升势头。

资价值。数据显示，2018年前三季度比亚迪新能源乘用车市场占有率超过22%，排名第一。据比亚迪介绍，随着多款重磅车型上市，比亚迪新能源乘用车月度销量连创新高，继8月份突破2万辆大关后，9月份销量同比增长超过120%，创纪录地突破2.5万辆。

如图3.7.1、图3.7.2所示，EPS年度有下降的趋势，但是从季度来看，确是上升的趋势，而且鉴于第三季度企业逆势上涨，将第四季度EPS保守估计为0.5，预计比亚迪公司2018年度的EPS为1.14。

季度	2018Q1	2018Q2	2018Q3
EPS	0.02	0.13	0.49

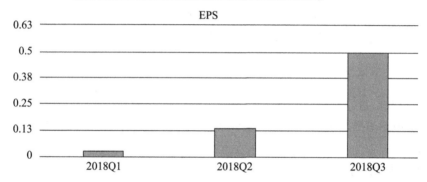

图3.7.1　2018年前三季度比亚迪EPS增长

数据来源：巨潮资讯和富易。

年度	2014A	2015A	2016A	2017A	2018E
EPS	0.18	1.12	1.88	1.4	1.14

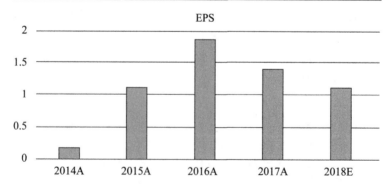

图3.7.2　比亚迪2014—2017年EPS及2018年EPS预测

数据来源：富易。

(三) 估值过程

根据表 3.7.1 的数据，我们计算出比亚迪可比公司市盈率 P/E 均值为 18.46，而公司市盈率 $P/E=47.91/1.14=42.03$（P 为近十日均价）（数据来源：富易）。与可比公司的市盈率相比，比亚迪公司价值被高估。

表 3.7.1　　　　　　　　　　　　　　比亚迪可比公司市盈率

证券代码	证券名称	市盈率
000572	海马汽车	—
600418	江淮汽车	33.8786
000980	众泰汽车	8.9532
000625	长安汽车	12.5577

数据来源：巨灵财经。

参考数据显示比亚迪公司的机构预测值 P/E 为 46.75，而行业均值为 36.90，因此也验证了比亚迪公司价值被高估的结论。

二、PEG 筛选法估值

(一) 模型简介

PEG 指标即市盈率相对盈利增长比率，是由上市公司的市盈率除以盈利增长速度得到的数值。该指标既可以通过市盈率考察公司目前的财务状况，又可以通过盈利增长速度考察未来一段时期内公司的增长预期，因此是一个比较完美的选股参考指标。如果预期收益率为 10%，PEG 的数值通常可以分为三个区域：

(1) PEG<1，价值相对低估，或是市场认为其业绩成长性可能比预期的要差。

(2) PEG=1，市场赋予这只股票的估值可以充分反映其未来业绩的成长性。

(3) PEG>1，价值相对高估，或是市场认为其业绩成长性可能比预期的要好。

(二) 主要数据预测

如果要求回报率为 10%，因为其历史年度 EPS 和净利润均与时间年份呈现负相关，且一阶线性回归不显著，为保守起见，将近 5 年的年均增长率作为下一年的收益增长率 $g=[(0.85-0.18)/0.18]^{1/5}-1=30\%$。

(三) 估值过程

根据 PEG 估值公式：PEG=PE/g=42.03/30=1.401>1，因此公司价值被高估。

三、绝对估值方法

由于在 DDM 模型和剩余收益模型等绝对估值法中均需要要求回报率来贴现，因此先利用 CAPM 模型算出合适的要求回报率。

（一）要求回报率计算

1. 市场收益率

国泰安数据库中，市场收益率采用上证综合指数回报率，采用 2003 年 10 月 31 日—2018 年 10 月 31 日共 15 年的几何平均收益率（见表 3.7.2）。

表 3.7.2 上证综合收盘指数

日　期	上证综合收盘指数
2003 年 10 月 31 日	1348.30
2018 年 10 月 31 日	2602.78

数据来源：国泰安数据库。

$$1348.30 \times （1 + R_m）^{15} = 2602.78$$

解得：$R_m = 4.48\%$

所以，市场收益率为 4.48%。

2. 无风险利率

根据国泰安数据库中的数据，确定无风险利率为 1.5%（见表 3.7.3）。

表 3.7.3 无风险利率

无风险利率基准	统计日期	无风险利率（%）
NRI01	2018-09-28	1.500000

数据来源：国泰安数据库。

3. 要求回报率

根据国泰安数据库，得到 2018 年 10 月 26 日比亚迪的 β 值为 1.152764。采用 CAPM 模型，$R_p = R_f + \beta \times （R_m - R_f） = 1.5000\% + 1.152764 \times （4.48\% - 1.5000\%） = 4.94\%$

由此得出：比亚迪公司的要求回报率为 4.94%。

（二）DDM 模型估值

股利贴现模型的基本原理是：公司向股东通过发放股利的方式支付现金流，我们可以根据以往的股利发放情况对未来的股利情况进行预测，再将未来的股利折现加总得到现阶段的公司内在价值。也就是说，公司价值等于未来预期股利现值之和。公式如下：

$$P = \sum_{t=1}^{n} \frac{D_t}{(1+r)^t} + \frac{D_{n+1}}{(r-g)(1+r)^n}$$

一般而言，股利折现模型计算简单、容易理解，对未来股利的预测也比较容易，但股利支付与价值创造并没有必然的联系，股利支付率低并不代表公司的成长性差，更不能代表公司的价值低，反之亦然。从这个层面而言，该模型主要适用于股利支付与企业价值创造活动紧密相关的企业，比如固定支付股利的企业。

表3.7.4　　　　　　　　　　　　比亚迪公司历史派息数据

派　息　日	股　利
2014-08-13	10 派 0.5 元（含税）
2016-12-13	10 股派 3.67 元（含税）
2017-08-04	10 股派 1.78 元（含税）
2018-08-17	10 股派 1.41 元（含税）

数据来源：东方财富网。

不过，历史数据（见表3.7.4、表3.7.5）显示比亚迪公司2011年上市，2016年之前几乎不分红，2014年10派0.5元，股利支付率5%（公司处于快速成长期，几乎不分红）。因此，DDM模型可能低估公司价值。

表3.7.5　　　　　　　　　　　比亚迪公司历史股利支付率数据

股利发放年份	股利支付率
2014	5%
2016	36.7%
2017	17.8%
2018	14.1%
2019e	20%
2020e	20%
2021e	20%

数据来源：东方财富网。

由比亚迪2014—2018年股利支付率分配情况可知，自2015年，公司股利支付率接近20%，所以预测其2018年以后的股利支付率为20%。

股利支付率：20%；

要求回报率: $Rp = 4.94\%$;

鉴于中国长期宏观经济名义增长率为 2%~6%,本书假定公司股利发放在永续期增长率 $g = 4\%$。

DDM 模型所使用的具体数据见表 3.7.6。

表 3.7.6   **DDM 模型详细计算数据**

预测期	EPS	DPS	折现因子	股利现值
2018-09-29	1.2373	0.1745	1	0.1745
2019-09-29	1.7223	0.3445	0.9530	0.3283
2020-09-29	2.1423	0.4285	0.9082	0.3891
永续期				
2021-09-29 以后	2.1423	0.4285	0.8654	39.66
每股价值	40.5519			

注:股利现值计算:$Div3/[(r-g) \times (1+r)3] = 0.4285 \times 0.8654/(0.0494 - 0.04) = 39.6566$
数据来源:同花顺。

综上所述,对比比亚迪公司近六个月收盘价,平均价为 46.91 元。因而与利用 DDM 模型得出的公司内在价值 40.55 元相比,可以得出比亚迪公司价格略被市场高估的结论。但是,基于上文中 DDM 模型估值特点的讨论,比亚迪公司尚处于成长期,新能源行业是一个朝阳行业。比亚迪公司在 2011 年上市,它在前 3 年几乎不分红,直到近几年才开始分红,而且分红政策也不是很稳定。因此本书认为比亚迪公司还有相当的成长空间。

(三) 剩余收益模型估值

所谓剩余收益是指公司的净利润与股东所要求的报酬之差。剩余收益的基本观点认为企业只有赚取了超过股东要求的报酬的净利润,才算是获得了正的剩余收益。在考虑货币时间价值以及投资者所要求的风险报酬情况下,将企业预期剩余收益按照一定的贴现率进行贴现以后加上当期权益价值就是股票的内在价值。

$$V_0^T = B_0 + \frac{\mathrm{RE}_1}{\rho E} + \frac{\mathrm{RE}_2}{(\rho E)^2} + \frac{\mathrm{RE}_3}{(\rho E)^3} + \cdots + \frac{\mathrm{RE}_T}{(\rho_E^T)} + \frac{V_E^T - B_T}{\rho_E^T}$$

本书的剩余收益(RE)基于预测的 EPS 和 DPS 值来计算,折现因子采用 CAPM 模型中计算出来的 $\rho = 1.0494$,并且假定 2021 年后剩余收益固定增长率取长期宏观经济名义增长率中间值 $g = 3\%$。2019—2022 年的 EPS 和 DPS 数据如下(其中 EPS 来源于东方财富网多份分析师预测研报中预测 EPS 的均值,假定比亚迪公司股利支付率为 20%,2022 年的每股收益 EPS 增长率为 3%):

$EPS_{2019} = 1.41$

$DPS_{2019} = 1.41 \times 0.2 = 0.282$

$EPS_{2020} = 1.74$

$DPS_{2020} = 1.74 \times 0.2 = 0.348$

$EPS_{2021} = 1.74$

$DPS_{2021} = 1.74 \times 0.2 = 0.348$

$EPS_{2022} = 1.74 \times 1.03 = 1.7922$

$DPS_{2022} = 1.7922 \times 0.2 = 0.3584$

由于新能源汽车行业具有巨大的不确定性，我国的汽车市场增长开始放缓，以及一二线城市限行限照等情况，未来的增长主要还是在三四线城市等。虽然新能源汽车的增长迅猛，但比亚迪公司也存在着众多的竞争对手，例如北汽新能源、特斯拉等国内外厂商，再加上新能源补贴政策可能发生相应的变化，技术研发上的风险导致销售数据等不达预期，因此我们参考宏观经济增长率，设定2021年之后公司的股利增长率为3%。具体预测过程及结果见表3.7.7、表3.7.8、表3.7.9。

表3.7.7　　　　　　　　　　　**每股账面价值预测（BPS）**

期初 BPS（a）	18.54
预测的 EPS（b）	1.41
预测的 DPS	0.2820
期末 BPS	19.668

表3.7.8　　　　　　　　　　　　　　**剩余收益预测**

预测的 ROCE（b/a）	7.61%
要求回报率	4.94%
RE（$a \times c$）	0.4941

永续价值计算：

$$CV = 0.4941 / (1.0494 - 1.03) = 33.7468 \ 元$$

表3.7.9　　　　　　　　　　**剩余收益模型详细计算数据**

	2018.8.17	2019.8.17	2020.8.17E	2021.8.17E
EPS	1.11	1.41	1.74	1.74
DPS	0.1565	0.2820	0.3480	0.3480

续表

	2018.8.17	2019.8.17	2020.8.17E	2021.8.17E
BPS	18.54	19.668	21.0600	22.4520
ROCE	—	7.61%	8.85%	8.26%
RE（要求回报率4.94%）	—	0.4941	0.7684	0.6996
折现因子（1.0494）	—	1.0494	1.1012	1.1556
RE的现值	—	0.4708	0.6978	0.6054
至2020年距的总现值	1.7740	—	—	—
永续价值（CV）	—	—	—	37.1437
CV的现值	32.1424	—	—	—
每股价值	52.4564	—	—	—

数据来源：东方财富网。

所以，利用 RE 模型得到的每股现值为 52.46 元。而近六个月的平均股价为 46.91 元，因而可以得出比亚迪股价被低估的结论。

评价：RE 模型从每股净资产 BPS 出发，得出每一年剩余收益的变化值。由于 RE 模型中，永续价值通常会比较大，因而股利增长率的估计就显得尤为重要。若增长率太小，则永续价值的现值偏小，则公司现值偏小；若增长率偏高，甚至极其接近公司必要收益率，会使得永续价值极高，甚至接近无穷大。因此我们结合新能源行业的发展，做出了一个比较保守的 3% 的增长率的估计。因此，我们认为，利用 RE 模型得出的每股现值 53.46 比较符合公司的估值。

四、总结

本书根据多种估值方法对比亚迪公司内在价值进行了评估。根据 PE 模型，比亚迪公司预估的 PE 值高于行业平均水平；根据 PEG 模型，PEG = 1.401>1，公司价值相对被高估；根据 DDM 模型，股利总现值为 40.55；根据剩余收益模型，每股价值为 52.46。综合估值结果我们获得比亚迪公司内在价值在 46.50 元左右。结合公司近六个月的平均股价 46.91 元，我们认为公司股价基本合理。

表 3.7.10　　　　　　　各个券商对比亚迪的评级

研 究 机 构	最 新 评 级
国泰君安 2018/11/05	增持
国海证券 2018/11/05	增持

研 究 机 构	最 新 评 级
中国银河 2018/11/02	谨慎推荐
招商证券 2018/10/30	谨慎推荐
中信证券 2018/10/12	买入
西南证券 2018/10/31	增持
财通证券 2018/10/11	买入

数据来源：同花顺。

项目组成员：刘乐毅　张吉　刘师　叶润王　赵林　陈孟钰　高沉　江博　蔡金瑶　潘昱辰　陈岸鹏　温永哲

案例8：片仔癀

一、相对估值模型估值

相对估值法首先建立和目标公司类似的公司组，名为可比公司，使用可比公司的市盈率、市净率、市售率、市现率等财务比率指标与目标股票进行对比，如果目标公司的相对估值低于对比系的相应估值的平均值，则认为股票价格被低估，股价将很有希望上涨，反之亦然。相对估值法包括 PE、PB、PS 等估值法。通常的做法是对比，一是和该公司历史数据进行对比，确定公司的成长发展趋势；二是和国内同行业企业数据进行对比，确定它的国内竞争地位；三是和国际上的同行业重点企业数据进行对比，确定公司的国际竞争地位。

在资本市场上，龙头企业拥有更高的抗风险能力和更强的盈利能力，因此，投资者总是愿意为龙头企业付出更高的溢价，我们研究的片仔癀公司就是医药行业的龙头企业之一，因此，我们认为采用其他医药行业的龙头企业做对比分析，要比用行业的平均数更好。我们将对比片仔癀公司和同仁堂、恒瑞医药、复星医药以及云南白药的相关数据，以此来估算片仔癀公司的价值（见表 3.8.1）。

表 3.8.1　　　　　　　　**2018 年可比公司市盈率、市净率、市销率**

最新股票名称	截至日期	市盈率	市净率	市销率
恒瑞医药	2018/11/23	59.40	12.43	13.88
云南白药	2018/11/23	21.45	4.07	2.97
复星医药	2018/11/23	25.18	2.46	2.91

最新股票名称	截至日期	市盈率	市净率	市销率
同仁堂	2018/11/23	35.64	4.49	2.89
中位数	—	30.41	4.28	2.94

数据来源：同花顺。

通过分析相关数据我们发现，恒瑞医药公司的数据太过于极端，为了避免极端数据对估值的影响，我们决定采用中位数来衡量各个指标的平均情况。其中市盈率中位数为30.41，市净率中位数为4.28，市销率的中位数为2.94；在此基础之上，我们用可比公司的PE、PB和PS中值乘以片仔癀每股收益（EPS）、每股账面价值（BPS）和每股销售额，分别求出三个不同维度的片仔癀公司价值，并将其与市场价格对比可知股票是否被高估或低估，其结果如表3.8.2所示。

表3.8.2　　　　片仔癀相对估值结果与实际价格对比（可比公司平均）

指标	市盈率	市净率	市销率
相对估值（元）	61.63	44.51	23.31
实际价格（元）	83.20	83.20	83.20
结论	高估	高估	严重高估

通过对比我们可以发现，片仔癀公司在相对估值法下市场价格明显高出其价值。我们发现，片仔癀公司的销售毛利率平均在43%左右，与其他龙头公司销售毛利率水平大致相当，而通过对比销售净利率我们发现片仔癀大约为25%，差不多是其他三家公司的2倍，和恒瑞医药公司销售净利率相当，而恒瑞医药公司的销售毛利率大约为86.5%。与此同时，片仔癀公司的利润增长率保持在40%左右，笔者判断正是这种高成长性带给了片仔癀公司高溢价。因为片仔癀公司数据和恒瑞医药十分相近，本书还单独用恒瑞医药的相关财务比率指标计算片仔癀的价值，结果显示，片仔癀公司价值被低估，如表3.8.3所示。

表3.8.3　　　　片仔癀相对估值结果和实际价格对比（恒瑞制药）

指标	市盈率	市净率	市销率
理论价值（元）	120.38	129.27	110.07
实际价格（元）	83.20	83.20	83.20
结论	低估	低估	低估

笔者更加认同对比恒瑞医药相关指标得到的结果，因为片仔癀和恒瑞制药的财务数

据更加接近，它们的高市盈率等都是投资者对它们高成长性所付的溢价。

二、现金流折现模型估值

（一）定义

现金流折现模型是通过预测公司将来的自由现金流（指经营活动现金流减去投资所用现金而得到的现金流）并按照一定的贴现率计算公司的现值，从而对公司股票价格进行估值。

（二）现金流折现模型表达公式

首先，公司价值 V_0^F 为公司自由现金流现值和：

$$V_0^F = \frac{\mathrm{FCF}_1}{1+r} + \frac{\mathrm{FCF}_2}{(1+r)^2} + \cdots + \frac{\mathrm{FCF}_H}{(1+r)^H} + \cdots + \frac{\mathrm{CV}_H}{(1+r)^H}$$

其次，公司的权益价值即公司的普通股价值，普通股价值＝公司价值–债权价值。

$$V_0^E = V_0^F - V_0^D$$

因而公司的权益价值 V^E 为：

$$V_0^E = \frac{\mathrm{FCF}_1}{1+r} + \frac{\mathrm{FCF}_2}{(1+r)^2} + \cdots + \frac{\mathrm{FCF}_H}{(1+r)^H} + \frac{\mathrm{CV}_H}{(1+r)^H} - V_0^D$$

$$\mathrm{CV}_H = \frac{\mathrm{FCF}_{H+1}}{r-g}$$

其中，FCF_t 为预测期自由现金流，r 为要求回报率。CV_H 为企业在预测期之后的自由现金流的价值，g 为预测永续增长阶段的自由现金流的增长率。

（三）贴现率的计算

1. 市场收益率

由表 3.8.4 可以看出，深证成指的波动较大。我们采用深证成指 2008—2017 年的数据求得的几何平均回报率作为市场收益率。

表 3.8.4   深证成指 2008—2017 年数据

年份	2008	2009	2010	2011	2012
深证成指	6485.51	13699.97	12458.55	8918.82	9116.48
年份	2013	2014	2015	2016	2017
深证成指	8121.79	11014.62	12664.89	10177.14	11040.45

数据来源：同花顺。

$$6485.51 \times (1+R_m)^9 = 11040.45$$

利用以上公式求得市场收益率为 6.09%。

2. 无风险收益率

我们采用当前银行一年期存款利率作为无风险利率 R_f，则 R_f=1.50%。

3. 风险评价系数 β

我们在 Choice β 计算器中计算得到公司调整 β 为 1.0338。

4. 要求回报率的计算

根据 CAPM 模型：$R_i = R_f + \beta \times (R_m - R_f)$

我们计算得出片仔癀的收益率：

$$R_i = 1.50\% + 1.0338 \times (6.09\% - 1.50\%) = 6.25\%。$$

5. WACC 的计算

计算公式：$\mathrm{WACC} = \dfrac{E}{A} \times R_E + \dfrac{D}{A} \times R_D(1 - t_c)$

根据 2018 年三季报数据，片仔癀的资产负债率为 22.39%；由 Choice 数据库查询得知调整后债务成本为 6.25%，适用税率为 25%。

计算得到：WACC = 4.85%+1.05% = 5.9%

（四）估值过程

1. 模型说明

（1）自由现金流量根据市场一致预期，选取近一年证券机构研究报告的平均预测值。

（2）自由现金流的增长率 g=4%。

（3）要求回报率选取 WACC 计算的收益率 5.9%。

2. 计算过程（见表 3.8.5）

表 3.8.5　　　　　　　　现金流折现模型（DCF）估值过程表

年份	2018	2019E	2020E
经营活动现金流（百万元）	1008	1074	1328
现金投资流（百万元）	24	18	21
自由现金流	984	1056	1307
1+折现率（5.9%）	1	1.059	1.1215
自由现金流现值	984	997.1671	1165.423
截至 2020 年总现值	3146.59	—	—
永续价值（CV，g=4%）	—	—	72848.05
CV 的现值	64955.91	—	—
企业价值	69086.5	—	—

续表

年份	2018	2019E	2020E
净负债账面价值（百万元）	1395	—	—
权益价值（百万元）	67691.5	—	—
普通股股数（百万股）	603.3	—	—
每股价值（元）	112.2	—	—

（五）估值结论

通过计算得出 2018 年年底片仔癀的每股股价为 112.2 元，2018 年 11 月 22—29 日一周的平均收盘价为 81.73 元，因此片仔癀股价是被低估的，建议增持。

（六）现金流折现模型优缺点

（1）DCF 的优点：概念简单，易于理解，且估值方法简单易懂。

（2）DCF 的缺点：

①自由现金流将投资现金流减去，因而没有包含能为公司创造价值的部分，形成价值不配比。

②自由现金流不能体现由非现金流因素所产生的价值。

③通常需要进行较长的预测来确认投资产生的现金流入，尤其是当投资在扩张时，更需要长期预测。永续价值在估值中权重很大。

三、剩余收益模型估值

（一）定义

剩余收益（RE）模型是最早是由爱德华兹（Edwards）和贝尔（Bell）于 1961 年提出来的，1995 年美国学者奥尔森（Ohlson）在其文章《权益估价中的收益、账面价值和股利》中对这个方法进行了系统的阐述，它成为估计公司价值的重要方法。

剩余收益的基本观点认为企业只有赚取了超过股东要求的报酬的净利润，才算是获得了真正的剩余收益；如果只能获得相当于股东要求的报酬的利润，仅仅是实现了正常收益。剩余收益是指公司的净利润与股东所要求的报酬之差。剩余收益模型使用公司权益的账面价值和预期剩余收益的现值和来表示股票的内在价值。在考虑货币时间价值以及投资者所要求的风险报酬情况下，将企业预期剩余收益按照一定的贴现率进行贴现以后加上当期权益账面价值就是股票的内在价值。

（二）计算公式

剩余收益模型见下式：

$$普通股权益价值 = B_0 + \frac{RE_1}{\rho_E} + \frac{RE_2}{\rho_E^2} + \frac{RE_3}{\rho_E^3} + \cdots + \frac{RE_T}{\rho_E^T} + \frac{\dfrac{RE_T}{\rho_E - g}}{\rho_E^T}$$

其中，B_0 为公司当期账面价值，RE 为剩余收益，ρ_E 为公司要求回报率。

剩余收益 RE 的计算公式如下：

$$RE_t = Earn_t - (\rho_E - 1) \times B_{t-1};$$

假定公司剩余收益在预测期后以固定增长率 g 增长，公司价值应包含永续价值部分，则 RE 模型的估值公式为：

$$V_0^E = B_0 + \frac{RE_1}{\rho_E} + \frac{RE_2}{\rho_E^2} + \frac{RE_3}{\rho_E^3} + \cdots + \frac{RE_T}{\rho_E^T} + \frac{\dfrac{RE_T}{\rho_E - g}}{\rho_E^T}$$

其中 $\dfrac{\dfrac{RE_T}{\rho_E - g}}{\rho_E^T}$ 为公司永续价值的贴现值。

（三）模型说明

（1）假定 2020 年后公司的剩余收益以固定增长率 $g = 4\%$ 增长，且根据市场一致预期，选取近一年各证券机构研究报告的平均预测值。

（2）要求回报率选取 CAPM 模型计算获得的收益率：$R = 6.25\%$。

RE 的计算过程见表 3.8.6。

表 3.8.6　　　　　　　　　　　　**RE 的计算过程**

	2018	2019E	2020E
EPS	1.8379	2.4224	3.1235
DPS	0.4557	0.5671	0.6533
BPS	8.3282	10.1835	12.8032
ROCE	—	29.09%	30.23%
RE（要求回报率 6.25%）	—	1.9019	2.4870
折现因子（1.0625t）		1.0625	1.1289
RE 的现值	—	1.79	2.2031
至 2018 年 RE 的总现值	3.9931	—	—
CV		—	117.4417
CV 的现值	104.0319	—	—
每股价值	116.3533	—	—

（四）小结

通过 RE 模型估计 2018 年年底片仔癀的每股股价为 116. 35 元，2018 年 11 月 22—29 日的平均收盘价为 81. 73 元，因此股价是被低估的，建议增持。

剩余收益模型的优缺点如下：

（1）优点：预测期限较短，可以利用分析师预测收益；关注价值的动因：投资的盈利能力和投资的增长。

（2）缺点：依赖于会计数字，而会计数字有时可能是被操纵的，因而是可疑的。

四、总结

本案例运用相对估值法和绝对估值法中的现金流贴现模型和剩余收益模型对片仔癀公司进行了估值。相对估值的结果显示片仔癀公司价值被低估。现金流贴现模型的估值结果是 112. 2 元，剩余收益模型的估值结果是 116. 35 元。而片仔癀在 2018 年 11 月22—29 日的平均股价为 81. 73 元。因而我们判断片仔癀公司价值被低估。

项目组成员：周将来　周涛　陈叶

附件 1：绝对估值法

基本面分析的底层逻辑是证券价格是由其内在价值决定的。价格受政治、经济、心理等诸多因素影响而频繁变动，但始终围绕其内在价值上下波动。证券的内在价值可以作为判断证券市场价格高低的参考标准。风险证券估值分为绝对估值、相对估值和联合估值。本部分主要介绍绝对估值法。

绝对估值通过对上市公司历史及当前的基本面分析和对未来反映公司经营状况的财务数据的预测获得上市公司股票的内在价值。本部分我们将介绍如何运用 DDM 模型、DCF 模型以及 AEG 模型等在 Excel 表格中估算上市公司的内在价值。

（一）绝对估值法

在使用绝对估值法对上市公司内在价值进行评估的过程中不可避免地要对公司预测财务数据进行贴现。所以通常在开始绝对估值之前，我们需要确定估值需要用到的贴现率。如何获得比较靠谱的贴现率呢？一般常用的做法是运用 CAPM 模型计算公司的必要报酬率。

1. 运用 CAPM 模型（资本资产定价模型）计算公司必要报酬率

CAPM 模型主要表示单项资产或资产组合同系统风险收益率之间的关系，在股票估值中，使用该模型可以算出投资某一只股票所需要的必要报酬率 R_i，通过比较必要报酬率 R_i 与公司实际收益率能够初步得到投资者获得的收益是否达到或超过了预期水平。CAPM 模型计算公式如下：

$$R_i = R_f + \beta_i(R_M - R_f)$$

式中的 R_M 表示市场组合的收益率，通常用某一段时期内上证/深证综合指数回报率作为替代数据。如果估值公司为某一细分指数（如上证 50，沪深 300）成分股，使用此类更为细分的板块变动数据进行计算则更准确。

R_f 无风险收益率的选取更为灵活，可参考近期发行的不同期限的国债发行利率、一段时期内国债收益率的均值、银行定期存款利率等，即货币的时间价值的替代数据。

β 系数可通过各大数据库（Wind、Choice、国泰君安数据库等）进行查询，或是将某一时间段内目标公司股价历史数据与 R_M 市场组合收益率录入 SPSS、Stata、Python 和 Eviews 等软件中进行计算。

此处以明阳智能为例：

R_f：无风险利率采用我国 10 年期的国债收益率，约为 2.85%；

β 根据同花顺的研报数据，采取市场上最近一年的每日交易数据来进行测算，得出 β 值约等于 1.26；

市场的风险溢价（$R_m - R_f$），我们采用中信建投证券研究所根据 2021 年 1 月 1 日—10 月 30 日上证 50 指数收益率的数据，得出风险溢价水平为 6.05%；

根据 CAPM 模型公式，得到明阳智能公司的必要报酬率 $R_i = 10.47\%$。

2. 运用 DDM 模型对公司进行内在价值评估

我国 A 股市场中，不同公司的股利分配政策差异较大，一部分公司保持稳定的高分红模式，另一部分则以股票股利或不规律的小额股利支付为主。为了避免过度乐观或悲观估计未来股利支付情况对估值造成较大偏差，可以假设在一定时间后，公司的股利支付将保持稳定增长，这种二阶段 DDM 模型的公式为：

$$P = \sum_{t=1}^{n} \frac{D_t}{(1+r)^t} + \frac{D_{n+1}}{(r-g)(1+r)^n}$$

根据公式我们知道，在使用 DDM 模型时首先需要设定如下参数：

未来 n 年的预计股利支付金额 D_t、$n+1$ 年及以后保持不变的股利增长率 g、折现率 r，即股东投资的必要报酬率，即前文运用 CAPM 模型计算出来的 R_i。

图 1 为 Excel 计算表格参数输入页面。

	A	B
1	参数	预测值
2	预测期的EPS	与其他模型一致
3	预测期的DPS	为预测期EPS×股利支付率
4	权益要求回报率	与CAPM模型一致
5	二阶段股利增长率	g
6	股利支付率	b
7	一阶段股利支付增长率	5%
8	二阶段股利支付率	0.4
9		
10		
11		
12		
13		
14		
15		
16		
17		

基本参数　计算表格　基本参数 (案例)　计算表格 (案例)

图 1　DDM 模型基础数据

根据多家机构研报对明阳智能 2021—2023 年 EPS 数据作出的预测，取平均值并以此作为本模型中未来三年明阳智能 EPS 数值，分别为 1.351 元、1.544 元、1.843 元。

2020 年明阳智能公司的股利支付率比较低，$b = 14\%$，而假设明阳智能公司在后续发展年度，其每两年股利支付率会提升 5%，直到达到 40%，也即公司股利增长的成熟期支付率，后面保持稳定增长状态。则公司 $DPS_{2021} = 1.351 \times 14.7\% = 0.2$ 元，$DPS_{2022} = 1.544 \times 20\% = 0.31$ 元，$DPS_{2023} = 1.843 \times 20\% = 0.37$ 元。

同时我们假设从 2023 年开始，公司的增长率 g 每年下降 2%，最后保持稳定的增长率 $g = 6\%$，即接近中国的 GDP 增速。

因此在基础数据表格中填入 $r = 10.47\%$，由于此处股利支付率是变化的，因此在计算表格中需要在不同年份输入不同股利支付率 b。

表 1 为明阳智能 DDM 模型估计结果。

表 1　　　　　　　　　　　　　　**明阳智能 DDM 模型估值结果**

预测期	EPS	DPS	折现因子 $(1+r)^n$	股利现值
2021E	1.35	0.20	—	0.20
2022E	1.54	0.31	1.10	0.28
2023E	1.84	0.37	1.22	0.30
2024E	2.16	0.54	1.35	0.40
2025E	2.48	0.62	1.49	0.42
2026E	2.80	0.84	1.65	0.51
2027E	3.11	0.93	1.82	0.51
2028E	3.39	1.19	2.01	0.59
2029E	3.63	1.27	2.22	0.57
2030 年及以后	3.85	1.54	2.45	14.06
现值总计	—	—	—	17.84

通过 DDM 模型得到明阳智能 2021 年年末估值为 17.84 元，根据国泰安数据库查询得，2021 年 12 月明阳智能的平均收盘价为 27.40 元，初步认为该股被高估了。

3. 现金流贴现模型

现金流贴现模型（DCF）是指通过对公司未来预测自由现金流折现加总获得公司的内在价值。站在投资者角度来看，流向公司的未来现金流的净现值能够真正反映企业的投资价值，而且该模型理论概念和实际操作简单易懂，因此 DCF 模型的使用频率很高。

二阶段现金流贴现模型假定公司自由现金流在 $t+1$ 年及以后保持固定增长，公司价值的相关计算公式如下：

$$V = \sum_{t=0}^{n} \frac{FCFF_t}{(1+WACC)^t} + \frac{FCFF_n \times (1+g)}{WACC-g} \times \frac{1}{(1+WACC)^n}$$

由于公司价值 $V=D+E$，其中 D 为公司债务市值、E 为公司权益市值。我们对公司的权益价值进行估值是计算其中 E 的内在价值。$E=V-D$，所以在 DCF 模型估值过程中千万不要忘记计算完公司价值 V 之后，减去债务 D 的价值，再除以发行股数后就是每股权益价值了。

使用 DCF 模型需要我们获得 $0\sim t$ 期内的每期自由现金流量 $FCFF_t$，并设定固定增长阶段的增长率 g。

我们常运用加权平均资本成本（WACC）作为未来自由现金流的贴现率，其计算公式如下：

$$WACC = \frac{E}{(D+E)} \times R_E + \frac{D}{(D+E)} \times (1-T) \times R_D$$

式中计算公司加权平均资本成本（贴现率）WACC 需要获取公司资本结构信息。令公司价值 $V=D+E$，其中 D 为公司债务市值、E 为公司权益市值、公司权益成本为 R_E，公司债务成本为 R_D，公司所得税率为 T。

此处仍以明阳智能为例，公司权益成本通过 CAPM 模型计算，$R_E=10.47\%$，假设公司在 $t=5$ 年后保持固定增长，且增长率 $g=5.76\%$；2019 年、2020 年年报披露偿债支付现金约 37.64 亿元、21.50 亿元，总负债分别为 365.4 亿元、276.0 亿元，以此为参考取两年平均值并计算公司的债务融资成本，得到债务成本 $R_D=9.22\%$，同时假设公司资本结构保持不变，适用所得税税率 T 为 25%。

根据以上条件，我们可算出公司的加权平均资本成本 WACC = 8.51%。将预测自由现金流数据代入 Excel 表，逐步用 DCF 模型计算出公司每股内在价值。

图 2 为 Excel 计算表格参数输入页面。

	A	B
1	参数	预测值
2	预测期的FCFF	
3	资产（亿）	
4	负债（亿）	
5	FCFF固定增长率	g
6	CAPM	与CAPM模型一致
7	债务成本	
8	WACC（假设保持现有资产结构）	=(B4/B3)×B7+((B3-B4)/B3)×B6

基本参数　计算表格

图 2　DCF 模型基础数据

图 3 为 Excel 计算表格 DCF 模型计算页面。

输入相关参数后得到结果如表 2 所示。

表 2　**明阳智能 DCF 模型估值结果**

	预测期				
年份	2021	2022E	2023E	2024E	2025E+
FCFF	22.44	26.93	32.31	38.78	46.53
折现因子	—	1.09	1.18	1.28	1.28
现值	—	24.82	27.44	30.36	—
永续价值（CV）	—	—	—	—	1693.77
CV 的现值	—	—	—	—	1325.80
FCFF 总现值	1430.86	—	—	—	—

	A	B	C	D	E
1					
2	年份	2021	2022E	2023E	2023+E
3	FCFF	FCFF1	FCFF2	FCFF3	FCFF4
4	折现因子		=(1+基本参数!$B$8)	=(1+基本参数!$B$8)^2	=(1+基本参数!$B$8)^2
5	现值		=D3/D4	=E3/E4	
6	永续价值（CV）				=F3/(基本参数!B8-基本参数!B5)
7	CV的现值				=F6/F4
8	FCFF总现值	=SUM(F7+D5:E5+C3)			

基本参数 | 计算表格 | 基本参数（案例） | 计算表格（案例）

图 3　DCF 模型计算页

我们得到明阳智能 2021 年年末 FCFF 值为 1430.86 亿元，假设明阳智能公司保持现有债务总量与普通股总量不变，负债取 2019 年、2020 年均值为 320.74 亿元，普通股总量根据同花顺披露的最新数据为 19.56 亿股。

$$\text{每股价值} = \frac{\text{权益价值}(E)}{\text{已发行普通股数}} = \frac{(1430.86 - 320.74)}{19.56} = 56.75\ \text{元}$$

通过 DCF 模型得到明阳智能股价为 56.75 元，根据国泰安数据库查询得，2021 年 12 月明阳智能的平均收盘价为 27.40 元，初步认为该股被低估了。

4. 剩余收益模型（RE）

剩余收益也被称为超额收益或超额利润，是实际收益减去预期收益的差。根据剩余收益预测来度量企业价值增加的模型被称为剩余收益模型。和账面价值方法不同的是，剩余收益方法仅确认价值增值，一般不受会计方法差异、股利分配政策等的影响，而且可以有效避免会计方法创造的收益支付过高价格，避免对投资产生的收益支付过高价格。

在使用剩余收益模型（RE）时需要的基础数据有：估值基期 BPS 值、权益要求回报率（CAPM）、目标公司预测期的 EPS、预测期的 DPS 和剩余收益年增长率等。本案例假设在 2023 年后公司将保持固定比率增长。

剩余收益（RE）可由下列计算公式获得：

$$\begin{aligned} RE_t &= Earn_t - (\rho_E - 1)\ B_{t-1} \\ &= [\ ROCE_t - (\rho_E - 1)\ ]B_{t-1} \end{aligned}$$

(ρ_E-1) 表示为权益要求回报率，B_{t-1} 代表的是普通股 $t-1$ 期账面价值，$Earn_t$ 则表

示为普通股股东 t 期综合收益，$ROCE_t = \text{Earn}_t / B_{t-1}$ 表示为普通股 t 期回报率。

则公司基期的权益价值 V_0^E 为公司基期的账面价值加上预测期剩余收益的贴现加总。

$$V_0^E = B_0 + \frac{\text{RE}_1}{\rho_E} + \frac{\text{RE}_2}{\rho_E^2} + \frac{\text{RE}_3}{\rho_E^3} + \cdots + \frac{\text{RE}_T}{\rho_E^T} + \frac{V_E^T - B_T}{\rho_E^T}$$

B_0 为公司基期账面价值，RE_t 为各预测期的剩余收益，$V_E^T - B_T$ 为预测期后剩余收益的永续价值。

本案例以 2021 年为基期，使用的预测财务数据、折现率以及永续阶段固定增长率与前文中 DDM 一致，输入计算表格中可以得到如下数据，见表 3。

表 3　　　　　　　　　　　　　　**明阳智能 RE 模型估值结果**

	预 测 期					
	2020	2021	2022E	2023E	2024E	2025E	2024 年及后续预测
EPS	—	1.35	1.54	1.84	2.16	2.48	—
DPS	—	0.20	0.31	0.37	0.54	0.62	—
BPS	8.91	10.06	11.29	12.76	14.38	16.24	—
ROCE	—	—	0.15	0.16	0.17	0.17	—
RE	—	—	0.49	0.66	0.82	0.97	1.03
折现因子	—	—	1.10	1.22	1.35	1.49	1.49
RE 的现值	—	—	0.44	0.54	0.61	0.65	—
至 2023 年 RE 的总现值	—	2.24	—	—	—	—	—
永续价值（CV）	—	—	—	—	—	—	21.86
CV 的现值	—	—	—	—	—	—	14.67
每股价值	—	26.98	—	—	—	—	—

RE 模型下，明阳智能在 2021 年年末每股的估值为 26.98 元，根据国泰安数据库查询得，2021 年 12 月明阳智能的平均收盘价为 27.40 元，初步认为该股价与其内在价值基本持平。

5. 超额收益增长模型（AEG）

超额收益增长是指考虑股息再投资的收益与以要求回报率水平增长的收益之差，也即异常带息收益。

$$\text{AEG}_t = \text{带息收益}_t - \text{正常收益}_t$$

即公司 t 期的带息收益和正常收益的差。其中计算带息收益与正常收益的公式如下：

$$\text{带息收益}_t = \text{除息收益}_t + （r_E）\times \text{股息}_{t-1}$$

即公司 t 期的带息收益是指 t 期的除息收益加上公司 $t-1$ 期的股息红利；而公司 t 期的正常收益是考虑公司要求回报率的 $t-1$ 期的除息收益，其公式如下：

$$正常收益_t = 除息收益_{t-1} \times (1+r_E)$$

AEG 模型基于异常带息收益来估值。由于收益是流量概念，所以要将其资本化，转化为存量，才能为资产定价。一般情况下，AEG 等于每期 RE 的变化量。计算预测期有无异常收益增长和有无剩余收益类似。AEG 模型的估值也不受股利发放、股票发行和股票回购等的影响。

AEG 模型下估值的定价公式为：

$$V_0^E = \frac{1}{r_E}\left[\text{Earn}_1 + \frac{\text{AEG}_2}{1+r_E} + \frac{\text{AEG}_3}{(1+r_E)^2} + \frac{\text{AEG}_4}{(1+r_E)^3} + \cdots \right]$$

其中 V_0^E 指基期的公司权益价值，r_E 是权益要求回报率，Earn_1 指第一期每股收益的预测值，AEG_t 指的是每期的超额收益增长。

此处使用的预测财务数据、折现率以及永续阶段固定增长率与前文中 DDM、CAPM 模型一致，输入计算表格中可以得到如下数据，见表4。

表4　　　　　　　　　　　明阳智能 AEG 模型估值结果

	2020A	2021E	2022E	2023E	2024E	2025E	2025+E
DPS	0.14	0.2	0.31	0.37	0.54	0.62	—
EPS	0.95	1.35	1.54	1.84	2.16	2.48	—
DPS 再投资	—	—	0.02	0.03	0.04	0.06	—
考虑股利再投资的收益	—	—	1.56	1.87	2.20	2.54	—
正常收益	—	—	1.49	1.70	2.03	2.39	—
超额收益增长	—	—	0.07	0.17	0.17	0.15	0.16
折现因子	—	—	1.10	1.22	1.35	1.49	1.49
AEG 现值	—	—	0.06	0.14	0.12	0.10	
AEG 总现值	—	0.43	—	—	—	—	—
永续价值（CV）	—	—	—	—	—	—	3.37
CV 现值	—	—	—	—	—	—	2.26
总收益	—	4.04	—	—	—	—	—
资本化率	—	0.10	—	—	—	—	—
每股价值	38.60	—	—	—	—	—	—

通过 AEG 模型得到明阳智能每股估值为 38.60 元，根据国泰安数据库查询得，2021 年 12 月明阳智能的平均收盘价为 27.40 元，初步认为该股被低估了。

附件 2：相对估值法与可比公司估值

相对估值法是使用市盈率、市净率、市销率等价格指标与其他多只股票（对比系）进行对比，判断股票价格是否被低估或者被高估。常用的相对估值方法包括 PE、PB、PEG、EV/EBITDA、可比公司估值法等。此处我们以可比公司估值法为例，介绍相对估值方法的具体使用和操作。

1. 明阳智能可比公司法估值

以明阳智能为例，首先我们选取明阳智能的同行业竞争对手金风科技、天顺风能、泰胜风能及电气风能为可比公司，为尽可能确保时效性，选取 2021 年年末的数据计算公司的市盈率、市现率和市净率三个指标，当然我们也可以用市销率等，录入 Excel 后如图 1 所示。

	A	B	C	D
1		市盈率 (TTM)	市现率	市净率
2	金风科技	17.65	13.66	2.11
3	天顺风能	26.92	134.58	4.67
4	泰胜风能	20.15	-104.83	2.44
5	电气风能	20.97	11.2	2.07

数据来源：choice 数据库。

图 1　Excel 中录入相关数据

然后我们从市场头部券商的金牌分析师处获取明阳智能 2021 年 EPS 预测值，如表 1 所示，四家券商的四位不同的分析师的预测值分别为 1.55，1.38，1.05 和 1.54，取均值为 1.38。

表 1　**分析师 EPS 预测表**

券商	分析师	2021EPS 预测值
平安证券	皮秀	1.55
国盛证券	王磊	1.38
东兴证券	郑丹丹	1.05
平安证券	朱栋	1.54

数据来源：同花顺。

根据已有数据在 Excel 中开始计算，根据多家券商预测，明阳智能 2021 年的 EPS 均值为 1.38（EPS = 1.38）。假设明阳智能盈利保持稳定且公司股权结构没有较大变化，每股净资产（B）及每股经营性现金流量（CF）等同于三季报数据不变，分别为 $B=8.91$，CF = 1.3。

由市盈率公式（*P/E*），我们可知：每股价格＝每股净利润×市盈率。

由市现率公式（*P/CF*），我们可知：每股价格＝每股现金流量×市现率。

由市净率公式（*P/B*），我们可知：每股价格＝每股净资产×市净率。

过程及公式如下，见表2。

表2 可比公司估值法计算过程

	可比公司平均比率		明阳智能的值		明阳智能内在价值
	平均市盈率		EPS		
公式	=AVERAGE（B2：B5）		1.38		
计算值	21.42	×	1.38	=	29.56
	平均市净率		每股净资产		
公式	=AVERAGE（D2：D5）		8.91		
计算值	2.82	×	8.91	=	25.13
	平均市现率		每股净现金流量		
公式	=AVERAGE（C2：C5）		1.3		
计算值	13.65	×	1.3	=	17.745
均值					24.145

通过相对估值法得到的结果分别为：

PE 估值：29.56 元；

PB 估值：25.13 元；

PCF 估值：17.745 元（远低于 2021 年年末收盘价，这可能与选取的同类公司中，泰胜风能经营不善拉低整体市现率有关）。

最后我们取均值，得明阳智能每股内在价值为 24.145 元。由于明阳智能 2021 年 12 月平均收盘价为 27.40 元，[①] 所以我们初步判断该股票市场价值被高估。

2. 贵州茅台（600519）可比公司估值

另以贵州茅台（600519）为例，选取同行业竞争对手五粮液、洋河股份及泸州老窖为对比公司，为尽可能确保时效性，选取最近一个报告期公司财报（2021 年三季度报）数据进行计算，录入 Excel 后结果如下，见图2。

（注：由于我国上市公司仅在中报及年报中披露折旧及摊销费用，而这部分金额总值与营业利润相比数额较小，因此在表3中计算 EBITDA 的过程中未计入折旧及摊销费用。）

根据已有数据在 Excel 中继续进行计算，过程及公式如下，见表3。

---

① 股价信息来自国泰安数据库。

	A	B	C	D	E	F	G
1		净利润（亿）	股东权益账面价值（亿）	EBITDA（亿）	市盈率（TTM）	市现率	市净率
2	五粮液	173.3	399.65	24.07	38.19	38.67	10.61
3	洋河股份	72.13	164.35	97.48	32.32	21.4314	6.55
4	泸州老窖	62.76	99.98	83.29	46.29	61.94	14.83
5	贵州茅台	372.7	1808.16	530.23			

数据来源：各公司 2021 年三季报、Choice 数据库。

图 2　Excel 中录入相关数据

表 3　　　　　　　　　　　　相对估值法计算过程

	可比公司平均比率		贵州茅台的值		贵州茅台的权益价值（亿元）
	平均市盈率		净利润		
公式	=AVERAGE（E2：E4）		= B5		
计算值	38.93	×	372.70	=	14510.45
	平均市净率		股东权益账面价值		
公式	=AVERAGE（G2：G4）		= C5		
计算值	10.66	×	1808.16	=	19281.01
	平均市现率		EBITDA		
公式	=AVERAGE（F2：F4）		= D5		
计算值	40.68	×	530.23	=	21570.00
权益均值					18453.82

已知贵州茅台的总股本为 12.56 亿股，计算股价：

$$P = \frac{权益价值}{总股本} = \frac{18453.82}{12.56} = 1469.25 \, 元$$

综上，贵州茅台的内在价值为 1469.25 元，在 2021 年 12 月贵州茅台的日均收盘价为 2063.03 元，[①] 我们认为贵州茅台的股价被高估。

---

① 股价信息来自国泰安数据库。

第二部分　投资分析报告之综合案例编

第四章　案例：明阳智能

一、绪论

（一）研究背景

2021 年我国风电行业发展迅速，风电板块整体态势良好。风电作为当前全球发展最快，备受关注的清洁能源，未来市场前景广阔。风电项目设备要求可靠、易于安装和维护，因而掀起了一轮投资热潮。目前全球已有 100 多个国家和地区开始涉足风电，发展较好的主要在欧亚及北美洲。我国能源局提出要在"十四五"期间将可再生能源变成能源类消费的主体，在 2050 年实现光伏发电和风电促进并引领全球范围内电力的转型。而风电将是最重要的及最主要的电力来源之一。明阳智能作为风电板块中的龙头企业之一，近年来发展态势较猛，股价近段时间持续向好，位于风电板块头部位置，未来发展前景巨大。

（二）研究目的

本章将从宏观经济、行业发展、公司概况、财务分析、模型估值等对明阳智能进行全方位的基本面分析研究。有助于帮助投资者和公司管理层进一步深入了解明阳智能及其所处的风电板块的历史业绩及未来发展前景，为投资者制定合宜的投资决策服务，也帮助公司管理层评估公司战略，确定公司战略是否需要适时调整。

二、宏观经济与行业分析

（一）宏观经济分析

1. 国内宏观经济分析

自 2021 年以来，我国经济向好发展，正在稳定恢复中，宏观指标变动较为稳定。2021 年第一季度，GDP 增长速度为 18.3%，环比增长 0.6%。此外，2021 年居民消费价格指数，即 CPI 同比上涨 0.6%，国际贸易增速较快，国内就业形势相对比较稳定。但是目前疫情仍在全球范围内蔓延，何时结束尚未可知。国内生产与消费较疫情前水平仍有所差距，处于"六稳六保"政策驱动下的缓慢恢复期，整体经济向好发展仍需一定时间。

在投融资方面，整体向好发展，但尚未恢复至疫情前的正常水平，需要进一步推动，增添动力；在消费方面，因收入增速放缓，消费增长不高，消费潜力有待进一步释放；在价格方面，大宗商品的价格上涨，从而导致 PPI 上涨，但是 CPI 影响较小；在汇率方面，人民币对美元汇率上涨，但未来尚有不确定性。

2. 全球宏观经济分析

2021 年至今，全球经济仍处于复苏当中，经济增长与国际供应链摩擦进一步加剧。未来，疫情可能持续蔓延且影响时间较长，其导致的大宗商品价格大幅上升、原材料供应困难、一些地区或岗位劳动力不足等问题持续存在。全球经济形势严峻，国际间生产与消费可能由于供给需求不均衡、材料短缺等问题受到巨大阻力，且持续较长时间。就目前疫情形势来看，由于疫苗接种工作的持续推进，新型冠状病毒肺炎疫情扩散势头得到遏制，全球经济处于持续修复阶段，但整体供应链仍未完全修复，经济压力仍处于较高位置。

（二）行业分析

1. 风电行业概况

明阳智能（601615）所属行业为电气设备—电源设备—风电设备。新能源产业政策的发布，促进了风电板块上市公司股价的持续走高。截至 2021 年 12 月 29 日，风电指数年内涨幅达 51.17%。从近期盘面来看，在大盘持续震荡并下行的情况下，风电表现仍较为突出，稳中求进，由给出数据可知，中证风电产业指数涨幅为 1.79%。

2. 风电行业发展现状

（1）我国新增装机量连续 11 年位居世界榜首。

风电作为我国当下所倡导发展的新能源之一，有着较好的发展前景。图 4.1 显示 2011—2020 年我国风电新增及累计并网装机容量呈持续稳定上升趋势，风电年发电量也在快速提升，由 2011 年的 715 亿千瓦时到 2020 年的 4665 亿千瓦时。

（2）风电行业产品技术迭代快，行业竞争加剧。

由于风电类技术的不断升级更新，我国风电项目的平均造价较早前大幅下降，其核心竞争力不断提升。风电板块与传统电力的竞争在不断升级。其核心在降低风电项目成本。目前主要方法是风机大型化及性能的持续提升。近年来，我国在这方面有较大突破，大型化占比持续提高。此外，周边服务型产品也持续创新发展。

（3）我国风电产业市场集中度较高，国内前十大风电开发商累计开发 69%，且以大型央企为主，如国能投、华能集团、大唐集团、国电投等。

3. 风电行业发展前景

（1）得益于国家政策扶持，我国风电未来发展前景巨大。

"十四五"期间我国规划风电项目已投产约 2.9 亿千瓦。到 2025 年，我国规划风电总装机达 5.36 亿千瓦。预计至 2025 年西部、北部地区风电新增装机 1.7 亿千瓦，占比有所下降，但仍高达 58.8%；东中部地区新增风电装机约 1.5 亿千瓦。总体来看，我国"十四五"期间风电发展前景极为广阔，有较大的市场空间（见表 4.1）。

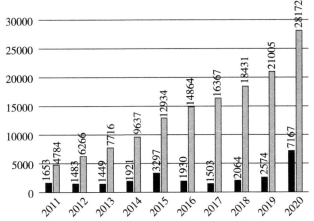

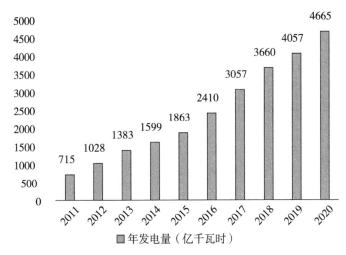

图 4.1　2011—2020 年我国风电新增、累计并网装机容量和年发电量
数据来源：前瞻产业研究院。

表 4.1　　　　　　　　　"十四五"风电装机规划及分布

类别/区域	2019 年		2025 年	
	容量（万千瓦）	占比	容量（万千瓦）	占比
装机合计	20915	—	53602	—
陆上风电	20318	97.20%	50602	94.40%
海上风电	597	2.80%	3000	5.60%
开 发 方 式				
集中式	20205	96.20%	50602	94.40%
分散式	800	3.80%	3000	5.60%

续表

类别/区域	2019 年		2025 年	
	容量（万千瓦）	占比	容量（万千瓦）	占比
区 域 分 布				
西部、北部	13620	64.80%	31526	58.80%
东中部	7385	35.20%	22076	41.20%

数据来源：中金公司研究部。

（2）2021 年海上风电发展迅猛，呈现抢装热潮。

2020 年虽受新型冠状病毒肺炎疫情影响，海上风电项目仍进展迅速，大批项目集中开始建设，项目资源紧张，工程量巨大。根据我国财政部发布的若干意见，海上风电项目须在 2021 年年底实现全部并网，才能有原先规定的电价。一方面因为海上风电建设有较高的成本，另一方面因为有国家的高度补贴，故 2021 年海上风电呈现抢装热潮。

（3）风电平价时代即将到来。

据国网能源研究院预测，在忽略部分因素影响的情况下，我国大部分省份（区域）可以实现陆上风电的发电侧接近平价。[①]到 2025 年，位于江苏、广东等地的海上风电也可接近平价上网水平。

三、公司分析

（一）公司简介

明阳智慧能源集团股份公司（股票简称：明阳智能，股票代码：601615）成立于 2006 年，总部位于中国广东中山，前身为广东明阳风电产业集团有限公司。致力于打造清洁能源全生命周期价值链管理与系统解决方案的供应商。在 2021 年全球新能源企业 500 强中位居第 18 位，稳居全球海上风电创新排名第一位。已发展成为全球具有重要影响力的智慧能源企业集团。

明阳智能专注开发可再生绿色清洁能源，通过技术创新和商业模式创新，使可再生能源从补充能源到替代能源转化，从高贵能源向普惠能源转化，建设天蓝、地绿、山青、水净的美丽中国。其主营业务包括新能源高端装备、兆瓦级风机及核心部件的开发设计、产品制造、运维服务、新能源投资运营。集团在全球布局了"一总部、五中心"的研发创新平台，建有博士后科研工作站、国家级企业技术中心、国家地方联合工程实验室，是国家知识产权优势企业和国家级高新技术企业，获得超过 30 种机型的设计与型式认证。

---

① 除了重庆、山西等省市外。

（二）经营业绩分析

1. 市场份额保持前列（见表 4.2）

表 4.2　　　　**2018—2020 年新增装机市场占有率及在手订单总规模**

	新增装机市场占有率	在手订单总规模
2018	12.41%	7806MW
2019	16%	15.75GW
2020	10%	13.88GW

数据来源：中国风能协会，彭博新能源统计数据。

中国风能协会统计数据显示，明阳智能近几年在中国新增装机市场占有率都高达 10% 及以上，连续六年居国内第三。根据彭博新能源财经数据，在 2018 年明阳智能新增装机量全球排名第七，2019 年上升至第六名保持至今。从在手订单规模来看，明阳智能的在手订单从 2018 年年底的 7806MW 增加到 2019 年年底的 15.75GW，同比增长 123%，在经历抢装潮后，于 2020 年年底依旧具有 13.88GW 的在手订单，产品深受业主信赖。明阳智能目前拥有技术专利 1400 余项，风电机组设计超过 30 种，风力发电场项目 500 余个，再加上其境外公司债券和非公开发行股票决议的通过，募集资金将用于业务扩展，日后市场占有率极有可能继续攀升。

2. 核心业务位居龙头

2019 年 4 月，明阳智能收获全球最大一单海上风电项目，总中标金额为 85.87 亿元。截至 2019 年年底，中国海上风电新增装机 1.98GW，明阳智能海上风电交付规模达到 440.5MW，占比高达 22.25%，较 2018 年上升 13.46 个百分点。至 2020 年年底，明阳智能占中国海上风电交付规模比重已经上涨到 29.5%。海上风电市场占有率显著提升，市场龙头地位得以夯实。伴随海上风电整体解决方案的实施，明阳智能海上风电的发展前景将会更加明朗。

3. 投资回报稳中有升

2019 年，在行业面对"低价订单周期"时，明阳智能实现归母净利润 7.13 亿元，同比增长 67.28%，综合净利率 6.3%，较同期不降反升，成功穿越行业低价订单周期。2020 年，明阳智能实现营业收入 224.57 亿元，同比增长 114.02%；归母净利润 13.74 亿元，增长 92.84%；公司加权平均 ROE 为 15.71%。公司成功整合产业、金融和资本三大资源，实施金融资本解决方案，完成产业与金融相辅相成的长期战略布局，给股东带来了丰厚回报。

（三）技术竞争力分析

明阳智能的竞争优势比较明显，该公司专注于自身整体的研发制造，尤其是风机制造。公司在风电领域发展了很多年，其 MySE 紧凑型半直驱技术路线具有成本低、稳定性高、发电量高等特质。公司引领国内机组大型化，3MW 及以上机型占交付项目比例提升至 97% 以上，4MW 及以上机型占新增订单比例超过 60%。公司自主研发的 MySE5.5MW 抗台风型浮式机组成功应用，标志着国内海上漂浮式正式步入应用新阶段。另外，在 2020 年世界风电权威媒体 Wind Power Monthly 发布的有关海上风电行业的十佳机型中，明阳智能入选两款（见表 4.3）。

表 4.3　　　　　　　　　　　　海上风电十佳机型

风机品牌	容量/MW	风轮直径/m	塔筒高度/m
通用电气 Haliade-X 12MW	12	220	150
西门子歌美飒 SG 11.0-193 DD	11	193	Site-specific
东方电气 D10000-185	10	185	Site-specific
金风科技 GW 175-8.0MW	8.0	175	Site-specific
维斯塔斯 V174-9.5MW	9.5	174	110 Site-specific
明阳智能 SE 7.25~158	7.25	158	100
远景能源 EN-161/5.2	5.2	161	105 Site-specific
明阳智能 SE 8.0-10-180	8~10	180	100
西门子歌美飒 SG 8.0-167 DD	8.0-9.0	167	Site-specific
维斯塔斯 V164-9.5MW	9.5	164	Site-specific

数据来源：同花顺。

四、财务分析

（一）偿债能力分析

1. 流动比率

明阳智能与金风科技、运达股份为行业同类公司。表 4.4 对比了 2016—2021 年明阳智能与这两家公司的流动比率。结果显示明阳智能流动比率均大于 1，且自 2016 年以来一直呈上升趋势，反映该公司具有较强的偿债能力。在三家公司中，明阳智能的偿债能力高于运达股份但低于金风科技。

表4.4　　　　　　　　　　　行业可比公司流动比率比较

	2016	2017	2018	2019	2020	2021.9
明阳智能	1.02	1.05	1.15	1.24	1.22	1.11
金风科技	1.34	1.12	1.04	0.98	0.92	0.97
运达股份	0.85	0.82	0.90	0.92	0.93	0.94

数据来源：同花顺。

2. 现金比率

表4.5对比了2016—2021年明阳智能与另两家可比公司的现金比率。结果显示，明阳智能现金比率在不断提高，由2016年的27%增长到2020年的60%。远高于电力生产业0.33的现金比率标准值，短期抗风险能力明显强于同行业另两家公司金风科技和运达股份。

表4.5　　　　　　　　　　　行业可比公司现金比率比较

	2016	2017	2018	2019	2020	2021.9
明阳智能	0.27	0.30	0.33	0.59	0.60	0.49
金风科技	0.34	0.26	0.16	0.15	0.17	0.12
运达股份	0.26	0.19	0.28	0.38	0.27	0.18

数据来源：同花顺。

3. 速动比率

表4.6对比了2016—2021年明阳智能与另两家可比公司的速动比率。结果显示，明阳智能的速动比率在大多数年份均接近1，体现公司短期偿债能力有保障。优于运达股份，但是略逊于金风科技。

表4.6　　　　　　　　　　　行业可比公司速动比率比较

	2016	2017	2018	2019	2020	2021.9
明阳智能	0.83	0.86	1.01	1.09	0.91	0.81
金风科技	1.21	0.98	0.88	0.81	0.80	0.81
运达股份	0.60	0.64	0.74	0.71	064	0.60

数据来源：东方财富。

4. 资产负债率（见表4.7）

表4.7 行业可比公司资产负债率

	2016	2017	2018	2019	2020	2021.9
明阳智能	79.57%	77.74%	78.11%	79.56%	70.78%	69.66%
金风科技	67.88%	67.75%	67.46%	68.73%	67.96%	67.97%
运达股份	83.61%	85.51%	85.41%	86.80%	88.49%	87.87%

数据来源：同花顺。

　　风电行业的资产负债率普遍较高。明阳智能2016—2020年资产负债率平均达到77.15%。但是明阳智能的资产负债率处于螺旋下降的状态，2021年第三季度更是突破了70%新低。2016—2019年明阳智能的资产负债率较高，但近年明阳智能经调整后的资产结构正在不断优化。目前明阳智能的资产负债率低于运达股份但是仍高于金风科技。

5. 产权比率（见表4.8）

表4.8 行业可比公司产权比率比较

	2016	2017	2018	2019	2020	2021.9
明阳智能	4.18	3.69	3.92	4.11	2.48	2.32
金风科技	2.19	2.17	2.20	2.31	2.17	2.37
运达股份	5.11	5.91	5.86	6.62	7.96	7.41

数据来源：同花顺。

　　明阳智能的产权比率也处于螺旋下降的状态。2016—2019年明阳智能的产权比率处于行业中游状态，而从2020年开始，其产权比率下降迅速，在2021年第三季度甚至低于金风科技。说明其长期偿债能力处于一个非常优秀的状态，在行业中也处于较高水平。

（二）盈利能力分析

1. 销售净利率（见表4.9）

表4.9 行业可比公司销售净利率比较

	2016	2017	2018	2019	2020	2021.9
明阳智能	4.42%	6.20%	6.12%	6.30%	5.81%	11.38%
金风科技	11.77%	12.53%	11.43%	5.83%	5.27%	9.12%
运达股份	3.32%	2.89%	3.63%	2.13%	1.51%	2.93%

数据来源：同花顺。

明阳智能的销售净利率从2016年起基本处于稳步增长状态，在2021年风电政策利好的条件下更是涨幅巨大，达到了11.38%，净利率涨幅行业最高。同比行业中另外两家销售率2016—2020年下降的状态，说明相比行业内其他厂家，明阳智能具备较强的核心竞争力，销售收入的盈利水平较高。

2. 总资产收益率（见表4.10）

表4.10　　　　　　　　　　　行业可比公司总资产收益率比较

	2016	2017	2018	2019	2020	2021.9
明阳智能	1.73%	1.76%	2.04%	2.32%	3.02%	3.82%
金风科技	5.31%	4.59%	4.26%	2.42%	2.80%	2.71%
运达股份	2.03%	1.74%	1.94%	1.17%	1.25%	1.39%

数据来源：同花顺。

2016—2021年明阳智能的总资产报酬率始终保持着稳步上升，而且目前上升的趋势仍在继续。不同于金风科技与运达股份总资产收益率下降的趋势，明阳智能的资产获利能力逐步超过行业平均标准，处于领头地位。

3. 净资产收益率（见表4.11）

表4.11　　　　　　　　　　　行业可比公司净资产收益率

	2016	2017	2018	2019	2020	2021.9
明阳智能	8.93%	9.34%	10.05%	12.05%	15.71%	13.24%
金风科技	16.87%	15.04%	14.03%	7.94%	9.51%	9.04%
运达股份	13.67%	11.51%	13.35%	8.09%	10.97%	13.26%

数据来源：同花顺。

2016—2021年明阳智能的净资产收益率也保持着稳定上升趋势，2021年第三季度略微下降，主要是因为政策利好的大环境下企业获得了大量融资后项目回报还未兑现。但在行业中仍处于领先地位，仅略低于运达股份。因此，不同于金风科技与运达股份的净资产收益率逐渐下跌趋势，明阳智能的盈利能力在行业中越来越强。

（三）营运能力分析

企业营运能力主要指企业营运资产的效率与效益，即企业运用各项资产以赚取利润的能力。

1. 存货周转率

根据表4.2可知：在存货周转率方面，明阳智能的存货周转率从2016年的1.82增长到2020年的3.24，存货周转率逐年提升、存货周转速度加快，说明企业的销售能力和存货变现能力逐渐变强；但是2016—2020年，同行业金风科技的存货周转率明显快于明阳智能,说明明阳智能在存货周转和销售速度上仍有一定差距。

表4.12 行业可比公司存货周转率(次)

	2016	2017	2018	2019	2020	2021.9
明阳智能	1.82	1.96	3.27	3.81	3.24	1.61
金风科技	5.99	4.82	4.69	4.72	6.69	3.69
运达股份	2.43	3.1	3.44	2.96	3.41	1.57

数据来源:同花顺。

2. 应收账款周转天数

根据表4.13可知:在应收账款周转天数上,明阳智能从2016年的256.87天缩短至2020年的67.86天,呈现出逐渐缩短的趋势。和同行业企业相比,其应收账款周转天数变短的幅度也最为显著,说明其应收账款变现速度逐年加快,公司营运能力增强,在财务上保持了较好的流动性。

表4.13 行业可比公司应收账款周转天数(天)

	2016	2017	2018	2019	2020	2021.9
明阳智能	256.87	294.82	245.99	175.67	67.86	61.73
金风科技	191.50	211.65	186.85	143.01	116.38	174.55
运达股份	101.04	138.73	181.52	162.79	100.3	141.35

数据来源:同花顺。

3. 营业周期

根据表4.14可知:在营业周期方面,2016—2021年明阳智能的营业周期不仅明显变短,而且和同行业企业比较,其营业周期天数下降的幅度更为显著。由于营业周期反映了企业从购入存货到存货售出并收到现金为止的一段时期,营业周期变短说明了近年来明阳智能的整体产销状况逐渐变好,资金周转速度加快,资产的流动性增强,流动资产的营运能力显著增强。

表4.14 行业可比公司营业周期

	2016	2017	2018	2019	2020	2021.9
明阳智能	454.80	478.12	356.05	270.07	178.92	229.66
金风科技	251.55	286.35	263.68	219.26	170.20	247.66
运达股份	249.25	255.04	286.28	284.41	205.77	313.56

数据来源:同花顺。

4. 总资产周转率

根据表 4.15 可知：明阳智能总资产周转率由 2016 年的 0.39 增长到 2020 年的 0.52，整体运用资产获利效率得到提高。同时，金风科技和运达股份在近年来的总资产周转率指标表现优于明阳智能，反映出明阳智能在资产利用效率和销售获利能力上和同行业公司相比存在差距。

表 4.15　　　　　　　　　　　　行业可比公司总资产周转率

	2016	2017	2018	2019	2020
明阳智能	0.39	0.28	0.33	0.37	0.52
金风科技	0.45	0.37	0.37	0.41	0.53
运达股份	0.61	0.60	0.53	0.55	0.83

数据来源：同花顺。

5. 营运能力小结

通过以上分析可知：近年来明阳智能存货周转率明显加快，应收账款周转天数和营业周期逐渐缩短，总资产周转率不断加快。企业具备充足的现金流，资产风险较低。

(四) 发展能力分析

本书选取经营发展能力中的营业收入增长率和财务发展能力中的净利润增长率作为衡量指标，同时选取金风科技、运达股份两家同行业企业对比分析明阳智能的成长情况。

1. 营业收入增长率

根据表 4.6 可知：在营业收入增长率上，明阳智能的营业收入虽然在 2016 年和 2017 年呈现负增长，但是自 2018 年起，营业收入增长率有着显著提升，在 2020 年实现了营业收入同比增长 114.02%。说明近年来该公司保持较好的增长势头，经营状况显著改善，企业销售业务拓展能力和市场占有能力得到了显著提升，市场前景呈现看好的趋势。

表 4.16　　　　　　　　　　　　行业可比公司营业收入增长率

	2016	2017	2018	2019	2020	2021.9
明阳智能	-6.04%	-18.74%	30.27%	52.03%	114.02%	21.84%
金风科技	-12.20%	-4.80%	14.33%	33.11%	47.12%	-9.40%
运达股份	-19.17%	3.93%	1.68%	51.29%	129.09%	26.23%

数据来源：同花顺。

2. 净利润增长率

根据表 4.17 可知：在净利润增长率上，明阳智能的净利润增长率自 2017 年起有着显著增长，在 2020 年达到了 92.84% 的增速。相较于同行业企业其净利润一直保持正增长，反映出明阳智能的成长更为稳健，营收转化利润的能力较强，为企业进一步扩张和占有市场提供了充足的资金支持。

表 4.17　　　　　　　　　行业可比公司归属净利润增长率

	2016	2017	2018	2019	2020	2021.9
明阳智能	−11.78%	12.87%	19.64%	67.28%	92.84%	131.71%
金风科技	5.39%	1.72%	5.30%	−31.30%	34.10%	45.61%
运达股份	−22.29%	−9.47%	27.62%	−11.46%	62.33%	287.76%

数据来源：同花顺。

3. 发展能力小结

通过选取营业收入增长率、净利润增长率来比较分析明阳智能的成长能力情况，可发现：明阳智能近年来无论在营收还是在净利润转化上都有着显著的提升，反映出其市场业务拓展、市场占有能力有着明显的进步，成长潜力被看好。

五、风险分析

（一）财务风险

1. 应收账款较大的风险

大型电力设备制造企业的共同特点之一就是账面应收账款较大，由于明阳智能近几年的快速发展，应收账款余额基数也较大。2018 年年末、2019 年年末、2020 年年末公司应收账款账面价值分别为 54.89 亿元、47.52 亿元、37.14 亿元，占资产总额的比例分别为 24.58%、13.70%、7.19%。

明阳智能的稳固客户群体主要以国内主力风电运用开发商为主，五大电力集团以及省级开发商为辅，客户群体整体具有较好的信用能力，但随着客户的增长，虽然近年应收账款逐渐下降，但总余额仍然较大，可能会出现信用风险导致资金紧张的情况。

2. 存货占比较大的风险

明阳智能 2018 年年末、2019 年年末、2020 年年末存货账面价值分别为 14.45 亿元、28.11 亿元、84.72 亿元，占资产总额的比例分别为 6.47%、8.10%、16.41%。

其中存货主要是为了未来生产进行储备的零部件和交付客户之后等待客户完成吊装的发出商品。2018—2020 年存货在总资产中的占比逐渐上升，可能对明阳智能的资金产生挤压，最终对偿债能力产生不利影响。

3. 应付票据较多的风险

明阳智能 2018 年年末、2019 年年末、2020 年年末应付票据余额分别为 15.29 亿元、27.29 亿元、51.97 亿元，占负债总额的比例分别为 8.77%、9.89%、14.22%。

其中主要是为了支付采购货款而对上游企业支付的应付票据以及以自身信用开具的商业承兑汇票。虽然开具应付票据可以短时间缓解明阳智能的支付压力，降低支付成本，但随着业务的发展，明阳智能的采购规模也不断扩大，应付账款余额逐渐升高，存在到期兑付风险。

4. 投资支出压力较大的风险

明阳智能 2018 年年末、2019 年年末、2020 年年末在建工程账面价值分别为 10.37 亿元、24.2 亿元、38.09 亿元、占资产总额的比例分别为 4.64%、6.97%、7.38%。此外，明阳智能 2018 年年末、2019 年年末、2020 年年末公司投资活动产生的现金流量净额分别为 -11.72 亿元、-21.43 亿元、-37.63 亿元。

由于政策的大力扶持，明阳智能逐步增加对新能源电站的投资，但是新能源发电站项目自身投资规模较大且回收周期长，导致投资该项目的收益不确定性较高，因此需要大量的资金支持。虽然明阳智能在开发过程中得到大型金融机构的融资支持，但较大的资金支出和大规模的在建工程，再加上下游风电场建设的周期长，销售合同执行期限较长造成的长回款周期，都会使得公司面临一定的资本性支出压力。

5. 受限资产占比较大风险

明阳智能的债务融资目前主要以银行借款为主，并且以自身的固定资产、应收账款、在建工程等资产向银行申请了抵押和质押，相关的资产权利存在限制。根据上述分析，一旦公司出现信用风险，应收账款无法及时回收，或者投资收益出现偏差，都会对公司的偿债能力造成打击，可能会出现受限资产被处置的风险。

（二）经营风险

1. 技术开发和转化风险

风电行业具有高风险、开发周期长以及高速发展的特点。因此要求生产风电设备的企业必须拥有较高的技术研发水平和高转化率的技术转化能力。近年来，国际风电市场技术的高速发展以及新产品的快速出现都对国内风电设备企业形成了挑战。

虽然目前明阳智能已经基本完成技术和产品的研发，拥有了自身比较完善的技术开发体系。但是面对其他竞争对手推出新产品的速度逐渐加快，如果公司不能持续且高效地推出迎合市场需求的新产品，可能会面临失去市场份额的风险。

2. 产品质量控制的风险

风电设备较其他设备而言，其价值较大、运行周期较长并且长期在恶劣的环境下作业，因此风电设备必须比其他设备具有更高的质量和运行的稳定性。与此同时，风电设备企业也必须加强对企业自身的管理，提高质量管控能力。

虽然目前明阳智能研发的风机产品的口碑与质量都较好，但是随着时间的推移和竞争对手产品质量的提高，如果明阳智能的产品研发水平没有跟上，没有适应市场的需求，将会对其整体应收产生不利影响。

3. 价格风险

首先是原材料价格。风力发电机组的原材料大部分是易受国际供求关系变动及市场变动影响的一些金属材料和复合材料，价格都具有较高的不确定性和波动性。如果未来某个时间段国际供求关系或者市场出现变动导致明阳智能的原材料价格出现巨大波动，尤其是出现大幅上升的趋势，那么明阳智能的采购成本也会随之上升。

其次是产品价格。由于政策大力支持，风电市场的进入者不断增多导致竞争十分激烈，产品价格上升的空间也逐渐减少。本书提到明阳智能的稳定客户群体主要有国内主力风电运行开发商，他们的议价能力较强，明阳智能在这方面处于弱势，并且随着国家补贴的减少，产品价格面临下降的风险。

4. 产能过剩风险

随着风电行业的高速发展，国家逐渐出台相关行业准入门槛以及技术要求，行业壁垒逐渐提高，风电设备市场的份额将越来越集中到龙头企业，小型风电企业将被迫逐步退出市场。根据相关数据，整个风电行业的市场份额已经开始趋于集中化。

虽然明阳智能目前在行业中处于前五的地位，但随着行业的不断发展和集中度的不断提高，可开发的资源将逐渐减少，再加上中国大部分地区风能资源并不丰富，并且大部分地区都处于电网建设薄弱或者根本没有电网建设的地区。因此该地区对于风电用电的需求也较小，明阳智能电站项目可能会存在产能过剩的风险。

5. 行业竞争风险

国内风电行业经过 2011 年、2012 年的行业整合，不具备核心技术与市场整合能力的整机制造商逐步退出风电市场，市场份额更加集中。目前我国风机行业主要有以下几个集团：金风科技——我国规模最大的风机设备企业；远景能源——国际化程度较高，发展势头颇为迅猛，目前是行业老二；联合动力——拥有公司独特的涵盖整机产品系列的产业链条。另外竞争力较强的风电行业优秀企业还包括浙江运达股份和中国船舶重工集团旗下的海装风电公司、上海电气等。

目前明阳智能的市场占有率在全国排名第三。但明阳智能面对的竞争对手都非常强大，如无法保证产品质量稳定可靠、提升技术研发和服务能力，将对其市场开拓产生不利影响，从而在市场竞争中处于不利地位。

6. 项目环境次污染风险

虽然风电属于绿色清洁能源，对于环境的污染较小。但是风电项目在建设过程中也不可避免地会产生一些诸如固体废物、废水、噪声等的污染物。如果环保措施没有做到位，还可能由于修建风塔而破坏生态环境造成水土流失。

如果明阳智能在项目建设中不能严格执行相关环保措施，可能由于环境污染而面临一系列惩罚及影响企业声誉问题。

(三) 政策风险

风电行业在广义上属于新能源行业，这个行业是新兴行业，也注定了这个行业十分容易受到政策变动的影响。近年来我国对于风电行业的高度支持和补贴，使得风电行业高速高质发展，包括但不限于上网电价保护、税收优惠、发电保障性收购等。但是随着2021年以来风电行业逐步成熟、市场上龙头行业逐渐发展，国家对于风电行业的扶持力度在未来几年可能会逐步减小。因此明阳智能的经营业绩会受到未来产业政策调整的影响。

六、估值分析

（一）要求回报率计算

1. 模型介绍

CAPM模型，又称资本资产定价模型，可以帮助市场投资人预估资本资产的价格，即在市场均衡时刻，公司要求回报率和证券的市场风险（系统性风险）之间的线性关系。

根据公式可以得出，在满足CAPM模型假设的条件下，公司持有其资产时的预期均衡报酬率为：

$$E(R_i) = R_f + \beta [E(R_m) - R_f]$$

即任何风险性资产的预期报酬率＝市场的无风险利率＋资产的风险溢价。

2. 模型计算

本书中明阳智能的要求回报率采用CAPM模型进行测算，其中公式中关键指标的确定如下：

无风险利率等于我国10年期的国债收益率，约为2.85%；

根据同花顺的研报数据，采取市场上最近一年的每日交易数据来进行测算，得出β值约等于1.26；

中信建投证券研究所根据2021年1月1日—10月30日上证50指数的涨跌，测算出目前风险溢价为6.05%。

因此，最终根据CAPM资本资产定价模型公式，得出公司要求回报率为10.47%，即本书预计公司估值的折现率为10.47%，在后续的估值模型中，采用此折现率对明阳智能进行估值分析。

3. 模型评价

值得注意的是，在CAPM模型中，假设条件很多，其并不能精确地运用于现实的股票市场。CAPM模型中Beta值难以估计。用Beta预测单个股票的收益不尽科学。而且该模型是单因素模型，仅考虑了市场组合收益对证券预期收益的影响，但却并没有考虑其他的市场经济因素，因而不够全面。

（二）股利贴现模型估值

1. 模型介绍

DDM是股利贴现模型，是一种绝对估值的方法，用来计算公司的价值。由于明阳智能公司属于新能源行业，行业处于高速发展状态，自由现金流处在不稳定的状态，因而采用传统的股利贴现模型对明阳智能公司进行估值。由模型可以知道，公司股票的内在价值等于其每年的期望股利的现值之和。本书采取股利贴现二阶段增长模型，即：

$$V = \sum_{t=1}^{n} \frac{D_t}{(1+r)^t} + \frac{D_{n+1}}{(r-g)(1+r)^n}$$

其中 V 表示公司内在价值，D_t 为公司在 t 期派发的股息红利，r 为公司要求回报率，g 为股利增长率，且我们假定 $r>g$。

2. 估值过程

本书在使用 DDM 模型时，其参数的确定过程如下。

（1）EPS。

盈利预测数据参考同花顺中平安证券、国盛证券以及东兴证券等多家机构对明阳智能的分析预测平均值。根据表 4.18 计算 2021 年、2022 年、2023 年平均每股收益分别为 1.351 元、1.544 元、1.843 元。

表 4.18　　　　　　　　　　　　明阳智能 EPS 机构预测值

机构名称	研究员	预测年报每股收益（元）		
		2021 年预测	2022 年预测	2023 年预测
东北证券	笪佳敏	1.61	1.90	2.25
平安证券	皮秀	1.55	1.61	2.05
国盛证券	王磊	1.38	1.55	1.69
西部证券	杨敏梅	1.48	1.64	2.00
西南证券	韩晨	1.28	1.33	1.52
万联证券	江维	1.32	1.77	2.43
东兴证券	郑丹丹	1.05	1.26	1.50
国信证券	王蔚祺	1.36	1.64	1.71
太平洋	张文臣	1.28	1.34	1.57
德邦证券	马天一	1.20	1.43	1.71

数据来源：根据同花顺数据资料统计得出。

（2）股利支付率。

根据公司近年年报得知，目前明阳智能公司的股利支付率比较低，仅为 14%，而随着公司发展，业务增长及发展速度会放缓，经营状况会达到稳定，慢慢成熟，股利支付率很可能会升高，因此本书假设明阳智能公司在后续发展年度，每两年股利支付率会提升 5%，直到达到 40%，也即公司股利增长的成熟期支付率，后面保持稳定增长状态。

（3）增长率。

明阳智能公司目前还处在快速发展的阶段，在考虑后续该市场竞争激烈的状况后，本书假设从 2023 年开始，公司的每年增长率下降 2%，最后保持稳定的增长率 6%，也接近我国的 GDP 增速。

（4）贴现率。

DDM 模型中采取 CAPM 模型中估计的折现率，为 10.47%。

（5）公司内在价值。

通过上述预测和假设，根据预测值计算公司的未来股利现值如表 4.19 所示：

表 4.19   **DDM 模型预估数据**

预测期	EPS	DPS	折现因子 $(1+r)^n$	股利现值
2021E	1.35	0.20		0.20
2022E	1.54	0.31	1.10	0.28
2023E	1.84	0.37	1.22	0.30
2024E	2.16	0.54	1.35	0.40
2025E	2.48	0.62	1.49	0.42
2026E	2.80	0.84	1.65	0.51
2027E	3.11	0.93	1.82	0.51
2028E	3.39	1.19	2.01	0.59
2029E	3.63	1.27	2.22	0.57
2030 年及以后	3.85	1.54	2.22	15.53
现值总计	—	—	—	19.32

最终，经股利折现估值模型测算，由折现率 10.47% 以及增长率 6% 估计明阳智能的每股价值为 19.32 元。

3. 模型评价

股利贴现模型广泛适用于公司分红多并且稳定的情况，而且企业的经营持续稳定，未来产生的现金流可以预期。本书在 DDM 模型的估值运用中，采用了多个假设，几个参数的估计也主要依据主观判断。因此，本书运用该模型得出的股票内在价值 17.84 元是理论上的数值，需谨慎参考。

（三）现金流贴现模型估值

1. 模型介绍

自由现金流折现模型是绝对估值法的一种，是将企业未来预期自由现金流折现到现在并加总的一种估值方法。DCF 模型的计算大体为三个部分。首先，对所要评估的企业的未来自由现金流进行预测；其次，通过多种方法选取企业合适折现率；最后通过DCF模型公式计算企业的内在价值。

在市场不断发展的过程中，大多数企业的发展历程遵循一定的周期与规律。当前企业从初创到逐渐成熟大体经过两段历程。第一阶段即企业创立的初期，此时企业的资金量少，资本积累少，但有一定的技术优势。企业会有一段快速增长期。第二个阶段即企业稳定经营期，企业从快速增长到增长相对平稳的阶段，此时企业会有较平均的增长速度。

当我们用加权平均资本成本（WACC）替代公司要求回报率时，DCF模型的具体公式如下：

$$V_0^E = \frac{FCF_1}{1+WACC} + \frac{FCF_2}{(1+WACC)^2} + \cdots + \frac{FCF_H}{(1+WACC)^H} + \frac{CV_H}{(1+WACC)^H}$$

$$CV_H = \frac{FCF_{H+1}}{WACC - g}$$

其中 V_0^E 即企业的价值，WACC 是加权平均资本成本，g 是稳定增长期的增长率，$FCFF_{n+1}$ 是稳定增长期第 $n+1$ 年的自由现金流量。DCF模型是企业价值动态变化的展示，通过将第一阶段的高增长期和第二阶段的稳定增长期各自产生的现金流相加，得出企业的整体估值。

2. 估值过程

（1）预测后5年自由现金流增长率。

根据公司2020年基本面数据分析，自由现金流复合增长率为44.39%。但是由于抢装潮以及明阳智能2021年的备货量和投资支出较大，2021年及之后的自由现金流可能会减少，因此本书保守估计预测期5年自由现金流增长率为20%。

（2）预测永续期增长率。

本书采用以GDP增长率预测永续期公司自由现金流增长率的方法，选取2016—2020年我国GDP增长率的平均值作为永续期公司自由现金流增长率（见表4.20）。

表4.20　　　　　　　　　　**2016—2020年我国GDP增长率**

2016	2017	2018	2019	2020	平均
6.85%	6.95%	6.75%	5.95%	2.3%	5.76%

数据来源：同花顺。

由表4.20可知，永续期增长率为5.76%。

（3）自由现金流折现率的选取。

自由现金流折现率选取本书根据CAPM模型得出的公司要求回报率10.47%。表4.21为本次估值模型所采用的各要素值。

表 4.21   DCF 模型估值参数

预测期 5 年自由现金增长率	20%
折现率	10.47%
永续期自由现金流增长率	5.76%

（4）预测未来 5 年自由现金及折现值（见表 4.22）。

表 4.22   明阳智能 2021—2025 年自由现金流预测及折现值表

年份	平均值	2021	2022	2023	2024	2025
自由现金流（亿元）	18.7	22.44	26.93	32.31	38.78	46.53
折现值（亿元）	—	20.31	22.07	23.97	26.04	28.28

资料来源：根据明阳智能财务报表计算整理所得。

笔者预测后 5 年自由现金流时，发现明阳智能因为疫情和大量扩张市场的原因，近几年的自由现金流波动幅度较大，因此本书将 2019 年和 2020 年两年的自由现金流平均值作为预测的起点，以减少误差。

（5）估值过程（见表 4.23）。

表 4.23   明阳智能 DCF 模型估值结果

年份	预测期					
	2020	2021E	2022E	2023E	2024E	2025E+
FCFF（亿元）	—	22.44	26.93	32.31	38.78	46.53
折现因子	—	1.1047	1.22	1.348	1.489	1.645
现值	—	20.313	22.07	23.969	26.044	28.286
现值和	120.68	—	—	—	—	—
永续价值（CV）	—	—	—	—	—	1044.801
CV 的现值	635.14	—	—	—	—	—
FCFF 总现值	755.82	—	—	—	—	—

本书得到明阳智能 2021 年年末 FCFF 值为 755.82 亿元，假设明阳智能公司保持现有债务总量与普通股总量不变，负债取 2019 年、2020 年均值为 320.74 亿元，普通股总量根据同花顺披露的最新数据为 19.56 亿元。

$$每股价值 = \frac{权益价值(S)}{已发行普通股数} = \frac{(755.82 - 320.74)}{19.56} = 22.24 \text{ 元}$$

通过 DCF 模型得到明阳智能内在价值为 22.24 元，根据国泰安数据库查询得，2021 年 12 月明阳智能的平均收盘价为 27.40 元，初步认为该股被高估了。

（四）剩余收益模型估值

1. 模型介绍

剩余收益模型（RE 模型）在评估公司内在价值时，采用在公司账面价值的基础上加预测期剩余收益的现值和。假定权益投资是一种持续投资，并且一直持续到无穷，剩余收益的现值和包括公司持续价值的现值。

2. 估值公式

权益的价值为：

$$V_0^T = B_0 + \frac{RE_1}{\rho_E} + \frac{RE_2}{(\rho_E)^2} + \frac{RE_3}{(\rho_E)^3} + \cdots + \frac{RE_T}{\rho_E^T} + \frac{VE^T - B_T}{\rho_E^T}$$

RE 为权益的剩余价值：

剩余价值＝综合收益－（要求的权益回报率×起初账面价值）

$$RE_t = Earn_t + (\rho_E - 1)B_{t-1} = [ROCE_t + (\rho_E - 1)]B_{t-1}$$

B_0 是资产负债表上权益的当前账面价值，未来每期的剩余收益等于该期普通股获得的综合收益减去期初普通股的账面价值 B_{t-1} 与要求的回报率 ρ_E-1 的乘积，ROCE 为普通股权益回报率。

3. 估值过程

通过同花顺可知，明阳智能在 2020 年的 EPS 为 0.95 亿元，DPS 为 0.14 亿元，BPS 为 8.91，此处估值采用与 DDM 模型预测 2021 年一致的 EPS 和 DPS。通过上述公式算出这五年的 RE 再将其折现加总，最后得出 2025 年 RE 的总现值为 2.57 亿元。

模型参数预测过程见表 4.24、表 4.25：

表 4.24　　　　　　　　　　　　　　　**RE 模型计算过程**

参　　数	预　测　值
预测期的 EPS	与 DDM 模型中预测数值一致
预测期的 DPS	与 DDM 模型中预测数值一致
权益的要求回报率	$r = 10.47\%$
永续期间增长率	$g = 5.76\%$
BPS	参照 2020 年每股净资产计算得出 8.91

表 4.25　　　　　　　　　　　　　**RE 模型估值过程**

	预测期					
	2020	2021E	2022E	2023E	2024E	2025E
EPS	—	1.35	1.54	1.84	2.16	2.48
DPS	—	0.20	0.31	0.37	0.54	0.62
BPS	8.91	10.06	11.29	12.76	14.38	16.24
ROCE	—	0.15	0.15	0.16	0.17	0.17
RE	—	0.417	0.49	0.66	0.82	0.97
折现因子	—	1.1047	1.22	1.35	1.49	1.645
RE 的现值	—	0.377	0.402	0.489	0.55	0.59
至 2023 年 RE 的总现值	2.408	—	—	—	—	—
永续价值（CV）	—	—	—	—	—	21.78
CV 的现值	13.24	—	—	—	—	—
每股价值	24.59	—	—	—	—	—

根据 RE 模型预测明阳智能的股价为 24.59 元。

4. 模型评价

根据国泰安数据库查询得，2021 年 12 月明阳智能的平均收盘价为 27.40 元，初步认为该股被高估了。

（五）超额收益增长模型估值

1. 模型介绍

超额收益增长模型，又称 AEG 模型，是利用利润表中和收益信息进行估值的模型，基于市盈率对收益增长进行定价。实质是将高于以要求回报率为准的正常收益的价值加到收益资本化的价值上。即该模型定义：价值=资本化的收益+预期的收益增长带来的额外价值，即该模型估值要考虑资本化的收益和超额收益增长带来的价值，将二者进行加总。

2. 估值公式

公司价值等于公司下期收益和超额收益增长现值的资本化。假定在预测期之后超额收益增长率是一个固定的常数，且以一个固定比率 g 变动着，公司价值还包括资本化的永续价值 CV 现值。

$$V_0^E = \frac{1}{\rho_E - 1}\left[\text{Earn}_1 + \frac{\text{AEG}_2}{\rho_E} + \frac{\text{AEG}_3}{\rho_E^2} + \cdots + \frac{\text{AEG}_t}{\rho_E^{t-1}} + \frac{\dfrac{\text{AEG}_{t+1}}{\rho_E - g}}{\rho_E^{t-1}} \right]$$

3. 估值过程。

（1）预测第一年的收益 EPS_1。

（2）用带息收益-正常收益来预测第二年及以后各期的超额收益增长（用 AEG_t 表示）。

（3）将各期折现的超额收益增长加到第一年的收益上。

（4）将第一年收益 EPS_1 和各期折现的超额收益增长均用要求回报率 $\rho-1$ 予以资本化，转化为价值存量，完成价值估值。

模型参数预测及估计结果见表 4.26、表 4.27。

表 4.26　　　　　　　　　　　　　　　　模型参数预测

参　　数	预　测　值
预测期的 EPS	与 DDM 模型数值一致
预测期的 DPS	与 DDM 模型数值一致
权益要求的回报率	与 DDM 模型一致 10.47%
永续期间增长率	与 DCF 模型一致 $g=5.76\%$
BPS	参照 2020 年每股净资产计算得出 8.91

表 4.27　　　　　　　　　　　　　　　　AEG 模型估值结果

	2020A	2021E	2022E	2023E	2024E	2025E	2025+E
DPS	0.14	0.2	0.31	0.37	0.54	0.62	—
EPS	0.95	1.35	1.54	1.84	2.16	2.48	—
DPS 再投资	—	—	0.02	0.03	0.04	0.06	—
考虑股利再投资的收益	—	—	1.56	1.87	2.20	2.54	—
正常收益	—	—	1.49	1.70	2.03	2.39	—
超额收益增长	—	—	0.07	0.17	0.17	0.15	0.16
折现因子	—	—	1.10	1.22	1.35	1.49	1.49
AEG 现值	—	—	0.06	0.14	0.12	0.10	—
AEG 总现值	—	0.43	—	—	—	—	—
永续价值（CV）	—	—	—	—	—	—	3.37
CV 现值	—	2.26	—	—	—	—	—
总收益	—	4.04	—	—	—	—	—
资本化率	—	0.10	—	—	—	—	—
每股价值	40.40	—	—	—	—	—	—

根据 AEG 模型估计明阳智能的内在价值为 40.40 元。2021 年 12 月明阳智能的平均

收盘价为 27.40 元，估值结果显示市场低估了该公司价值。

（六）市盈率可比公司估值

PE 估值法是相对估值法的一种，PE 指标的计算公式如下：

$$PE = \frac{P}{EPS}$$

PE 衡量的是股价和每股收益的关系，PE 越高表明股票的价格相对于公司盈利能力越高，股价处于被高估状态。PE 估值的过程是使用可比公司的 PE 计算平均值，使用目标公司的 EPS 计算估计的股价来和当前股价比较，判断当前股价的位置。

明阳智能的主营业务是风电机组的制造，从风电行业中选取 4 家相关公司，分别是：金风科技、天顺风能、泰胜风能、电气风电。具体数据如表 4.28 所示。

表 4.28   **可比公司数据表**

可比公司	明阳智能	金风科技	天顺风能	泰胜风能	电气风电
PE（TTM）	19.73	17.65	26.92	20.15	20.97
股价	26.25	16.32	19	9.19	12
EPS（TTM）	1.33	0.92	0.71	0.45	0.57

数据来源：同花顺。

相对来说，明阳智能的 PE 估值是较低的，计算可比公司的平均市盈率为 21.42。获取最近 4 个月券商分析师对于明阳智能 2021 年 EPS 预测值，数据如表 4.29 所示。

表 4.29   **分析师预测表**

券商	分析师	2021EPS 预测值
平安证券	皮秀	1.55
国盛证券	王磊	1.38
东兴证券	郑丹丹	1.05
平安证券	朱栋	1.54

数据来源：同花顺。

由表 4.29 可得分析师预测的 2021 年 EPS 均值为 1.38，根据 PE 公式的变形：

$$P = PE \times EPS$$

可以计算出明阳智能每股的价值应为 29.56 元，2021 年 12 月明阳智能的平均收盘价为 27.40 元，与估值基本持平，但初步判断股价还有大的上升空间。

（七）PEG 模型估值

PEG 模型是在 PE 模型的基础上考量了公司盈利增长率的改进模型，该方法适合于

成长型公司。PEG 的计算公式如下:

$$PEG = \frac{PE}{g}$$

其中 g 为公司的盈利增长率,一般取预测的未来 3 年复合增长率。PEG 结果解读如表 4.30 所示。

表 4.30 　　　　　　　　　　　　　　**PEG 结果表**

结　　果	解　　读
PEG>1	相对高估
PEG = 1	相对合理
PEG<1	相对低估

截至 2021 年 12 月 31 日,明阳智能 PE(TTM)值为 19.62,获取最近券商研报中关于明阳智能净利润增速的预测,数据如表 4.31 所示。

表 4.31 　　　　　　　　**券商未来 3 年净利润增长率预测表**

券商	分析师	2021	2022	2023
平安证券	皮秀	120.1%	4.1%	27.7%
国盛证券	王磊	95.6%	12.3%	9.3%
万联证券	江维	87%	34%	37%
太平洋证券	张文臣	82.13%	5.13%	16.61%

数据来源:Wind。

计算未来三年净利润增长率均值为 96.2%,13.9%,22.7%,根据复合增长率计算公式:

$$r = \sqrt[3]{(1 + r_1)(1 + r_2)(1 + r_3)} - 1$$

计算出的复合增长率为 40%。由此计算出的 PEG 为 0.49,远小于 1,可以判断明阳智能处于相对被低估的状态。

七、总结

明阳智能自身实力强大,稳居全球海上风电创新排名第一位。其主营业务为新能源高端装备制造,新能源电站投资运营及智能管理业务。公司主要产品为风电机组制造、风电运营及风机运维、光伏高效电池片及组件、建筑光伏一体化、新能源电站 EPC、配售电。明阳智能股权集中，结构清晰，主要实行家族传承，市场占有率稳步提升，连续六年居全国第三，并且都高达 10% 以上。明阳智能客户群体稳定，主要是大唐集团、南方电网等，前五大客户销售额占营业收入 57.34%，共计 14.60 亿元。2019 年，在行业面对"低价订单周期"时，明阳智能实现归母净利润 7.13 亿元，同比增长 67.28%，综合净利率 6.3%，较同期不降反升，成功穿越行业低价订单周期。2020 年明阳智能实现加权平均 ROE 达 15.71%，投资回报稳中有升。

从明阳智能财务状况来看，其主营业务收入快速增长，收入结构维持稳定，净利润持续增长，盈利能力稳中有升；明阳智能属于重资产企业，通过预收款项和应付项目占用大量上下游企业的资金，杠杆比例相对较高，但是其资产负债率呈现下降趋势。通过运用市盈率可比分析、PEG、股利贴现模型、DCF、RE 以及 AEG 等估值模型，预估明阳智能 2021 年年末每股的平均内在价值为 27.22 元，与明阳智能股票现价基本持平，公司具有良好、稳定的发展前景。

2021 年 12 月明阳智能的平均收盘价为 27.40 元。在不同模型中对股价的估值各有不同，其中相对估值模型如 PE 与 PEG 模型估值结果表明当前股价被低估，应该买入；DDM 模型结果则表明股价被高估。由于中国市场与风电行业的股利发放都偏低，因此其估值的可信度不高；DCF 模型、RE 模型和 AEG 模型估值结果相对可信度较高，取内在价值均值为 29.08 元。

结合基本面分析与风险分析，优秀的业绩证明明阳智能是一支十分具有成长潜力的优质股，其隶属于新能源板块，虽然有一定的政策风险，但在未来几年内依然整体利好。

项目组成员：孙亿涵　应柳依　李晨　王颖星　史程淳　戈文硕　贺鑫　张子琦朱啸天

第五章　案例：泰晶科技

一、公司基本信息

（一）公司背景

1. 公司简介

泰晶科技股份有限公司（简称泰晶科技）成立于 2005 年 11 月，公司总部位于湖北随州，是一家国家级高新技术企业，公司现有总资产 12.42 亿元，共 1700 名员工，2016 年泰晶科技成功在上海证券交易所 A 股上市，股票代码 603738。

2. 公司主营业务

泰晶科技自成立以来，主要负责研发、生产、销售晶体谐振器、晶体振荡器（简称"晶振"）等频控器件。目前，公司主要产品涵盖 KHz、MHz 晶体谐振器及晶体振荡器，产品线齐全。

3. 公司经营模式

公司采用"设计+生产+销售"型经营模式，具有较高的成本控制能力、产品开发能力、制造能力和较稳定的营销体系、客户群体。

（1）采购模式。

经过多年的经营，公司形成了较为完善的供应商管理体系和采购控制流程，通过多家选择、比价采购，结合 ERP、MES 系统的应用，实现采购、报价、合同、库存等集成化管理。公司在全球建立了稳定的上下游供应链合作关系，日常生产原材料供应充足。

（2）生产模式。

公司采取订单驱动模式组织生产。根据客户需求，设计产品参数，或直接按照通用指标确定。销售部门根据设计稿组织原材料的采购和产品的生产。同时安排有专门的研发产线，以便及时进行委托研发、小批量试生产，达成研发交付。

（3）销售模式。

公司坚持自主营销为主的方针，主要采用直销模式，直接服务各行业头部公司，与客户进行长期合作。同时面向中小客户，建立自有产品的代理销售渠道，进一步提高公司市场占有率及品牌影响力。

4. 公司产品结构情况

公司以市场为导向，扎根主营业务，依托公司的技术优势，专注研究半导体光刻工艺，提升优势产品产能。同时，公司积极从无源晶振向有源晶振方向开拓创新，使得泰晶科技产品线更加齐全。

表 5.1、表 5.2、图 5.1、图 5.2、图 5.3 为公司主营业务相关数据情况。

表 5.1　　　　　　　　　　　　**2020 年主营业务行业情况**

行业	营业收入	营业成本	毛利率	营业收入比上年增减	营业成本比上年增减	毛利率比上年增减
电子元器件	53832.03	42394.85	21.25	7.04%	4.61%	增加 1.84 个百分点

数据来源：泰晶科技 2021 年上半年财务报告。

表 5.2　　　　　　　　　　　　**2020 年主营业务产品情况**

产品	营业收入	营业成本	毛利率	营业收入比上年增减	营业成本比上年增减	毛利率比上年增减
晶体元器件	50714.86	39571.91	21.97	8.25	5.58	增加 1.97 个百分点
晶体元器件贸易	3117.17	2822.94	9.44	−9.41	−7.39	减少 1.98 个百分点

数据来源：泰晶科技 2021 年上半年财务报告。

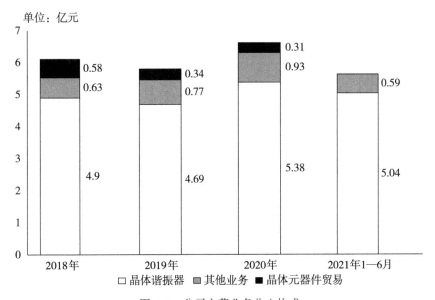

图 5.1　公司主营业务收入构成

数据来源：泰晶科技 2021 年上半年财务报告。

2020 年公司实现营业收入 6.31 亿元，其中主营业务收入 5.38 亿元，较 2019 年同期增长 7.04%。主营业务收入全部来自晶体元器件相关，其中，SMD 系列产品在主营业务收入中的比重为 75.32%，金额为 4.05 亿元，在主营业务收入中的比重进一步提

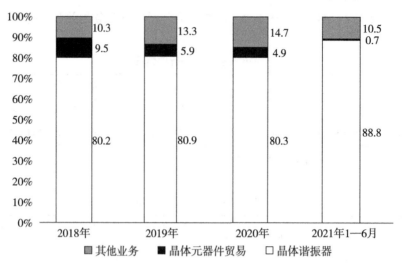

图 5.2　公司主营业务收入构成百分比

数据来源：泰晶科技 2021 年上半年财务报告。

注：TF 系列指 TF-104、TF-206、TF-308；S 系列指 49S SMD、49S/SS 和 49U。数据来自泰晶科技 2021 年上半年财务报告。

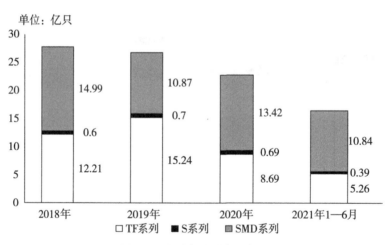

图 5.3　公司各系列产品产量

数据来源：泰晶科技 2021 年上半年财务报告。

高，较 2019 年增加 13.98%；TF 系列业务收入为 8873.26 万元，占比 16.48%，S 系列晶体谐振器收入为 1294.24 万元，占比 2.40%；晶体元器件贸易收入为 3117.17 万元，占比 5.79%。其他业务收入 9260.48 万元，较 2019 年同期增加 20.61%，主要为公司子公司金属结构件业务增长以及疫情期间子公司新拓展的防疫口罩业务所致。

2021 年上半年，公司实现主营产品总产量 16.49 亿只。其中，SMD 系列产品占比 83.7%，上半年总产量 10.84 亿只，比上一年同期翻了一倍多，销售收入同比增长

187.84%；TF 系列产品随着市场逐步恢复，上半年总产量 5.26 亿只，同比增长 24.59%，销售收入同比增长 74.28%；S 系列产品收入占比较小，产品收入相对稳定。主营业务综合毛利率 34.25%，较上年同期上升 14.24%，产能进一步释放。

（二）公司组织架构

1. 公司主要股东

截至 2021 年 6 月 30 日，泰晶科技的主要股东持股情况如表 5.3 所示，且 2021 年前半年公司股份总数及股本结构未发生变化。

表 5.3　　　　　　　　　　前十名主要股东持股情况表

股东名称 （全称）	报告期 内增减	期末持 股数量	比例 （%）	持有限售条 件股份数量	股份 状态	数量	股东 性质
喻信东	0	50862310	29.35	0	质押	28160000	境内自然人
王丹	0	12461428	7.19	0	无	0	境内自然人
杨明焕	50000	8559690	4.94	0	无	0	境内自然人
喻信辉	-92200	8350000	4.82	0	质押	4500000	境内自然人
喻慧玲	0	2330000	1.34	0	无	0	境内自然人
国泰基金-交通银行-国泰基金博远 20 号集合资产管理计划	2045611	2045611	1.18	0	无	0	其他
国泰基金-上海银行-国泰基金格物 2 号集合资产管理计划	-1061092	1610198	0.93	0	无	0	其他
王金涛	0	1561500	0.90	0	无	0	境内自然人
王斌	0	1428000	0.82	0	无	0	境内自然人
龚雯英	-40500	1342700	0.77	0	无	0	境内自然人

数据来源：泰晶科技 2021 年上半年财务报告。

泰晶科技股权结构和控股股东之间的关系如图 5.4 所示，泰晶科技控股股东均为自然人，体现出家族企业特征。喻信东是公司最大股东，也是公司创始人、董事长兼总经理；王丹为喻信东配偶，未在公司任职；喻信辉为喻信东弟弟，也是子公司泰晶实业的执行董事兼总经理；喻慧玲为喻信东妹妹，未在公司任职。

2. 公司管理层

近三年来，泰晶科技的高级管理人员均未接受过证券监管机构的处罚。管理层中具有本科及以上学历的人数占比达到 76.9%，具有硕士及以上学历的人数近一半，管理层的文化程度较高。同时管理层的平均年龄较年轻，董事会成员大多处于 40～50 岁，

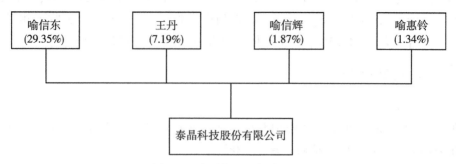

图 5.4 公司控股股东关系图

数据来源：泰晶科技 2021 年上半年财务报告。

监事会成员和高级管理人员均在 40 岁以下，体现出管理层的朝气蓬勃，公司未来的发展更能同步于时代（数据来源：泰晶科技 2021 年上半年财务报告）。

3. 公司员工情况

泰晶科技母公司及主要子公司的在职员工共 1965 人。其中公司生产人员占总人数的近 80%，其次是技术人员人数，占总人数比例达 8.6%，这与公司高科技生产型企业的定位一致（见表 5.4、表 5.5）。

表 5.4 公司员工专业分布情况表

按专业划分	人员数量（人）	人员占比（%）
财务人员	54	2.82
技术人员	168	8.55
生产人员	1545	79.12
销售人员	49	2.20
行政管理人员	76	3.35

表 5.5 公司员工学历情况表

按学历划分	人员数量（人）	人员占比（%）
中专及以下人数	1661	85.81
大专人数	174	9.52
本科或本科以上人数	112	4.05
研究生人数	18	0.62

数据来源：泰晶科技 2021 年上半年财务报告。

（三）公司战略和企业文化

泰晶科技在2021—2025年的规划是在不断拓展现有晶体谐振器市场的同时，稳步、有效地开展微型片式晶体谐振器、振荡器等频控器件的研发与应用，力争跻身国际晶体行业的前列。立足主营业务，开拓全球市场；内部降本增效，着力产品多元；加大同步开发，推进高端应用；发挥资本优势，开拓新兴领域；面向市场研发，加强招才引智。

尽管领军国内晶体行业，泰晶科技却并未满足于此。振兴民族晶体工业，始终是泰晶科技的目标。未来，泰晶科技仍将坚持"产品高端化、产业规模化、队伍专业化、资本多元化"的发展战略，坚持自主创新、服务终端客户的发展思路，朝着成为国内一流、国际知名的创新型企业的方向不断迈进。

二、宏观行业分析

（一）宏观经济分析

2021年前三个季度我国GDP总额达82万亿元，CPI同比增长0.6%，国际进、出口贸易保持着合理增长速度。总体上来说，前三季度国民经济依旧处在恢复阶段，结构上也在稳步调整，但是国内经济还存在不均衡、不稳定的问题，国际环境中也还有很多难以预测的因素，比如对我国影响重大的经济体的宏观政策力度有减弱的势头，在这个过程中，可能会带来一些经济金融风险，需要得到重点关注。国内零散式疫情反复是中国经济前景面临的主要风险，而对疫情的防控不可避免地会对经济活动形成干扰。此外，具有高杠杆特征的房地产行业长期低迷，这也是需要警惕的风险点。

1. GDP增速

2021年中国实际GDP增长率将达到8.0%，2022年将增长5.1%，经济增长有放缓的趋势，这意味着外部环境变化降低了出口对增长的拉动力度，此外政府继续推动去杠杆也是一个影响因素。

2. CPI和PPI

居民消费价格小幅上涨。2021年前三季度，CPI相比去年上涨0.6%，而核心CPI相比2020年上涨0.7%。食品价格相比去年下降了1.6%，原因是近期生猪供给加大，猪肉的价格下降。而非食品价格呈上涨趋势，相比2020年涨幅为1.1%。前三季度，PPI累计同比上涨6.7%，而在11月，受电力不足和大宗商品价格居高不下的影响，PPI增速回落，预计这种冲击还会持续。

3. 货币政策

稳健的货币政策要灵活精准、合理适度。"灵活精准"是指货币政策要向关键、薄弱领域提供更多支持；"合理适度"是指在市场上，流动性要处在合理的区间，不能泛滥，也不能不足。货币政策工具方面，央行在2020年疫情期间推出了两个直达实体经济的工具，2021年的工作重心落在后续收尾上；新设了碳减排支持工具，精准支持绿色金融领域。在有效的要求下，预计结构性货币政策仍是政府重点关注的内容，支持领域进一步扩大。总体来看，我国坚持实施正常力度和节奏的货币政策，根据国内外金融环境，主动做出预测性安排，回归金融支持实体经济的本质。

4. 进出口

2021 年前三季度货物进出口处于增长趋势，总额同比增长 22.7%。贸易结构更加优化，贸易伙伴分布更广，我国和周边贸易伙伴之间的进出口增长率均在 20% 左右。出口方面，2021 年前 11 个月数额超 3 万亿美元，同比增长 31.1%，略高于市场预期。考虑到一些因素，预计这种趋势会持续到 2022 年。进口方面，前 11 个月进口额为 2.44 万亿美元，同比增长 31.4%。但因为近来国内经济有较大的下行压力，进口需求增速不明显。

（二）半导体行业分析

1. 行业简介

半导体是大量产品和服务的基础，在许多新兴技术，例如人工智能（AI）、高性能计算（HPC）、5G、物联网等系统中发挥着关键的作用。半导体行业有以下特点：一是资本密集。随着半导体工艺技术的进步，资本投入越来越重要。开发一个新的半导体设计，不仅需要一个具有深厚专业背景的团队，还需要大量的资本投入。例如，要想将芯片设计从 10 纳米级提高到 7 纳米级，需要多付出大概 1 亿多美元的成本，显然，这是一笔相当大的支出。二是技术领先。半导体行业很大程度上依赖于技术优势，谁拥有了先进的技术谁就拥有了市场的话语权，如果一个国家的知识产权体系很完整，这无疑将激励研发人员进行大量研发投入。

2. 行业政策

国家大力支持半导体产业发展，推动新型电子信息基础设施建设。在国家政策扶持以及新兴产业的推动下，目前国内第三代半导体产业链已经初步形成，国家 2030 计划和"十四五"国家研发计划都已经明确，第三代半导体是重要发展方向，发展正当时。

受中美贸易摩擦与全球新型冠状病毒肺炎疫情影响，全球半导体产业逐步向中国大陆转移，中国科技企业正在打造多元化的供应链模式，更倾向于选择国内供应链厂商，从而减少对国外半导体的依赖。2021 年 6 月 12 日，美国发布《供应链安全评估报告》将半导体上升到国家安全的高度。因此未来国家会进一步扶持国内相关产业发展，重视关键技术研发、创新和突破。

3. 行业发展周期

（1）以半导体为代表的硬科技"硬创新"时代来临。

从科技产业发展的路径看，未来几年以硬科技为主要发展方向。众所周知，科技发展是一个有先后的过程，比如在互联网时代前期，先出现了 PC 硬件设施，在移动互联网方面，先大范围普及了智能手机。目前，全球科技的发展进程已经处在移动互联网的后期，同时也是下一个科技周期的早期，即硬件基础设施建设的黄金时期。芯片相对于软件算法来说，在解决算力问题上更有优势，所以作为硬科技基础的半导体还有很大的发展潜力。

（2）5G 浪潮到来。

晶振的主要作用是计时、唤醒和提供基准频率。过去 3G/4G 的主要功能应用于手机等消费端的应用场景，随着 5G 的出现，智能家居、可穿戴设备、智慧城市工业控制等新兴市场将迎来快速发展，从而带动晶振行业的发展，行业成长空间将进一步打开。由此，晶振未来 3~5 年将进入加速成长期。

4. 行业发展趋势

（1）短期来看，行业供需失衡从 2020 年延续至今。

2020 年，新型冠状病毒肺炎疫情很大程度上成为半导体产业链供需关系的掣肘。一方面，疫情期间行业内公司不太愿意进行资本开支；另一方面，疫情使得人们非接触需求增加，实际电子产品的消费需求超出了行业的预期。因此，供需失衡下的缺货涨价，成为疫情暴发至今这段时间的关键词，这对产业链下游的影响非常大。

但从另一种角度看，缺货涨价对国内半导体厂家来说又是实实在在的利好。很多公司借此机会，顺理成章地进入过去没机会合作的下游客户群中，大幅提升了产品从验证到批量供应的速度。

（2）长期来看，国产替代是确定趋势。

在当前中美关系的背景下，半导体是两国多维度博弈的中心。过去两年，美国已对我国多家优秀的半导体公司进行制裁，一定程度上阻碍了这些公司国产替代的进度。但从另一角度看，这也在更大范围内提升了中国全产业链国产替代的决心。未来排名靠前的企业可能会拥有更多的产业链资源，行业竞争力也更强。

2021 年半导体行业在景气与国产替代的刺激下，中间虽有波折但整体收益领先各大指数。2022 年，从跟踪的资本开支与短期库存指标来看，处于景气初期向后期过渡的阶段，整体供需状况偏紧不变，部分芯片产品供应依然存在缺口。我们看好国产替代东风下从 IC 设计到半导体设备的长期投资价值，同时作为未来半导体增长支撑的汽车电子值得重点关注。

三、财务分析

（一）偿债能力

1. 偿债能力指标数据（见表 5.6、图 5.5）

表 5.6　　　　　　泰晶科技 2017—2021 年第三季度偿债能力分析

	2017 年	2018 年	2019 年	2020 年	2021 年三季度
资产负债率	0.4479	0.3888	0.2971	0.3489	0.2736
流动比率	1.66	1.88	2.22	1.38	2.45
速动比率	1.38	1.34	1.68	1.01	2.11
权益乘数	1.81	1.64	1.42	1.54	1.38

数据来源：泰晶科技年报、三季报。

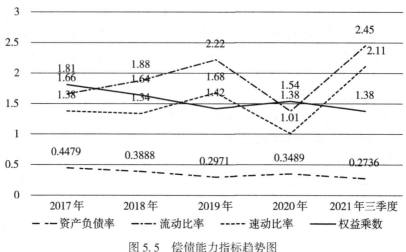

图 5.5　偿债能力指标趋势图

数据来源：泰晶科技年报、三季报。

2. 长期偿债能力分析

长期偿债能力反映企业偿还期限较长负债的能力，这类负债主要有经营性租赁、赊销中长期贷款等。一般通过资产负债率、权益乘数等更为宏观性的指标来反映企业对长期负债的偿还能力。在企业正常经营发展时，资产、负债、固定成本等数额相对稳定，对应指标的数据变化也较为平稳，而在公司面临重大风险或是提出影响现有经营模式的重要决策时，这类指标才会发生较大幅度的波动，因此在运用这类指标分析长期偿债能力时，往往会根据经验或同类公司经营情况设置一个较为合理的警戒值，以衡量企业的长期偿债风险。

2017 年企业通过发行大量可转债的形式借入资金扩大生产规模和研究新型生产技术，在后续三年内资产总额基本保持不变，资产负债率持续下降，在 2019 年降至29.71%，但是在 2020 年有所回升，主要原因是受到 2020 年新型冠状病毒肺炎疫情的影响，工厂无法顺利开展生产活动不得不主动增加负债预防资金链断裂的风险。2020年后企业总资产开始进入稳定上升阶段，同时，根据 2021 年三季报，企业资产负债率降低至 27.36%（见图 5.6）。

从半导体及高新技术行业的整体情况来看，资产负债率一般应维持在 70%以下，泰晶科技尚未触及警戒线，但与同行业公司对比资产负债率相对较高，以直接竞争对手东晶电子和惠伦晶体为例，其资产负债率分别为 32.07%、34.58%。

权益乘数为总资产与总权益的比值，这一数值反映了总资产对权益价值的比值，权益乘数越高则表明企业的权益价值越低，在公司经营陷入危机时，会较大可能出现委托代理问题，损害债务人和股东的利益，不适合进行投资。从数据上看泰晶科技的权益乘数由 2017 年的 1.81 下降至 2021 年第三季度的 1.38，公司将更多的资本投入资本运营中，因此在中长期发生债务违约的可能性较低（见图 5.7）。

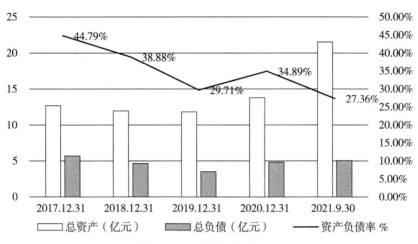

图 5.6 资产负债率变化图

数据来源：泰晶科技年报、三季报。

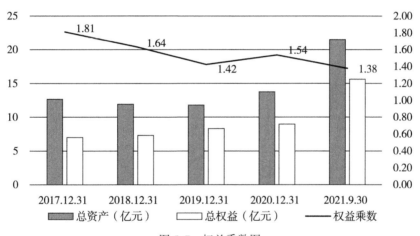

图 5.7 权益乘数图

数据来源：泰晶科技年报、三季报。

3. 短期偿债能力分析

（1）流动比率。

流动比率反映了短期内企业流动资产与流动负债的比例关系，泰晶科技 2017—2021 年的流动比率整体呈上升趋势，根据企业管理的经验，流动比率保持在 2 左右表示企业短期负债得到偿还的可能性较高，根据企业发布的 2021 年三季报，泰晶科技的流动比率达到 2.45，能够为债权人提供较强的信心（见图 5.8）。

（2）速动比率。

速动比率在 1 左右较为合适，泰晶科技 2017—2021 年的平均速动比率为 1.504，并在 2021 年达到 2.11，这一比率虽然在合理范围内但是偏高，在对泰晶科技的资产情况

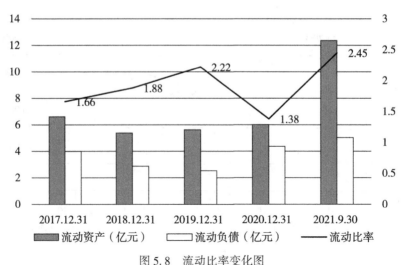

图 5.8 流动比率变化图

数据来源：泰晶科技年报、三季报。

进行进一步分析后发现，企业的存货数量较少，所以其速动资产与流动资产的差距并不明显，企业的速动比率并非虚高（见图 5.9）。

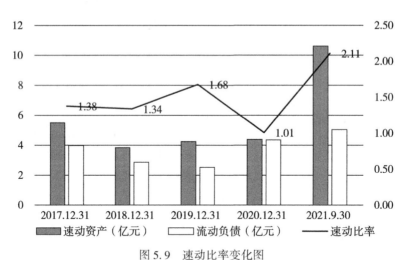

图 5.9 速动比率变化图

数据来源：泰晶科技年报、三季报。

4. 结论

半导体元器件企业较传统生产加工行业存在一定差异，这些企业的存货周转速度较快，面临的生产风险较低，但需要大量资金进行生产技术的创新与研发。泰晶科技借助外债来经营发展不可避免。但无论是从历史水平纵向比较还是横向对比同类公司经营数据，泰晶科技的短期偿债能力、长期偿债能力均保持在较高水平，负债方面尚存在一定利用空间，偿债能力有一定的保障。

（二）盈利能力

1. 销售净利率

$$销售净利率 = \frac{NI}{SALES} \times 100\%$$

通过对泰晶科技进行数据收集和计算，得到 2017—2021 年三季度年销售净利率数据，如表 5.7 所示。

表 5.7　　　　　　　　　　泰晶科技销售净利率计算结果

	2017.12.31	2018.12.31	2019.12.31	2020.12.31	2021.09.30
销售净利率	14.12	7.22	1.80	6.31	18.9

数据来源：同花顺。

从表 5.7 可以看出，泰晶科技近年来连续保持盈利，但在历经三年盈利能力下降后出现 U 形反转趋势。可见企业近年来销售额可能会出现加速提升的趋势，获取的收益较高，但综合前期表现来看，对未来预期的收益与销售情况可以保持观察结合后续情况再进行判断。同样地，泰晶科技与同行业的销售净利率对比如表 5.10 所示。

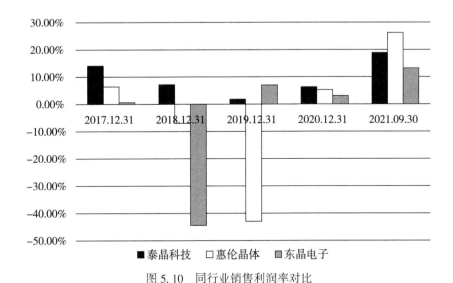

图 5.10　同行业销售利润率对比

数据来源：同花顺。

从图 5.10 可以看出，与竞争对手对比，泰晶科技的销售净利率处于领先地位，并从 2017 年行业整体受挫后迅速恢复，说明企业一直以来销售能力突出，并且盈利空间得到进一步打开，预计在未来的运营中可以保持较为乐观的估计。

2. 总资产报酬率

$$总资产报酬率 = \frac{EBIT}{TotalAsset（average）} \times 100\%$$

通过对泰晶科技进行数据收集和计算，得到 2017—2020 年第三季度年总资产报酬率数据，如表 5.8 所示。

表 5.8　　　　　　　　　　　泰晶科技销售净利率计算结果

	2017. 12. 31	2018. 12. 31	2019. 12. 31	2020. 12. 31	2021. 09. 30
总资产报酬率	5.98	5.11	8.33	10.49	9.66

数据来源：同花顺。

从表 5.8 可以看出，泰晶科技 2017—2021 年总资产报酬率整体呈上升趋势。表明该企业投入产出的水平较高，企业的资产运营较为有效，获利能力较强，结合销售利润率的上升趋势，对泰晶科技未来的盈利情况保持乐观的判断。

在同行业的对比中可以看出，从总资产报酬率来看，泰晶科技在晶振领域具有较大优势，在 2017—2019 年晶振行业表现较差的情况下，泰晶科技仍然保持较高的总资产报酬率，但就 2021 年三季报来看，行业整体回暖，但泰晶科技的资产报酬情况并没有出现较大提升，结合上文中资产变化数据，泰晶科技的销售额变化较低，在市场空余份额竞争中落后于对手（见图 5.11）。

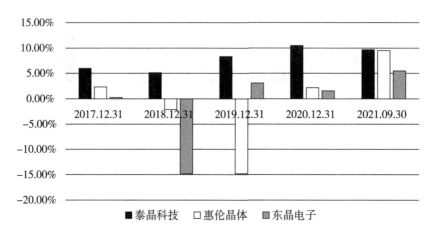

图 5.11　同行业总资产报酬率对比

数据来源：同花顺。

3. 加权净资产收益率 ROE

该指标反映股东权益的收益水平，在经营过程中对权益资本的使用效率决定了该指标数值的高低，通常被投资者用来衡量上市公司盈利能力。

加权 ROE 的计算公式如下：

$$\mathrm{ROE} = \frac{\mathrm{NI}}{E_0 + \dfrac{\mathrm{NP}}{2} + \dfrac{E_i \times M_i}{M_0} - \dfrac{E_j \times M_j}{M_0}}$$

其中：

NI 为报告期利润；

E_0 为期初净资产；

NP 为报告期净利润；

E_i 为报告期回购或现金分红等减少净资产；

E_j 为报告期发行新股或债转股等新增净资产；

M_j 为新增净资产下一月份起至报告期期末；

M_0 为报告期月份数。

通过对泰晶科技进行数据收集和计算，得到 2017—2021 年第三季度年净资产收益率数据，如表 5.9 所示。

表 5.9　　　　　　　　　　泰晶科技销售净利率计算结果

	2017. 12. 31	2018. 12. 31	2019. 12. 31	2020. 12. 31	2021. 09. 30
加权净资产收益率	18. 72	5. 8	1. 71	5. 04	13. 3

数据来源：同花顺。

从表 5.9 可以看出，泰晶科技加权净资产收益率波动幅度较大，说明在上市后企业对经营管理模式进行调整后，对所有者权益获益能力产生了较大影响，同时由于行业整体受到国内外政策影响较大，并且泰晶科技在晶振行业中处于龙头地位，对外部环境变化更加敏感。

同样地，我们就净资产收益率的具体情况与泰晶科技的直接竞争对手进行对比，见图 5.12。

从图 5.12 可以看出，近年来，与同行业相比，泰晶科技的 ROE 均处于领先水平，在 2017—2020 年半导体晶振行业受到较大冲击的情况下仍保持一定的盈利，但就 2021 年三季报数据来看，泰晶科技在权益回报方面的表现与直接竞争对手相比增长的速度不如预期，因此需要对公司 ROE 指标进行持续跟踪。

4. 总结

综合过去半导体行业的发展环境和企业的各项盈利指标来看，受到国外政策打压和新型冠状病毒肺炎疫情的影响，半导体元器件制造行业的发展速度显著降低，但随着市场恐慌情绪消减及疫情初步得到控制，整个行业迅速回到发展的正轨。泰晶科技作为晶振行业的龙头企业，得益于企业规模和优秀的风险承受能力，受到的影响相对较小，但在后续的发展过程中，盈利表现均差于其他企业，一定程度上可以推断市场份额被直接竞争对手获取。整体来看，泰晶科技的盈利较为稳定，但在后期能否维持龙头地位还需持续关注。

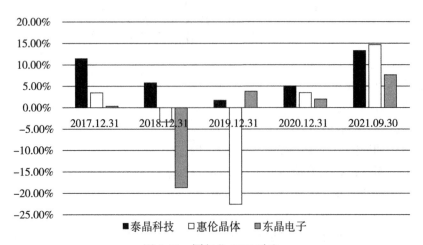

图 5.12 同行业 ROE 对比

数据来源：同花顺。

(三) 营运能力

1. 营运能力分析概述

本书主要通过企业的总经营周期与现金周转周期来分析企业营运能力的强弱并判断营运模式是否高效，主要理论依据为：对企业的整个生产—销售—再生产周期进行分析（见图 5.13），首先，是应付账款周转能力，作为制造类企业均存在赊购原材料延迟支付货款的情况，应付账款周转天数越长，企业便能在赊购行为上获得更大的便利。其次，是存货周转率，反映了企业在获得原材料进行生产加工并最终销售完毕的效率，存货周转率越高则企业的销货能力越强，能够更快地投入到下一轮生产活动中去。最后，是应收账款周转率，赊销与赊购往往是同时存在的，因此企业在售出货物后无法立刻收回所有资金，部分账款在财务报表中以应收账款科目记录，企业回收应收账款能力与应收账款周转率成正比。

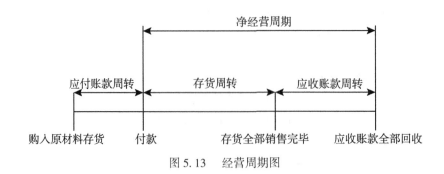

图 5.13 经营周期图

经营周期以天数为单位衡量企业的经营效率，主要公式如下：

应收账款周转天数：

$$\text{Number of days of receivables} = \frac{365}{\text{Receiveables turnover}}$$

存货周转天数：

$$\text{Number of days of inventory} = \frac{365}{\text{Inventory turnover}}$$

应付账款周转天数：

$$\text{Number of days of payables} = \frac{365}{\text{Payables turnover}}$$

其中：

总经营周期＝应收账款周转天数＋存货周转天数，

现金周转周期（净经营周期）＝应收账款周转天数＋存货周转天数－应付账款周转天数，现金周转率为考虑到赊销产生应付账款对整个经营周期带来的影响后调整得出的，更能反映企业的营运能力。

2. 营运周期分析

应收账款周转率保持平稳，企业近年来收回债务的能力相对稳定；存货周转率大体呈下降趋势，可以看出企业的存货销售能力有明显的提升；应付账款周转率在 2018 年上升至 5.78 后有所下降，主要原因是企业赊购原材料总量下降和提前偿还债务，在这一方面企业在未来还有提升的空间（见图 5.14）。

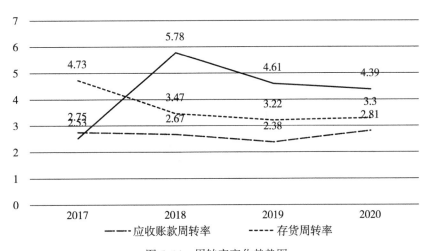

图 5.14　周转率变化趋势图

数据来源：泰晶科技年报、三季报。

2020 年总经营周期＝365/2.81＋365/3.3＝240.50 天

2020 年净经营周期＝总经营周期－应付账款周转天数＝240.50－365/4.39＝157.36 天

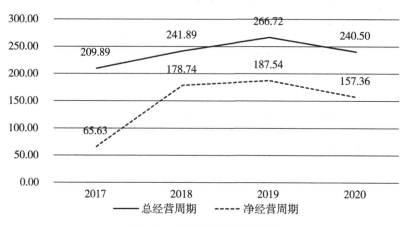

图 5.15　经营周期变化趋势图

数据来源：泰晶科技年报、三季报。

在 2017 年年末，距其成功上市仅 1 年的时间，公司通过发行可转换债券的方式募集资金 2.15 亿元，用于高频晶体谐振器产能的扩张，导致企业营运状况发生较大变动，在 2020 年展现出更强的营运能力。

对同行业经营周期进行对比得出结果如图 5.16 所示。

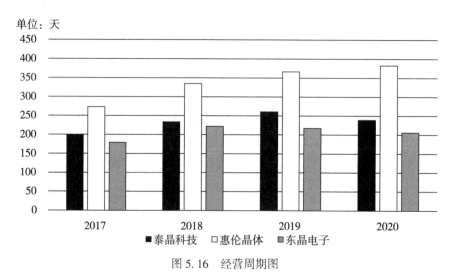

图 5.16　经营周期图

数据来源：同花顺。

3. 总结

综上数据可知，泰晶科技在业务规模较大的前提下，总体营运能力保持行业中游，但考虑到公司规模越大会创造越高的商誉价值，从而提升应付账款管理能力，因此综合考虑，泰晶科技的营运能力良好，具备持续发展并获取更多市场份额的能力。

（四）杜邦分析

1. 概念

决定净资产收益率高低的因素有三个：总资产周转率、销售净利率和权益乘数，它们分别反映了企业的营运能力、盈利能力和偿债能力。杜邦分析将净资产收益率 ROE 分解成这三个指标的乘积，能够方便投资者通过各部分的数值变化来分析导致实际 ROE 与预期 ROE 存在差异的原因。通过杜邦分析法的各种细化指标，可以大致从成本费用控制能力、资产的使用效率、财务上的融资能力分析决定企业获取利润能力的因素（见表 5.10）。

表 5.10　　　　　　　　　　　　杜邦财务分析表

	2017	2018	2019	2020	2021.9
权益乘数	1.81	1.64	1.42	1.54	1.38
总资产周转率	0.55	0.5	0.49	0.49	0.51
营业净利率	14.12%	7.22%	1.80%	6.31%	18.95%
总资产净利率	7.74%	3.58%	0.88%	3.11%	9.64%
ROE	14.01%	5.87%	1.25%	4.78%	13.3%

数据来源：同花顺。

2. 总结

从 2017—2021 年第三季度的财务数据来看，ROE 整体呈下降后回升的趋势。企业的综合经营状况在快速扩张之初受到了较大影响。从 2019 年开始出现好转。从权益乘数来看，2017—2021 年企业的负债呈下降趋势，企业主动去杠杆在一定程度上缓解了前期快速扩张带的财务压力。总资产周转率相对稳定，但企业的营运管理能力在同业中并不处于领先地位，还有较大的提升空间。

营业利润率的大幅波动是 ROE 产生大幅变化的主要原因。我国半导体行业竞争激烈，且受外部环境打压严重。泰晶科技近年一直加大科研投入，给营业净利润带来了不小的影响，但随着市场渠道逐步恢复且业务内容不断丰富，该公司营业净利润正处于反弹上升的过程中。

四、公司估值

（一）相对估值法

1. 市盈率法（PE）

市盈率估值法把股票价格与公司盈利联系在一起，有如下特点：

首先，指标易于计算并容易得到，上市公司市盈率、同行业其他公司及同类公司市盈率均可以在年报或者券商数据库中找到，其次，市盈率能够作为衡量公司其他一些特征的指标，例如在一定程度上反映企业的风险性与成长性，最后，PE 指标更能够反映市场中投资者对公司的看法，PE 指标的高低是判断一个公司发展阶段最简单的方式。

但是这一估值方法也存在诸多缺点，如果某一行业正处于热门，大量国内外资金炒作这一概念，那么整个行业将都会处于高估值水平，整体 PE 偏高无法反映企业的真实价值，那么使用市盈率法估计该行业中某一上市公司股票的价格便容易出现样本选择误等情况。

相关公式：

$$P = \text{PE} \times \text{EPS}$$

$$\text{PE} = \frac{\text{Price per Share}}{\text{Earnings per Share}}$$

$$\text{EPS} = \alpha \text{EPS}_0 + (1 - \alpha)\text{EPS}_1 + \theta$$

其中：EPS_0 为估值企业在期初时的每股净利润；EPS_1 为该公司预测期第 1 年年末每股净利润；α 为权重（$0 \leqslant \alpha \leqslant 1$），取值大小主要取决于 EPS 的测算时点，如果近年初，则 α 的取值靠近 1；如近年末，则 α 的取值靠近 0，取值可为 $\frac{\text{Days}}{365}$。θ 为调整因子，结合行业整体发展前景、市场份额、企业在行业中的地位以及竞争优势劣势等因素综合考量，若 θ 为负数则表示环境对企业发展存在阻碍，若 θ 为正则代表企业存在额外的发展潜力。

2. 估值过程

（1）对市盈率进行调整。

前文中提到，半导体晶振市场基本呈寡头垄断的竞争态势，在寡头竞争模式趋于稳定后，处于市场领导地位的泰晶科技、惠伦晶体和东晶电子所占据的市场份额相对稳定。同时由于行业技术壁垒较高，外来竞争者较少，企业面临的外部威胁较低。本书假设三家直接竞争公司在短期内不会出现重要技术创新等较大幅度影响现有竞争关系的重大非公开事件发生。根据 2020 年年报、2021 年三季报主营业务收入大小，对 PE 进行加权调整：

$$P/E' \text{调整后} = \gamma \, P/E(\text{泰晶}) + \rho \, P/E(\text{惠伦}) + \eta \, P/E(\text{东晶}) = 45.82$$

其中 γ、ρ、η 为三家公司各自的主营业务收入占三者总主营业务收入比例。

（2）对 EPS 进行调整（见表 5.11）：

表 5.11 **EPS 预测表**

机构名称	研究员	预测年报每股收益（元）			预测年报净利润（亿元）			报告日期
		2021E	2022E	2023E	2021E	2022E	2023E	
西部证券	雒雅梅	1.3	2.13	2.71	2.59	4.23	5.39	2021/11/1
西南证券	高宇洋	1.3	1.95	2.29	2.58	3.87	4.54	2021/11/1
天风证券	潘暕	1.27	2.14	3.05	2.52	4.25	6.06	2021/9/2

数据来源：西部证券、西南证券、天风证券研报。

根据表 5.11 数据对西部证券、西南证券、天风证券的公司研报中关于 EPS 预测数据取平均数，得到泰晶科技 2021 年和 2022 年 EPS 均值分别为 1.29 和 2.07 元。

本书还对泰晶科技的发展环境进行了分析。石英晶振行业下游需求旺盛，中高端国产化加速。晶振龙头持续受益于：

①"政策加码+新兴应用"带动石英晶振行业发展，特别是 IoT、5G 下游应用高景气，小型化、高频产品需求旺盛，行业前景高度看好；

②中美贸易战背景下，大陆供应链上下游将一体化推动高端产品进口替代，公司处于行业领先地位，"工艺提升+高端产品突破"，有望进一步增加市场份额；

③全球市场整体供需好转，行业盈利能力处于上升通道，公司产能规模、设备自制、自产比例、后续扩产潜力优势突出；

④作为国内晶振行业龙头，泰晶科技发行定增、股权激励和募投项目量产，抢占高端产品市场份额。

笔者认为，预计良好的市场环境能为企业带来额外 10% 左右的净利润，对三家券商的研报预测净利润求平均得预计年净利润为 4.11 亿元，外部环境优势为 4.11×10% = 0.411 亿元，对 EPS 调整贡献即 θ 值为 $\dfrac{0.411}{总股本} \approx 0.2$。

$$EPS = EPS_{(2021E)} \times \frac{\text{Days in 2021}}{365} + EPS_{(2022E)} \times \frac{\text{Rest of 2021}}{365} + \theta$$

$$1.29 \times \frac{347}{365} + 2.07 \times \frac{18}{365} + 0.2 = 1.226 + 0.102 + 0.2 = 1.328 \text{ 元}$$

根据上面的估算，我们得到的结果是泰晶科技每股盈利（EPS）= 1.328 元。

（3）计算调整后的 PE 估值。

$$P = EPS \times PE' = 70.013 \text{ 元}$$

根据上式公司每股价值为 70.013 元。

（4）小结。

PE 估值的结果为：泰晶科技内在价值为 70.013 元，高于泰晶科技 2021 年 12 月 10 日股价 61.33 元。市盈率法结果表明泰晶科技股价被低估，公司股价仍存在一定的上涨空间。

（二）绝对估值法

1. 基础数据与要求回报率计算

我们通常采用资本资产定价模型（CAPM）估计投资要求回报率。下式中 β 表示投资组合与市场回报的相关性，将 β 代入均衡的资本市场条件后可得资产要求回报率：

$$R_i = R_f + \beta(R_m - R_f)$$

其中，R_i 是资产 i 的要求回报率；R_f 是无风险收益率，一般以国债收益计算；β 用于衡量资产的系统性风险大小；R_m 是市场的预期回报率；$R_m - R_f$ 是市场风险溢价。

2. 具体数据

（1）市场收益率。

本书采用 2017—2021 年 A 股指数集合平均收益率：12.49%。

（2）无风险资产收益率

本书采用 2021 年一年期国债利率来代替无风险资产，采用 2021 年 12 月一年期国债利率 2.28% 为无风险利率。

（3）β 系数。

本书收集整理了 2019 年 1 月 1 日—2021 年 12 月 10 日泰晶科技、A 股指数及 1 年期国债收益率时间序列数据，在 Stata 软件中进行回归分析，获得 β 系数，即泰晶科技个股收益率与市场收益率之间的敏感程度。经计算 β 系数为 0.79。见图 5.17。

```
. reg fxyj scfxyj
```

Source	SS	df	MS		
				Number of obs =	487
				F(1, 485) =	1163.01
Model	63.1157852	1	63.1157852	Prob > F =	0.0000
Residual	26.3206701	485	.054269423	R-squared =	0.7057
				Adj R-squared =	0.7051
Total	89.4364552	486	.184025628	Root MSE =	.23296

fxyj	Coef.	Std. Err.	t	P>|t|	[95% Conf. Interval]
scfxyj	.7896659	.0231554	34.10	0.000	.7441686 .8351631
_cons	.2053801	.0868	2.37	0.018	.0348296 .3759306

图 5.17　β 系数回归分析

（4）预期收益率。

$$R_i = 2.28\% + 0.79 \times (12.49\% - 2.28\%) = 10.35\%。$$

根据资本资产定价模型我们得到泰晶科技的要求回报率为 10.35%。

（三）股利贴现模型

1. 模型简介

股利贴现模型（DDM）是最基本的股票内在价值评价模型的一种。通常公司会通过发放股利的方式向股东支付现金流，然后将持有股票未来的股利现金流折现加总就可得到公司的内在价值。即公司的权益价值等于未来预期股利现值之和。

2. 估值过程

一般而言，股利贴现模型是将未来的现金流折现到现阶段，理解难度最小，计算也相对简单，对股利的预测有时候也比较容易，这也是该模型的优点所在。但股利贴现模型并不常用，尤其是在我国，上市公司通常不发或者发很少的股利，成长性企业更是如此。所以说股利支付与价值创造没有必然的联系。如果企业利用留存收益赚取更多的利润，股东也会为价值最大化而放弃股利。因而低股利支付并不代表企业的质量差、成长性低。但股利贴现模型更适用于固定股利支付的企业。从泰晶科技历年年报数据来看，公司于 2016

年上市，但 2014—2020 年一直保持着发放股利的习惯，发放股利的具体情况如表 5.12 所示。

表 5.12 泰晶科技 2014—2020 年股利发放情况表

年份	2014	2015	2016	2017	2018	2019	2020
股利支付率（%）	33.36	31.89	36.15	40.40	39.29	119.62	31.42

数据来源：泰晶科技 2014—2020 年年报。

根据泰晶科技历年来的分红数据，本书计算出平均股利支付率为 35.42%。因为目前无法预见将来影响公司股利支付政策的重大事件，所以我们假定泰晶科技股利支付率始终保持在 35.42% 的水平。

我们可以看出，泰晶科技虽然每年支付股利，但不属于严格意义上的固定支付股利企业。公司在 2014—2020 年七个连续的报告期内都发放了股利，所以我们判断公司在之后的报告期内无特别情况都会延续之前决策进行股利的发放。根据我们对泰晶科技基本面的资料收集与分析，我们认为公司所处行业仍有很大的发展空间，结合公司在行业的地位，预测公司未来五年的业绩会保持比较大的增长。

我们假定预测期公司股利发放分三个阶段。第一阶段是 2021—2023 年，公司 DPS 根据机构预测不规则变化；第二阶段为 2024 年及 2025 年，预测公司仍处于上升期，公司的 EPS 及净利润均以行业未来三年平均预测增长率继续增长。根据行业整体研报预测数据，预测 2024 年、2025 年该行业增长率为 33.5%；到 2026 年及以后，行业的利润增长空间逐步缩小，公司步入稳定增长时期，EPS 增长与宏观经济增长紧密相关，我们预测其增速为 5.58%。DDM 模型的公式如下：

$$P = \sum_{t=1}^{n} \frac{D_t}{(1+r)^t} + \frac{D_{n+1}}{(r-g)(1+r)^n}$$

公式中 D_t 代表第 t 期公司支付的股利，r 代表折现率，根据 CAPM 的计算取 10.35%，g 为第三阶段股利增长率，假定与宏观经济挂钩取 5.58%。泰晶科技年预测如表 5.13 所示。

表 5.13 泰晶科技年报预测

机构名称	预测年报每股收益			预测年报净利润		
	2021	2022	2023	2021	2022	2023
西部证券	1.31	2.13	2.71	2.59	4.23	5.39
西南证券	1.30	1.95	2.29	2.58	3.87	4.54
天风证券	1.27	2.14	3.05	2.52	4.25	6.06

数据来源：证券研报。

取这三个机构预测的平均值，可得到泰晶科技 2021 年、2022 年、2023 年的 EPS 预测值分别为 1.29、2.07、2.68，将以上数据应用到模型中对股利现值进行计算，结果如表 5.14 所示。

表 5.14 泰晶科技 DDM 估值

预测期	EPS	DPS	折现因子	股利现值
2021	1.29	0.46	0.9062	0.42
2022	2.07	0.73	0.8212	0.60
2023	2.68	0.95	0.7442	0.71
2024	3.58	1.27	0.6744	0.86
2025	4.78	1.69	0.6111	1.03
2026 年及以后	5.05	1.78	12.8121	22.81
				股利总现值：26.53

数据来源：证券研报。

模型估值结果为 26.53 元，远低于近期的市场价 64 元（泰晶科技 2021 年 12 月 14 日的收盘价为 64.50 元），该公司价值被市场高估。但该模型结果与市场股价差距悬殊，可能是由于国内的公司股利分配过少，且预测准确性可能不足，故股利贴现模型适用程度有限，仅限参考。

（四）现金流贴现模型

本书案例泰晶科技是一家半导体领域公司，近年来随着半导体行业的发展，公司的利润增长率有大幅度的提高，本书认为半导体未来预期仍有较强的增长潜力，所以将对 2021—2025 年这一阶段进行详细的预测与分析，并认为半导体可以持续地经营，所以假设 2025 年之后，增长进入第二个阶段，企业利润增长率稳定不变。本书根据我国 GDP 增长情况，将永续期增长率定为 $g = 5.58\%$。

1. 自由现金流预测和可预测期间的企业价值

本书对泰晶科技 2021—2025 年的财务报表相关数据进行预测。截至 2021 年 12 月中旬，2021 年财报数据未出，因此，2021 年也在预测期内。

2021 年年末营业收入的预测值来源于已公布的 2021 年第二季度和第三季度财务报表数据。以第三季度营业收入为基数乘以第三季度增长率。2022 年营业收入预测以 2021 年为基数，乘以 2018—2021 年 4 年的平均增长率。多数研报数据只预测到 2023 年，但我们认为在 2023—2025 年国内半导体行业的发展仍将得益于国家扶持政策等因素，会高于 GDP 增长率，因此我们参考西部证券研报预测的增长率，将 2023—2025 年公司自由现金流增长率定为 15%。

营业成本、销售费用、管理费用、研发费用、折旧与摊销的预测增长率参考 DCF

模型相关论文，都取 2018—2020 年该费用占营业收入百分比的平均值。最终预测结果如表 5.15 所示。

表 5.15　　　　　　　　　　　　**2021—2025 年自由现金流预测表**

元/时间	2018A	2019A	2020A	2021E	2022E	2023E	2024E	2025E
营业收入	611000000.00	580000000.00	631000000.00	1427820000.00	1938788675.41	2229606976.73	2564048023.23	2948655226.72
减 营业成本	463000000.00	472000000.00	497000000.00	1122840462.22	1524667235.69	1753367321.04	2016372419.19	2318828282.07
减 销售费用	1369.16	1727.36	1556.72	3658.13	4967.26	5712.35	6569.20	7554.58
减 管理费用	3470.85	3730.77	4053.04	8822.10	11979.24	13776.12	15842.54	18218.92
减 研发费用	2020.22	2158.06	2760.95	5427.01	7369.16	8474.53	9745.71	11207.57
等于 息税前利润	147993139.77	107992383.81	133991629.29	304961630.52	414097124.07	476211692.69	547643446.59	629789963.58
减 公司所得税	1375.32	578.38	413.89	936.55	1271.70	1462.46	1681.83	1934.10
等于 息前税后利润	147991764.45	107991805.43	133991215.40	304960693.98	414095852.37	476210230.23	547641764.76	629788029.47
加 折旧与摊销	8095.90	9435.24	10317.91	21831.17	29643.81	34090.38	39203.94	45084.53
减 资本性支出	183999985.88	6509.24	242999944.95	35000000.00	35000000.00	35000000.00	35000000.00	40000000.00
减 营运资本增加	12000000.00	58000000.00	144000000.00	—	—	—	—	—
等于 自由现金流	24000125.53	49994731.43	35001588.36	269982525.15	379125496.18	441244320.61	512680968.70	589833114.00

数据来源：企业财务报表。

由 Choice 数据库可知，泰晶科技税后债务成本为 6.59%，由 CAPM 模型可知权益资本成本为 10.35%，由财报数据可知负债比率为 34.49%，所有者权益为 65.51%。根据平均加权资本成本公式：

$$R = E \div (D + E) \times K_E + D \div (D + E) \times (1 - T) \times K_D$$

计算得泰晶科技的平均加权资本成本（WACC）为 9.05%。我们将此值作为贴现率贴现，得到 2021—2025 年可预测期间企业价值表，如表 5.16 所示。

表 5.16　　　　　　　　　　　　　　可预测期间企业价值表

时间	2021E	2022E	2023E	2024E	2025E
自由现金流（元）	269982525.15	379125496.18	441244320.61	512680968.70	89833114.00
自由现金流折现值（元）	269982525.15	347652352.56	371025270.41	395306302.88	17040155.97

综上所述，可预测期的企业价值 $V_1 = 18.01006607$（亿元）

2. 企业估值

根据我国 GDP 增长情况，我们预计企业增长率 $g = 5.58\%$，将可预测期间的 WACC 作为永续期的折现率，计算过程如下。

$$V_2 = \frac{\text{FCF}_1}{1 + \text{WACC}} + \frac{\text{FCF}_2}{(1 + \text{WACC})^2} + \cdots + \frac{\text{FCF}_H}{(1 + \text{WACC})^H} + \frac{\text{CV}_H}{(1 + \text{WACC})^H}$$

$$\text{CV}_H = \frac{\text{FCF}_{H+1}}{\text{WACC} - g}$$

$$V_2 = \frac{\text{FCF}_H \times (1 + g)}{\text{WACC} - g} \times \frac{1}{(1 + \text{WACC})^H}$$

因此，永续期间企业估值为：

$$V_2 = \frac{589833114.00 \times (1 + 5.58\%)}{9.05\% - 5.58\%} \times \frac{1}{(1 + 9.05\%)^4} = 126.77931851（亿元）$$

其中，由同花顺可知，已发行普通股数为 1.99 亿股，企业负债（D）为 10.55 亿元，因此：

$$V^E = V_1 + V_2 - D = 18.01006607 + 126.77931851 - 10.55 = 134.24$$

每股价值 = 权益价值/已发行普通股数 = 134.24/1.99 = 67.46（元）

即公司最后的估值结果为 67.46 元，这个结果与之前股价情况比较吻合。从目前的股价看，模型估值结果 67.46 元高于 12 月 10 日股价 61.33 元，股价仍被低估。

（五）剩余收益模型

1. 剩余收益模型简介

剩余收益估价模型是使用公司权益的账面价值和预期剩余收益的现值来表示股票的内在价值。在考虑货币时间价值以及投资者所要求的风险报酬情况下，将企业预期剩余收益按照一定的贴现率进行贴现以后加上当期账面价值就是股票的内在价值。当预测的 RE 不等于零时，资产相对于账面价值会产生溢价，可使用以下公式代表模型计算：

$$\text{RE}_t = \text{Earn}_t - (\rho_E - 1) B_{t-1}$$
$$= [\text{ROCE}_t - (\rho_E - 1)] B_{t-1}$$

即模型的核心数据剩余收益 RE 可由两个公式计算得出，在这里 ρ_E 表示权益要求的回报率，B_{t-1} 代表 $t-1$ 期普通股账面价值，Earn_t 则表示 t 期普通股股东的综合收益，$\mathrm{ROCE}_t = \mathrm{Earn}_t/B_{t-1}$ 表示普通股的回报率。如果 ROCE 等于它的资本成本，那么它的市价就表示账面价值，如果预测 ROCE 大于资本成本，那么公司权益将以溢价出售。

$$V_0^E = B_0 + \frac{\mathrm{RE}_1}{\rho_E} + \frac{\mathrm{RE}_2}{\rho_E^2} + \frac{\mathrm{RE}_3}{\rho_E^3} + \cdots + \frac{\mathrm{RE}_T}{\rho_E^T} + \frac{V_E^T - B_T}{\rho_E^T}$$

其中 B_0 为期初账面价值，RE_t 为各预测期的剩余收益，$V_E^T - B_T$ 为至 T 期的预期溢价。

由以上的模型构建形式可知，剩余收益模型能够更为关注价值创造的两个动因：投资的盈利能力和增长。并能很好地利用资产负债表，采用了权责发生制会计，将投资作为资产而不是价值的损失。

2. 估值过程

为尽量避免长期预测带来的误差，我们将预期范围定为五年，即 2021—2025 年。同时，我们需要从已有的财务报表和之前的估值基础数据获取信息，根据 CAPM 模型确定的折现率为 10.35%，预测 2021 年剩余收益年固定增长率 g 同中国 GDP 增长率 5.58% 挂钩。最后结合之前现金流折现估值模型的预测未来现金流数据，每股收益（EPS）和每股股利（DPS）数据和之前模型预测一致。

通过上述已知数据来计算预测期账面价值（BPS）和普通股回报率（ROCE），从泰晶科技最新财务报表可知，2020 年公司账面价值（BPS）为 5.18 元，我们将用公式：年末账面价值 = 年初账面价值 + 综合收益 − 净股利，计算预测期的账面价值，同时能通过 $\mathrm{ROCE} = \mathrm{EPS}_1/\mathrm{BPS}_0$ 计算预测 ROCE。随后通过公式计算出预测每期的剩余收益和永续价值，并通过折现模型计算并总和得出最终结果。表 5.17 和表 5.18 为剩余收益模型具体数据估值表。

表 5.17　　　　　　　　　　**RE 模型具体数据估值表**

	2021	2022E	2023E	2024E	2025E	2025+
EPS	1.29	2.07	2.68	3.58	4.78	5.05
DPS	0.46	0.69	0.81	1.08	1.45	1.93
BPS	6.02	7.28	8.76	10.74	13.37	16.87
ROCE	—	32%	31%	35%	38%	41%
RE（要求回报率 10.35%）	—	1.33	1.54	2.15	2.97	4.05
折现因子（1.1035^t）	—	1.10	1.22	1.34	1.48	1.48
RE 的现值	—	1.20	1.26	1.60	2.00	—
至 2025 年 RE 的总现值	6.07	—	—	—	—	—
永续价值（CV）	—	—	—	—	—	84.91
CV 的现值	57.37	—	—	—	—	—

续表

	2021	2022E	2023E	2024E	2025E	2025+
每股价值	69.46	—	—	—	—	—

$$* \text{ 永续价值计算过程：} CV = \frac{4.05}{1.1035 - 1.0558} = 84.91$$

$$* \text{ 永续价值的现值计算过程：} \frac{84.91}{1.48} = 57.37$$

表 5.18　　　　　　　　　　　　　模型参数及预测值

参　数	预　测　值
预测期的 EPS	与前文股利贴现模型一致
预测期的 DPS	与前文股利贴现模型一致
权益要求的回报率	与前文 CAPM 模型一致，$\rho_E = 10.35\%$
剩余收益年固定增长率	与前文一致，$g = 5.58\%$

由表 5.17、表 5.18 可知，我们根据 $CV = \frac{RE_t(1+g)}{\rho - g}$ 得出永续价值，然后算出其现值，最后加总该公司 2020 年账面价值、剩余价值的现值和永续价值的现值，即：

$$V_{2021} = BPS_0 + \text{Total PV of RE to 2020} + \text{PV of CV}$$

得到该公司 2021 年每股的内在价值为 69.46 元。公司的每股价值高于现在的价格，股价被低估。

（六）估值调整

根据四个估值模型给出的估值，股价分别为 70.013（PE）、29.27（DDM）、67.46（DCF）、69.46（RE）。

可以看出，DDM 模型与其他模型得出的结论有较大的偏差，这是因为在我国证券市场中，股利分配政策并不稳定，并且分配股利更多只是为了满足法规要求。从股利发放的方式来看，泰晶科技采用现金股利、股票股利的方式进行分发，但是并不具有规律性，同时发放股利的量也没有确定的逻辑可循，因此泰晶科技股利发放与公司经营状况相关性较弱，这也反映了 DDM 模型用于 A 股市场股票估值的偏差较大，不具有准确性。

综上所述，我们将 PE、RE、DCF 三个模型下的结果取平均数，得出泰晶科技的估值（70.013 + 67.46 + 69.46）/3 = 68.977 元，这一估值略高于泰晶科技 2021 年 12 月 14 日的收盘价 64.50 元。因此我们得出结论，公司价值被低估，股价存在一定上涨空间。

五、总结

本书首先介绍了泰晶科技的公司基本信息。然后导入中国宏观环境和行业分析。当前政策变化、疫情反复、房产低迷等都是需要警惕的风险点。半导体行业方面，科技的发展和5G时代的到来让半导体行业的发展空间大大增加，半导体行业发展已上升到国家战略层面，而科技创新核心技术只能靠自己，所以国家更加偏向扶持半导体行业的创新发展。

本书分别运用了偿债能力、营运能力、盈利能力等方面的财务评价指标，并通过杜邦分析法，对泰晶科技的财务状况进行了比较全面的分析。泰晶科技存货周转速度快但也需要债务创新研发，偿债能力保持较高水平，负债方面也有空间，偿债能力有一定保障；泰晶科技在规模较大创造更多商誉的前提下总体营运能力保持行业中游，营运能力良好；泰晶科技近年来保持盈利，销售净利润行业领先并保持稳定，资产报酬率整体上升，虽然近期数据表现不如行业竞争对手，但整体盈利能力相对稳定。通过杜邦分析法也可以发现泰晶科技的成本控制能力和资产使用效率在不断提高。

通过市盈率法、CAPM模型、股利贴现模型、现金流贴现模型、剩余收益模型等方法，根据之前相关数据以及机构预测对泰晶科技股票价值进行估值。根据CAPM模型，计算出的泰晶科技预期收益率 $R_i = 10.35\%$。

综合分析以上模型估值结果，除股利贴现模型外，其他模型估值结果均高于目前股价。

项目组成员：高逸峰　梅至优　杨睿　张猛　孙一博　张可冉　兰冰　黄祉瑶　徐一铭

第六章 案例：隆基股份

一、研究目的

2020 年作为"十三五"规划的收官之年，习总书记提出"绿水青山就是金山银山"的理念。我国多地坚决严格实行"双控"政策，即一控能源消费量，二控单位 GDP 能耗。在国家鼓励企业降低单位能耗，走可持续发展之路的大背景下，发展太阳能发电等新能源发电就成了必然的选择。本书选择了光伏产业的龙头企业"隆基股份"作为研究对象。通过对隆基股份全面的分析，评估公司股票的内在价值，并据此提出合理的投资建议，为投资者和管理层的决策做参考。

二、宏观与行业分析

（一）宏观分析

1. 宏观经济环境分析

2020 年，我国经济受疫情影响，遭受巨大冲击。得益于国内疫情防控得力，经济自 3 月以来持续恢复，内需得到显著改善，服务行业得到加快恢复。虽然中国经济在持续恢复，但是仍然存在一些潜在风险，包括世界范围内的疫情形势不容乐观、中美之间的贸易摩擦升级、与周边国家的地缘政治风波以及国内货币政策和金融监管政策收紧等方面。因此对于我国经济发展大幅好转的趋势不宜盲目乐观。

2. 宏观政策分析

从国内形势来看，目前宏观政策利好光伏产业的发展。首先，"十四五"规划和 2035 年远景目标纲要中提出了要加快推动绿色低碳经济发展。光伏产业作为实现新能源转型目标中重要的新兴能源产业，受到了各级各类政府部门的高度重视；其次，党中央、国务院开创了"新能源+扶贫"的光伏扶贫模式，光伏产业享受到了扶贫的优惠政策。最后，2013 年习总书记提出了"一带一路"倡议和人类命运共同体的概念，有利于促进中国光伏产业的国外合作，助力光伏产业的快速发展。这些宏观政策为光伏产业的发展创造了良好的政策环境。

从国际形势来看，联合国气候变化大会等重大的国际会议各国对节能减排做出了相应的规划承诺。在未来十年实现非化石能源消费占总能源消耗比例不低于 20% 的能源转型目标。另外从国际上看，美国主张推动新能源的发展，重新加入《巴黎气候协定》，维护《清洁空气法案》并将制定严格的排放标准，另外美国还计划投入 1.7 万亿美元来推动行业的发展，制定了在 2050 年之前达到"净零排放"的目标，推动实现清洁能源经济转型。因此，从国际国内来看，低碳和清洁能源的推广发展是全球经济发展不可逆转的趋势，光伏产业具备良好的国内国外政策条件。

（二）行业分析

1. 光伏行业的发展阶段

我国光伏产业历经坎坷，发展迅速。由最初的世界代工厂、"两头在外"的发展格局到国内企业全产业链布局光伏上下游每个环节，部分核心技术达到或超过国际先进水平。光伏这个曾经由西方人发明和使用的东西，现在却由中国人掌握重要的话语权，从硅料、硅片，到电池、组件等光伏上下游的每一个环节，中国几乎都可以卡住外国的脖子，光伏成为国产替代中的典范。

2. 行业发展趋势

（1）产业集中度进一步提升。

近年来光伏产业的行业集中度不断提升。产业链的四大环节经历数次洗牌，在技术、管理、成本、规模等各个方面占据有利地位，市场份额不断提高。企业的扩产计划使光伏行业的集中度进一步提升，我国 5 家光伏头部企业 2020 年宣布的扩产计划如表 6.1 所示。

表 6.1　　　　　　　　　　　　　五大能源企业宣布的投资计划

企业名称	晶科能源	隆基股份	东方日升	通威股份	晶澳科技
扩产金额（亿元）	350	287.85	286	235	123.3

数据来源：索比光伏网。

为了支撑扩产，多家光伏企业也加紧了资金的募集，据 2020 年 12 月 20 日隆基股份发布公告显示，隆基股份通过股权的转让获得高瓴资本 158.41 亿元的融资。

（2）市场空间进一步扩大。

在"十四五"规划当中新增的光伏发电规模远远超过"十三五"规划要求，光伏发电价预计在 2021 年平稳过渡到平价。促进光伏制造企业和光伏发电企业的积极性并实现行业的共同转型非常重要。为了推动光伏发电成本的持续降低，能源局也对光伏发电规模进行积极的规划，积极推动分布式光伏发电站的建设，以期实现分布式光伏产业的快速发展。

（3）技术进步进一步加速。

我国光伏发电成本的下降体现在两个方面。一方面光伏电池的效率大幅提升，目前光伏产业效率已经达到了 22.3%，在未来的五年 PERC 单晶硅电池仍有希望在市场中占据主要地位，并且有望将效率提高至 24% 以上。实际在隆基股份的带领下，单晶硅的市场占有率正快速上升。而在更高效率的 N 型 TOPCon 电池等的支持下，产业效率有望进一步提高到 26%。2030 年后，更加高效的双节叠层电池会进一步实现低成本的规模化的生产。另一方面，光伏组件有望实现成本持续降低、效益增加。在电池技术提升的带动下，光伏组件的结构不断优化，组件的发电效率可以达到每年提升 0.3~0.4 个百分点的目标，到 2025 年组件效率有望提升到 21%~22%。展望 2030 年之后，更高效率和功率的晶硅组件也有望占领主要市场。

（4）光伏发电成本进一步下降。

光伏发电的成本持续下降主要得益于规模效应和技术进步。组件价格的下降也为光伏电站的投资额下降做出了重要贡献。组件效率的提升也带动了土地费用、部分电器设备、支架和建筑施工等各个方面的费用降低（见图 6.1）。

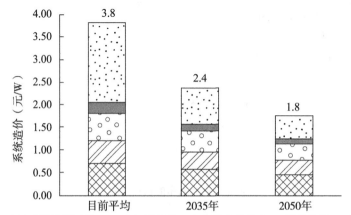

图 6.1　光伏电站系统造价预测（含税）

数据来源：《中国 2050 年光伏发展展望》。

预计到 2025 年，光伏发电成本将在所有的发电成本当中处于较低的水平（见图 6.2），且成本还将持续下降，因此光伏发电有望成为市场当中最具竞争力的发电技术之一。

3. 行业规模

"十四五"规划期间，我国的光伏或将加速部署，随着我国光伏发电成本的进一步下降，依靠成熟的商业模式，预计到 2020 年我国光伏的装机容量将达到 7.3 亿千瓦，占总装机容量的 24% 左右，预计到 2030 年光伏发电将超过煤电、水电、风电发电规模，成为发电规模最大的发电方式。到 2035 年光伏的装机规模将达到 30 亿千瓦，占总的装机容量的 49% 左右。到 2050 年，光伏发电将成为中国最大的电源，发电总容量达到 50 亿千瓦，全年的发电总量预计将达到 6 万亿千瓦，达到全社会总用电量的 39%（见图 6.3）。

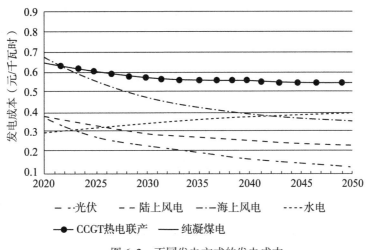

图 6.2 不同发电方式的发电成本

数据来源：《中国 2050 年光伏发展展望》。

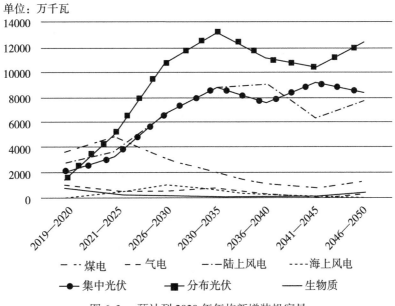

图 6.3 预计到 2020 年年均新增装机容量

数据来源：《中国 2050 年光伏发展展望》。

(三)行业竞争——SWOT 分析

1. 优势

(1)企业规模优势。

在 2020 年中国光伏企业 20 强排行榜中隆基股份排名第一，隆基股份上市 8 年的时间里厚积薄发，其在单晶硅上率先选择全产业链的布局模式。自 2016 年单晶硅开始持续占领多晶硅市场，隆基也因此超越了许多竞争对手成为行业的龙头，具有明显的规模优势和盈利能力。隆基股份的组件产能也由 2014 年的 0.2GW 扩展到 2020 年的 14GW。

（2）创新能力强。

光伏是一个需要以持续巨额的研发投入来带动新技术创新以驱动高增长的行业。在全球行业研发费用不到 1% 时，隆基股份的研发投入大概为 5% ~ 7%。近几年隆基股份是行业内为数不多的连续多年研发费用保持在 3% 的光伏企业。自 2017 年以来，隆基股份一直处于爆发式增长，其总营收、净利润都远超同行业平均水平，资本市场也相当看好，其股价仅在两年时间就翻了 5 倍之多，成为"光伏大白马"。

2. 劣势

公司经营规模的快速扩大带来了经营管理的风险。比如随着公司投资规模扩大而面临的资金短缺问题，采取股权转让获取融资面临控制权稀释问题。隆基近几年在快速扩产上下功夫，可能会带来产能过剩的问题。另外公司的垂直布局模式本身增加了低附加值环节的投资管理，占用了公司资金，拉低了总体的利润率水平。公司如果战略定位不清晰，不能有效地完善风险控制、提高管理水平，那么将影响到整个公司的综合竞争能力以及经营效益。

在公司内部管理上，管理层的年龄偏大，后续替补中坚力量不足，人才培养上严重不足。同时公司内部竞争也影响到公司的凝聚力，这些都十分不利于公司未来的发展。

3. 机会

（1）海外市场拓展成效显著，单晶硅市场占有率快速提升。

公司 2019 年年报显示公司海外市场拓展成效显著，组件产品海外销售占比和销售区域扩展都取得了阶段性的成果，公司海外收入显著增长。隆基股份凭借有效的成本控制以及智能运行维护模式的优势，在"一带一路"沿线国家开拓了广阔的国际市场。在隆基股份的引领下，随着生产单晶产品成本的不断下降，单晶产品的性价比优势在全球市场中进一步显现，单晶市场份额将持续提升。

（2）"一带一路"倡议以及新兴市场的崛起带来的发展契机。

"一带一路"倡议的提出有效地改善了我国企业出口环境。特别是光伏企业和"一带一路"沿线国家的企业合作举足轻重，国际市场需求大幅增加，为隆基股份提供了新机遇。

4. 威胁

（1）国内同行竞争激烈。

光伏发电进入壁垒较高，行业集中度高。但政府的补贴以及相关利好政策导致许多企业趋之若鹜，导致隆基股份面临的产业竞争日趋激烈。隆基股份面临更加严峻的问题就是技术问题，由于同行企业纷纷加大对科技研发的投入，导致技术创新竞争也日渐激烈。如技术迭代问题，隆基股份业内同行大力发展 HIT 技术，HIT 可能带来行业成本的大幅降低，这就意味着隆基股份的 PERC 有可能被替代。

（2）光伏国际贸易环境恶化。

近年来，随着中国所处的复杂的国际环境演变，光伏行业贸易摩擦加剧。在欧美市场，韩华对中国的光伏企业提出了持续的诉讼。2019 年，韩华 Q Cells 公司又分别在美国、德国、澳大利亚提起了关于 PERC 专利侵权的诉讼。

（3）宏观经济风险。

一方面，光伏发电的稳定性储能技术还不完善，盈利能力还待改善。而另一方面光伏电站投资总额中债务融资占比较大，市场经济环境的恶化将导致市场资金供应紧张，从而影响光伏企业的融资安排以及融资成本。目前全球经济仍陷入增速减缓的困局，世界范围内疫情的形势不容乐观，加剧了世界经济的不稳定性。同时我国经济目前也处在换挡转型期，经济发展速度减缓，整个社会用电增量随着制造业增速减缓也会受到影响。因此，宏观经济的变化将使企业面临的不确定性增加，投资风险加大。

（四）行业发展前景

1. 新基建和绿色能源

大数据中心、5G 基站、电动汽车、轨道交通等都是我国新基建发展的重要领域，肩负着"产业结构升级"的使命。可再生能源光伏不仅是新基建的重要组成部分，分布式光伏和储能未来多样化的用能模式还能更好地为绿色新基建提供必要的电力支持（见表 6.2）。

表 6.2　　　　　　　　　　　**分布式光伏+储能未来的用能模式**

模　　式	特　　点
光储聚合模式	①社区范围内的小型储能设备 ②以区域形成储能网络，供社区用户间用电交易及电网服务
光伏+储能模式	①可广泛应用于家庭、社区商业园区等多种场景中 ②根据市场类型形成不同的商业模式
光储共享模式	①根据社区的电力产消特点建立共享模式，增加用户收益 ②根据用户使用特点实现不同客户之间的联合使用
虚拟电厂模式	公用事业或第三方统一调度管理
分布式多能互补和微电网	响应未来电力模式从集中转向分布式发展的要求

数据来源：《中国 2050 年光伏发展展望》。

2. 发展迎来新格局

风雨二十年，中国光伏产业正步入全新的"竞合时代"。2020 年作为"十三五"的"收官之年"，光伏行业逐渐步入成熟阶段，行业也逐渐告别了无序竞争的乱象，进入"共享和共赢"的时代，同时也加快了推动全球新能源发展的步伐，共同推动光伏"双循环"的经济发展格局。

3. 光伏发电的社会效益

光伏产业的社会效应明显，对我国的高质量发展具有重要意义。光伏产业能带动相关产业的发展，创造大量的就业机会，符合国家稳就业的发展目标。与此同时，光伏发电不仅是清洁能源，减少了环境污染，同时也具有改善当地生态环境的协同效应。由于在沙漠地区建立的光伏电站，减少了晶硅下方土地的水分散失，当地的植被得到恢复，同时又促进了当地畜牧业的发展。

三、公司概况

（一）基本情况

隆基股份公司在 2000 年成立。2012 年 3 月 15 日，由中国证券监督管理委员会批准，公司首次向社会公众发行人民币普通股 7500 万股并于当年 4 月 11 日在上海市证券交易所上市。隆基股份一直致力于研发、生产和销售单晶硅棒和硅片。经过 20 多年的发展，目前已引领全球的太阳能单晶硅光伏产品领域。产业覆盖隆基单晶硅、隆基乐叶光伏、隆基新能源等。

（二）前十大控股股东及股本结构概况

1. 股本结构概况

截至 2020 年 11 月 17 日，该公司的股本结构如表 6.3 所示。

表 6.3　　　　　　　　　　　隆基公司的股本结构　　　　　　　　单位：万股

股本构成	股本数量
股份总数	3771176.89
已上市流通 A 股	376754.98
受限流通股份	421.91

数据来源：东方财富网。

2. 前十大控股股东概况

截至 2020 年 9 月 30 日，隆基的总股本为 377176.89 万股，股东总人数为 15.80 万人，前十大股东持股比例为 46.45%，其中李振国和李喜燕的持股比例为 19.59%，为该公司的实际控制人。公司前十大股东及其持股数量与占比如表 6.4 所示。

表 6.4　　　　　　　　　　隆基前十名股东及其持股数量与比例　　　　　　　单位：股

	股东名称	持股数	占总股本持股比例
1	李振国	544499068	14.44%
2	李春安	398033199	10.55%

	股 东 名 称	持股数	占总股本持股比例
3	香港中央结算有限公司	207675202	5.51%
4	李喜燕	194167786	5.15%
5	陕西煤业股份有限公司	146385162	3.88%
6	陈发树	80000040	2.12%
7	钟宝申	64182850	1.70%
8	中央汇金资产管理有限责任公司	57329865	1.52%
9	中国建设银行股份有限公司-广发科技先锋混合型证券投资基金	32078750	0.85%
10	中国工商银行股份有限公司-广发双擎升级混合型证券基金	27476466	0.73%

数据来源：东方财富网。

（三）业务介绍

1. 业务介绍

如图 6.4 所示，隆基股份主要从事单晶硅棒、单晶硅片、单晶电池片和单晶组件的研发、生产和销售，光伏电站的开发和系统解决方案的提供业务。

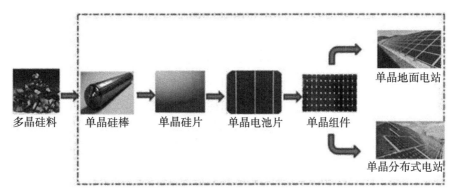

注：上图中虚线框内的为公司在产业链中所从事的业务范围

图 6.4 隆基公司业务

数据来源：2020 年隆基公司年报。

2. 主营业务构成

隆基公司的主营业务按地区分布情况如图 6.5 所示。我们可以看到中国境内的业务份额占比最大，业务额为 124.87 亿元，占到了全部业务额的 62%。其次是美洲地区的 37.01 亿元，占比为 18.37%。目前还有待开拓的市场为欧洲市场，所占的份额比较小，业务额为 16.47 亿元，占比 8.17%。

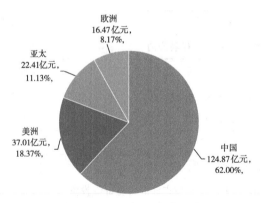

图 6.5 隆基公司按地区分布的主营业务构成

数据来源：2020 年隆基公司年报。

我们从不同事业部的角度来分析隆基公司的主营业务构成。主要包括分布式电站、集中式电站、硅片事业部和组件事业部。从图 6.6 中，我们可以看出组件事业部规模最大，业务额为 120.34 亿元，占比 59.75%。分布式电站的规模最小，为 4.99 亿元，占比 2.48%。

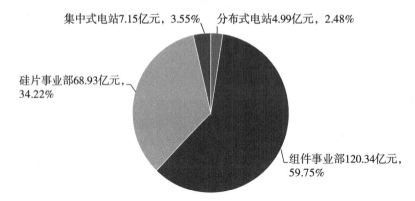

图 6.6 隆基公司按部门分部的主营业务构成

数据来源：2020 年隆基公司年报。

3. 主营收入分析

从图 6.7 可以看出，隆基公司的主营业务收入一直呈现增长的趋势，且增长率保持在 30% 以上，说明隆基光伏的发展状况较好。尤其在 2018—2019 年，增长了 109.1 亿元，增长幅度达到了 49.61%。在 2015—2016 年，其增长幅度达到了 93.88%，基本上实现了主营业务收入翻一倍。

从地区分类来看（如表 6.6 所示），公司目前的主要市场还是中国境内，其主营业务收入占比 62%。但是与前几年超过 70% 的收入占比来看，公司正在积极落实海外战

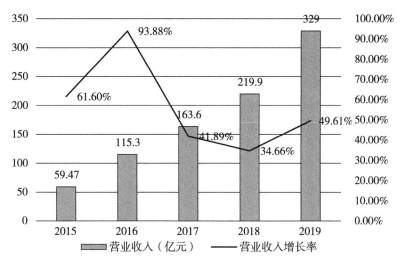

图 6.7　隆基公司主营业务收入及主营业务收入增长率图

数据来源：东方财富网。

略，逐渐扩大海外市场。在海外市场方面，美洲地区和亚太地区业务额共占比约 30%。

表 6.5　　　　　　　　　　　**2020 年地区分类主营业务分布情况**

主营构成	主营收入（亿元）	收入比例
中国境内	124.87	62%
美洲地区	37.01	18.37%
亚太地区	22.41	11.13%
欧洲地区	16.47	8.17%
非洲地区	0.66	0.33%

数据来源：东方财富网。

（四）战略分析

1. 快速增长，全球经营，占据行业优势地位

为了满足了市场对单晶产品的需求，隆基公司不断地对单晶产品的技术进行创新，同时降低单晶产品的价格，凭借着技术和价格两个优势，单晶硅片和组件两个主要产品的销量同比大幅度增长。2019 年隆基公司加强售后服务保障力量，海外产品的销售收入有了明显的提高，组件产品市场占有率进一步上升。隆基公司将产品销售转向了海外市场，尤其是亚太地区和欧洲地区。国内市场的主营业务收入占比逐年下降。此外，由于产业下游对单晶产品需求过大，其性价比的优势更加明显，公司能够借助这一优势，

快速提高市场份额。

2. 科技引领创新，效率驱动，构筑长期竞争能力

2019 年公司将 16.77 亿元资金投入研发，并将高质量的研发产品投入生产。到 2020 年 4 月公司共获专利 702 项，其中 2019 年获得专利 242 项。在拉晶切片方面控制了能耗，优化了工艺技术，实现了智能化制造。同时，在电池组件方面也有了很大的提升。比如说，能够找到产品转化效率的极限，提高产品转化率；不断提高产品的质量和性能；能够解决产品大规模生产的方法，大量生产单晶产品。

四、财务分析

（一）偿债能力分析

本书分别对隆基股份的短期和长期偿债能力进行分析。

1. 短期偿债能力分析

（1）流动比率和速动比率。

由于流动资产中包括了变现较慢的存货，一般流动比率在 2∶1 以上就能保证全部的流动负债都能够得到偿还。而速动比率去除了存货的影响，一般在 1.0 以上即可。图 6.8 反映了隆基股份和电子元器件制造行业 2015—2020 年第三季度流动比率与速动比率的基本情况。

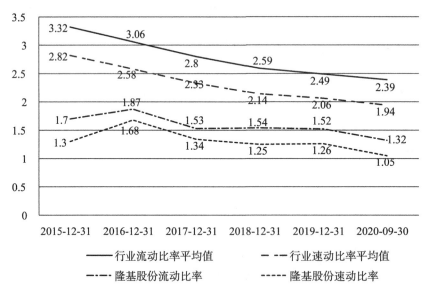

图 6.8 隆基股份和电子元器件制造业 2015—2020Q3 流动比率、速动比率

数据来源：国泰安数据库。

2015 年至今，隆基股份在流动比率和速动比率的变化趋势上，与行业平均值大体一致，呈总体下降趋势，这表示该企业所处的行业较受宏观大环境的影响。

2015年、2016年两年隆基股份的流动比率和速动比率相对较高，偿债能力较好；2017—2019年度流动比率稳定在1.5左右，低于行业平均水平，说明企业处于成长期，把握住了有利的投资和获利机会；2020年第三季度隆基股份为扩大生产规模新增短期银行借款，导致流动比率和速动比率较低，但速动比率仍高于标准值，不用变现存货即可偿还到期债务。综上所述，隆基股份的资金利用率高，短期偿债能力较好，发生债务危机的可能性很小。

（2）现金比率。

一般认为现金比率在0.2以上为好。但这一比率过高，意味着企业流动资产未能得到合理运用，会导致机会成本增加。

如图6.9所示，2015—2020 Q3期间，隆基股份的现金比率在0.38~0.81波动，远超标准线0.2。在2016年现金比率达到观测期峰值0.8037，2018年降到最低值0.3808，随后呈缓慢上升趋势。

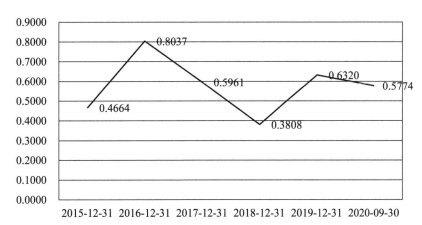

图6.9　隆基股份2015—2020 Q3现金比率变化趋势图

数据来源：国泰安数据库。

2016年隆基股份的销售规模空前扩大，债券、股权融资同期增加。公司分别于2016年3月和9月完成了总额为10亿元的公司债券和29.80亿元的非公开股票发行，获得了大量可用货币资金，这是现金比率偏高的主要原因。2018年国内光伏行业政策发生较大变化，我国光伏新增装机44.26GW，同比下降16.58%，隆基股份当年净利润同比下滑28.24%，从而可以解释公司2018年现金比率达到观测期最低值的现象。总体来说，从现金比率的角度分析，隆基股份短期偿债能力较强。

2. 长期偿债能力分析

本书利用资产负债率对隆基股份的长期偿债能力进行分析。资产负债率是衡量企业负债水平及风险程度的重要指标，是指企业负债总额与总资产的比率。

从图6.10可以看出隆基股份资产负债率近年处于波动上升中，但始终接近同行业平均水平，并且没有超过60%的警戒线。2015—2018年公司资产负债率平稳上升，是公司开拓业务、债券融资和银行贷款相应增加的结果。这样的变化对公司发展是有利的，反映了公司持续经营的稳健性。综上所述，隆基股份的资产负债率处于行业平均水平，目前没有发生债务危机的可能，长期偿债能力较强。

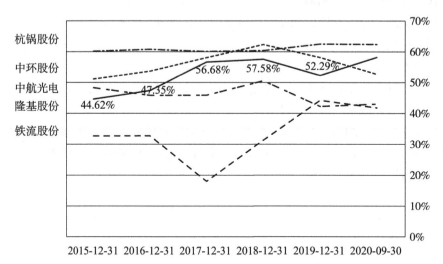

图 6.10 隆基股份与行业可比公司资产负债率对比

数据来源：国泰安数据库。

（二）盈利能力分析

1. 公司盈利能力

图 6.11 反映了 2015—2019 年，隆基股份总资产利润率和净资产收益率的变化趋势。2015—2019 年，公司 ROA 从 5.10% 一路上升到 10.79%，在 2018 年下跌了 40.03%，2019 年又有了显著回升。由于 2020 年全年财报尚未颁布，故本书将 2020 年前三季度单独予以说明。从图 6.12 可以看出，2020 年一季度，ROA 达到历史最低，仅为 3.11%。第二季度与第三季度有了明显的回升，第三季度回归到 9.37%。结合经济大趋势，本书将 2020 年特殊的 ROA 变动趋势归因于新型冠状病毒肺炎疫情对经济的严重冲击。随着我国复产复工，隆基股份重新回到正常的经营状态。

此外，公司 ROE 从 2015 年的 9.21% 逐渐增至 24.92%，在经历了 2018 年的下跌之后，2019 年重新恢复到 19.64%。在 2020 年，随着经济回稳，隆基股份的净资产收益率从 6.49% 逐步上升至 19.16%。值得一提的是，市场估计同行业平均净资产收益率约为 5%~8%，隆基股份的净资产收益率明显高于行业平均水平。高净资产收益率以及净资产收益率与总资产净利润率保持一致增长的趋势，体现出隆基股份良好的盈利能力。

从资产报酬率角度分析，如图 6.13 所示，隆基股份在 2015—2019 年，资产报酬率从 6.69% 波动增至 10.95%，其变化趋势与 ROA 与 ROE 保持高度一致。在 2020 年，资产报酬率逐步增加至 9.25%（见图 6.14），同样高于机构估计的行业平均水平，而从趋

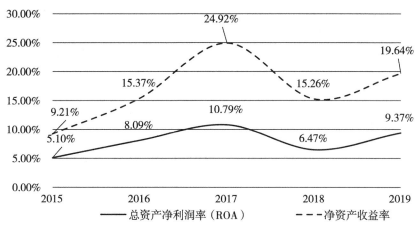

图 6.11　2015—2019 年总资产净利润率与净资产收益率

数据来源：国泰安数据库。

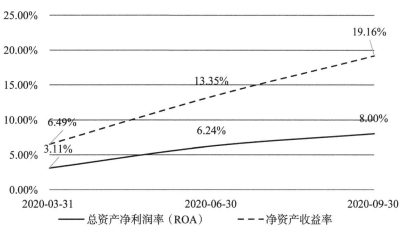

图 6.12　2020 年前三季度总资产净利润率与净资产收益率

数据来源：国泰安数据库。

势线来看，可以认为隆基股份资产报酬率持续处于高位，并有可能在 2020 年第四季度再创新高。

2. 行业盈利能力对比

表 6.6 显示了 2020 年第三季度末隆基股份与行业平均盈利数据。从静态市盈率看，隆基股份远低于行业平均水平。而低市盈率代表着隆基股份存在被低估的可能性。从销售毛利率与销售净利率分析，隆基股份的毛利率与行业平均水平十分贴近，分别为 28.74% 与 27.33%，但是隆基股份的净利率为 19.07%，远高于同业平均水平即 5.07%。这体现出隆基股份在成本和费用控制方面表现出色。从营业收入与净利润来看，隆基股份的营业收入大约是行业平均的 8 倍；净利润为行业平均的 25 倍。这均体现出隆基股

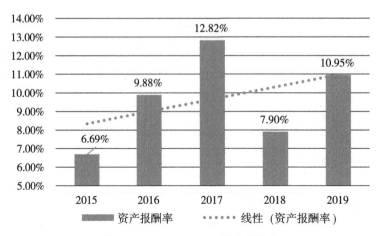

图 6.13　2015—2019 年资产报酬率

数据来源：国泰安数据库。

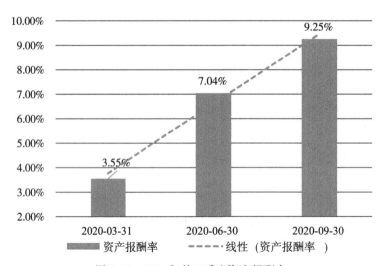

图 6.14　2020 年前三季度资产报酬率

数据来源：国泰安数据库。

份具有良好的盈利水平，在行业中处于领先地位。

表 6.6　　　　2020 年第三季度末隆基股份与行业平均盈利数据对比表

	隆基股份	行业平均
市盈率（静态）	53.59	86.78
销售毛利率	28.74%	27.33%
销售净利率	19.07%	5.07%

续表

	隆基股份	行业平均
营业收入（亿元）	440.4	56.3
净利润（亿元）	84.0	3.3

数据来源：Energy Trend，华泰证券研究所。

（三）营运能力分析

图 6.15 反映了 2015—2019 年以及 2020 年前三季度的存货周转率、应收账款周转率以及总资产收转率。2015—2019 年，隆基股份存货周转率从 3.09 逐步上升到 8.60。2020 年，存货周转率同样呈现稳步回升的发展趋势，体现了隆基股份销售能力和存货管理能力的稳步提高。

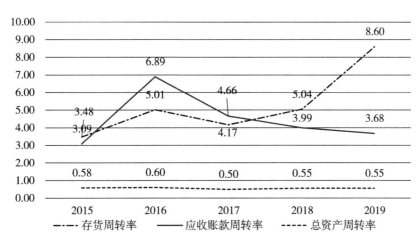

图 6.15　2015—2019 年隆基股份存货周转率、应收账款周转率及总资产周转率
数据来源：国泰安数据库。

然而，应收账款周转率在达到 2016 年 6.89 的较高值之后，呈现逐年下降的趋势。在 2019 年末至 2020 年第二季度，应收账款周转率始终保持低位。直到 2020 年第三季度，应收账款周转率逐渐回升到 2.3。从发展趋势来看，2020 年隆基股份不断提升应收账款周转速度和管理效率。

2015—2019 年，相较于不断变动和调整的存货周转率和应收账款周转率，隆基股份的总资产周转率保持了一致性和连贯性，始终处于 0.5～0.6。2020 年一季度，总资产周转率一度位于低位，这并非资产减值造成的，而是经济停摆导致的销售收入锐减造成的。2020 年第二季度、第三季度，隆基股份迅速将总资产周转率上调至先前水平，达到 0.41，体现出良好的应变管理能力和营运能力（见图 6.16）。

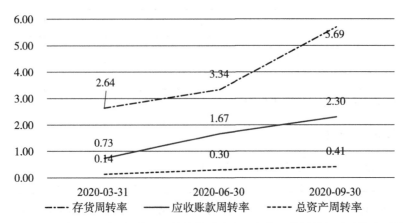

图 6.16　2020 年前三季度年隆基股份存货周转率、应收账款周转率及总资产周转率
　　　　数据来源：国泰安数据库。

（四）成长能力分析

一般来说，营业收入增长率高于 10%，则认为该企业处于成长阶段，未来的发展能力可观。净利润增长率则反映了企业实现价值最大化的扩张速度，是衡量企业资产运营能力，描述企业成长状况和发展能力的综合指标。

图 6.17 体现了 2015—2020 年三季度隆基股份的营业收入增长率和净利润增长率趋势和行业对比情况。可以看出，隆基股份的营业收入增长率连续五年远超 10%，在 2016 年达到峰值 1.9786，2018 年处于观测期最低值。2018 年光伏行业在"531 政策"下猛踩刹车，硅片毛利率和电池毛利率分别跌破 16% 和 10%，大大影响了隆基股份的主营业务收入。

从净利润增长率的角度，2015 年至今隆基股份的净利润增长率非常稳定，并且除 2018 年外，隆基股份的净利润增长率都要高于当期营业收入增长率，说明该企业处于成长期，具有持续增强的发展能力。除此以外，隆基股份的净利润增长率长期高于行业平均水平，在行业遭遇寒冬时仍能保持净利润正向增长，是光伏行业的佼佼者。综上所述，隆基股份处于高速成长期，发展能力非常可观。

（五）杜邦分析

杜邦分析法以净资产收益率（ROE）为核心，通过分解 ROE 指标，对企业的财务状况进行分析说明。本书在杜邦指标分解的基础上，采用因素分析法，探讨影响净资产收益率的各指标影响程度。下面将运用因素分析法对隆基股份净资产收益率的下层指标进行连环替代，替代分析结果如表 6.7 所示。

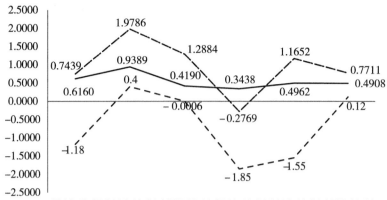

图 6.17　2015—2020Q3 隆基股份营业收入增长率和净利润增长率趋势图
数据来源：国泰安数据库。

表 6.7　　　　　　　　隆基股份净资产收益率分解指标的影响程度

	2015	2016	2017	2018	2019	2020Q3
ROE	11.26%	19.93%	31.57%	16.80%	23.41%	22.14%
ROE 变动值	—	0.77	0.58	−0.47	0.39	−0.05
第一次替代	—	0.17	0.32	0.17	0.24	0.27
销售净利率的影响	—	6.03%	12.21%	−14.58%	7.51%	3.34%
第二次替代	—	18.99%	25.96%	16.44%	26.31%	19.45%
总资产周转率的影响	—	1.70%	−6.18%	−0.54%	1.99%	−7.30%
第三次替代	—	0.20	0.32	0.17	0.23	0.22
权益乘数的影响	—	0.94%	5.60%	0.36%	−2.90%	2.69%

数据来源：隆基股份年报。

由表 6.7 可知，隆基股份 2015 年至今 ROE 的变动受销售净利率、总资产周转率和权益乘数的三重影响，且销售净利率对隆基股份净资产收益率的影响最大。

销售净利率除 2018 年外，其余年份都对净资产收益率起正面作用。2018 年是光伏行业的寒冬，硅片毛利率和电池毛利率分别跌破 16% 和 10%，隆基股份当年净利润同比下滑 28.24%，因此使净资产收益率由 2017 年的 31.57% 下降到 16.8%。

总资产周转率在 2017 年、2018 年和 2020 年三季度都对净资产收益率产生负面影响，并且是 2020 年第三季度隆基股份 ROE 下降的主要原因，反映出隆基股份对资产的运用能力需要进一步加强。

权益乘数总体来说变化平稳，但在 2019 年由 2018 年的 2.36 降至 2.10，阻碍了 2019 年隆基股份净资产收益率更大幅度的增长，原因是股东权益的涨幅高于总资产的涨幅，对企业财务状况的影响不大。

五、公司估值

（一）要求回报率计算

1. 模型原理

我们运用资本资产定价模型（CAPM）计算公司的要求回报率。资本资产定价模型是在马科维茨的投资组合理论的基础上，基于"每个拥有相同期望的理性人都会投资于相同的组合即市场组合"的分离定律，将视野从投资组合转移到单一资产上来，从而分析单一资产与市场组合的关系。CAPM 模型认为，单一资产的收益率可由两部分构成，一部分是无风险收益率，另一部分是风险溢价。无风险利率通常以一年期国债收益率为基准，而风险溢价部分与市场组合的超额收益（$R_m - R_f$）成正比，二者的相关性用 β 系数表示。据此，CAPM 模型为：

$$E(R_p) = R_f + \beta(R_m - R_f)$$

式中，$E(R_p)$ 是资产 i 的预期回报率，R_f 是无风险利率，如上文所述，通常取一年期国债收益率；β 体现了资产 i 的系统性风险；R_m 是市场回报率，是分离定律所形成的市场组合的收益率，通常取股指的收益率；$R_m - R_f$ 是市场风险溢价，即市场回报率与无风险利率的差值。

2. 计算过程

β 被定义为市场风险的衡量，即为衡量单一资产的价格变动和市场上平均资产价格变动之间关系的指标，在计算时，通常通过市场组合收益率的变动（收益率的方差）对某类资产价格的影响程度，即为二者收益率的相关系数，其定义式为：

$$\beta = \text{covar}(X_i, Y_i)/(\text{stdev}(X_i) \times \text{stdev}(Y_i))$$

本书以沪深 300 股票指数日收益率为 R_m，以隆基股份股票日收益率为 R_p，将 2020 年 1 月 2 日至 2020 年 12 月 11 日（排除节假日等股市暂停的情况）的这 229 对数据运用市场模型进行拟合估算，得出 β 等于 1.1119。

因此，取沪深 300 股指在此期间平均收益率 8.7991% 作为 R_m，以一年期国债收益率 2.9031% 为 R_f，通过 CAPM 模型计算可得隆基股份的要求回报率为 9.4589%。

（二）市盈率法估值

1. 模型原理

市盈率（PE）等于企业股价（P）与每股净利润（EPS）的比值。换个说法即为公司期望股价等于企业净利润乘以市盈率：

$$P = \text{EPS} \times \text{PE}$$

在实际估值应用时，通常用可比公司的市盈率乘以目标公司的每股净利润 EPS 来计算得到公司期望价值。

2. 计算过程

此处以同行业排名前 8 的其他 7 家，在 2020 年三季度季报中披露的平均市盈率 100.99 作为此次计算的可比市盈率，具体如表 6.8 所示。

表6.8　　　　　　　　　　　　　市盈率估值过程

排名	代码	证券简称	总市值（万元）	市盈率（PE）
1	688981.SH	中芯国际-U	46963098.44	126.00
2	601012.SH	隆基股份	27458477.60	33.68
3	603501.SH	韦尔股份	20099745.32	97.71
4	600438.SH	通威股份	13842260.67	37.17
5	600703.SH	三安光电	12322667.94	113.63
6	300782.SZ	卓胜微	10643760.00	119.32
7	688008.SH	澜起科技	10581836.88	99.16
8	603986.SH	兆易创新	9456114.75	113.91

数据来源：Wind 数据。

根据隆基股份三季度季报，每股净收益 EPS 为 1.69 元，计算可得公司期望价值为 170.67 元，而隆基股份实际股价为 56.92 元。从这一计算结果来看，市场大大低估了该公司价值。究其原因，由于光伏行业作为当前资本市场的热捧对象，此处提到的光伏企业的市盈率都远高于 A 股平均水平，但隆基股份的市盈率 33.68 为 8 家中最低，表明该公司的市场估值非常"保守"。

（三）现金流贴现模型估值

1. 模型概述

现金流贴现模型是对公司自由现金流进行预测，并通过对预测的自由现金流进行贴现并加总求得公司的内在价值。

DCF 模型的计算大体为三个部分。首先，对所要评估的企业的未来自由现金流进行预测；其次，通过多种方法选取企业合适折现率；最后通过 DCF 模型公式等计算所预估企业的最终价值。

DCF 模型的具体公式如下：

$$V_0^E = \frac{\text{FCF}_1}{1 + \text{WACC}} + \frac{\text{FCF}_2}{(1 + \text{WACC})^2} + \cdots + \frac{\text{FCF}_H}{(1 + \text{WACC})^H} + \frac{\text{CV}_H}{(1 + \text{WACC})^H}$$

$$\text{CV}_H = \frac{\text{FCF}_{H+1}}{\text{WACC} - g}$$

其中 V_0^E 即企业的价值，WACC 是加权平均资本成本，g 是稳定增长期的增长率，FCF_t 是公司预测期自由现金流，FCF_{H+1} 是稳定增长期第 $H+1$ 年的自由现金流。DCF 模型通过将第一阶段的高增长期和第二阶段的稳定增长期各自产生的现金流相加，得出企业的整体估值。

2. 估值过程（见表 6.9 至表 6.12）

表 6.9 是隆基股份年报中 2015—2019 年的自由现金流表。

表 6.9　　　　　　　　　**隆基股份 2015—2019 年自由现金流表**　　　　　单位：亿元

	2014A	2015A	2016A	2017A	2018A	2019A
经营活动产生的现金流	3.67	3.65	5.36	12.42	11.73	81.58
投资活动产生的现金流	4.83	12.16	21.52	37.74	31.69	27.53
自由现金流	−1.16	−8.51	−16.16	−25.32	−19.96	54.05

数据来源：隆基股份年报。

因为隆基股份历年自由现金流波动幅度较大，所以采取历史增长率法预测自由现金流不够准确。以隆基股份 2019 年年报为例，隆基股份的自由现金流为 54.05 亿元，接近其净利润，所以后面考虑隆基股份自由现金流增速时，采用其净利润增速，即 $g =$ $\text{ROE} \times (1 - $ 股利支付率$)$ 来预测自由现金流增长率。其中 ROE 是净资产报酬率。

表 6.10　　　　　　　**隆基股份 2015—2020 前三季度 ROE 和股利支付率表**

	2015	2016	2017	2018	2019	2020 前三季度
ROE	11.81%	21.15%	29.35%	16.69%	23.95%	20.93%
股利支付率	15.35%	12.90%	10.07%	14.17%	14.29%	10.68%

数据来源：Wind 数据。

笔者求出 2015—2020 年前三季度的净利润增速分别为 10%、18.42%、26.39%、14.33%、20.53% 和 18.69%，根据算数平均法求出这几个数据的平均数为 18.06%，并以此作为以后的自由现金流增速。同时我们认为公司在 2025 年进入稳步发展阶段，现金流增长率也同样与 GDP 挂钩为 6.10%。

根据前面求出的 2020 年前三季度的自由现金流增速为 18.06%，结合第三季度的自由现金流，求出 2020 年第四季度的自由现金流为 46.76 亿元。

表 6.11　　　　　　　　隆基股份 2020 年季度自由现金流表　　　　　单位：亿元

	2020 年 Q1	2020 年 Q2	2020 年 Q3	2020 年 Q4E
经营活动产生的现金流	−5.36	8.75	59.21	—
投资活动产生的现金流	7.14	8.30	19.6	—
自由现金流	−12.50	0.45	39.61	46.76

数据来源：隆基股份季报。

根据上文的 CAPM 模型得出要求回报率为 11.78%。

表 6.12　　　　　　　　　　隆基股份模型估值结果　　　　　　　　单位：亿元

	2020	2021E	2022E	2023E	2024E	2025E
自由现金流	46.76	55.20	65.17	76.95	90.84	107.25
折现率	—	1.12	1.25	1.40	1.56	1.75
自由现金流现值	—	49.39	52.16	55.09	58.19	61.46
截至 2025 年现值	276.28	—	—	—	—	—
永续价值	2003.34	—	—	—	—	—
永续价值现值	1144.77	—	—	—	—	—
企业价值	1421.05	—	—	—	—	—
净负债账面价值	63.57	—	—	—	—	—
权益价值	1357.48	—	—	—	—	—
流通股股数（亿股）	37.72	—	—	—	—	—
每股价值（元）	35.99	—	—	—	—	—

表 6.12 列示了隆基股份 2020—2025 年的预测现金流，对现金流估值的方法如下：根据前面求出的要求回报率，截至 2025 年的自由现金流可以按照 11.78% 的要求回报率折现，再加上永续价值的现值就可以得到企业价值。假定 2025 年之后，自由现金流的增速为 6.10%，为无限期。根据前面的永续价值以固定比率增长的公式，永续价值就可以用 6.10% 的增长率对永续年金进行折算。从总资产中扣除净负债的账面价值得到权益价值为 1357.48 亿元（每股 35.99 元）。

3. 模型评价

隆基股份 2020 年 12 月 16 日的收盘价为 76 元，远高于现金流贴现模型的估值，从该模型求出的结果分析，隆基股份的股票明显被高估。但是自由现金流贴现模型比较适合现金流稳定的成熟行业企业估值，由于技术等无形资产经常没有在财报中得到完全反映，成长期的企业盈利有限，或者对外投资项目对现金流需求较大，因而短期内不稳定的自由现金流当然也无法体现企业价值，所以现金流贴现模型对于高新技术企业估值往往偏低。

（四）剩余收益模型估值

1. 模型概述

剩余收益是企业收益与其期望收益的差额。剩余收益估值模型主要是基于公司的财务报表信息，将公司预测期剩余收益进行贴现，用公司账面价值加上剩余收益贴现值之和，得出公司股票的内在价值。

剩余价值是公司的净收益与股东要求报酬的差额，即公司的综合收益与要求回报率之间的差值，用公式表示为：

剩余收益（RE）＝综合收益－（要求的投资回报率×期初账面价值）

即
$$RE_t = Earn_t - (\rho_t - 1) B_{t-1}$$

企业要想获得一个正的剩余收益，必须使得投资的收益高于要求回报率。对于投资者来说，即使投资的回报很高，若没有达到这一要求，根据 RE 估值模型，投资者也不应该为其支付超额的价格。

因此，普通股权益价值的度量就可以用账面价值加上通过预测未来剩余收益得到的额外价值，如果对 T 期进行预测，则计算股票价值的公式为：

$$V_0^E = B_0 + \frac{RE_1}{\rho_E} + \frac{RE_2}{\rho_E^2} + \frac{RE_3}{\rho_E^3} + \cdots + \frac{RE_T}{\rho_E^T} + \frac{V_E^T - B_T}{\rho_E^T}$$

$$V_E^T - B_T = \frac{RE_T(1 + g)}{r - g}$$

上式中，V_0^E 表示普通股权益价值，B_0 为公司资产负债表上权益当期的账面价值，RE 为各期普通股获得的综合收益减去期初普通股的账面价值与要求的回报率的乘积，ρ_E 为根据 CAPM 模型计算出的股东要求回报率 r 加 1。

在具体计算过程中，公司的剩余收益为当期的每股收益减去要求回报，要求回报等于上一期的每股账面价值乘以要求回报率，公式为：

$$RE_t = Earn_t - (\rho_E - 1) B_{t-1} = [ROCE_t - (\rho_E - 1)] B_{t-1}$$

上式中的 ROCE 是普通股的回报率，计算公式为：$ROCE_t = \dfrac{Earn_t}{B_{t-1}} = \dfrac{EPS_t}{BPS_{t-1}}$。

2. 估值过程

通过上述对隆基股份的业务分析和财务分析，我们将预测周期分为两个阶段：

（1）2021—2022 年为直接价值预测期。

首先根据隆基股份（601012）2020 年前三季度的归母净利润及增长率预测 2020 年第四季度的归母净利润，从而预测出 2020 年的年度归母净利润。由表 6.13 可知，隆基股份前三季度的归母净利润平均增长率为 49.17%，因此预测第四季度的归母净利润为

26.69 亿元。

表 6.13 **2020 年前三季度隆基股份归母净利润及增长率表**

	第一季度	第二季度	第三季度	第四季度（E）
归母净利润（亿元）	18.6	22.5	22.4	26.69
归母净利润同比增长（%）	59.53	37.38	50.6	49.17
前三季度归母净利润平均增长率（%）	49.17	——	——	——

数据来源：隆基股份年报。

预测的 2020 年年度归母净利润以及隆基股份年报所示的 2014—2019 年的归母净利润和同比增长率见表 6.14。

表 6.14 **隆基股份 2015—2020 年归母净利润及增长率**

	2014	2015A	2016A	2017A	2018A	2019A	2020E
归母净利润（亿元）	2.94	5.2	15.5	35.6	25.6	52.8	90.2
同比增长率（%）	—	76.87	198.08	129.68	−28.09	106.25	70.82

数据来源：隆基股份年报。

由表中隆基股份（601012）2015—2020 年的归母净利润增长率可以看出，隆基股份的净利润增长率并不稳定，且没有一个较为稳定的增长趋势。因此，我们结合 Wind 数据库中多家券商对隆基股份 EPS 和 DPS 的一致性预测，同时使用前面 DCF 模型的增长率进行综合分析，对 2021—2022 年的价值进行直接预测。

（2）2023—2025 年为平稳增长期。

近年来，随着政策的变化以及新能源的推进，光伏行业的发展势头正劲。特别是 2020 年 12 月 16—18 日的中央经济工作会议提出了未来十年我国将大力发展风电、太阳能发电，这对于隆基股份来说是一个比较好的发展契机。因此，综合多方面因素，以及对于行业平均增长率和隆基股份历史增长率的考量，处理、计算得出隆基股份的几何增长率，最终确定 2023—2025 年的平稳增长率为 27%，同时根据隆基股份近年来的股利分红政策将股利分红率定为 12.8% 且保持恒定。

（3）2025 年以后为永续期。

在经过了五年的发展之后，我们假定新能源行业的发展进入一个永续发展的平稳期，隆基股份公司的发展也由此进入一个平稳期，且从长远来看，随着行业的过饱和，隆基股份公司的 EPS 增长率不会再保持较高的增长率，因此这里选用与 GDP 增速挂钩的 6% 作为未来隆基股份在永续期间的增长率。

（4）估值。具体见表 6.15。

表 6.15　　　　　　　　　　**隆基股份 RE 模型估值结果**　　　　　　　单位：元

	2019A	2020	2021E	2022E	2023E	2024E	2025E
EPS	—	2.23	2.94	3.60	4.57	5.81	7.37
DPS	—	0.29	0.38	0.46	0.59	0.74	0.94
BPS	15.72	17.66	20.23	23.37	27.35	32.42	38.85
ROCE	—	—	16.64%	17.80%	19.57%	21.23%	22.75%
RE（要求回报率12%）	—	—	0.82	1.17	1.77	2.52	3.48
贴现因子	—	—	1.12	1.25	1.40	1.57	1.76
RE 的现值	—	—	0.73	0.93	1.26	1.60	1.98
至 2020 年总现值	—	6.51					
永续价值（CV）	—						61.55
CV 的现值	—	34.93					
每股价值	—	59.10					

通过对 2021—2025 年隆基股份 EPS 和 DPS 的预测，通过对永续价值和预测 RE 的贴现，最终估值得出隆基股份的每股价值为 59.10 元。

3. 模型评价

剩余收益法是基于公司的账面价值和账面价值溢价进行估值的方法。使用剩余收益模型对企业价值进行评估，需要基于对企业未来利润的预测，这个预测值在最近的一两年内是比较准确的，除非在预测过程中存在很大的问题，否则这个预测结果是比较确定可信的。但是随着预测期限的增加，特别是对于后面年份的增长率的预测，其预测值与实值之间的差距较大，就会在一定程度上造成对公司估值的不准确性。根据剩余收益模型，预测出的隆基股价为每股 59.1 元左右，低于隆基股份的现行股价。对此，我们认为这可能与隆基股份的高科技行业特征相关。因为技术等无形资产未能充分在财务报表体现。因此，仅凭财报信息进行预测产生的估值结果会产生一定程度的低估。此外，近年来资本市场对于光伏行业的热捧有可能会带来投资者高涨的投资情绪，拉高股价，使其偏离公司股票的实际价值。通过 RE 模型得出了初步的估值结论，即市场对隆基股份可能存在高估。

（五）超额收益增长模型估值

1. 模型概述

超额收益增长模型（abnormal earnings growth）估值聚焦于考虑股息再投资的收益与正常收益之差带来的公司超额收益增长，将公司当期收益加上公司超额收益增长贴现后资本化，获得公司内在价值。模型着重于带息收益增长超过正常收益的部分，被称为超额收益增长。

因此，通过模型内在机制不难看出，只有在资产带息收益增长率大于要求回报率时，资产的价值才高于其资本化收益的价值。其超额收益的具体公式为：

$$超额收益_t = 带息收益_t - 正常收益_t$$
$$带息收益_t = 收益_t + (\rho_E - 1)收益_{t-1}$$
$$正常收益_t = \rho_E \times 收益_{t-1}$$

通过计算各期超额收益，随后将第一年的预测收益与以后各年度超额收益增长的现值相加的总额资本化后就是权益价值，其估值模型公式如下：

$$V_0^E = \frac{1}{\rho_E - 1}\left[\text{Earn}_1 + \frac{\text{AEG}_1}{\rho_E} + \frac{\text{AEG}_2}{\rho_E^2} + \frac{\text{AEG}_3}{\rho_E^3} + \cdots\right]$$

其中 ρ_E 为权益要求的回报率，Earn_1 为预测期普通股股东的综合权益，AEG_t 为各预测期的超额收益，超额收益增长的折现值提供了高于预期收益的额外价值。用第二年以后的折现到第一年年底并加总。资本化是指把流量的价值（收益）转化为存量（价值）。步骤如下：

（1）预测下一年的收益。

（2）计算预期第二年及以后的超额收益增长并折现后加总（折现到第一年年底）。

（3）把预期收益和超额收益增长的价值加总后用要求回报率资本化。

超额收益模型（AEG）同剩余收益模型（RE）较为类似，都是使用权责发生制会计信息，主要引导投资者从未来收益的角度来思考，理性投资，避免为资产支付过高价格。

2. 估值过程

（1）选择 Wind 多家券商对隆基股份 2020 年、2021 年和 2022 年 EPS 及 DPS 的一致预测值，我们根据预测期内的平均几何增长率推算出 2023 年的 EPS 和 DPS，数据见表 6.16。

表 6.16 **2020—2023 年隆基股份 EPS 和 DPS 预测值**

	2020E	2021E	2022E	2023E
DPS	0.32	0.41	0.51	0.64
EPS	2.23	2.94	3.6	4.48

（2）股利再投资收益，将前一年的 DPS 乘上 CAPM 模型得出的要求回报率 11.8%。

（3）带息收益：带息收益即是该年的 EPS 加上前一年股利再投资的收益。

（4）正常收益：正常收益是前一年收益按照要求回报率增长的收益。

（5）超额收益：超额收益是带息收益减去正常收益。

表 6.17 隆基股份估值过程

	2020E	2021E	2022E	2023E
EPS	2.23	2.94	3.6	4.48
DPS 再投资（0.118×DPS_{t-1}）	—	0.26	0.35	0.42
带息收益	—	3.20	3.95	4.90
正常收益（1.118×EPS_{t-1}）	—	2.49	3.29	4.02
AEG	—	0.71	0.66	0.88

（6）2023 年之后的为超额收益永续价值（CV），于是我们采用增长的永续年金增长公式 $\left(\dfrac{AEG_{2024}}{\rho-g}\right)$ 来计算 2024 年起所有年份的 CV 值，为了使我们的估值更稳健一些，我们认为 2023 年以后超额收益的长期增长率等同于无风险的国债收益率，设置为 3%。

（7）AEG 现值：将每一期所计算出的 AEG 按照要求回报率进行贴现。

（8）总收益是 2020E 的 EPS 加上超额收益（AEG）的现值和用于价值（CV）的现值。

（9）每股价值：每股价值是将总收益按照资本化率资本化，得到当期股价的估算值。最后估值结果显示隆基股份内在价值为 82.15 元（见表 6.18），略高于公司当前股价 76 元。

表 6.18 隆基股份估值结果

关键指标	2020E	2021E	2022E	2023E
DPS	0.32	0.41	0.51	0.57
EPS	2.23	2.94	3.60	4.54
DPS 再投资（0.11×DPS_{t-1}）	—	—	0.05	0.06
带息收益	—	—	3.65	4.60
正常收益（1.11×EPS_{t-1}）	—	—	3.29	4.02
AEG	—	—	0.36	0.58
折现因子（1.11^{t-1}）	—	—	1.12	1.25
AEG 的现值	—	—	0.32	0.46
AEG 的总现值	—	0.78	—	—
永续价值（$AEG^{t+1}/(\rho-g)$）	—	—	—	7.48
CV 的现值	—	5.94	—	—
总收益	—	9.69	—	—
资本化率	—	0.118	—	—
每股价值 V	82.15	—	—	—

3. 超额收益增长模型估值评价

超额收益增长从未来收益的角度思考，接受了"购买收益"的观点，它认为公司的价值是建立在其收益多少的基础上的，由于收益代表着通过市场上销售产品和服务创造的价值增量，该模型预测了公司收入匹配费用后得到的收益。同时，超额收益增长不受股利支付、新股发行和股票回购的影响。考虑股利再投资的收益——企业收益加股息在企业外再投资的回报，恰好等于股东将股利再投资到本企业的收益，因此是对隆基股份较为适用的估值模型。

（六）股利贴现模型估值

1. 模型概述

股利贴现理论认为，公司的价值等于未来公司派发股息红利的折现，公司股票的价格等于未来发放现金股利的现值。我们可以根据隆基股份以往的股利发放情况来对未来的现金股利进行预测。采用适当的收益率折现得到股票的价格。

一般而言，股利折现模型计算简单、容易理解，对未来股利的预测也比较容易，但股利支付与价值创造并没有必然的联系，股利支付率低并不代表公司的成长性差，更不能代表公司的价值低，反之亦然。从这个层面而言，该模型主要适用于股利支付与企业价值创造活动紧密相关的企业，比如固定支付股利的企业。

2. 估值过程

隆基股份自 2012 年上市后共 8 次发放股利，具体情况见表 6.19。

表 6.19   隆基股份 2013—2020 年股利发放情况表

报告期	股利支付率	留存收益率	每股股利（元）
2013—12—31	37.96%	62.04%	0.05
2014—12—31	24.26%	75.74%	0.13
2015—12—31	15.35%	84.65%	0.04
2016—12—31	12.90%	87.10%	0.10
2017—12—31	10.07%	89.93%	0.18
2018—12—31	14.17%	85.83%	0.10
2019—12—31	14.29%	85.71%	0.20
2020—09—30	10.68%	89.32%	0.18

数据来源：公司年报。

如表 6.19 所示，隆基股份从 2012 年上市起，每年的报告期都会发放股利。我们判断公司未来将持续发放现金股利。隆基股份未来将有一个比较大的增长空间，每年发放的现金股利也会增长。但由于受到疫情影响，在 2020—2022 年，公司经营处在产业恢复阶段，现金股利发放也呈不规律的状态。在 2022 年后，消化政策利好，公司经营稳定，在行业内的地位更加巩固，发放的现金股利也将以一个比较稳定的速度增长。公司股利增长模型的公式如下：

$$P = \sum_{t=1}^{n} \frac{D_t}{(1+r)^t} + \frac{D_{n+1}}{(r-g)(1+r)^n}$$

其中 D_t 代表第 t 期公司支付的股利，r 代表折现率，g 为股利增长率。

经过机构预测，公司 2020 年、2021 年、2022 年的 EPS 分别为 2.23、2.94、3.6。根据隆基股份历年来的分红数据，我们选取 2016—2020 年数据计算出平均股利支付率为 12.42%，目前暂时无法预见是否会发生影响公司股利政策的重大事件，我们假定隆基股份股利支付率保持在这一水平，并且在经营稳定之后，股利将以 10% 的速度增长。根据前文 CAPM 计算的结果，r 取值 11.8%。具体计算过程如表 6.20 所示。

表 6.20 　　　　　　　　　　　**隆基股份 DDM 估值**

预测期	EPS	DPS	折现因子	股利现值
2020-12-31	2.23	0.28	0.89	0.25
2021-12-31	2.94	0.37	0.8	0.29
2022-12-31	3.60	0.45	0.71	0.32
2023 年及以后	3.82	0.47	55.5	27
股利现值总额 = 28.12				

数据来源：Wind。

3. 模型评价

隆基股份 2020 年 12 月 16 日的收盘价为 76 元，远高于该模型的评估内在价值。仅从该模型给出的结果分析，隆基股份的估价被高估了。但正如上文提到，该模型有其本身的缺陷。作为一家成长型的科技公司，隆基股份价值和公司未来的股利相关性较弱。并且作为一家光伏行业公司，其核心技术等无形资产难以被财务报表信息充分反映。上述问题都会导致估值结果产生一定的偏差，因此该估值模型结果仅供参考。疫情之后，一方面，经济复苏给了投资者信心，政策利好使得光伏产业受到热捧。另一方面，隆基股份经营业绩表现优异，作为行业龙头，未来增长趋势强劲。因此估值结果和股价相去甚远就不难理解了。

（七）总结及投资建议

首先，我国的"十四五规划"将绿色可持续发展上升到国家战略的地位。隆基股份所在行业新能源是支持绿色可持续发展的重要引擎。预计我国的光伏总装机量将进一步提升，我国的光伏发电量将快速提高。光伏产业将会成为国家政策支持的重点产业，这是光伏行业的重大利好。此外，隆基股份作为光伏行业的龙头企业拥有较高的技术壁垒，并且隆基多年来一直在提高研发投入，不断加深自身的护城河。从各项财务数据来看，公司的净利率、营业收入和净利润都大大领先于行业的平均水平，公司有很强的盈利能力。同时，跟隆基的历史财务数据相比较，隆基股份的净利润一直在稳步的增长，体现出较好的成长能力。

本书通过收集有关隆基股份的财务数据和增长预测数据，运用可比公司法、股利贴现模型、现金流贴现模型、剩余收益模型、超额收益模型等估值方法对公司进行估值。结果发现各种估值模型所得到的估值结果差异较大。

综合上述估值结果，我们剔除不太适合该公司的估值，将剩余收益模型和超额收益增长模型的估值结果取平均，得出公司内在价值为 70.6 元左右。

项目组成员：刘永骅　孙亚琼　汪静　鲁修文　潘彪　王静　杨紫薇　兰淑芳　丁文雄　周成斌

第七章 案例：烽火通信

一、研究背景

（一）价值投资战略

价值投资战略，即价值投资者依靠对公司的基础面分析找出市场价格被低估的股票，这种战略最早由哥伦比亚大学的本杰明．格雷厄姆（Benjamin Graham）和大卫·多德（David Dodd）提出，"股神"沃伦·巴菲特（Warren E. Buffett）以价值投资成名。在国内，随着证券市场的不断完善，价值投资逐渐成为股市投资的主流，并表现出较强的生命力。

（二）通信行业

数字经济时代，通信行业对经济发展的重要性毋庸置疑。世界银行一项调查显示，宽带人口普及率每提高 10%，平均带动国内生产总值增长约 1.38%，发展中国家带动幅度更高，由此可见通信行业是技术、知识密集型行业，同时也是高风险、高收益的行业。在过去几十年，我国的光通信技术逐步发展成熟。光通信就是以光波为载波的通信，具有传输频带宽、通信容量大、传输损耗低、中继距离长等优点。随着"宽带中国"战略进程的推进，国内三大电信运营商加快光网城市建设的步伐，我国光通信产业目前呈现出了高速增长的态势。

本书选取光通信行业的上市公司"烽火通信（600498）"作为研究对象，对其进行基本面分析，并对公司股票的价值进行评估。本书在估值中结合光通信行业的特点，对行业内其他公司有一定的借鉴意义。

（三）公司概况

烽火通信是我国光通信行业中的龙头公司。1976 年，武汉邮电科学研究院（以下简称"武汉邮科院"）研发出了中国的第一根光纤，标志着中国"光纤之旅"的起步，而烽火通信是武汉邮科院于 1999 年独资注册的公司，其始终专注于我国民族光通信事业的进步与发展。公司的主营业务立足于光通信，并深入拓展至信息技术与通信技术融合而生的广泛领域，长期耕耘国内、国际的运营商和信息化市场，已跻身全球光传输与网络接入设备、光纤光缆最具竞争力企业 10 强。目前，我国的 5G 建设逐步推进，光传输网急需扩容，烽火通信是 OTN（光传输网）国内份额排名前三（约 20%）的厂商，预计将会受益。

二、研究目的

（一）基本面分析

对烽火通信进行基本面分析，在中观行业层面，研究光通信行业的发展现状；在微观企业层面，进行全面的业务分析、战略分析以及财务分析。据此预测公司未来的发展状况，并预估公司未来财务指标。

（二）模型估值

采用可比公司法、CAPM 模型、DDM 模型、DCF 模型、RE 模型、AEG 模型等估值模型，分别估算公司股票的内在价值，得出公司股票内在价值可能的区间。

（三）提出建议

将估值结果与烽火通信现行市场价格进行对比，提出合理的投资建议，作为投资者的决策依据；同时根据基本面分析和估值结果，对公司和所处行业未来的发展前景进行预测，从而为公司管理层战略决策的制定提供依据。

三、相关概念

（一）企业价值

企业价值具有不同表现形式，例如：账面价值、市场价值、评估价值、清算价值、重置价值等。投资者对企业的投资主要基于企业未来预期的价值。

1. 账面价值

采用账面价值对企业进行评价是指以会计的历史成本原则为计量依据，按照权责发生制的要求来确认企业价值。在企业的财务报表中，资产负债表最能反映企业的价值状况。《国际评估准则》指出，企业的账面价值是企业资产负债表上体现的企业全部资产（扣除折旧、损耗和摊销）与企业全部负债之间的差额，与账面资产、净值和股东权益是同义的。

账面价值可以直接从企业的财务报表中获得，具有客观性强、资料易得等特点。但是账面价值也有缺陷，首先，由于企业可以根据自己的需求选择采取不同的会计政策，这就使得企业有操纵数据的可能性，一些会计的数据的可信度有待考证；并且不同的企业，同一个企业不同时期也可能采用不同的会计政策，这也使得账面价值缺乏可比性。账面价值的另一个局限是：它来自过去的经营产生的数据，属于历史数据，它与企业现在的经营状况不相关或者相关性不大，随着技术进步、市场的发展变化，账面价值的参考价值越小，如果直接利用企业的账面价值来估计企业价值就可能出现很大的偏差。

2. 内在价值

内在价值是事物本身内在固有的，不因外在于它的其他相关事物而存在或改变的价值，是企业预期未来净现金流的价值。企业未来获得现金的能力是企业价值评价的基础，也是财务风险评估的主要依据和核心。内在价值是投资者选择不同资产和采用不同投资策略的主要依据。

3. 市场价值

市场价值是指企业资产或股份在市场上出售的交易价格。市场价值通常不等于账面价值，也不等同于内在价值，而是取决于市场的供需状况。企业市场价格围绕其价值上下波动，但从本质上看，市场价值是由其内在价值所决定的。有时价格会低于价值，此时表现为该公司的股票价格低于内在价值，价格被低估；有时价格会高于价值，即公司的股票价格高于内在价值，价格被高估。企业市场价格与内在价值的偏离使得市场有了套利的空间。

4. 清算价值

清算价值是指企业由于破产清算或其他原因在一定期限内将资产变现，在清算日预期出售资产可收回的金额。理论上讲，公司的清算价值应与账面价值一致，但是由于需要快速变现，企业大都只能压低价格出售，因此清算价值一般低于账面价值。企业清算时，既可整体出售企业，也可拆零出售单项资产，采用的方式以变现速度快、收入高为原则。

5. 重置价值

重置价值是指在市场上重新建立与之相同规模、技术水平、生产能力的企业需要花费的成本。根据企业的各项资产特性和市场价格，估算出重新购置资产需要的资金，再扣除企业已经发生的各种损耗，就可以得出企业的重置价值。其中资产的各种损耗既包括资产的有形损耗，又包括资产的无形损耗。

本书结合宏观经济环境、政策面导向、行业发展情况、企业基本面情况，利用各种估值模型来对企业内在价值进行估计，寻找市场价值与内在价值之间的差距，为投资者决策做参考。

（二）企业价值评估方法

企业价值评估主要对企业的内在价值进行估计，包括绝对估值和相对估值方法。

1. 绝对价值评估法

绝对价值评估法又叫绝对估值法，是一种现金流贴现定价模型估值法。它是指通过对上市公司历史及当前的基本面的分析和对未来反映公司经营状况的财务数据的预测获得上市公司股票的内在价值。绝对价值估值方法包括现金流贴现模型、股利贴现模型、剩余收益模型、超额收益增长模型等。

由于股票的价格总是围绕着公司的内在价值上下波动，利用绝对估值法可以发现价格被低估的股票，在股票的价格远远低于内在价值的时候买入股票，而在股票的价格回归到内在价值甚至高于内在价值的时候卖出以获利。

绝对估值法的缺陷在于未来股利、现金流、盈利等信息的预测偏差，贴现率、增长率等参数估计的偏差等；另外，绝对估值法并没有考虑市场同类公司股票行情以及投资者情绪等对公司价值的影响。而这些都有可能影响到公司估值，或者估值结果对投资者的影响。

2. 相对价值评估法

相对价值评估法是乘数法，其特点是简单、易懂，因此在企业中运用十分广泛。一般来说，相对估值有市盈率法、市净率法、市销率法、市现率法四种，尤其以市盈率法、市净率法应用极为广泛。相对价值评估法的估值过程是根据企业特点，选择与某一企业有相似营业特征的可对比公司，计算具有可比性的乘数，分析估值企业的乘数与可比公司乘数均值的差异及差异来源、决定因素等，最后综合以上分析结果确定企业价值。

相对价值评估方法的优点在于充分考虑到企业所处行业收入、盈利、风险等特征，反映大盘走势等综合信息进行的估值。但是其缺点在于所运用的财务比率数据可能受公司盈余管理的影响，难以找到合适的可比公司。如可比公司之间不具有可比性，市盈率法会失效；而市净率法则没有考虑到品牌、专利等无形资产的价值，导致估值误差较大。

四、行业分析

烽火通信属于光通信行业。光通信是以光波为载波的通信方式。本部分对我国通信行业发展历程进行阐述，再对目前的通信行业发展现状进行详细分析，最后，具体到光通信行业，归纳出光通信行业发展的优势、劣势、机遇和挑战。

（一）我国通信业的发展历程

1. 1949—1978 年的通信产业探索阶段

1949—1978 年我国通信的发展主要是围绕服务于党政军各部门的通信需求展开的，普及范围非常有限。1949 年，全国仅有长途电路 2800 条，7.6 万多千米，全国电话用户只有 26 万，电话普及率仅为 0.05%；1978 年，当时约占世界 1/5 人口的中国拥有的电话机数还不到世界话机总数的 1%，电话普及率仅 0.38%，只有世界平均水平的10%，在世界 185 个国家和地区中，人口第一的中国居然排在了 161 位，甚至不如一些非洲国家。

2. 1979—1985 年的通信发展起步阶段

在改革开放初期，随着经济的发展，通信需求呈爆炸式增长，但由于我国通信建设起步较晚加之长期以来对通信历史定位不准的错误思想认识，导致基础薄弱、技术落后，在当时形成严重的供需失衡状态，成为制约我国经济社会发展的瓶颈。而当时对通信的建设大多采取的是查漏补缺式的应急建设。在此期间，我国从上到下对通信高度重视，掀起了以"通信定位"为主题的思想解放大讨论，通过大规模的宣传和深层次的讨论研究，人们充分认识到"邮电通信是社会生产力"，并且制定了一系列优先发展通信的政策、措施，奠定了我国通信产业"高起点、大跨越"式发展的基础。

3. 1986—1995 年的通信产业快速发展阶段

1986—1995 年是我国通信产业快速起飞发展的阶段，也是变化最大的阶段，几乎所有的通信基础设施都来自这期间的建设和发展。至 1995 年年底，全国电话交换机总容量达到 8510 万门，成为世界规模最大的通信网之一；数字微波线路超过 7 万千米，卫星通信地球站 21 座；移动通信网发展迅速，移动电话用户数达到 363 万户，无线寻呼用户数达到 1743 万户，基本实现全国联网、漫游；通信网初具规模，用分组交换网、公用数字数据网的端口容量已达到 15 万个，可通达 700 多个城市。

4. 1996 年后通信业务发展百花齐放

移动通信迅速发展，1987 年 11 月，第一个 TACS 制式模拟移动电话系统在广东建成并投入使用，首批用户只有 700 个，标志着中国移动通信服务的开始。1988 年，中国移动用户突破 3000 户，1990 年达到 1.8 万户，1994 年激增到 157 万户。互联网迅速发展，1994 年中国才开始接入国际互联网，但全国范围的公众互联网在 1996 年 1 月才开始提供服务。此后，中国互联网进入飞速发展阶段，到 2008 年年底，全国网民数净增 0.88 亿人，达到 2.98 亿人，超过美国居世界第一位。互联网普及率达到 22.6%，首次超过全球平均水平（21.9%）。截至 2011 年 12 月月底，中国网民数达到 5.13 亿，全年新增网民 5580 万。其中，手机网民规模达到 3.56 亿，比上年增长 17.5%。

5. 通信行业新发展

政府部门加强关于 5G 的顶层设计，提出发展目标，明确技术突破方向。早在 2013 年，工信部、发改委和科技部组织成立了"IMT-2020（5G）推进组"，协调推进国内 5G 技术研发试验工作，发布了《5G 愿景与需求白皮书》《5G 概念白皮书》等研究成果，结合国情，明确了 5G 技术场景、潜在技术、关键性能指标等。《国家信息化发展战略纲要》要求，到 2020 年，5G 技术研发和标准取得突破性进展，"十三五"规划纲要则进一步明确提出，到 2020 年，启动 5G 商用核心技术的突破根本在科研，包括"973"计划和"863"计划在内的国家重大科技专项不断加大对 5G 科研的支持力度。

（二）通信业发展特征

1. 通信行业利润现状

通信行业经历了 4G 建设高峰期后，整体投资额持续下降。由图 7.1 可知，2015—2017 年，三大运营商资本开支持续下降，2016 年和 2017 年分别同比下跌 19%，13%。与此同时，通信行业整体利润处于下跌趋势，图 7.2 显示了 2014 年 3 月 31 日—2017 年 9 月 30 日通信行业净利润季度同比增速，自 2016 年第二季度以来，通信行业净利润增长率呈现下跌趋势，在 2017 年第三季度，净利润增长率仅达到 5.0%。

2. 国内平均网速增长潜力巨大，通信网络建设急需扩容

据 Akamai 的全球互联网网速报告，2017 年第一季度中国大陆平均网速仅为 7.6Mbps，位居全球第 74 位，增长潜力巨大。从增速来看，中国大陆平均网速无论环

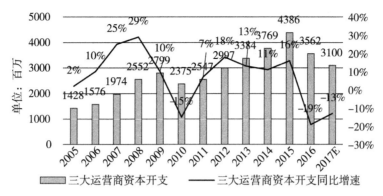

图 7.1　2005—2017 年三大运营商资本开支

数据来源：Wind。

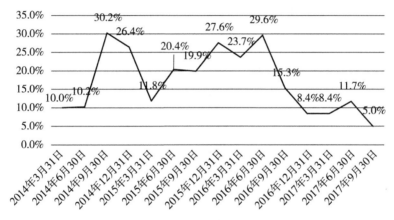

图 7.2　2014 Q1—2017 Q3 通信行业净利润同比增速

数据来源：Wind 。

比还是同比增速都远远高于其他国家和地区，可见国内通信网络正处于提速升级的快车道（见表 7.1）。一方面，互联网流量以每年 40% 以上增速持续增长，国内通信网络有长期的扩容和升级需求。另一方面，国家战略也大力推进通信网络建设，国务院发布的"信息消费"指导意见提出 2020 年信息消费规模的目标是达到 6 万亿元。

表 7.1　　　　　　　　　　　　　全球互联网网速表

全球排名	国家/地区	平均网速（Mbps）	环比变化	同比变化
1	韩国	28.6	9.3%	−1.7%
2	挪威	23.5	−0.4%	10.0%
3	瑞典	22.5	−1.3%	9.2%

续表

全球排名	国家/地区	平均网速（Mbps）	环比变化	同比变化
4	中国香港	21.9	−0.2%	10.0%
5	瑞士	21.7	2.1%	16.0%
6	芬兰	20.5	−0.7%	15.0%
7	新加坡	20.3	0.8%	23.0%
8	日本	20.3	3.1%	11.0%
9	丹麦	20.1	−2.9%	17.0%
10	美国	18.7	8.8%	22.0%
74	中国内地	7.6	20.0%	78.0%
	全球平均	7.2	2.3%	15.0%

数据来源：Akamai 全球互联网网速报告。

3. "5G" 发展现状

（1）"5G" 在我国的推进状况。

"5G" 即第五代移动电话行动通信标准。2016 年 1 月，工信部副部长陈肇雄表示，"5G" 是中国新一代移动通信技术发展的主要方向，也是未来信息基础设施的重要组成部分。我国的技术研发试验在 2016—2018 年实施，分为 5G 关键技术试验、5G 技术方案验证和 5G 系统验证三个阶段实施，在我国，5G 的推进状况如表 7.2 所示。

表 7.2   我国 5G 推进现状

时间	事 件	具 体 内 容
2013 年 2 月	IMT-2020（5G）推进组成立	工信部、发改委和科技部组织成立了 "IMT- 2020（5G）推进组"，协调推进国内 5G 技术研发试验工作
2016 年 1 月	工信部启动 5G 技术试验	中国于 2016 年 1 月启动了 5G 技术试验，为保证实验工作的顺利开展，IMT-2020（5G）推进组在北京怀柔规划建设了 30 个站的 5G 外场
2016 年 3 月	工信部提出 5G 是通信技术发展的主要方向	工信部副部长陈肇雄表示：5G 是新一代移动通信技术发展的主要方向，是未来新一代信息基础设施的重要组成部分。与 4G 相比，不仅将进一步提升用户的网络体验，同时还将满足未来万物互联的应用需求
2016 年 5 月	第一届全球 5G 大会	第一届全球 5G 大会在北京开幕，我国 IMT-2020（5G）推进组联合欧盟 5GPPP、韩国 5G FORUM、日本 5GMF 和美国 5G Americas 共同主办

时间	事件	具体内容
2017 年 7 月	中国移动 5G 北京试验网启动会	会议标志着由大唐电信集团建设的 5G 北京试验网正式启动。2017 年在北京、上海、广州、苏州、宁波 5 个城市启动 5G 试验，验证 3.5GHz 组网关键性能，以 2020 年商用为目标，为 5G 时代的引领做出贡献
2017 年 11 月	工信部发布《关于第五代移动通信系统使用 3300-3600MHz 和 4800-5000MHz 频段相关事宜的通知》	确定 5G 中频频谱，能够兼顾系统覆盖和大容量的基本需求
2017 年 11 月	工信部正式启动 5G 技术研发试验第三阶段工作	中国工信部发布通知，正式启动 5G 技术研发试验第三阶段工作，并力争于 2018 年年底前实现第三阶段试验基本目标

资料来源：根据财经新闻整理。

（2）传输网。

目前我国正处于 4G 网络逐步向 5G 过渡的时间点。如表 7.3 所示，相比 4G 时代，5G 承载网端到端延时缩短了 10 倍，用户网速大大提升。OTN（光传送网）作为 5G 的承载网络有着诸多优势，可满足 5G 的承载需求。网络架构的升级驱动 5G 承载网的全面升级，这将利好传输网全产业链的公司。

表 7.3   **5G 与 4G 比较**

比较项目	5G 与 4G 比较
高速	5G 网络目标下行峰值速率达 20Gb/s，是 4G 的 20 倍
低时延	5G 网络能够将时延控制在 1ms 以下，通信敏捷度是 4G 的 10 倍
海量连接	5G 网络每平方千米可连接上百万台设备，相当于 4G 的 10 倍
低资费	相较于 4G，5G 单位比特的传输成本将会降低 1000 倍，相应的资费也会大幅下降。有别于 4G 根据流量收费，5G 流量付费方式将会改变，可能更侧重于根据时间/内容收费。使用相同的流量，4G 的收费是 5G 的 10 倍

数据来源：Wind。

（3）光纤光缆。

光纤光缆是光信号传输的媒介，主要有光纤预制棒、光纤和光缆三种产品。光纤预制棒是制造光纤的核心原材料以及主要成本所在，其占产业链成本约 70%，将光棒拉丝即形成了光纤，将多束光纤包覆保护层即成为光缆，光纤预制棒、光纤和光缆的利润比例大约为 7∶2∶1。因此，掌握光棒生产技术的企业能在产业链中占绝对话语权。早年中国光棒主要从美日进口，目前我国已经基本掌握了光棒制造技术，从而降低了生产成本。然而，国内只有少部分企业具有大量生产光棒的能力，故光纤光缆在我国始终处于供大于求状态，如图 7.3 所示。移动通信网络（3G/4G/5G）的提高需要光纤来做底层传输介质，因此 5G 的推进将会使得光纤光缆市场更加供不应求，光纤光缆价格可能持续上涨。

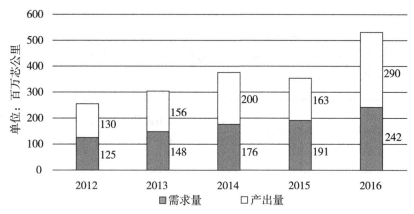

图 7.3　2012—2016 年国内市场光纤产出量、需求量对比

数据来源：中国报告网。

（4）物联网。

物联网就是连接物品的网络，许多行业内专家讨论物联网时，经常会引入一个 M2M 的概念，可以解释为人到人（man to man）、人到机器（man to machine）、机器到机器（machine to machine）。万物联网的时代正在来临，根据工信部的预测，到 2020 年，中国物联网的整体规模将超过 1.9 万亿元。物联网是 5G 技术的应用场景之一，万物互联、"网""端"先行，5G 建设是物联网发展的基础，而物联网连接数的快速增长也会促进 5G 的发展。

4. 云计算技术发展迅猛

云计算是一种按使用量付费的模式，这种模式提供可用的、便捷的、按需的网络访问，进入可配置的计算资源共享池，这些资源能够被快速提供，并且只需投入很少的管理工作，或与服务供应商进行很少的交互。根据 IDC（国际数据公司）数据，2015—2017 年，世界公有云投入持续上涨。公有云弹性计算存储资源，按需付费，可以最大程度降低企业 IT 资源使用成本。根据 IDC 预测，未来几年公有云的投入将持续上涨。

（三）光通信业 SWOT 分析

1. 优势（Strength）

（1）中国光通信市场目前面临大众客户，光纤光缆、通信设备、光模块和接入网等领域技术门槛低，规模经济效益庞大。

（2）中国光通信市场呈现高度景气状态。国内互联网数据中心（IDC）市场和云服

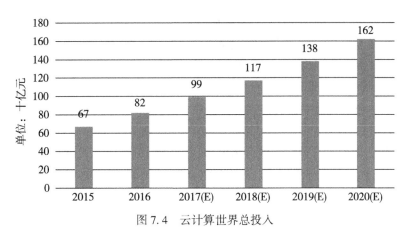

图 7.4　云计算世界总投入

数据来源：IDC。

务市场维持 40% 左右增长，带动光通信市场需求持续走高。

（3）中国高速发展的网络信息基础建设成为未来光通信行业持续健康发展的重要支撑。根据国家近期各项政策，网络基础建设的普遍推进将给光纤光缆产品带来强劲的需求，并可能有效缓解当前产能过剩和利润下降的行业现状。

2. 劣势（Weakness）

（1）国内市场拓展空间有限，市场潜能尚无法完全开发，剩余市场多难以突破。但在市场需求持续增长、规模经济优势、掌控产业链价值的多重诱惑下，光通信市场仍在继续非理性扩产。

（2）我国光通信行业原创性技术和核心知识产权匮乏。光芯片是光模块领域的核心器件，技术要求极高。美日厂商在光芯片技术上走在国际前列，中国尚无法企及，只能向外进口。

（3）国内光通信厂商过度依赖国内市场，国际化拓展乏力。中国光通信产品目前主要靠价格优势参与国际竞争，没有形成较大的品牌影响力，缺乏核心竞争力。

（4）国内光通信行业缺乏创新发展能力，国内多数厂商依然以跟随策略为主，导致产品同质化竞争严重。各厂商为争取市场份额，盲目降低产品价格，市场利润空间压缩。

3. 机遇（Opportunities）

（1）国家政策支持。目前国家大力推进产业结构升级，促进高新技术产业的发展。光通信行业作为具有高技术含量和高附加值的行业得到国家相关政策的大力支持。"宽带中国"战略成为国家战略，截至 2020 年，宽带网络覆盖城乡，光通信行业迎来发展机遇。

为贯彻落实《"十三五"国家战略性新兴产业发展规划》，引导全社会资源投向。发改委会同科技部、工信部、财政部编制了《战略性新兴产业重点产品和服务指导目录》（2016 版）。该目录涉及战略性新兴产业 5 大领域 8 个产业。其中 8 个产业就包括新一代信息技术产品，目录提到新一代移动通信设备主要包括基于 4G 移动通信技术和 5G 的接入网设备、核心网设备等。可见，光通信作为高科技新兴产业是国家调整产业结构的重点，受到国家的大力引导和扶持。

政府投资带来旺盛的需求。《信息基础设施重大工程建设三年行动方案》提到2016—2018 年信息基础设施建设共需投资 1.2 万亿元。到 2018 年，新增基站 200 万个，实现乡镇及人口密集的行政村 4G 网络全面深度覆盖，移动宽带用户普及率超过 75%；到 2018 年，新增干线光缆 9 万公里，新增光纤到户 2 亿个。上游光纤光缆铺设范围大幅增加，覆盖率和平均速率进一步提升。基站设备投资、传输网络建设需求旺盛，带来光通信行业需求快速增长，为项目实施提供了广阔的发展空间。

（2）对美日光企业的垄断倾销行为征收反倾销税给国内光通信行业带来发展良机。2015 年 8 月 19 日，商务部对美日厂商开始征收光纤预制棒反倾销税，以扶植国内光棒企业的发展，期限为 2 年（延期到 2018 年 8 月）。

（3）3.5G 时代为光通信产业带来新的发展机遇，5G 建设给光纤、光模块、光接入网络系统等光通信产业带来了新的市场有效需求。

4. 威胁（Threat）

（1）由于旺盛的市场需求，大量国外厂商进入行业，行业竞争激烈。国内厂商长期凭借低廉的价格在国际竞争中生存的现状急需突破。国内光通信行业在国际市场上缺乏品牌优势和核心竞争力，与美日企业竞争尚逊色。

（2）由于市场当前供过于求的失衡结构，以及各厂商间盲目的同质竞争，光通信产品价格普遍较低，与下游客户的议价能力较低，处于相对被动的地位。

（3）全球光通信产业链中，光芯片厂商和光棒厂商位于行业上游，光通信产品核心部件技术要求高，生产工艺多被国外厂商垄断，国内厂商只能依靠进口来生产产业链下游产品，获取低端利润。光纤光缆的原材料光棒和高端光模块的核心部件光芯片的主要生产工艺长期掌握在美日厂商手中，失衡的供求结构导致中国光通信企业完全失去议价能力和谈判地位。

（四）光通信行业发展趋势

（1）产业链竞争转向光棒光纤。光缆属于光通信产业链中的下游产品，生产技术水平相对较低。掌握上游产品生产工艺成为中国光通信企业新的竞争点，也成为大厂商争抢市场优势的核心领域。目前中国许多企业正在研究光棒核心生产技术，以期打破美日垄断，实现全产业链自主研发。为保持国内光通信行业的健康发展，提高创新能力，优化产业结构，提高行业综合竞争水平是必然的发展趋势。

（2）国际化发展趋势。随着"一带一路"倡议的提出，国内光纤光缆厂商未来有望在东南亚、非洲、拉丁美洲等新兴市场抢占一定份额。据 CRU 统计，拉丁美洲、非洲、东南亚三个地区包含 100 多个国家，其中只有 12 个国家拥有光缆制造厂。2014 年三个地区光缆总需求量约为 3000 万纤芯公里，相当于中国总需求的 20%，未来，这些区域将成为新的增量市场，需求年复合增长率达到 12%。尚未完全开发的国外市场为国内光纤光缆制造企业提供了较大的增长空间，也可为竞争激烈的国内市场提供新的发展机遇。中国光通信产品质量已经具备世界水平，完全有能力参与国际市场的竞争，质量的保证也成为中国企业进军国际的有力底牌。

（3）产品差异化竞争策略。目前从国内光通信产品的供需来看，长时间存在产能过剩。国内大小厂商同质竞争严重，缺乏特色。但行业若想持续健康发展，产品差异化是企业在行业中树立特色企业品牌的一个必经的道路。

五、公司分析

（一）公司概况

1. 公司简介

烽火通信科技股份有限公司是全球知名的信息通信网络产品与解决方案提供商。公司的主营业务立足于光通信，并深入拓展至信息技术与通信技术融合而生的广泛领域。长期耕耘国内、国际的运营商和信息化市场，已跻身全球光传输与网络接入设备、光纤光缆最具竞争力企业10强。

2. 公司发展史

烽火通信是武汉邮科院旗下的最大的上市公司。1974年，邮电部武汉邮电科学研究院成立，1976年，武汉邮科院的赵梓森先生拉出了中国的第一根光纤，开启了中国的"光纤之旅"。1999年，武汉邮科院将其卜属系统部和光纤光缆部的经营性资产进行重组，并以经评估确认后的净资产作为出资，联合武汉现代通信电器厂、湖南三力通信经贸公司等10家发起人共同发起设立了烽火通信。2001年，烽火通信上市，2011年9月，武汉邮科院独资注册了烽火科技集团有限公司，并将所持有的烽火通信、光迅科技等公司的股票无偿转让给烽火通信持有，如图7.5所示。本次股权变更的原因是武汉邮科院虽然属于国企，但是由于历史原因，其并不是公司制企业结构，因此，一些公司制企业的行为，例如收购兼并等活动的限制较多。如今，武汉邮科院将旗下的优质公司转入公司制法人烽火科技旗下，今后在企业管理方面会更加有效，烽火科技在引入战略投资者、银行贷款、兼并收购和资产注入等方面也将更加便利。

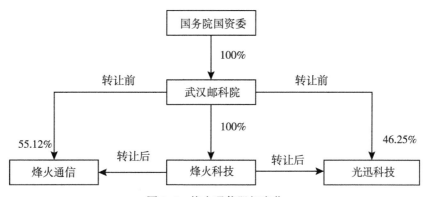

图 7.5　烽火通信股权变化

资料来源：企查查。

3. 公司十大股东

截至 2017 年 9 月 30 日，前十大股东累计持有 6.31 亿股，累计占总股本比为 56.63%。其中控股股东为烽火科技集团有限公司，持股比例为 44.34%，实际控制控制人为国资委，持股比例为 41.10%（见表 7.4）。

表 7.4   公司十大股东

机构或基金名称	持有数量（股）	占总股本比例	股份类型
烽火科技集团有限公司	4.94 亿	44.34%	受限流通股，流通 A 股
拉萨行动电子科技有限公司	3195.61 万	2.87%	不变流通 A 股
全国社保基金——零组合	1727.60 万	1.55%	流通 A 股
九泰基金-邮储银行-中邮证券有限责任公司	1357.98 万	1.22%	受限流通股
深圳市国协一期股权投资基金合伙企业（有限合伙）	1357.98 万	1.22%	受限流通股
中国人寿保险股份有限公司-分红-个人分红-005L-FH002 沪	1332.88 万	1.20%	流通 A 股
中国人寿保险（集团）公司-传统-普通保险产品	1277.32 万	1.15%	流通 A 股
加拿大年金计划投资委员会-自有资金	1213.04 万	1.09%	流通 A 股
挪威中央银行-自有资金	1126.87 万	1.01%	流通 A 股
湖南三力通信经贸公司	1090.00 万	0.98%	流通 A 股

资料来源：企查查。

（二）业务分析

1. 主营业务构成

烽火通信主营业务可分为通信系统设备、光纤及线缆、数据网络等产品的生产与销售，占主营业务收入的比例分别为 62.44%、25.61%、10.42%，如图 7.6 所示。

2. 营业收入增长率分析

烽火通信持续专注于光通信产品的研发、生产和销售，致力于成为"光通信专家"。伴随国内光通信产业的高速增长，公司作为行业龙头表现出高成长性。从图 7.6 可以看出，自 2011 年以来烽火通信的主营业务收入呈增长的趋势，且增长率一直保持在 10% 以上的水平。虽然 2013 年为 11.85%，接近 10%，但在之后的几年中增长速率加大，说明烽火通信在近年积极开发新的产品，为公司的可持续发展不断做着努力和创新，主营业务发展状况较好。

由图 7.7 可知，烽火通信主营业务收入的增长得益于各业务的迅猛发展。且从增加的比例来看，各主营业务发展较为均衡，2012—2016 年，均扩大了一倍左右。说明烽火通信在主营业务方面做到了均衡全方面协调发展。

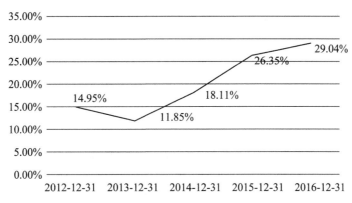

图 7.6　主营业务收入增长率

数据来源：Wind。

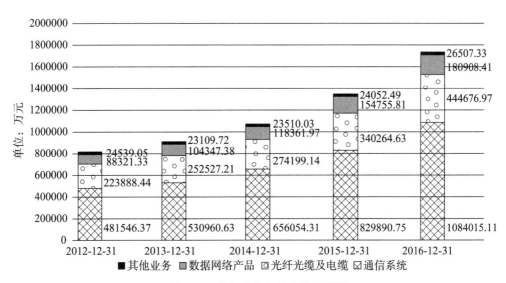

图 7.7　各主营业务收入增长情况

数据来源：Wind。

以下将烽火通信与同行业务类似的三家公司中兴通讯、紫光股份和星网锐捷进行比较，如图 7.8 所示，烽火通信的主营业务收入增长水平处于行业中的中等偏上水平且呈现持续稳定增长趋势。说明在营业能力方面，光通信行业整体水平较高。

3. 业务发展现状

（1）行业地位。

烽火通信的三项主营业务细分及行业地位如表 7.5 所示，就行业地位而言，烽火通信的通信系统设备业务国内市占率达到 15%，OTN（光传输网）产品国内市占率达到 20%；同时也是国内少数具备光棒生产能力的公司之一；在数据网络产品方面，烽火通信国内网络监控市占率 60%，具有绝对的优势。

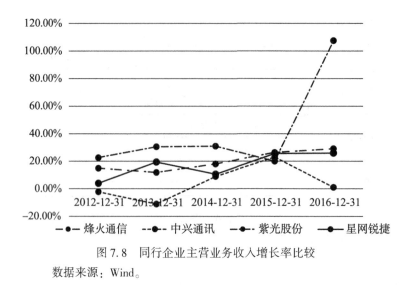

图 7.8　同行企业主营业务收入增长率比较

数据来源：Wind。

表 7.5　　　　　　　　　　　主营业务细分及行业地位

主营业务	主营业务细分	客户领域	行业地位
通信系统	运营商接入网、传输网、承载网解决方案，企业终端、信息化产品，家庭用户产品	运营商、企业、个人家庭等	运营商局端设备市占率在 15% 左右；OTN 产品国内市占率在 20% 左右
光纤光缆及电缆	光纤、光缆、光棒、电缆	运营商等	光纤光缆产能位居行业前列；是少数具备光棒生产能力的公司之一
数据网络产品	网络安全、云计算、IDC	政府、公安、武警、互联网公司等	国内网络监控市占率第一（60% 左右）

数据来源：Wind。

（2）通信系统设备。

通信系统业务占公司主营业务收入比例达到 62.44%，是公司最核心的收入来源。目前，烽火通信是国内前三大通信系统设备供应商，规模仅次于华为和中兴通讯。通信系统设备业务主要为运营商和企业客户提供传输网、接入网、承载网等解决方案，其主流的产品包括 OTN（光传输网）、PTN（分组传输网）、PON（无源光纤网络）等。

一方面，在我国，网络升级的周期为 4~5 年，目前 100G 骨干网升级、城域网 40G 升级和接入网 PON 改造正进入中后期，网络建设正处于新一轮 400G 骨干网升级、城域网 100G 升级和接入网 10G PON 升级周期。烽火通信的 OTN 技术全国领先，预计将会大程度受益。另一方面，根据上述行业分析，在我国 5G 建设推进过程中，运营商 OTN 需求将会增大，而烽火通信在国内 OTN 市场份额占比达到 20%，预期将会受益。

（3）光纤光缆。

20世纪末的互联网泡沫带来的光纤超前投资曾驱使光纤价格一度上涨至高位，随后的泡沫破灭使得光纤价格进入长达15年的下降周期。在价格下降周期中，众多小厂商亏损后退出行业，又由于国内光纤和光棒反倾销，拥有规模优势和光棒产能的国内厂商逐渐脱颖而出，市场集中度进一步提升，烽火通信是我国少数具备光棒生产能力的公司之一。

不仅如此，烽火通信还是国内光通信产业链最完整的公司之一，其集光纤、光缆、光棒、光芯片、光器件、光设备全产业链于一体，从而具有较强的竞争优势。根据上文行业分析，目前我国的光纤市场仍然供小于求，而且需求逐年上涨，如图7.9所示，烽火通信由于具有光棒-光纤-光缆一体化优势，预期受益程度较大。

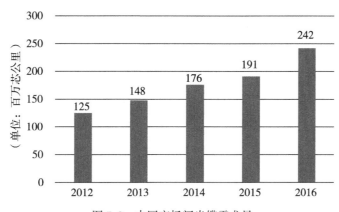

图7.9　中国市场间光缆需求量

数据来源：中国报告网。

（4）数据网络产品

烽火通信的数据网络产品主要包括网络信息安全产品、移动信息化产品、云计算产品等。

①信息安全。

烽火星空是烽火通信旗下子公司，是中国具备完备网络监控资质的三家公司之一。作为国内信息安全产业的龙头，主要为政府部门提供网络安全服务与解决方案。烽火星空在巩固网监市场的同时，积极拓展政企和民用市场，并凭借数据采集技术探索大数据分析服务业务，实现业务模式由硬件向"硬件+服务"转变，以确保烽火星空长期可持续发展。

烽火星空积极拓展新业务以支撑公司长期成长。具体而言：一是公司持续发展数据通信业务，布局企业路由器、交换机等数通产品以拓展业务边界；二是公司开始涉足智慧城市以及军工应用等领域，以期通过新业务的拓展在需求侧拉动公司收入延续快速增长。此外，随着全球反恐形势日趋紧迫，国内治安维护需求的快速增长，烽火星空将有更为广阔的市场。

②云计算。

烽火通信在立足光通信的同时，积极响应国家大数据发展战略，依托烽火云应用服务平台"FitCloud"，为政府、教育、互联网等客户提供云存储、云服务器、云数据中心、桌面云、云操作系统等云服务。

2015年10月，烽火通信和湖北联投共同成立了楚天云公司，烽火通信出资4500万元，持股45%。楚天云定位于汇聚打通湖北省政府部门信息，统筹汇聚省内行业云和区域云，是智慧湖北重大工程，集云计算、大数据于一体的全省统一云基础设施服务平台和数据交换枢纽平台。

2017年5月，烽火通信成为Openstack金牌会员。OpenStack是由NASA（美国国家航空航天局）和Rackspace合作研发并发起的项目，支持大规模扩展所有类型的云环境，项目目标是提供实施简单、丰富、标准统一的云计算管理平台。如表7.6所示，烽火通信在云计算各项技术中位于国内前列，并位列Openstack社区核心代码贡献世界第八名。

表7.6　　　　　　　　　　　　　　云计算各项技术排名

项目名称	中国第一名	中国第二名	中国第三名
计算	华为 TOP2	Easystack TOP11	烽火通信 TOP13
块存储	华为 TOP1	烽火通信 TPO4	联想 TOP6
网络	烽火通信 TPO13	海运捷讯 TOP17	Easystack TOP18
仪表盘	Easystack TOP4	浪潮 TOP10	中兴 TOP13
裸金属	烽火通信 TPO9	中兴 TOP12	浪潮 TOP15
编排	华为 TOP2	Easystack TOP3	烽火通信 TPO5
对象存储	烽火通信 TOP6	云宏信息 TOP12	浪潮 TOP13
身份认证	华为 TOP2	中兴 TOP4	烽火通信 TOP9

资料来源：新浪财经。

（三）公司战略

1. ICT 战略

ICT 是信息、通信和技术的结合，它是信息技术（IT）与通信技术（CT）融合而形成的新概念。与互联网的开放和设备通用不同，电信网络的封闭性导致设备具有专用性，运营成本较高。近年来，国内外信息通信服务的需求逐渐增长，烽火通信作为光通信行业的龙头企业，也致力于 ICT 的战略转型。公司于 2016 年 4 月 9 日发布定增预案，2017 年 6 月 7 日获得证监会审核通过，2017 年 8 月 18 日获得证监会批文。此次定增，公司非公开发行 6797.43 万股新股，共计融资 18.02 亿元。从公司募投项目看，此次定增一方面将继续传统的光通信主业，另一方面还加码云计算和大数据业务，助力 ICT 战略持续落地。

具体而言，首先，烽火通信积极整合公司内部的资源，充分发挥子公司的优势，例如国内信息安全的龙头公司"烽火星空"；其次，在基础平台方面，公司与国际先进厂家合作，进军服务器和存储领域，迅速推出了烽火通信服务器和存储产品，产品性能位居行业先列，目前烽火的服务器产品已在运营商以及行业客户中得到了迅速应用；最后，在云计算以及行业应用软件领域，烽火通信投入了大量资源，增强了 ICT 服务能力。

目前 ICT 技术的融合已发展到"云网一体"的新阶段，"网随云动、云网融合"已成为通信界的热点话题。这一阶段的重点在于利用 IT 技术彻底改造原有的通信网络，难点在于将传统封闭的通信网络架构迁移到云的体系上，这种迁移并不是简单的底层平台的迁移，而是要在迁移之后提高网络效率，并灵活适应创新业务的需求。为此烽火推出了 FitCloud 云网一体解决方案，为政府、教育、互联网等客户提供云存储、云服务器、云数据中心等云服务。

2. 海外扩张战略

2015 年 3 月，国家发展改革委、外交部、商务部联合发布了《推动共建丝绸之路经济带和 21 世纪海上丝绸之路的愿景与行动》，其中明确提出："共同推进跨境光缆等通信干线网络建设，提高国际通信互联互通水平，畅通信息丝绸之路"，通信设备和光纤光缆将充分受益于"一带一路"带来的海外市场扩张机遇。

在政策支持下，公司积极"开疆扩土"，率先抢占"亚非拉"市场，主营业务收入逐年递增，如图 7.10 所示。

海外扩张战略是烽火通信冲破主营业务增长天花板、改善盈利能力的主要战略。公司在国内通信系统业务中排名第三，仅次于华为、中兴，具有一定的成本优势，在海外市场上竞争力较强。另外，公司是国内唯一能提供从光纤光缆、器件和系统设备"一站式"解决方案的供应商，有助于抢占海外市场。

图 7.10　烽火通信海外收入

数据来源：Wind。

六、财务分析

（一）资产负债表

1. 资产结构分析

（1）资产规模

2013—2016 年，烽火通信的资产总计共增加了 99.64 亿元。烽火通信的总资产在总体上呈稳定的增长趋势。在 2014 年之前，年增长率有下降的趋势，而 2014 年之后，年增长率又有所回升。2014—2015 年，烽火通信先后获取中国移动 OTN 设备（新建部分）集采超过 30% 的市场份额和中标中国电信 PON 设备 2015 年集采等重大项目；而其在海外市场的迅速发展也加速了其资产的迅速增长。在 2017 年 6 月 30 日的报告期，烽火通信的总资产在同行业中排名第二，仅次于中兴通讯，说明了其具有一定的实力。

（2）资产构成。

资产构成主要指流动资产和非流动资产的比率。流动资产是指企业可以在一年或者超过一年的营业周期内变现或者运用的资产，在一定程度上可以反映企业的变现能力。在合理的程度内，流动资产的比率较高说明企业承担风险的能力也较强。从图 7.11 可以看出，2013—2016 年，烽火通信的流动资产占总资产的比率都高达 85% 左右，说明其资金运转能力极强。

2. 负债、所有者权益结构分析

2013—2016 年，烽火通信的负债增加了 84.82 亿元。其中，2014—2015 年和 2015—2016 年分别增加了 46.43% 和 34.10%，相比于 2014 年之前有较大幅度的增长。增加最多的为应付账款和预收账款，增长的原因在于公司加大了采购和销售规模，并积极地将资金投入新产品的研发（见图 7.12）。

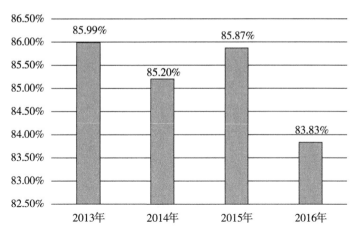

图 7.11 2013—2016 年烽火通信流动资产占总资产比率
数据来源：Wind。

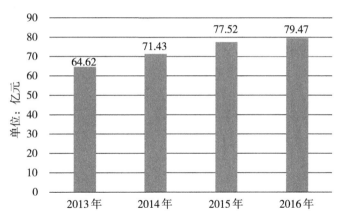

图 7.12 2013—2016 年烽火通信股东权益合计
数据来源：Wind。

烽火通信近年来的股东权益有比较显著的增加，见图 7.12。其中，增加的重点部分为未分配利润一项。未分配利润的增减与公司利润有比较直接的联系，因而它的增加说明了企业的营业状况良好，有着持续发展的潜力。

3. 资产负债匹配分析

（1）流动比率。

流动比率是流动资产对流动负债的比率，用来衡量企业变现偿还负债的能力。比率越高，说明企业资产的变现能力越强，短期偿债能力越强；一般认为流动比率应在2∶1以上。如图 7.13 所示，2013—2016 年烽火通信流动比率未达到 2，并且近年来呈递减趋势。而相比于其他三家行业内龙头企业，烽火通信的流动比例最低，也体现了其偿债能力的有待提高。

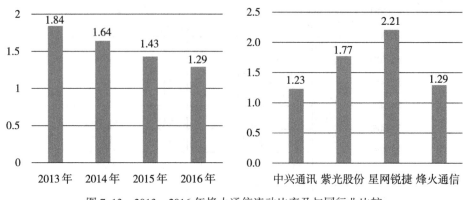

图 7.13 2013—2016 年烽火通信流动比率及与同行业比较

数据来源：Wind。

（2）速动比率。

速动比率是速动资产对流动负债的比率。它衡量了企业流动资产中可以立即变现用于偿还流动负债的能力，一般以大于 1 为好。从数据可以看出，烽火通信的速动比率同样不达标，尤其是在 2014 年之后。而从 2016 年的数据来看，相较于其他公司，烽火通信速动比例最小，同样表明了其偿债能力有待提高（见图 7.14）。

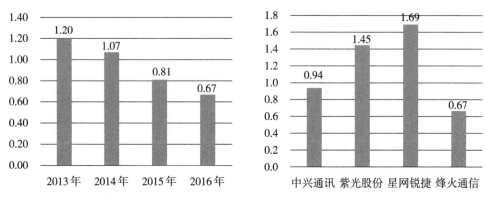

图 7.14 2013—2016 年烽火通信速动比率及与同行业比较

数据来源：Wind。

（3）资产负债率。

资产负债率是负债总额除以资产总额的百分比。资产负债率反映了在总资产中通过借债来筹资的比例，也可以衡量企业在清算时保护债权人利益的程度。总体来说，资产负债率的警戒线在 70%。烽火通信的这一数值虽然在警戒线之下，但近年来有明显的增长趋势。一方面，这增加了资金回笼的风险；另一方面，高资产负债率意味着高财务杠杆，投资者同时可以获得更多收益，因此需要辩证地去看待（见图 7.15）。

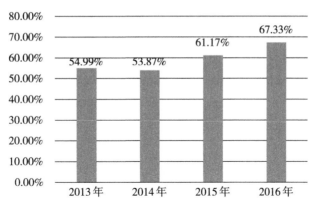

图 7.15　2013—2016 年烽火通信资产负债率
数据来源：Wind。

（4）产权比率。

产权比率是负债总额与所有者权益总额的比率，同样是衡量企业长期偿债能力的指标之一。产权比率越低，表明企业自有资本占总资产的比重越大，长期偿债能力越强。一般而言，产权比例在 0.7~1.5 比较合适，然而烽火通信产权比率的总态势持续上升，在 2016 年高达 2.25。虽然风险较高意味报酬也相应较高；但烽火通信的产权比率一直处于比较高的状态，说明负债已经超过了债权人提供的资本，具有较高的风险性。

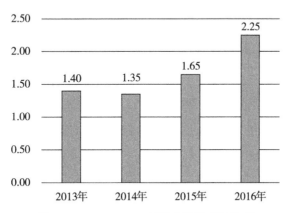

图 7.16　2013—2016 年烽火通信产权比率
数据来源：同花顺。

综合而言，烽火通信的资产状况较好、行业排名较高，但同时其偿还负债的压力较大，具有一定的投资风险。

（二）利润表分析

对于烽火通信的利润表，我们选取了销售净利率、销售毛利率，净资产收益率（ROE）、总资产收益率（ROA）四个关键指标，同时运用纵向对比和横向对比的方法对其进行分析。纵向比较我们选取了 2013—2016 年四年的数据来分析各个指标的走势；横向比较我们选取了中兴通讯、紫光股份、星网锐捷和烽火通信四个可比公司 2016 年的数据进行同业分析。

1. 销售净利率

销售净利率，又称销售净利润率，是净利润占销售收入的百分比。该指标反映每一元销售收入带来的净利润的多少，表示销售收入的收益水平。它与净利润成正比，与销售收入成反比，企业在增加销售收入额的同时，必须相应地获得更多的净利润，才能使销售净利率保持不变或有所提高。

从图 7.17 中可以看出烽火通信在 2013—2016 年保持盈利，没有出现亏损现象。但是由于行业的整体利润被压低，以及近年来人力、原材料等成本升高，公司 2013—2016 年销售净利率呈现下降趋势。在同行业销售净利率方面，星网锐捷排名第一，烽火通信在四个公司中排名第二，为 4.58%，略高于紫光股份，表明烽火通信在行业中盈利能力相对较强。

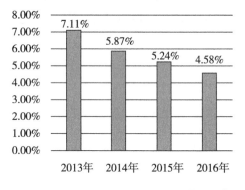 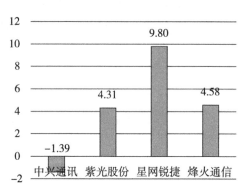

图 7.17　烽火通信销售净利率及同行业比较

数据来源：Wind。

2. 销售毛利率

销售毛利率是毛利占销售净值的百分比。其中毛利是销售净收入与产品成本的差。销售毛利率计算公式：销售毛利率 =（销售净收入–产品成本）/销售净收入×100%。通常分析者主要考察企业主营业务的销售毛利率。

与销售净利率一样，2013—2016 年，烽火通信的销售毛利率呈现下降的趋势，销售毛利率下降的主要原因是行业的整体利润率被压低。烽火通信销售毛利率不到 25%，在同行业四个可比公司中位于第三名，还有较大的提升空间。烽火通信应该通过技术改

进等方法降低产品成本从而提升销售毛利率（见图 7.18）。

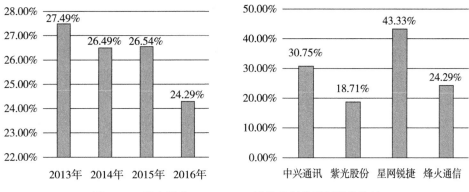

图 7.18　烽火通信 2013—2016 销售毛利率及同行业比较
数据来源：Wind。

3. 净资产收益率

净资产收益率又称股东权益报酬率、净值报酬率、权益报酬率，是净利润与平均股东权益的百分比，是公司税后利润除以净资产得到的百分比率，该指标反映股东权益的收益水平，用以衡量公司运用自有资本的效率。指标值越高，说明投资带来的收益越高。净资产收益率体现了自有资本获得净收益的能力。一般来说，负债增加会导致净资产收益率的上升。

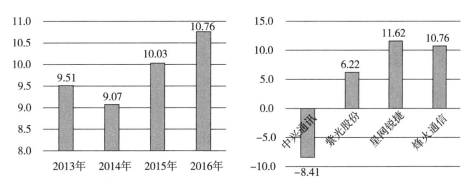

图 7.19　烽火通信 2013—2016 年净资产收益率及同行业比较
数据来源：Wind。

烽火通信 2013—2016 年净资产收益率整体呈上升趋势，表明获利能力持续增强。联系前面的公司业务分析，我们推断烽火通信净资产收益率上升的原因可能是公司 2015 年至今获得了三大运营商多个传输网项目，并且其海外业务扩张较快，增强了盈利能力。

在同行业的四家可比公司中，烽火通信 2016 年的净资产收益率排名第二，达到了 10.8%，与排名第一的星网锐捷相差无几，说明烽火通信的获利能力较强。且烽火通信近几年的净资产收益率总体呈现一个上升的趋势，未来可能会超过星网锐捷。

4. 总资产收益率

总资产收益率是分析公司盈利能力时又一个非常有用的比率。其计算公式为：总资产收益率=净利润/总资产。总资产收益率的高低直接反映了公司的竞争实力和发展能力，也是决定公司是否应举债经营的重要依据。

图 7.20 显示，烽火通信 2013—2016 年总资产收益率持续上涨，说明企业获利能力不断增强。

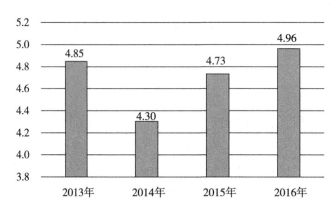

图 7.20　烽火通信 2013—2016 年总资产收益率

数据来源：Wind。

（三）现金流量表分析

1. 现金流量分析

（1）经营活动产生的现金流。

数据显示烽火通信销售商品，提供劳务收到的现金占经营活动现金流入的比例稳定在 95% 左右，表明现金流入主要来自主营业务收入。烽火科技销售商品、提供劳务收到的现金和购买商品、接受劳务支付的现金都在逐年增长，说明企业在加大采购力度。但是从 2015 年开始，公司购买商品、接受劳务支付现金的增长速度比销售商品、提供劳务收到现金的增长速度快。说明虽然企业的销售在增长，但是其成本压力加大。公司经营活动产生的现金流量净额从 2015 年开始呈现下降趋势，2016 年更是比上年同期减少 57.32%。其主要原因是各类主要产品的原材料成本均上涨。正常情况下公司经营活动现金流量除了要维护企业经营活动的正常周转外，还应有足够的头寸补偿长期经营性资产折旧和摊销，以及支付利息和现金股利的能力。烽火通信经营活动的现金流比较紧张（见表 7.7）。

表 7.7　　　　　　　　　　　　**经营活动产生的现金流量表**　　　　　　　　　单位：亿元

报　告　期	2013 年	2014 年	2015 年	2016 年
销售商品，提供劳务收到的现金	95.10	108.35	145.78	206.74
经营活动现金流入小计	100.08	114.11	152.79	216.21
购买商品，接受劳务支付的现金	71.04	76.79	110.23	171.06
经营活动现金流出小计	94.54	105.90	144.64	212.73
经营活动产生的现金流量净额	5.54	8.21	8.15	3.48

数据来源：烽火通信年报。

（2）投资活动产生的现金流。

从表 7.8 可看出，烽火科技投资活动产生的现金流量净额在 2013 年和 2014 年基本持平，但是在 2015 年和 2016 年陡然上升，并且上升的幅度非常大，主要是因为企业购建固定资产无形资产和其他长期资产所支付的现金增加。而且从 2013 年起该企业购建固定资产，无形资产和其他长期资产所支付的现金远远大于处置固定资产、无形资产和其他长期资产收回的现金净额，表明企业正在原有生产经营规模的基础上，试图通过对内扩张战略来进一步提升市场占有率和夯实主业的竞争实力和坚持"经营主导型"经营战略。公司积极应对国内提速降费所导致的运营挑战，立足光通信主业的同时积极向各个不同行业的信息领域拓展，逐步从通信硬件厂商向软硬一体的 ICT 综合解决方案提供商转型。

表 7.8　　　　　　　　　　　　**投资活动产生的现金流量表**　　　　　　　　　单位：万元

报　告　期	2013 年	2014 年	2015 年	2016 年
处置固定资产，无形资产和其他长期资产收回的现金净额	109.36	155.74	85.83	116.48
收到其他与投资活动有关的现金	23966.30	5523.38	2040.00	4500.00
投资活动现金流入小计	27217.26	9951.53	6485.83	9169.54
购建固定资产，无形资产和其他长期资产所支付的现金	38394.70	38346.48	63180.67	86190.93
支付其他与投资活动有关的现金	19785.90	1000.00	6620.00	——
投资活动产生的现金流出小计	63653.40	49836.47	98890.75	92880.93
投资活动产生的现金流量净额	−36436.14	−39884.94	−92404.92	−83711.38

数据来源：烽火通信年报。

（3）筹资活动产生的现金流。

筹资活动的现金流量应该适应企业经营活动、投资活动的需要，从整体上反映企业融资状况及其成效。该企业的主要融资方式为债务融资。2016 年企业通过债务获得现金大幅上升。及时且足额地筹集到相应的资金满足其经营活动和投资活动的需求，可见该企业的筹资活动适应性较强。其配股利、利润或偿付利息支付的现金稳定增长，且偿还债务支付的现金具有与其筹资规模的适应性，故该企业在偿还债务、分配股利方面有较大支出。

表 7.9　　　　　　　　　　　　　筹资活动产生的现金流量表　　　　　　　　　单位：亿元

报　告　期	2013 年	2014 年	2015 年	2016 年
取得借款收到的现金	14.30	2.65	14.05	37.55
收到其他与筹资活动有关的现金	0.08	0.06	2.69	6.66
筹资活动现金流入小计	14.49	5.15	20.66	44.64
偿还债务支付的现金	11.15	3.91	14.55	34.06
分配股利、利润或偿付利息支付的现金	2.02	2.58	3.11	4.64
筹资活动现金流出小计	13.31	6.64	19.51	46.48
筹资活动产生的现金流量净额	1.17	-1.49	1.15	-1.83

数据来源：烽火通信年报。

综合以上三方面分析，该企业经营成本，尤其是购买商品，接受劳务支付的成本较高，导致活动产生的现金流较为紧张，企业为扩大生产规模，在购建固定资产、无形资产和其他长期资产中的投资较大，2016 年筹资活动通过借款取得的现金大幅增加，表明该企业处于扩张期，但是需要协调好经营活动、投资活动和筹资活动，另外对其生产的成本和支出要给予更多关注，防范投资风险。

2. 现金流比率分析

（1）经营活动现金流占比分析。

表 7.10　　　　　　　　　　　　　　　现金流比率

报　告　期	2013 年	2014 年	2015 年	2016 年
经营活动产生的现金流量净额/营业收入	6.09%	7.66%	6.04%	2.00%
销售商品提供劳务收到的现金/营业收入	104.39%	101.06%	108.07%	119.08%

数据来源：烽火通信年报。

该企业 2013—2016 年销售商品提供劳务收到的现金占营业收入比重持续上升，说明该企业商品销售情况较好。2016 年经营活动产生的现金流量净额占营业收入比重下降主要是因为购买商品、接受劳务支付的现金比重较大。

（2）现金流动负债比率分析。

现金流动负债比率是企业一定时期的经营现金净流量同流动负债的比率，它可以从现金流量角度反映企业当期偿付短期负债的能力。一般该指标大于1，表示企业流动负债的偿还有可靠保证。该指标越大，表明企业经营活动产生的现金净流量越多，企业越能保障按期偿还到期债务，但也并不是越大越好，该指标过大则表明企业流动资金利用不充分，盈利能力不强。从表7.11中可以看出该企业的现金流动负债比率远小于1，当期偿付短期负债能力较弱，2016年经营活动产生的现金净额大幅下降使得现金流动负债比率下降速度加快。

表7.11　　　　　　　　　　　现金流动负债比率

报　告　期	2013 年	2014 年	2015 年	2016 年
经营活动产生的现金净额（亿元）	5.54	8.21	8.15	3.48
流动负债合计（亿元）	67.28	80.58	111.17	157.63
预收款项（亿元）	19.08	22.86	35.88	54.08
扣除预收款项的流动负债合计（亿元）	48.2	57.72	75.29	103.55
现金流动负债比率	11.49%	14.22%	10.82%	3.36%

数据来源：烽火通信年报。

（3）现金流量满足率分析。

现金流量满足率表示的是经营活动产生的现金流量净额对投资活动产生的现金流量净额的覆盖程度，这里的投资活动净额是指绝对值。从表7.12可知，该企业的现金流量满足率持续下降，特别是2015年降至88%，2016年低至42%。原因在于2015年和2016年企业购建了固定资产，特别是在机器设备、电子设备、仪器仪表、固定资产装修和办公设备等方面支出大幅度增加。在无形资产方面，2015年和2016年企业增加了土地使用权和非专利技术。

表7.12　　　　　　　　　　　现金流量满足率

报　告　期	2013 年	2014 年	2015 年	2016 年
经营活动产生的现金流量净额（亿元）	5.54	8.21	8.15	3.48
投资活动产生的现金流量净额（亿元）	3.64	3.99	9.24	8.37
现金流量满足率	152%	205%	88%	42%

（4）盈利现金比率。

盈利现金比率反映本期经营活动产生的现金净流量之间的比率关系。一般情况下，该比率越大，表明企业盈利的质量越高。

盈利现金比率的计算公式是：盈利现金比率＝经营现金净流量/净利润。

如表 7.13 所示，烽火科技的盈利现金比率在 2014 年有大幅上升，但之后开始下降。2016 年仅为 43.77%，远小于 1。说明企业本期净利润中尚存在没有实现的现金收入。在这种情况下，企业容易面临着资金短缺的风险。盈利现金比率下降的原因可能是该企业在 2016 年购买商品，接受劳务支付的现金比重较大和购建固定资产，无形资产和其他长期资产投资比重大幅增加。企业的大规模的经营支付购买活动会导致盈利现金比率下降，同时我们也要关注企业的现金流量的质量问题。

表 7.13 盈利现金流比率

报 告 期	2013 年	2014 年	2015 年	2016 年
经营活动产生的现金流量净额（亿元）	5.54	8.21	8.15	3.48
净利润（亿元）	6.48	6.3	7.07	7.95
盈利现金比率	85.49%	130.32%	115.28%	43.77%

（5）杜邦分析。

股东权益收益率（ROE）是所有财务比率中综合性最强、最具有代表性的指标。通过细分，净资产收益率可以表示为三个比率的乘积，其计算公式为：

净资产收益率（ROE）= 销售利润率（PM）×总资产周转率（TAT）×财务杠杆（FL）

决定权益净利率高低的因素有三个：销售净利率、资产周转率和权益乘数。其中，销售利润率取决于公司的经营管理，总资产周转率取决于投资管理，财务杠杆取决于融资政策。分解之后，可以把权益净利率这样一项综合性指标发生升降变化的原因具体化，比只用一个综合性指标更能说明问题（见图 7.21、表 7.14）。

表 7.14 杜邦分析

年份	ROE	销售净利率	资产周转率	权益乘数
2015	10.28%	5.24%	76.11%	2.58
2016	12.09%	5.04%	78.40%	3.06

数据来源：Wind。

烽火通信 2016 年的 ROE 为 12.09%，与上年的 10.28% 相比，提高了 1.81%，说明烽火通信利用现有资产获取利润的能力有所增强。烽火通信的净资产收益率上升了，其主要原因是公司的资产利用效率提高以及资本结构的变动（权益乘数变大）。2015—2016 年公司的盈利能力提高。公司的经营管理能力较小程度降低，投资管理能力小幅度上升，财务杠杆增大。

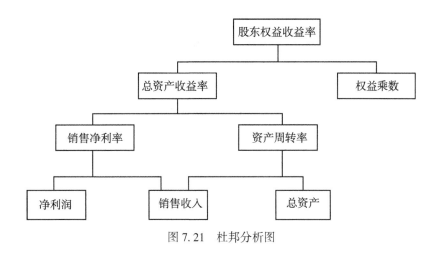

图 7.21 杜邦分析图

七、财务数据预测

（一）预测方法

通过对烽火通信的分析，我们对公司未来的财务指标进行预测，采用的方法是销售百分比法，即假设各个项目与收入保持稳定的百分比关系。具体操作为根据公司财务分析、战略分析的结果，对公司的未来收入进行预测，根据各项目与收入的百分比关系预测各个项目，然后编制预测财务报表，计算出预测财务指标。

（二）预测阶段

通过上述对烽火通信的业务分析和财务分析，我们将预测周期分为三个阶段。

1. 2017—2019 年为直接价值预测期

2011—2016 年，烽火通信营业收入年平均增长率达到 19.74%，通过公司的业务分析，我们认为烽火通信营业收入短期内将保持稳健增长，预测公司 2017—2019 年营业收入增长率分别为 21%、17%、23%。

2. 2020—2024 为持续增长期

在 2020 年及以后，我们预测烽火通信仍然能够以较快速度增长，所以我们将直接价值预测期后的时期分为两部分，其中 2020—2024 年为持续增长期，公司营业收入增幅稳定在 15%。

3. 2025 年及以后为永续期

从长远来看，公司的营业收入的增长率不会超过 GDP 增长率，根据标准普尔 2017 年 1 月的预测，2025 年及以后，我国将保持 5.5% 或以上的强劲增长速度，因此我们将烽火通信的长期增长率设定为 5.5%。

（三）预测结果

通过营业收入预测，我们对各项财务数据的预测如表 7.15、表 7.16、表 7.17 所示。

表 7.15　　　　　　　　　　**净利润、EPS 等指标预测结果**

科目	2017 年	2018 年	2019 年	2020—2024 年	2025 年及以后
营业总收入（百万元）	21041	24658	30405	15%增长	5.5%增长
利润总额（百万元）	1051	1230	1513	15%增长	5.5%增长
净利润（百万元）	920	1076	1324	15%增长	5.5%增长
自由现金流量（百万元）	1186	1388	1707	15%增长	5.5%增长
EPS（元）	0.83	0.97	1.19	15%增长	5.5%增长

每股股利 DPS 与销售收入无关，股利的支付由公司管理层决定，故需要单独预测。烽火通信 2013—2016 年股利派发率的数据如表 7.16 所示。

表 7.16　　　　　　　　　　　　　**股利派发率**

年份	2013	2014	2015	2016	平均值
股利派发率	31.63%	46.06%	54.14%	46.78%	44.65%

数据来源：Wind。

由历史数据可知，近年来公司的股利派发率较为稳定。因此，我们假定未来三年内公司的股利派发率仍保持其均值 45%。通过参考同行业发展成熟的公司，我们假定 2020—2024 年的股利支付率为 48%。因此，我们得到的预测每股股利（DPS）如表 7.17 所示。

表 7.17　　　　　　　　**烽火科技每股股利（DPS）预测结果**

科目	2017 年	2018 年	2019 年	2020 年	2021—2024 年
EPS（元）	0.83	0.97	1.19	1.37	15%增长
股利派发率	45%	45%	45%	48%	48%
DPS（元）	0.37	0.44	0.54	0.66	15%增长

八、模型估值

（一）要求回报率的计算

1970 年，威廉·夏普在其著作《投资组合理论与资本市场》中提出了资本资产定价模型。夏普指出，个人投资者所面临的风险包括系统性风险和非系统性风险，投资者可以通过构建投资组合来分散非系统性风险，但是无法分散系统性风险。资本资产定价模型具有一定的假设前提。首先，资本市场是完全有效市场；其次，投资者是理性的，其投资组合都落在马科维茨的有效边界上，即在同一风险水平下，投资者选择收益最高的组合，在同一收益水平下，投资者选择收益最低的组合。

CAPM 模型的要求回报率计算公式如下：

$$R_i = R_f + \beta_i (R_M - R_f)$$

$$\beta_i = \frac{\text{cov}(R_i, R_M)}{\text{var}(R_M)}$$

在本案例中，R_i 为对于烽火通信股票投资者的要求回报率；

R_M 是市场组合的收益率，我们选取了近一年上证指数的收益率作为市场组合收益率，为 10.53%；

R_f 是无风险收益率，我们选取了 2017 年 11 月一年期的国债的平均收益率作为无风险收益率，为 3.61%（数据来自中国外汇交易中心）。

β 系数是用来衡量一种证券或一个投资组合相对市场波动的敏感程度。在本案例中，对于 β 系数的计算，我们选用了上证指数、烽火通信 2012 年 1 月—2017 年 11 月的收益率数据，对数据进行处理后，导入 Eviews7 统计分析软件，并进行回归分析，得到贝塔的拟合值：$\beta = 0.9956$。

本案例采用资本资产定价模型计算的 β 值为 0.9956。将 β 值和各项数据代入 CAPM 模型公式，得出烽火通信（600498）的要求回报率为 10.50%。

（二）股利贴现模型估值

1. DDM 模型简述

DDM 模型（dividend discount model）是一种绝对估值方法。模型的原理为：股票的内在价值是其逐年期望股利的现值之和。

其计算公式如下：

$$V = \sum_{t=1}^{n} \frac{D_t}{(1+r)^t} + \frac{D_{n+1}}{(r-g)(1+r)^n}$$

2. 估值过程

依据上文中财务数据的预测结果，2018—2024 年，根据直接预测的每股股利进行贴现，贴现率为前文 CAPM 模型中求得的要求回报率 10.50%。2025 年及以后，股利以不变的增长速度 5.5% 增长，可以计算出公司 2017 年内在价值。计算结果如表

7.18 所示。

表 7.18　　　　　　　　　　　　　**DDM 模型计算结果**　　　　　　　　　单位：元

年份	2017	2018	2019	2020	2021	2022	2023	2024	2025
DPS	0.32	0.37	0.44	0.54	0.66	0.76	0.87	1	1.055
折现因子	—	1.11	1.22	1.35	1.49	1.65	1.82	2.01	—
DPS 各年现值	—	0.33	0.36	0.40	0.44	0.46	0.48	0.50	—
DPS 总现值	2.97	—	—	—	—	—	—	—	—
CV（永续价值）	—	—	—	—	—	—	—	21.1	—
永续价值现值	10.50	—	—	—	—	—	—	—	—
每股价值	13.47	—	—	—	—	—	—	—	—

可得 DPS 各年加总现值为 2.97 元，预测的 DPS 永续现值为 10.50 元，所以预测每股价值为 13.47 元。

（三）现金流贴现模型估值

1. 模型简述

根据现金流折现模型，一家企业的价值是一定估值时域 H 内获得的自由现金流量的贴现值，加上在该时域企业价值的预测值（也是折现后的现值）。

$$V = \frac{\text{FCF}_1}{1+r} + \frac{\text{FCF}_2}{(1+r)^2} + \cdots + \frac{\text{FCF}_H}{(1+r)^H} + \frac{\text{CV}_H}{(1+r)^H}$$

$$\text{CV}_H = \frac{\text{FCF}_{H+1}}{r-g}$$

其中 V 为公司价值，FCF（free cash flow）表示自由现金流量；

r 表示必要收益率，此处用加权平均资本成本 WACC 计算。

2. WACC 的计算

WACC（加权平均资本成本）是指企业以各种资本在企业全部资本中所占的比重为权数，对各种长期资金的资本成本加权平均计算出来的资本总成本，代表公司整体平均资金成本。

其公式为：

$$\text{WACC} = \frac{E}{V} \times r_E + \frac{D}{V} \times r_D \times (1 - T_c)$$

其中，E 是股权资本，根据烽火通信 2017 年三季度报，E 取值为 100.59 亿元；D 是债务资本，取值为 178.49 亿元；V 是公司总价值，取值为 279.08 亿元。

r_e 为权益资本成本，通过上述 CAPM 模型计算得出 $r_e = 10.50\%$；rD 为债务资本成本，通过财务报表数据计算得出值为 8.25%；T_c 为企业税率，通过公司近三年年报，我们计算得出企业平均税率为 16.2%；综上，计算出烽火通信 WACC 为 8.2%。

3. 估值结果

根据 DCF 估值模型，公司要求回报率为 8.2%，永续期增长率为 5.5%。代入前文中对自由现金流量的预测值，得到的估值结果如表 7.19 所示。

表 7.19　　　　　　　　　　　　　**DCF 模型估值结果**　　　　　　　　　单位：百万元

年份	2017	2018	2019	2020	2021	2022	2023	2024
自由现金流	453	548	641	789	907	1043	1199	1379
折现因子	—	1.082	1.171	1.267	1.371	1.483	1.605	1.736
自由现金流现值	—	506.47	547.52	622.87	661.76	703.31	747.23	794.28
截至 2024 年现值	4583.44	—	—	—	—	—	—	—
永续价值								53883.15
永续价值现值	31038.68	—	—	—	—	—	—	—
总价值	35622.12	—	—	—	—	—	—	—
净负债	17848.64	—	—	—	—	—	—	—
普通股份额	1018	—	—	—	—	—	—	—
每股价值（元）	17.46	—	—	—	—	—	—	—

如表 7.19 所述，由于 DCF 模型估值得到的是企业总价值，减去公司负债之后获得烽火科技公司的权益价值，按照公司的普通股份额等分，获得公司每股价值估值结果为 17.46 元。

（四）剩余收益模型估值

1. 估值原理

剩余收益模型是 1961 年爱德华兹和贝尔提出来的，主要是基于公司的财务报表，利用公司的账面价值和未来收益的预测值来对公司的价值进行评估，在考虑货币时间价值以及投资者所要求的风险报酬情况下，将企业预期剩余收益按照一定的贴现率进行贴现以后加上当期账面价值就是股票的内在价值。

剩余价值是公司的净盈利与股东要求报酬的差额。企业只有赚取了超过股东要求报酬的净利润，才算获得了正的剩余收益，如果只能获得相当于股东的报酬的利润，仅仅是实现了正常收益。由此看来，剩余收益模型将公司投入的资本看作一项需要付费的成本，而公司的价值就在于它将来获取的收益超过资本成本的能力。

因此，普通股权益价值就可以用账面价值加上通过预测未来剩余收益得到的额外价值来度量，如果对 T 期进行预测，则股票价值的公式为：

$$V_0^E = B_0 + \frac{RE_1}{\rho_E} + \frac{RE_2}{\rho_E^2} + \frac{RE_3}{\rho_E^3} + \cdots + \frac{RE_T}{\rho_E^T} + \frac{V_T^E - B_T}{\rho_E^T}$$

$$\rho_E = 1 + r$$

其中，V_0^E 表示普通股权益价值，B_0 为公司资产负债表上当期的账面价值，RE 为权益的剩余价值，ρ_E 为权益资本回报率。

在具体计算过程中，股票的剩余收益为当期的每股收益减去股东要求的收益，股东要求的收益等于上一期的每股账面价值乘以必要收益率，公式为：

$$RE_t = Earn_t - (\rho_E - 1) B_{t-1}$$
$$= [ROCE_t - (\rho_E - 1)] B_{t-1}$$

这里 $ROCE_t = Earn_t / B_{t-1}$，ROCE 是普通股的回报率，即某一期间内普通股股东赚的综合收益除以期初净资产的账面价值。

2. 估值过程

假设贴现率为 10.5%，永续期剩余收益增长率为 5.5%。根据预测的 EPS 和 DPS 预测数据，我们通过期初账面价值加上当期每股盈利后减去当期派发的红利可以得每期的账面价值，并求出每期的 ROCE，进而得到剩余价值 RE，将其贴现到基期 2017 年，再加上 2017 年的每股账面价值和永续价值的折现值，最终求得每股价值为 20.60 元。具体估值过程见表 7.20。

表 7.20　　　　　　　　　　　　**RE 模型估值结果**　　　　　　　　　　单位：元

年份	2017	2018	2019	2020	2021	2022	2023	2024
EPS	—	0.97	1.19	1.31	1.51	1.73	1.99	2.29
DPS	—	0.44	0.54	0.66	0.76	0.87	1.00	1.15
BPS	7.42	7.95	8.60	9.25	10.00	10.86	11.85	12.98
ROCE	—	0.13	0.15	0.15	0.16	0.17	0.18	0.19
RE	—	0.19	0.36	0.41	0.54	0.68	0.85	1.05
贴现因子（r=10.5%）	—	1.11	1.23	1.37	1.52	1.69	1.87	2.08
剩余价值现值	—	0.17	0.29	0.30	0.36	0.41	0.47	0.52
剩余价值总现值	2.53	—	—	—	—	—	—	—
CV 值	—	—	—	—	—	—	—	22.16
CV 现值	10.65	—	—	—	—	—	—	—
每股价值	20.60	—	—	—	—	—	—	—

（五）超额收益增长模型估值

1. 估值原理

RE 模型是将公司账面价值作为估值的锚价值，而 AEG 模型（abnormal earnings growth）是将公司的收益作为锚价值，基于公司的超额收益增长来估值。账面价值是存量概念，而收益是流量概念，因而在超额收益增长模型中要将收益资本化，由流量转化为存量，从而确定资产价值。对于普通股来说，超额收益增长的估值模型为：

$$V_0^E = \frac{1}{\rho_E - 1}\left[\text{Earn}_1 + \frac{\text{AEG}_2}{\rho_E} + \frac{\text{AEG}_3}{\rho_E^2} + \frac{\text{AEG}_4}{\rho_E^3} + \cdots + \frac{\text{AEG}_t}{\rho_E^{t-1}} + \frac{\frac{\text{AEG}_{t+1}}{\rho_E - g}}{\rho_E^{t-1}}\right]$$

权益资本价值=远期收益资本化的价值+超额收益增长资本化的价值

其中，V_0^E 是指基期的权益资本价值，ρ_E 是权益资本回报率，Earn_1 是指第一期每股收益的预测值，AEG 指的是超额收益增长，为带息收入与正常收益之间的差值。

一项投资的总收益称为带息收益，等于除息收益加上利息的再投资收益。价值是基于预期带息收益确定的，而正常收益则等于上一期的除息收益与权益资本回报率的乘积，公式如下：

$$\text{带息收益}_t = \text{除息收益}_t + (\rho_E - 1) \times \text{股息}_{t-1}$$

$$\text{正常收益}_t = \text{除息收益}_{t-1} \times \rho_E$$

$$\text{AEG}_t = \text{带息收益}_t - \text{正常收益}_t$$

2. 估值过程

我们基于前文对于 DPS 与 EPS 的预测值来进行测算。2024 年之后，超额收益的增长率假设与 GDP 增长率保持一致，为 5.5%。

具体计算步骤如下：

（1）计算 Earn_1：我们将 2017 年的 EPS 预测数据作为 Earn_1；

（2）考虑股利再投资收益：将前一年的 DPS 乘上要求回报率，在此我们统一采用前文推导出的要求回报率 10.50%，计算出股利再投资，再加上 DPS 计算出考虑股利再投资收益；

（3）计算超额收益增长：由于我们预测烽火通信存在超额收益增长，且后期超额增长率有所不同，所以分成两段计算超额收益增长。2018 年和 2024 年的超额收益增长我们根据公式用该年考虑股利投资收益减去正常收益，正常收益由前一期的 EPS×（1+要求回报率）得到。第二段由于之后是无限的预测期，所以我们采用有增长的永续年金公式 $\left(\frac{\text{AEG}_{2025}}{r - g}\right)$ 计算出从 2025 年起剩余所有年份的 CV 值，增长率为 5.5%；

（4）计算 AEG 现值：将每一期所计算出的 AEG 进行贴现；

（5）计算永续价值和其现值：用末期的超额收益增长计算永续价值并利用贴现因子计算出其现值；

（6）估值：将各期 AEG 现值及 CV 现值与预期收益 Earn_1 加总并按照要求回报率 10.5% 资本化，最终得到我们的估值为 31.18 元（见表 7.21）。

表 7.21　　　　　　　　　　　　　**AEG 模型估值结果**　　　　　　　　　　　单位：元

年份	2017	2018	2019	2020	2021	2022	2023	2024
DPS	0.37	0.44	0.54	0.66	0.76	0.87	0.96	1.06
EPS	0.83	0.97	1.19	1.31	1.51	1.73	1.99	2.29

续表

年份	2017	2018	2019	2020	2021	2022	2023	2024
DPS 再投资	—	0.04	0.05	0.06	0.07	0.08	0.09	0.10
考虑股利再投资的收益	—	—	1.24	1.37	1.58	1.81	2.08	2.39
正常收益	—	—	1.07	1.31	1.45	1.67	1.91	2.20
超额收益增长	—	—	0.16	0.05	0.13	0.14	0.17	0.19
折现因子	—	—	1.23	1.37	1.52	1.69	1.87	2.08
AEG 现值	—	—	0.13	0.04	0.09	0.09	0.09	0.10
AEG 总现值	—	0.54	—	—	—	—	—	—
永续价值（CV）	—	—	—	—	—	—	—	4.00
CV 现值	—	1.92	—	—	—	—	—	—
总收益	—	3.43	—	—	—	—	—	—
资本化率	—	0.11	—	—	—	—	—	—
每股价值	31.18	—	—	—	—	—	—	—

（六）可比公司法

可比公司法，是给公司进行"大概"估值的一种快速简便的方法，是指挑选与同行业的可比或可参照的上市公司，以同类公司的股价与财务数据为依据，计算出主要财务比率，然后用这些比率作为市场价格乘数来推断目标公司内在价值的方法。在本案例中，我们主要采用市盈率、市现率和市净率三个财务比率来对公司进行估值。

1. 市盈率估值法

市盈率（P/E）等于企业股权价值与净利润的比值（每股价格/每股净利润）。也就是说，企业股权价值等于企业净利润乘以市盈率。市盈率是中国股权市场应用最普遍的估值指标。也即：

每股价格＝每股净利润×市盈率

市盈率估值法将股价与当期收益联系起来，是一种比较直观、易懂的统计量；适用环境是较为完善发达的证券交易市场，要有可比的上市公司，且市场在平均水平上对这些资产定价是正确的；不同行业的市盈率会有很大差别，选择市盈率估值法对企业进行价值评估时，要注意针对不同成长时期的高科技企业灵活运用。

2. 市现率估值法

市现率指的是企业股权价值与税息折旧摊销前收益（EBITDA）的比值（每股价格/每股现金流量）。企业股权价值等于 EBITDA 乘以市现率。EBITDA 为税后净利润、所得税、利息费用、折旧和摊销之和，也即：

每股价格=每股现金流量×市现率

市现率估值法与市盈率估值法一样，要求有可比的上市公司，且市场在平均水平上对这些资产定价是正确的；还需要注意 EBITDA 未将所得税因素考虑在内，税收减免获补贴会导致两家企业的 EBITDA 相等导致税后净利润相差较大。

3. 市净率估值法

市净率（P/BV）等于企业股权价值与股东权益账面价值的比值（每股价格/每股净资产）。也就是说，企业股权价值等于股东权益账面价值乘以市净率。

每股价格=每股净资产×市净率

市净率估值法主要适用于固定资产对其收入、现金流量和价值创造起关键作用的公司，以及拥有大量固定资产并且账面价值相对稳定的公司。

我们选取亨通光电（600487）和光迅科技（002281）作为烽火科技的可比公司。其中亨通光电是光纤光缆龙头，主营业务是光纤光缆的生产与销售，于 2003 年 8 月 22 日上市，总市值为 561 亿元；光迅科技是光模块领域一大龙头企业，主营业务是信息科技领域光、电器件技术及产品的研制、生产、销售和相关技术服务，于 2009 年 8 月 21 日上市，总市值为 193 亿元。我们从两家可比公司 2017 年半年度报告中提取了光迅科技、亨通光电的相关数据与烽火通信的数据，见表 7.22、表 7.23。

表 7.22　　　　　　　　可比公司与烽火通信的财务比率表

	利润/百万元	账面价值/百万元	EBITDA/百万元	市值/百万元	市盈率	市现率	市净率
光迅科技	168	2998	213.86	13191.5	78.32	61.68	4.62
亨通光电	1671	2350	1790	56200	25.21	31.40	5.53
烽火通信	490	8144	701.82	—	—	—	—

将可比公司平均比率取平均值，再乘以烽火通信的值，可以得到烽火通信的价值，将用三个指标得到的价值取平均，得到最后的公司估值。

表 7.23　　　　　　　　将可比公司的比率运用于烽火通信

	可比公司平均比率		烽火通信的值/百万元		烽火通信的价值/百万元
利润	51.77	×	490	=	25364.9
账面价值	5.075	×	8144	=	41330.8
EBITDA	46.54	×	701.82	=	32662.7
平均价值					33119.5

综上所述，通过可比公司法计算得出烽火通信总市值为 331.20 亿元，而流通 A 股

数量为 10.18 亿股，所以每股价格为 32.53 元。

（七）PEG 模型估值

PEG 比率是将公司市盈率与下一年的预期收益增长率相比，其中分子中的 *PE* 通常是远期 *PE*，分母中的预期收益增长率是在未来第二年预期收益增长率的预测值。

PEG 比率＝PE／预期收益增长率

在实际应用中，通常会使用 5 年期平均增长率作为预期收益增长率。在本案例中，要求回报率为 10.5%，因此可以使用 PEG 模型。

$$PEG\ 比率 = \frac{PE}{100LTG}$$

$$PE = \frac{P_0}{EPS_1}$$

其中，LTG 为公司收益的长期增长率，用 5 年平均增长率代替；P/E 为市盈率，此处等于 2017 年的股票价格除以 2018 年预测的 EPS。

如表 7.24 所示，通过 2018—2021 年的预测数据，计算得出烽火通信 2017—2022 年年平均增长率为 17.01%；从国泰安数据库查询并计算烽火通信 2017 年 PE 平均值为 36.28，则 PEG 比率为 2.13＞1，表明市场对于股票增长的预测太过于乐观，股价被高估。

表 7.24　　　　　　　　　　　　　净利润与增长率

科目	2017 年	2018 年	2019 年	2020 年	2021 年	2022 年
净利润（百万元）	920	1076	1324	1523	1751	2014
增长率	—	16.96%	23.05%	15.03%	14.97%	15.02%
复合增长率	17.01%					

九、总结

通过上述分析，我们认为烽火通信（600498）总体发展状况较好。我国目前正处于 5G 技术研发第三阶段，预计 5G 建设将提高运营商光传输网（OTN）、光纤光缆的需求。烽火通信的主营业务包括通信系统设备、光纤光缆和数据网络产品，预计更能突出公司竞争优势，并在国家的 5G 建设中收益。烽火通信积极推进 ICT 战略，在"一带一路"倡议的背景下积极推进海外拓展战略，预计海外拓展会给公司带来新的利润增长点。在财务方面，烽火通信的盈利能力较强，并在近年内逐渐上升；但是短期、长期偿债能力较弱，并且财务杠杆逐年增加，需要控制风险。

由于科技类公司股利分配不具有规律性，且分红总额较少，因此 DDM 模型往往会产生较大偏差，将现金流贴现模型、剩余收益模型、超额收益增长模型、可比公司法的估值结果求均值得到调整后估值为 25.44 元，低于近一周（2017 年 11 月 27 日—12 月 1 日）烽火通信收盘价均价 33.33 元。

项目组成员：李泓霖　童童　汪玮　高敏　钟玄阳　覃显智　黄夏雨　张小鸣　穆俊儒　张至涵　邓婵　王倩蓉　邓晓雨

第八章 案例：博世科

博世科（股票代码：300422）成立于 1999 年，总部设在广西南宁，在国内外设有多家分子公司及服务机构。公司是国家科技部火炬计划重点高新技术企业、中国环境保护产业协会骨干企业及全国环保优秀品牌企业。作为拥有核心技术的综合环境服务提供商，业务领域重点为水处理、生态修复、清洁化生产、固废治理、大气治理、新能源及绿色产品开发等，服务范围覆盖工程咨询设计、研究开发、设备制造、工程建设、设施运营、投融资运营等涉及环保的全产业链。

本章将从宏观行业分析、企业战略分析、财务比率分析入手，运用绝对估值和相对估值多种模型对该公司进行内在价值评估，以期为投资者和公司管理层提供决策参考。

一、环保行业宏观分析

（一）PEST 分析

PEST 分析是常见的宏观环境分析法，通过对公司所处政治环境（politics）、经济环境（economy）、社会环境（society）和技术环境（technology）开展分析，以期获得相对准确的公司发展前景预期。

1. 政策环境

（1）政策扶持。

2016 年 12 月发布的《"十三五"国家战略性新兴产业发展规划》中，明确提到要加快发展先进环保产业。大力推进实施水、大气、土壤污染防治行动计划，推动区域与流域污染防治整体联动，海陆统筹深入推进主要污染物减排，促进环保装备产业发展，推动主要污染物监测防治技术装备能力提升，加强先进适用环保技术装备推广应用和集成创新，积极推广应用先进环保产品，促进环境服务业发展，全面提升环保产业发展水平。

2016 年 12 月发布的《节能环保产业发展规划》中，政府也明确提出了主要目标，到 2020 年，节能环保产业快速发展质量效益显著提升，高效节能环保产品市场占有率明显提高，一批关键核心技术取得突破，有利于节能环保产业发展的制度政策体系基本形成，节能环保产业成为国民经济的一大支柱产业。

2017 年 10 月工信部发布的《关于加快推进环保装备制造业发展的指导意见》提到要强化技术研发协同创新发展，推进生产智能化绿色化转型发展，推动产品多元化品牌化提升发展，引导行业差异化集聚化融合发展，鼓励企业国际化开放发展。同时，加强行业规范引导，加大财税金融支持力度，充分发挥中介组织作用，加强人才队伍建设。

综上可知，环保行业是受到国家政策支持的，环保行业的发展前景值得期许。

（2）融资支持。

近年来，绿色金融正逐步成为环保融资的机遇和亮点。"十三五"时期，绿色金融制度将进一步完善，继续发展绿色信贷，支持有条件的银行探索绿色金融专业化经营，鼓励银行业金融机构将碳排放权、排污权、特许经营收费权等纳入贷款质押担保物范围。强化直接融资，支持绿色债券规范有序发展，鼓励符合条件的企业发行绿色债券。引导和支持社会资本建立绿色发展基金，投资节能环保产业。探索发展绿色保险、绿色担保等新金融产品，逐步完善绿色金融体系。绿色金融的发展将有利于快速推动环保产业的发展。

（3）市场优化。

针对地方保护行为，中央政府正在逐步减少地方自行制定政策所带来的不良影响，对市场形成的限制性规定进行统一，严肃查处设立不合理招投标条件等行为。针对恶意低价竞争问题，中央政府也在探索改革环境基础设施，建设招投标机制，建立质量优先的评标原则，大幅增加技术标权重。加强信用体系建设，建立严重违法失信的市场主体信用记录，实施跨部门联合惩戒。环保产业的市场环境正在得到优化。

2. 经济环境

我国2000—2016年环保投入占GDP比重徘徊在1.0%~1.9%。2001—2010年我国经历了环保行业的第一次飞速发展，2010年环保投入占GDP比重约1.86%，此后便出现波动性下滑，到2016年比重仅为1.24%左右。见图8.1。根据发达国家经验，环保投入占GDP比重在1.0%~1.5%时，才有可能遏制环境污染恶化的趋势，比重达到2%~3%时，才有改善环境质量的可能。可见，我国尚未走出控制环境污染总量继续恶化的阶段，未来行业发展空间仍然巨大。"十三五"规划明确提出，国家将以各项政策制度及环保督查行动等保证环保行业发展方向向改善环境质量转变，为我国环保产业进入全新的发展阶段奠定了制度规划基础。借鉴发达国家环保行业发展历程，预计2020年我国环保投入占GDP比重将超2%，同时，从环保部环境规划院开发的《国家中长期环境经济预测模型系统》的预测结果来看，全国环境质量全面改善和生态系统的平衡要到2030年前后才能出现。

首轮环保高增速效果显著，二次增长即将到来。从图8.2可看出，2002—2010年迎来我国第一个环境污染治理投资高增速期，平均增速高达25%左右，主要原因是国家围绕"污染物总量控制目标"，密集发布多项环保政策，2008—2010年全球金融危机期间迎来最高45%的行业增速。此后，中国经历着深刻的经济结构调整，环境污染治理投资金额波动缓慢上升。当前，在各项驱动因素完备的情况下，有望迎来环保投资热潮的到来，我国环保行业正处于以改善环境质量为主要发展方向的第二轮高速发展的临界点。

根据发达国家经验，环保行业的快速发展普遍发生在国家产业升级阶段，第一次升级出现在第二次世界大战爆发后的20世纪六七十年代，第二次出现在信息化产业升级

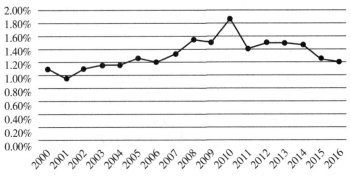

图 8.1　中国环保行业投入占 GDP 比重

数据来源：万得资讯。

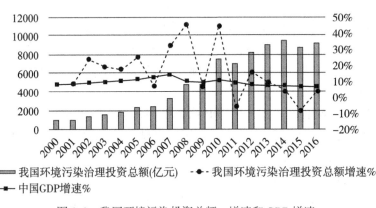

图 8.2　我国环境污染投资总额、增速和 GDP 增速

数据来源：万得资讯。

的 19 世纪 80 年代，由美国发起，逐步扩展到日本和欧洲。环保行业的快速发展持续时间在 20 年左右，年均增速平均在 20% 以上。对比我国行业与经济发展现状，基本可以得出我国环保行业正在步入一个景气不断攀升、持续高速增长的良性发展路径之中。

3. 社会环境

（1）主观因素：环保意识加强。

人们的环保意识逐步加强，"绿色""环保"之类的词汇也更多地出现在电视、电台和日常生活中。根据 2015 年对移民原因的调查数据来看，环境污染高居第二位，占比约 20%，人们对环保的重视程度可见一斑（见图 8.3）。

（2）客观原因。

①环境治理需求量大。理论上，一个国家环保产业的潜在需求空间往往是由工业生产和经济活动所造成的环境污染总量与自然环境承载能力的关系决定的，而环保产业潜在的需求空间是由工业生产和经济活动所消耗的能源总量与经济生产总值的关系决定

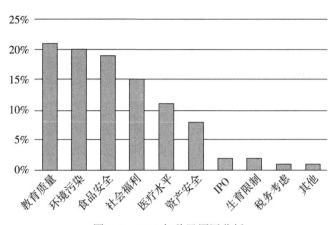

图 8.3 2015 年移民原因分析

数据来源：移民局。

的。如图 8.4 所示，中国以全球 7.2% 的国土面积，6% 的水资源量，承载了全球 19% 的人口规模，消耗了全球 23.5% 的化石能源，创造了全球 15% 的 GDP。一般来讲，用单位国土面积的化石能源消耗量来估算环保产业的潜在需求量，而用单位 GDP 的化石能源消耗量来描述节能产业的潜在需求空间。由此可见，我国的环境治理需求整体较大。

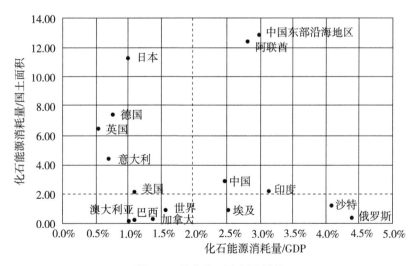

图 8.4 单位化石能源消耗量

数据来源：万得资讯。

②技术环境。海外并购加速，环保新技术引入中国。技术进步或者新技术导入是推动环保行业供给改善的第一要素。这种技术进步既包括革命性的新技术应用，也包括成

熟技术效率改进后带来的成本下降。膜技术被引入中国后推动了中国污水处理排放标准的提升，垃圾焚烧炉排炉技术的普及带来了市政垃圾处理行业焚烧替代填埋的产业趋势。新技术的导入带来的标准提升或成本下降催生了细分领域的产业发展，这些领域的产业发展也成就了一批像碧水源、光大国际这样优秀的环保企业。

（二）波特五力模型分析

波特认为行业存在决定竞争规模和程度的五种力量，分别是现有企业间竞争、潜在进入者威胁、替代品威胁、供应商讨价还价能力和购买者议价能力。如图8.5所示。本章运用波特五力模型分析中国环保行业的竞争现状。

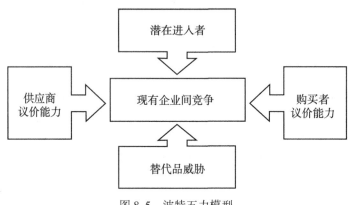

图 8.5　波特五力模型

1. 现有企业间的竞争

首先，在工业固废处理领域，由于工业废水的污染物成分非常复杂，不同的污染行业，其废水的成分会十分不同，而且对于不同的行业，工业废水的处理排放标准也有很大的差异，因此工业废水的处理难度非常大。工业废水的处理要求的技术水平较高、工业废水的处理企业间会出现较大的差异化。由于工业固废处理涉及的细分行业非常广泛，存在固废物品种较多、分布较分散等特点，需要固废处理企业有较强的综合处理能力；其次，行业内的竞争关系非常激烈。单家工业废水处理公司难以成为市场占有率很高的主体。最后，对于工业固废处置来说，业务的开展须获得政府认证的相应资质，使这一行业领域的准入门槛较高。

2. 潜在进入者的威胁

我国未来的环保市场仍将会吸引大批投资者进入。一方面，中央政府对促进发展环保行业的重视程度前所未有，政策力度不断加大，环保行业正逐渐成为我国经济新的增长点。另一方面，环保标准不断提升，逐渐同国际接轨，政府对环保政策的执行力度也越来越强，对环保的需求逐渐加大。因此，我国的环保行业投资潜力还很大，在未来一段时间将会不断有企业通过自建或者并购的方式进入环保行业。

3. 替代品的威胁

我国环保行业在固废处理领域已经具备了较为成熟稳定的处理技术，常用的技术方法有填埋、焚烧、深井灌注等。固废处理行业中新技术的替代能力也较小。但是在工业废水的处理领域，由于行业差异、标准差异、污水水质差异等原因，需要采取具有较强针对性的处理技术，随着技术水平的不断提高，工业废水的处理技术存在较大的被更为先进的技术工艺替代的可能性。

4. 上游产业的议价能力

上游产业可分为两类，第一类为环保行业提供所必需的原材料及能源的钢铁、石油、电力等上游行业，一般同一种原材料在市场上有多个供应商可供选择，故其议价能力不强；第二类上游产业是为节能环保装备制造业提供技术服务的研发机构。由于技术研发的创新性及知识产权保护等原因，该上游产业至少短期内的市场结构是垄断性的，故其具有较强的议价能力。

5. 下游产业的议价能力

政府单位是我国环保行业的主要需求方，其在向环保行业购买环保服务、设备、产品时，一般具有较强的议价能力。我国环保企业的业务来源仍主要是政府部门主导的相关环保项目以及在政府监管下被动购买环保产品、服务的污染企业，这两个方面的业务来源都是以政府为主导的环保投资行为。

（三）行业现状分析

1. 环保 2.0 时代的到来

（1）"十五""十一五"时期是以政府投资为主驱动的"1.0 时代"

政策扶植和财政资金投入是这一阶段环保行业发展最核心的驱动力量。由于环保行业发展和投资落实处于政府主导之下，必然存在着行业发展局限于政策扶植领域之内、行业商业模式不完善、政府投资实际效果差等难以解决的问题。

（2）"十二五"时期，我国环保产业处于以市场化为主要特征的"2.0 时代"。

政府务实+民众觉醒+客户需求＝开启以环境治理实际效果为核心、以市场化为特征的新时代：①地方政府唯 GDP 论的时代将过去，实际环境改善将成地方政府考核重点。②随着收入水平和国民素质不断提高，群众的环保意识不断增强，有能力和意愿为环保投入更多。③随着新环保法的从严监管执法和环保税立法的逐步落实，排污企业积极减排、增加环保投入的主观积极性将显著增强。自十八届三中全会以来，新一任政府不断推进市场化改革，通过改变环保项目融资模式、排污费改环境税和建设环境监测体系等手段推动我国环保产业由 1.0 时代向 2.0 时代过渡，政府监管力度提升、商业模式逐步完善、市场竞争有序化。

环保 1.0 时代和 2.0 时代的区别主要有三点：一是行业发展核心动力，二是环境目标，三是投资主体，具体区别如表 8.1 所示。

表 8.1　　　　　　　　　　　　　环保 1.0 时代与 2.0 时代重要区别

	环保 1.0 时代	环保 2.0 时代
行业发展核心驱动力	直接财政资金投入	市场化的"经济驱动"
环境目标	规模减排指标目标	环境质量目标
投资主体	政府	企业

2. 我国已经进入了经济转型环保需求释放时期

经过 30 多年的快速工业化和城镇化发展，我国经济面临着资源和环境的双重约束，传统增长方式已难以维持，亟待转变，产业结构亟待优化升级；我国目前环境质量仍严重恶化，环保历史欠账多。过去十年，在我国 GDP 保持高增长的同时，尽管每年环保投资占 GDP 的比重逐年上升，但环保投入占比却持续低于 1.5%；[①] 经济下行的压力下，环保行业已成为推动经济转型升级的主要抓手之一，是拉动经济增长的一个重要推动力。

3. 我国环保投资需求旺盛

未来十年我国每年环保产业投资预计超过 1.5 万亿元。发达国家都走过"先污染再治理"的发展路径，经历从毫不重视环保，单纯发展经济阶段到通过完善立法加大环保投入来寻找经济发展与环境保护之间的平衡阶段，最后到可持续发展阶段。根据发达国家环保产业的发展经验，国家环保投入一般占 GDP 比重高于 2%，达到 3% 才能使环境质量得到明显改善，在投资高峰时期占比更高，且投资高峰一般可持续 10 年以上。"十二五"时期，我国环保投资为 3.4 万亿元，占 GDP 的比重为 1.8%，对比国外仍处于较低水平，因此从长期来看环保行业仍处于高成长期。[②] 假设从 2017 年起，我国环保投资占比达到 GDP 的 2% 并维持 10 年，则每年我国的环保投资规模将超过 1.5 万亿元。

二、博世科公司分析

(一) 公司概况

1. 公司发展历程

（1）2010 年博世科完成股份制改造，成立广西博世科环保科技股份有限公司。对产业结构进行调整，成立湖南博世科华亿环境工程有限公司。

（2）2011 年获"国家火炬计划重点高新技术企业""院士专家企业工作站"称号。

（3）2012 年产业升级、完善公司的服务范围并与世界最大纸业集团（印尼 APP 金光集团）合作，正式走出国门。

---

① 国泰安数据库。
② 国泰安数据库。

（4）2013 年通过"中国实验室国家认可（CNAS）"标志认可评定。

（5）2014 年新业务突破，完成烟气治理和重金属治理。

（6）2015 在深圳证券交易所创业板成功挂牌上市，成为广西首家在创业板上市的科技型企业。

（7）2016 年荣获"环境综合治理技术标杆企业"，创西南区域土壤治理先锋之举。

（8）2017 年通过自主研发的"造纸与发酵典型废水资源化和超低排放关键技术及应用"荣获国家科技进步二等奖。

2. 近期荣誉

在 9 月 29 日的"2018 广西民营企业 100 强"发布会上，博世科以 2017 年营收 14.69 亿元的成绩入选广西民营企业 100 强，位居第 50 名。与此同时，博世科以研发创新能力强、成果转化效率高、核心技术竞争力突出等优势，占据 2018 年广西最具潜力民营企业榜首的宝座。

（二）公司总体战略

1. 充分利用国家政策占据市场

根据《"十三五"全国城镇污水处理及再生利用设施建设规划》，2020 年年底实现城镇污水处理设施全覆盖，城市污水处理率达到 95%，意味着环保行业将有一个爆发机遇。博世科主营业务为水污染治理，企业将面临一个很大的市场。

2. 绿色金融降成本

绿色金融是指为支持环境改善、应对气候变化和资源节约高效利用的经济活动，即为环保、节能、清洁能源、绿色交通、绿色建筑等领域的项目投融资、项目运营、风险管理等所提供的金融服务。

最近江苏省下发了关于利用绿色金融来降低中小环保企业融资成本的政策，博世科有望受益。具体条款有：绿色信贷贴息至基准利率、ABS 及绿色债贴息 30%，将有效降低中小环保企业融资成本，保障绿色融资顺畅，促进环保行业的可持续发展。

3. 政府和社会资本合作（PPP）项目

PPP 是 public—private—partnership 的英文首字母缩写，指在公共服务领域，政府采取竞争性方式选择具有投资、运营管理能力的社会资本，双方按照平等协商原则订立合同，由社会资本提供公共服务，政府依据公共服务绩效评价结果向社会资本支付对价。

博世科公司 PPP 项目累计投资额达 103.54 亿元（含已中标、预中标、参股 PPP 项目等），由公司作为控股社会资本方的 PPP 项目累计投资额达 55.13 亿元，逐步形成高质量订单储备体系，在手订单支撑业绩持续、稳定增长。

4. 人才战略

博世科公司有院士工作站、博士后工作站、人才小高地、特聘专家等技术研发平台，引进以院士为代表的高端技术专家 20 余人。公司拥有技术人员 815 人，其中高级职称 20 余人，中级职称 120 余人，博士 30 余人，硕士 230 余人。此外，公司核心团队中拥有享受国务院特贴专家 2 人，"百千万人才工程"国家级人选 2 人、国家中青年领军人才 1 人，环保部青年拔尖人才 1 人。

（三）公司股本结构与主营业务

1. 股本分析

（1）公司前十大股东。具体见表 8.2。

表 8.2　　　　　　　　　　博世科前十大股东分布及持股状况

十 大 股 东	持有比例	本期持有股（万股）	持股变动数（万股）
王双飞	21.28%	7570.58	不变
宋海农	3.48%	1238.16	不变
杨崎峰	3.48%	1238.16	不变
许开绍	3.48	1238.16	不变
中国建设银行股份有限公司-银华鑫锐定增灵活配	2.14%	760.08	不变
西藏广博环保投资有限责任公司	2.14	760.08	不变
鹏华资产-招商银行-华润深国投信托-华润信托	2.12	754.21	减持 5.87
中国人民财产保险股份有限公司-传统-普通保险	1.71%	609.1	增持 87.63
中国人民人寿保险股份有限公司-分红-个险分红	1.45%	516.69	增持 185.48
中国农业银行股份有限公司-嘉实环保低碳股票型	1.20%	425.38	新进
成都力鼎银科股权投资基金中心（有限合伙）	1.14%	404.27	减持 355.81
陈雅萍	1.12%	399.86	增持 22.46
张雷	0.97	345.47	增持 65.84

注：变动日：2018-06-30 定期报告

数据来源：网易财经。

博世科公司初期创业团队成员主要为王双飞、许开绍、宾飞、杨崎峰、宋海农五人（都曾任职于广西大学）。上述五人创业团队中，宾飞中途从博世科离职。王双飞、许开绍、杨崎峰、宋海农四人现为博世科共同实际控制人，王双飞持有博世科 21.28% 股权，其余三人分别持有 3.48% 股权。王双飞任公司董事长，宋海农为副董事长、总经理，杨崎峰为副董事长、副总经理，许开绍为党支部书记。

（2）公司股本结构分析。

从表 8.3 我们可以得知，博世科总股本为 3.56 亿股，其中流通 A 股为 3.46 亿股，约占总股本的 97%；限售流通股 0.10 亿股，约占总股本的 3%。

表8.3 博世科股本结构分布

股 本 结 构		
总股本（亿股）	3.56	100%
流通 A 股（亿股）	3.46	97%
限售流通股（亿股）	0.10	3%
B 股（亿股）	0.00	0%
H 股（亿股）	0.00	0%

注：变动日：2018-06-30 定期报告
数据来源：网易财经。

2. 主要业务分析

从地区划分，博世科的主要利润来源地区为华南地区，占比 60.36%，其次是华中地区和西南地区，各占比 20.36% 和 19.28%。由于公司初创于广西，迅速向外发展，因而其业务集中在华南地区（见图 8.6）。

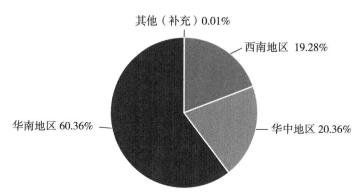

图 8.6 博世科全国各地区利润分布
数据来源：网易财经。

（四）公司主要业务收入及研发

博世科经营的产品主要集中在水污染末端治理方面，占比 34.77%，其次是水污染前端控制，占比 24.89%。博世科的业务主要集中在水污染的治理方面。

（1）业绩方面。

2018 年前三季度，公司实现营业收入 18.92 亿元，同比增长 105.21%。订单超预期，2018 年前三季度期末，公司新增合同额 32.79 亿元，其中，水污染治理合同额最大，达到 22.77 亿元。截至 2018 年第 3 季度末，公司 PPP 项目累计投资额 104.32 亿元（含已中标、参股 PPP 项目等），国际化战略发展成果突出，公司 2017 年 1 月收购加拿大瑞美达克 100% 股权，瑞美达克的注入快速带入修复与咨询先进成熟技术和经验，为公司提供全面技术支持；投资瑞美达克成果依然显现，未来定会带领公司不断外延拓展，助力业绩的腾飞。

（2）现金流改善。

公司于 2018 年 7 月公开发行可转换公司债券 430 万张，期限为自发行之日起 6 年，募集资金扣除发行费用后将投入"南宁市城市内河黑臭水体治理工程 PPP 项目"，募集资金总额 4.30 亿元，扣除发行费用后募集资金净额为 4.2089 亿元。同时，截至 2018 年 9 月 30 日，公司应收款共 16.77 亿元，按照工程项目支付规律，四季度有望实现可观资金回笼，同时 PPP 项目陆续进入运营期也将为公司提供稳定的现金流入。

（3）研发投入高。

研发投入持续增加，保持公司竞争力。2018 年前三季度，公司研发费用 6193 万元，同比增长 181.33%。公司一直保持较高的研发投入比例，储备新技术。公司计划围绕客户提供更多环保类服务，保持研发力度有利于公司增强竞争力，更好地增强客户黏性。

三、博世科财务分析

对于博世科公司的财务状况，本章从偿债能力、盈利能力、营运能力以及成长能力五个方面进行分析。

（一）偿债能力分析

偿债能力是指企业用其资产偿还长期债务与短期债务的能力。企业有无支付现金的能力和偿还债务能力，是企业能否生存和健康发展的关键。

从图 8.7 可以看出博世科的现金比率较低，这主要是环保行业特征所决定的。企业大部分资金投入到固定资产和项目运营中，留存现金较少。博世科流动比率一直稳定在 1 上下，与同行业其他企业相比较，博世科的资产负债率一直在 70% 以下，处于行业平均水平，因此企业债务偿付比较有保障（见图 8.8）。

（二）盈利能力分析

盈利能力就是公司赚取利润的能力。一般来说，判断公司的盈利能力重点看其主营业务盈利情况。

从图 8.9 可以看出博世科的净利润是呈现逐年上升趋势的，且在 2017 年其净利润大幅增长，主要是由于行业政策的支持促进了环保行业业务的发展。在 2018 年上半年博世科也实现了比较好的净利润，数额达到 10616 万元，未来可能实现净利润的进一步增长。

图 8.7 博世科偿债能力分析
资料来源：网易财经。

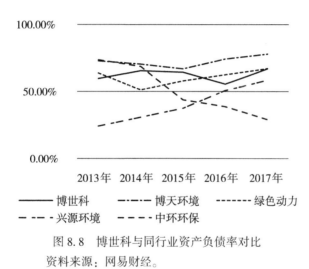

图 8.8 博世科与同行业资产负债率对比
资料来源：网易财经。

图 8.9 博世科净利润及其增长率
资料来源：网易财经。

从图8.10来看，博世科的净资产收益率比较稳定地保持在10%以上，只有2016年位于10%以下，查看其年度报表可以发现主要原因在于2016年公司扩大了生产规模，非公开发行了股票导致其净资产规模扩大，从而相对降低了净资产收益率。因此总体来说博世科具有较好的盈利能力，且未来仍然具有很大的盈利空间。

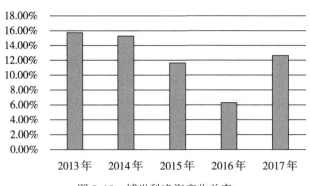

图8.10　博世科净资产收益率

资料来源：网易财经。

（三）营运能力分析

营运能力衡量一个企业资产利用效率的高低，反映企业运用较低的资金投入获取较高经济效益的能力。

首先，我们从应收账款周转率、总资产周转率和流动资产周转率三个指标分析博世科的营运能力。图8.11是2013—2018年博世科的应收账款周转率、总资产周转率和流动资产周转率。其中，应收账款周转率比较稳定地保持在1.6~2，应收账款周转速度比较快。而总资产周转率比较稳定，但周转速度比较低，周转天数几乎达到600~700天，这主要是由于环保行业所需要投入的资金量较大，且资金回流速度慢。同时注意到，博世科的流动资产周转速度也比较慢，但只要博世科能够保持业务的稳定增长，应收账款周转率可以继续保持稳定，博世科就可以继续维持其良好的运营能力。

（四）成长能力分析

企业成长能力是指企业未来发展趋势与发展速度，包括企业规模的扩大，利润和所有者权益的增加。企业成长能力是随着市场环境的变化，企业资产规模、盈利能力、市场占有率持续增长的能力，反映了企业未来的发展前景。

从图8.12中可以看出2013—2017年博世科的主营业务收入增长十分强劲。从2013年的7.06%跃升到2017年的77.15%。这一方面是因为博世科自身规模的扩大和资金投入量的增加，另一方面则是由于国家政策对环保行业的支持加速了博世科业务量的增长，两方面共同作用很大程度上提升了博世科这几年的成长能力。

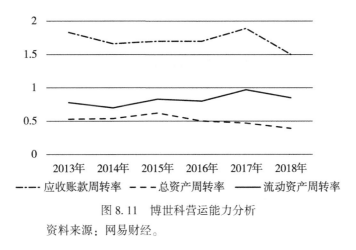

图 8.11 博世科营运能力分析

资料来源：网易财经。

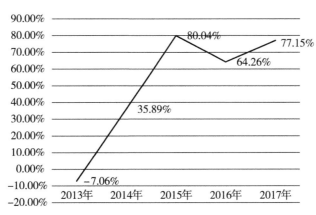

图 8.12 博世科主营业务增长率

资料来源：网易财经。

四、估值分析

（一）可比公司法

1. 定义

首先要挑选与该公司同行业可比或可参照的上市公司，以同类公司的股价与财务数据为依据，计算出主要财务比率，然后用这些比率作为市场价格乘数来推断目标公司的价值。

2. 估值

本章将天壕环境、国祯环保、高能环境作为博世科的可比公司。将可比公司的市销率（P/S）、市盈率（P/E）和市净率（P/B）取平均值，分别得出行业平均市销率为2.01，市盈率为30.68，市净率为1.77。将这些平均值分别乘以博世科的销售收入、

EPS、账面净值，得到三种比率下博世科的价值，取均值后得到公司价值估值（见表8.4、表8.5）。

表 8.4　　　　　　　　　　可比公司与博世科的财务比率表　　　　　　单位：百万元

代码	公司简称	2017 年收入	利润	账面价值	市值	P/S	P/E	P/B
300332	天壕环境	1980	90.17	2784	3354	1.69	37.20	1.20
300388	国祯环保	2630	194	3228	4913	1.87	25.32	1.52
603588	高能环境	2310	192	2183	5667	2.45	29.52	2.60
300422	博世科	1470	147	1160	—	—	—	—

数据来源：Wind 数据库。

表 8.5　　　　　　　　　　将可比公司的比率运用于博世科　　　　　　单位：百万元

	可比公司平均比率		博世科的值		博世科的价值
2017 年收入	2.01	×	1470	=	2954.7
EPS	30.68	×	147	=	4509.96
账面价值	1.77	×	1160	=	2053.2
平均价值	—	—	—	—	3172.62

数据来源：Wind 数据库。

3. 小结

综上所述，通过可比公司法计算得出博世科总市值为 31.73 亿元，而流通 A 股数量为 2.64 亿股，所以每股价格为 12.02 元。而 2018 年 11 月 23 日该公司股价为 10.90元，由此看出股价被低估。

4. 模型局限性

鉴于可比公司估值法一是可能忽视企业未来经营状况；二是难以找到和目标公司完全类似的公司，所以该低估结论有待进一步探讨。

（二）PEG 模型估值

1. 定义

PEG 比率即市盈率相对盈利增长比率，即用上市公司的市盈率除以盈利增长率。假设某只股票的市盈率为 30，通过计算和预测，得到企业盈利增长率为 15%，则该股票的 PEG 为 30÷15＝2，如果盈利增长率为 30%，则 PEG 为 30÷30＝1，如果盈利增长率为 60%，则 PEG 为 30÷60＝0.5。一般而言，PEG 比率的基准是 1.0，PEG<1，说明公司价值被市场低估，PEG>1 则说明公司价值被市场高估。

PEG 比率的用途：用 PEG 指标选股的好处就是将市盈率和公司业绩成长性对比起

来看，其中的关键是要对公司的业绩作出准确的预期。投资者普遍习惯于使用市盈率来评估股票的价值，但是，当遇到一些极端情况时，市盈率的可操作性就有局限，比如市场上有许多远高于股市平均市盈率水平，甚至高达上百倍市盈率的股票，此时就无法用市盈率来评估这类股票的价值。但如果将市盈率和公司业绩成长性相对比，那些超高市盈率的股票看上去就有合理性了，投资者就不会觉得风险太大了，这就是 PEG 估值法。

2. 计算

盈利增长率采用 2019 年、2020 年的营业收入增长率的平均值，根据表 8.6 计算可得 g = 45.12%，根据可比公司法得 P/E 为 30.68，故 PEG = 30.68/45.12 = 0.68 < 1，表明公司价值被低估。

表 8.6　　　　　　　　　　博世科 2016—2020 年营业收入总额　　　　　　　单位：百万元

年份	2016A	2017A	2018E	2019E	2020E
营业收入	829	1469	3079	4502	6484

数据来源：国泰君安。

PEG 模型不适用于周期性行业、夕阳产业、处于成熟稳定期公司、依赖融资带来高增长的公司。而博世科属于环保行业，不在上述行列，因此适用该模型。

（三）要求回报率的计算

1. CAPM 模型

资本资产定价模型（capital asset pricing model，简称 CAPM）是由美国学者夏普（WilliamSharpe）、林特尔（John Lintner）、特里诺（Jack Treynor）和莫辛（Jan Mossin）等人于 1964 年在资产组合理论和资本市场理论的基础上发展起来的，主要研究资产的要求回报率以及市场均衡价格是如何形成的，是现代金融市场资产定价理论的核心。资本资产定价模型见下式：

$$E(R_i) = R_f + \beta[E(R_m) - R_f]$$

即资产的要求回报率=市场的无风险利率+风险资产的风险溢价。

2. 相关数据

根据表 8.7 的深成指收益率数据，我们计算出深成指平均收益率 R_m = 29.22%；根据 CAPM 模型和表 8.8 的无风险收益 R_f 和 β 系数的信息我们计算得到博世科的要求回报率为 8.64%。

表 8.7　　　　　　　　　　　　深圳指数及其收益率

日期	深证成指	收益率	博世科股价	博世科收益率
2008/12/31	6285.51	—	—	—
2009/12/31	13699.97	1.1796	—	—

续表

日期	深证成指	收益率	博世科股价	博世科收益率
2010/12/31	12458.55	0.091	—	—
2011/12/30	8918.82	0.284	—	—
2012/12/31	9116.48	0.0222	—	—
2013/12/31	8121.79	0.109	—	—
2014/12/31	11014.62	0.3562	—	—
2015/12/31	12664.89	0.1498	17.92	—
2016/12/30	10177.14	0.196	16.22	−0.094
2017/12/29	11040.45	0.0848	17.03	0.050

平均收益率：$R_m = 29.22\%$

表 8.8 博世科要求回报率计算表

参　　数	数　　值
市场收益率与博世科收益率的协方差	0.010
市场收益率的方差	0.039
$\beta=$ 市场收益率与博世科收益率的协方差/市场收益率的方差	0.257
R_f（一年期存款利率）	1.50%
博世科收益率 $=R_f+\beta(R_m-R_f)$	8.64%

（四）现金流折现模型估值

1. 模型介绍

现金流折现模型（DCF）通过预测公司未来自由现金流（经营活动现金流减去投资活动现金流），并以适当的要求报酬率进行折现加总得到公司价值。普通股权益价值等于公司价值减去债权的价值。

模型计算公式如下：

$$V^E = \frac{C_1 - I_1}{1 + \rho_F} + \frac{C_2 - I_2}{(1 + \rho_F)^2} + \cdots + \frac{C_T - I_T}{(1 + \rho_F)^T} + \frac{CV_T}{(1 + \rho_F)^T} - V_0^D$$

$$CV_T = \frac{C_{T+1} - I_{T+1}}{\rho_F - g}$$

其中：V^E 为普通股权益价值，$C_T - I_T$ 为自由现金流，CV_T 为永续期价值，V_0^D 为公司债务价值，ρ_F 为权益的要求回报率，g 为永续期自由现金流的增长率。

2. 估值过程及结果

根据 CAPM 模型已知折现率 $R_s = 8.64\%$，假定永续期增长率 $g = 4\%$（宏观经济名义增长率中间值），假定公司 2018—2020 年预期自由现金流，则估值过程及结果如表 8.9 所示。

表 8.9　　　　　　　　　　　　　　　DCF 估值过程及结果

年份	2018E	2019E	2020E
NOPLAT（百万元）	433	634	873
折旧与摊销	68	101	154
流动资金增量	20	64	114
经营活动现金流	521	799	1141
资本性支出	−1313	−1626	−1885
自由现金流量	−792	−827	−744
折现率	—	1.0864	1.1802
自由现金流现值	−792.00	−761.26	−630.42
截至 2020 年总现值	−2183.68	—	—
永续价值（CV）	—	—	−16675.86
CV 的现值	−14129.69	—	—
企业价值	−16313.37	—	—

数据来源：国泰君安。

通过计算得到该企业价值为负值，显然，这与事实相违背。这说明 DCF 模型不适合用来对博世科进行估值。这主要是博世科还处于成长阶段，企业在扩张规模，再加上公司业务需要大笔研发费用投入，导致该公司自由现金流量为负。同时，博世科也注意到公司规模扩张太快的问题。从该公司 2018 年 11 月 17 日的公告得知，博世科为了整合和优化资源配置，降低经营成本，提高公司整体经营效益，拟清算并注销其控股的两家公司。

（五）剩余收益模型估值

1. 概念

剩余收益模型认为公司价值包括三个部分，公司的账面价值为锚价值，加上预测的未来剩余收益的折现以及永续期价值的折现。三部分价值加总为公司价值。

其中，剩余收益（RE）为公司股东获得的综合收益与股东所要求的报酬之差，有两个计算公式：

（1）剩余收益=综合收益−（要求回报率×期初账面价值）

或者

（2）剩余收益＝（ROCE-要求回报率）×普通股账面价值

其中：ROCE 为普通股回报率

2. 计算

假定公司要求回报率为 8.64%；公司永续期增长率为 4%，则博世科剩余收益模型估值结果见表 8.10。其中 2019—2020 年的收益和股息数据为预测值。

表 8.10　　　　　　　　　剩余收益模型估值过程及结果

	2018A	2019E	2020E
EPS	0.85	1.26	1.67
DPS	0.05	0.05	0.05
BPS	4.06	5.27	6.89
ROCE	—	31.03%	31.69%
RE（要求回报率 8.64%）	—	0.91	1.21
折现因子（1.086）^{t}	—	1.086	1.180
RE 的现值	—	0.837	1.029
至 2022 年总现值	5.926	—	—
永续价值 CV	—	—	27.12
CV 的现值	22.98	—	—
每股价值	28.906	—	—

根据 GDP 增长率 4%，计算 CV：CV＝27.12

数据来源：国泰君安。

分析师给出了前两年 EPS 的预测，2019 年为 1.26 元，2020 年为 1.67 元；增长率为 4%；要求回报率为 8.64%；A 表示实际值，E 表示预测值。

表 8.7 显示博世科估值结果为每股价值 28.906 元，而 2018 年 11 月 23 日该公司股价为 10.90 元，判断该公司价值被低估。

3. RE 模型的优缺点

优点：

（1）关注了价值创造的两个动因——投资的盈利能力（ROCE）和投资的增长。

（2）预测的期间短于现金流折现法，短期预测比长期预测更为可靠。

（3）在权责发生制下，各期利润的波动程度低于利润分配波动的程度，在预测上相对容易；受会计方法的选择或公司盈余管理的影响很小。

缺点：

剩余收益模型主要问题就是会计数据的真实性问题，会计数据造假在国内外都屡见不鲜，而剩余收益模型完全依赖于会计数据，一旦会计数据不真实就会影响到评估结果。

（六）逆向工程

1. 含义

其是一种以当前市场价格为基准来求取内涵增长率或者内涵收益率，通过与预测的增长率或者要求回报率进行比较，对公司进行估值的方法。

2. 计算

（1）利用永续期增长率。

我们将公司 2018 年的股价 10.9 元代入剩余收益模型中，用于计算模型中的永续期增长率。

$$剩余收益（RE）=（ROCE-权益要求的回报率）×普通股账面价值$$
$$=\left[ROCE_t-（\rho_E-1）\right] B_{t-1}；$$

$ROCE_t=Earn_t/B_{t-1}$；

$P_{2018}=B_{2018}+RE_{2018}×g/（\rho-g）$，

$ROCE_{2018}=0.85/3.26=26.07\%$，

$RE_{2018}=（26.07\%-8.64\%）×3.26=0.57$；

$10.9=4.06+0.57×g/（1.0864-g）$，

解得 $g=1.0028$，即永续期增长率为 0.28%。

由于在上述 RE 模型估值时我们将永续价值增长率定为 4%，并且我们认为 4% 的增长率比 0.28% 的增长率更为合理，那么通过逆向工程计算出 0.28% 的增长率验证了市场对于博世科存在明显低估。

（2）利用要求回报率。

同理，我们将公司 2018 年的股价 10.9 元代入下式剩余收益模型中，用于计算模型中的要求回报率。如下式：

$10.9=4.06+0.57×1.04/（P-1.04）$，解得 $P=1.127$，即要求回报率为 12.7%。

由于原假设中要求回报率为 8.64%，此处解得的要求回报率高于要求收益率，再一次验证了博世科股价被低估。

（七）估值相关说明

通过以上分析可以发现，不同模型所得出的结论出现了一些分歧，其实这在我们小组在做模型的过程中已经显现出来，我们发现这些模型看似十分简单，但是要想实际应用，则十分困难。

1. 可比公司法

在进行可比公司法的模型估值过程中，最大的困难是寻找可比公司。行业中是否存在与估值公司规模相近、主营业务相似、经营战略相似的公司是一个大问号，如果没有，我们只能退而求其次，选择其他行业的公司，最终只会导致误差越来越大。

以我们估值的博世科为例，我们在选取了行业中估值排名前 20 的公司，博世科恰好处于第 11 的中间位置,我们可以发现剔除博世科后的行业平均市盈率、市净率、市销率等与博世科真实值具有明显差别,可见用行业平均来估计不是一个准确的方法(见表 8.11)。

表 8.11   行业相关数据

排名	证券代码	证券简称	市盈率(TTM)	市盈率(LYR)	市净率(MRQ)	市销率(TTM)
1	300272	开能健康	10.32	57.03	2.93	3.84
2	2717	岭南股份	11.95	18.22	2.23	1.17
3	300070	碧水源	12.11	11.3	1.53	1.97
4	826	启迪桑德	12.63	12.81	1.22	1.42
5	600388	龙净环保	13.29	14.38	2.15	1.18
6	300072	三聚环保	13.76	9.69	2.5	1.37
7	2322	理工环科	14.81	13.51	1.34	4.18
8	300355	蒙草生态	15.18	8.12	1.81	1.86
9	300388	国祯环保	15.25	25.3	2.4	1.33
10	544	中原环保	15.61	15.69	0.89	5.13
11	300422	博世科	16.23	26.44	2.93	1.59
12	603717	天域生态	16.37	17.02	1.57	1.76
13	2573	清新环境	16.47	13.37	1.88	2.06
14	2887	绿茵生态	16.59	14.96	1.57	4.38
15	967	盈峰环境	17.63	18.7	1.53	1.24
16	601200	上海环境	18.07	18.94	1.64	3.62
17	300197	铁汉生态	18.49	16.17	1.92	1.25
18	603588	高能环境	18.65	29.53	2.32	1.88
19	300137	先河环保	18.78	24.04	2.61	3.65
20	2034	旺能环境	18.85	23.4	1.55	3.78
行业平均	—	—	15.52	19.06	1.87	2.48

数据来源:国泰君安。

2. CAPM 模型

在用 CAPM 模型估计要求回报率时,我们经历了一波三折。因为博世科是在创业板上市,所以最初我们选取了创业板指数作为参照来求市场的平均收益率,我们选取了博世科上市以来的三年也就是 2015—2017 年创业板指数的收益率，发现收益率为负（见表 8.12）。

表 8.12　　　　　　　　　　　**2015—2017 年创业板指数的收益率**

日期	创业板指数	收益率
2015/12/31	2714.05	—
2016/12/30	1967.06	−27.52%
2017/12/29	1752.65	−10.90%
	平均收益率	−19.21%

数据来源：国泰君安。

之后我们决定扩大市场的范围，将深成指作为参考对象，选取 2015—2017 年深成指的平均收益率，发现这三年深成指的平均收益率也为负。最后我们扩大年限，将深成指的参照期增加至 8 年，求出了我们需要的收益率（见表 8.13）。

表 8.13　　　　　　　　　　　**2015—2017 年深成指的平均收益率**

日期	深成指	收益率
2015/12/31	12664.89	—
2016/12/30	10177.14	−19.64%
2017/12/29	11040.45	8.48%
	平均收益率	−5.58%

数据来源：国泰君安。

3. DCF 模型

从前面的分析中，可以发现如果公司处于初创阶段，经营性现金流和投资性现金流都为负，此时用 DCF 模型算出来的公司价值为负，显然不符合常理。这说明对于初创类的公司，DCF 模型不适用。此外，如果公司实行的是扩张性发展战略，投资性现金流出会非常大，导致自由现金流为负，也不适用于 DCF 模型。进而我们小组讨论，是否可以通过延长预测期的方式，让公司"度过初创期"，但是考虑到，预测期越长，则越不可信，因此遇到了两难的处境。

五、总结

博世科属于环保行业，细分行业是污染处理行业，该行业在我国的"十三五"规划中得到特别重视，近些年来绿色金融的发展，给该行业带来了强大的资金支持，并且由于我国居民对环境污染问题的日益重视，对该行业的需来也与日俱增。

首先我们使用相对估值法中的可比公司法和 PEG 模型进行估值。可比公司法将博世科的市盈率市净率等相关比率与市场平均进行比较，得出公司的股价为 10.34 元；运用 PEG 模型得出公司的 PEG 为 0.58，二者的结论均为低估。

与此同时我们使用绝对估值法中的现金流贴现模型和剩余收益模型（RE）估值。最终 DCF 模型由于现金流为负的问题无法得出结论，而 RE 模型得出的股价为 28.906 元，结论也是被低估。最后我们利用逆向工程方法进行回测，得出的结论均为低估。因此本章的结论为博世科公司的价值在 19.6 元左右（取均值），高于当期股价，建议投资者买入。

此外，本章附件给出市场机构对该公司的评级与预测以及公司风险提示。仅供参考。

附件

（一）机构评级状况

2018 年 11 月 10—23 日，18 家研究机构的目标价格基本处于 14～20 元。建议均为增持（见表 1、表 2、表 3）。结合以上基本面分析以及各机构的评级状况，我们对博世科股票的投资意见是增持或持有。

表 1   总况（2018 年 11 月 10—23 日）

	统计日	统计区间	买入	增持	中性	减持	卖出	评级数	综合评级	综合评级变动
1	2018-11-10	一月	11	7	0	0	0	18	增持	维持
2	2018-11-11	一月	11	7	0	0	0	18	增持	维持
3	2018-11-12	一月	11	7	0	0	0	18	增持	维持
4	2018-11-13	一月	11	7	0	0	0	18	增持	维持
5	2018-11-14	一月	11	7	0	0	0	18	增持	维持
6	2018-11-15	一月	11	7	0	0	0	18	增持	维持
7	2018-11-16	一月	11	7	0	0	0	18	增持	维持
8	2018-11-17	一月	11	7	0	0	0	18	增持	维持
9	2018-11-18	一月	11	7	0	0	0	18	增持	维持
10	2018-11-19	一月	11	7	0	0	0	18	增持	维持
11	2018-11-20	一月	11	7	0	0	0	18	增持	维持
12	2018-11-21	一月	11	7	0	0	0	18	增持	维持
13	2018-11-22	一月	11	7	0	0	0	18	增持	维持
14	2018-11-23	一月	11	7	0	0	0	18	增持	维持

数据来源：国泰安。

表2　　　　　　　　　　　　　目标价格表（2018年10月26日）

	研究报告 ID	报告公布日	目标价格上限	目标价格下限	目标价期限
1	10910715	2018-10-25	15.80	15.80	6个月内
2	10908266	2018-10-26	14.56	13.44	6个月内
3	10908370	2018-10-26	13.12	13.12	6个月
4	10909237	2018-10-26	13.00	13.00	6个月
5	10911047	2018-10-26	13.50	13.50	12个月
6	10910730	2018-10-26	25.14	25.14	12个月
7	10910200	2018-10-26	15.70	15.70	6~12个月
8	10910247	2018-10-26	18.00	18.00	6个月

数据来源：国泰安。

表3　　　　　　　　　　　　　　　细况（第三季度）

机构	评级	理　由
华泰证券	买入	3Q业绩符合预期，在手订单充裕支撑业绩高增长 应收账款扩张带来压力，可转债发行缓解资金压力
申万宏源	买入	公司业务快速推进，业绩维持高速增长 在手订单依旧饱满，PPP订单占比维持高位 加拿大RX业务实现突破，进入第二大石油公司供应商名单 可转债发行成功，为后期施工蓄力
东兴证券	增持	可转债发行为公司发展再助力 订单新增超过预期，近年增长超预期
华创证券	买入	整体业绩符合市场预期 在手订单充沛，保障未来成长 可转债发行成功，助力PPP兑现业绩
光大证券	买入	订单稳步增长，未来业绩确定性强 城乡环卫实现突破，为持续发展提供有力支撑 可转债成功发行，现金流四季度有望转好
中信建投	买入	单季度净利润同比增长131.55%，全年业绩高增长可期 战略调整奏效，订单落地提速，累计在手项目近132亿元 投资瑞美达克成果初显，国际化发展排头兵畅游国际蓝海 补助准时到位，增厚全年利润
中金公司	增持	公司订单保持强势，基本确保2018年业绩高速增长 多条业务线稳步推进，EPC订单比例逐步增长 研发投入持续增加，保持公司竞争力

数据来源：同花顺。

（二）风险提示

1. 负债规模扩大，财务费用增长显著

公司持续扩大在市政供水、水体修复、工业废水处理、固废处理等领域的市场规模，主要模式为工程施工和特许经营模式，资金需求较大。截至 2018 年三季度末，公司短期借款 7.48 亿元，较年初增长 52.71%；长期借款 12.41 亿元，较年初增长 121.37%；应付债券 2.98 亿元。公司融资渠道相对通畅，有息负债规模迅速扩张。因此，这导致公司资产负债率快速提升到 72.56%；并且，2018 年前三季度财务费用 7035.01 万元，同比增长 185.47%，显著高于营收增速。公司在手订单较为充裕，但经营活动现金流持续为负，需要持续的资金投入做大规模，预计公司未来仍面临较大的资金需求。

2. 应收账款较多，经营活动现金流持续承压

截至 2018 年三季度末，公司应收票据及应收账款 15.63 亿元，同比增长 62.31%。其中，应收票据 335.89 万元，应收账款 15.60 亿元。前三季度，受应收账款规模扩张影响，公司计提资产减值损失 7809.69 万元，同比增长 95.95%。2018 年前三季度公司销售商品、提供劳务收到的现金为 7.72 亿元，占营业总收入的 40.80%；经营活动产生的现金流量净额为−2.50 亿元，同比下滑 39.72%。公司应收账款占资产比例较高、经营活动现金流持续为负，与行业属性存在关系。第四季度为集中回款期，但预计应收账款持续增长、经营活动现金流偏紧趋势难以显著改观。（东方财富网）

3. 股权质押

截至 2018 年 8 月 10 日，上述四人合计持有公司股份 112850624 股，占公司总股本的 31.72%；上述四人仍处于质押状态股份 79573381 股，占四人合计持有公司股份总数的 70.51%，占公司总股本的 22.36%（见表 4）。

表 4 股权质押比例

股东名称	质押股数	质押期限	质权人	本次质押占其所持股份比例
王双飞	20075000	2018-8-9 至 2019-8-9	上海海通证券资产管理有限公司	26.52%
许开绍	3275000	2018-8-9 至 2019-8-9	上海海通证券资产管理有限公司	26.45%
宋海农	3260000	2018-8-7 至 2019-8-7	上海海通证券资产管理有限公司	26.33%
杨崎峰	3260000	2018-8-7 至 2019-8-8	上海海通证券资产管理有限公司	26.33%

数据来源：国泰君安。

4. 提供过多担保

2018 年 10 月 26 日，公司为湖南博世科向湖南三湘银行股份有限公司申请不超过人民币 7000 万元的综合授信，以及该额度范围内的银行贷款、开立保函、银行承兑汇票及其他业务等提供连带责任保证担保。

2018 年 11 月 17 日，广西博世科环保科技股份有限公司（以下简称"公司"）的全资子公司湖南博世科环保科技有限公司（以下简称"湖南博世科"）因生产经营需要，拟向兴业银行股份有限公司长沙分行申请不超过人民币 5000 万元的综合授信，公司拟对湖南博世科本次申请综合授信额度及额度范围内的短期流动资金贷款、中长期流动资金贷款、银行承兑汇票、国内信用证、非融资性保函等业务提供连带责任保证担保。

因"宣恩县乡镇污水处理厂及配套管网工程 PPP 项目"的建设需要，公司的控股子公司宣恩博世科水务有限公司（以下简称"宣恩博世科"）拟将本项目特许经营权项下的收费权作为质押担保向中国农业发展银行宣恩支行（以下简称"农发行宣恩支行"）申请不超过人民币 1.5 亿元的项目贷款，贷款期限不超过 15 年。公司拟为宣恩博世科本次项目贷款的申请提供连带责任保证担保。

因"山西省灵石县第二污水处理厂及雨污分流管网工程 PPP 项目"建设需要，中国光大银行股份有限公司南宁分行（以下简称"光大银行南宁分行"）拟出具以灵石博世科水务有限公司（以下简称"灵石博世科"）为被保证人，保证金额为人民币 700 万元的建设履约保函，保函期限不超过 2 年，公司拟为灵石博世科向光大银行南宁分行提供连带责任保证担保。①

项目组成员：张小兵　黄洋　黄银洋　刘昌富　陈奎伊　刘凡　张思玥　曾悦　杨瑞鑫　杨静怡

---

① 资料来源：东方财富网。

第九章　案例：顺丰控股

顺丰控股股份有限公司于 2015 年 8 月 1 日成立。2017 年 2 月 24 日在深圳证交所借壳上市，正式亮相资本市场（证券代码：002352，证券简称"顺丰控股"）。顺丰控股是物流行业领军企业，其主营业务包含物流及金融两大板块。

近年来，顺丰锐意进取，开拓创新，逐渐成为一个稳健经营、持续增长、全面发展的国际优秀企业。该公司坚持主业，注重品牌建设；除稳步拓宽和完善国内业务外，不断扩大业务范围，深度开拓国际市场；顺丰公司全面布局，为客户提供一体化综合物流解决方案的能力，包括仓储管理、销售预测、大数据分析、金融管理等解决方案；其前瞻性布局，已形成拥有"天网+地网+信息网"三网合一、可覆盖国内外的综合物流服务网络。

本章紧密结合当前宏观发展契机与行业发展现状，从顺丰控股近年来的财务状况出发，分析公司的偿债、盈利、运营、成长能力。运用现有信息对公司进行财务预测，并运用多个估值模型对该公司的内在价值进行科学评估，最后对比该公司近期股价走势提出投资建议。

一、行业分析

（一）行业发展历程

1. 历史发展阶段

国内的快递行业发展开始于 20 世纪 90 年代。当时只有国有邮政 EMS 才能开展快递服务，民营企业难以进入。2003 年"非典"暴发后，人们由于外出活动受到限制开始熟悉并接受快递上门服务这一业态。2009 年《中华人民共和国邮政法》颁布实施，我国的快递行业市场准入行政限制被取消。2009 年电商行业兴起，国人开始在"双十一"期间通过网络购买大量用品，快递则成为连接消费者与电商的中间桥梁。到 2014 年，中国快递行业迅猛发展，业务数量位居世界第一位。

随着科技技术的迅猛发展，快递行业发展加速。2015 年中国快递收入规模达到 2769.6 亿元，比 2006 年增长了 38 倍之多。2018 年我国快递服务业务量达到 507.1 亿件，同比增长 26.6%。快递业务增量 106.5 亿件，均创历史新高。到 2019 年，中国的物流费用相对 GDP 的占比从 2013 年的 18%降至 14.6%。此外，运输费用率逐年下降，物流的运输效率逐渐提升。行业呈现良好的发展前景和巨大的上升空间。

2. 行业发展现状

目前国内快递市场由国有快递企业、本土民营快递企业以及外资快递企业三分天下。国有快递企业包括中国邮政（EMS）、民航快递（CAE）、中铁快运（CRE）等，在国内有着悠久的历史和一定的国资背景，但以 EMS 为代表的一系列国有快递企业所占市场份额正在逐年降低。第二类快递企业包含顺丰速递、韵达快运、圆通速递等民营快递企业，这些企业运营模式灵活，物流运输效率较高，客户满意度较高，但随着新的进入者的增加，竞争激烈。第三类是有着丰富经验、雄厚资金保障以及发达全球网络系统的外资快递企业，这一类企业大多负责国际快递，在本土快递业务上竞争力不大。具体见图 9.1。

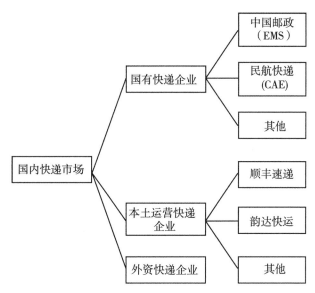

图 9.1　国内快递市场企业类型

另外，中国快递市场分为中低端市场与中高端市场。占据中低端市场的主要运营企业包括了申通速递、圆通速递、百世快递等本土民营快递企业。这类市场客户大多对价格较为关注，对速度以及服务品质等要求相对较低，约占市场业务的 80%。而占据中高端市场的是顺丰、EMS、京东等快递公司，这类市场客户对物流效率和服务要求较高，目前所占市场份额相对较低。

目前我国的快递行业在健康且高效地发展着。快递企业做到了提高运输效率、增强服务品质的前提下降低相对运营成本。行业内企业还积极加强供应链建设，力求实现产业的上下游协同。但快递行业高速发展过程中难以避免地暴露了一些问题，如行业监管缺失，尚未形成规范有序的物流市场；从业人员素质参差不齐，人力资源较为薄弱；底端市场竞争激烈，高端市场相对空白等。这些问题都需要相关政府部门和企业共同努力，及时形成有效政策和具体措施改善现状。

3. 行业基本特征

与传统的物流系统相比，新兴的快递行业具有许多鲜明的特征。

第一，可服务性是快递行业的基本特征之一。快递业是现代服务业的典型代表之一，它为消费者和生产者提供高效、便捷和负担得起的服务。

第二，速度是区别快递业与传统邮政和物流的重要特征。快递速度是最能体现快递服务质量的因素之一。在确保准确无误地将物品运达目的地的基础上，速度是消费者最重要、最直观的服务质量衡量标准。

第三，规模经济。快递行业具有明显的规模经济效应，网点越多带来的业务量越大。业内公司数量的增加也导致快递单位成本的大幅下降。

第四，网络性。由许多销售点和线路组成的快递网络系统是快递行业提供远程服务的重要支撑。快递网络的数量和质量在提供的快递服务中起着至关重要的作用。有效的网络链接是服务的基础，也是快递行业的基本特征之一。

第五，技术性。技术性是快递业的重要特征。无人值守、冷链技术、自动分类系统和各种信息技术已陆续引入快递行业并在提质增效上发挥着越来越重要的作用。技术发展解决了快递行业高度依赖人力的问题，提高了行业服务质量。持续的技术改进也是整个行业未来的发展趋势。

4. 行业规模

目前快递物流规模不断扩大，收入快速增长。快递行业持续多年高速发展，市场规模超6000亿元。机构数据预测，到2023年中国快递业务量将持续20%的增长，达1249亿件；成本优化将驱动单票收入持续下降，由2016年的12.7元降至2023年的11元（见图9.2）。这是因为国内快递行业对电商依赖性极强，随着线上购物交易量增速递减，国内的快递行业市场也将逐渐呈现出饱和趋势，带动单票收入的下降。

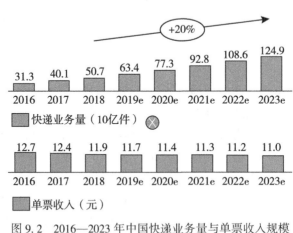

图9.2　2016—2023年中国快递业务量与单票收入规模
数据来源：艾瑞投研。

（二）行业政策分析

为保障快递行业的健康快速发展，2016年1月中央一号文件发布，"快递下乡"首成国策。其中所涉及的内容包括提出"加强农产品流通设施和市场建设、完善流通骨干网络、开展降低农产品物流成本行动、完善乡村物流体系"等政策。2017 年 3 月《京津冀地区快递服务发展"十三五"规划》《长江三角洲地区快递服务发展"十三五"规划》和《珠江三角洲地区快递服务发展"十三五"规划》三大区域快递发展"十三五"规划获通过，为快递行业发展打布局快递攻坚战提供了良好助力。2018 年《快递暂行条例》的出台推动了快递业的健康发展、保障了快递安全、保护用户合法权益，在一定程度上促成快递业治理体系和治理能力现代化。2019 年发改委等部委发布《关于推动物流高质量发展促进形成强大国内市场的意见》，目的是构建高质量物流基础设施网络体系、完善促进物流高质量发展的营商环境等。

2020 年疫情的暴发对各行各业都产生了不同程度的影响，快递行业也受到了一定冲击，因此大量政策密集出台以解决行业发展困境。2 月 5 日，国常会确定支持疫情防控和相关行业企业的财税金融政策。2 月 7 日，发布关于抗疫期间的税收优惠政策：对纳税人部分快递运输方面的收入免征增值税。防控重点物资生产企业扩大产能购置设备，允许税前一次性扣除，增值税增量留抵税额。2 月 12 日，国家邮政局要求切实推进邮政业落实相关财税金融政策。2 月 15 日，交通运输部印发通知，2 月 17 日 0 时起，至疫情防控工作结束，全国收费公路免收车辆通行费。除以上政策外，政府各部门均持续推出了有利于快递物流企业的政策，涵盖了专门针对交通运输、快递等物流业的措施，包括但不限于免收增值税、免收通行费、加大减税降费力度等。

我国物流行业以及物流装备产业的发展方向与"新基建"的投资方向十分契合，因此目前正在大力推行的新型基础设施建设给物流行业带来了机遇与变革。3 月 4 日，中共中央政治局常务委员会召开会议，强调要加快推进国家规划已明确的重大工程和基础设施建设。尽管物流不是新基建的核心板块，但是作为新基建的一部分，还是能够享受到非常大的政策红利。与此同时，"新基建"中核心技术发展能够赋能物流企业，提升供应链和物流服务水平。

发展"新基建"利好企业的数字化、智能化转型升级。这往往都离不开物流技术和设备的支撑。这无疑会带来更大的市场需求，为物流技术装备行业发展带来利好。随着"新基建"加快推动 5G 与工业互联网等技术的融合发展，物流装备制造业将向数字化、网络化和智能化转变，从而有力支撑快递行业的发展壮大。

（三）行业发展影响因素

1. SWOT 分析（见图 9.3）

（1）我国快递行业发展优势。

首先，我国快递行业出台了多项相关政策支持，提供了良好的发展环境。出台的很多相关法律法规加强了快递行业的行业治理，为行业的健康发展提供了保障。其次，物流装备技术近年来在全世界范围内高速发展。物流仓储技术在储存和拣选环节取得了显著进步。以无人仓技术为集中代表的储存技术、拣选技术、库内搬运技术等实现了从引进、消化到创新的发展之路。最后，快递行业网点的增加带来业务量的增加，也带来了

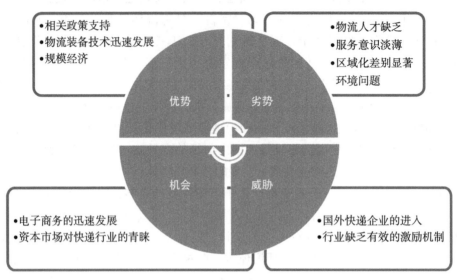

图 9.3　SWOT 模型分析

单位成本的降低，从而提高了利润水平。

（2）我国快递行业发展劣势

服务意识淡薄。我国各地快递的分营门店规模较小，自主性较高，导致了一定的管理制度混乱，进而引发分工不明确、责任不清晰等问题。尤其在每年第四季度的高峰期，送货时间延迟、货物缺失送错、快递员态度恶劣等行为频频发生。

专业人才短缺。迄今为止，我国快递行业所需专业人才的数量仍存在巨大缺口。同时，我国物流人才培养质量也需提升。我国高校内物流相关专业的本科生培养仍大多停留在理论知识层面，缺乏实践经验。

区域性差异显著。我国东、西部经济差距显著，导致了快递行业在我国东中部地区十分发达，但是在西部省份的网点分布稀疏，部分地区快递企业至今没有网点，无法提供送达服务。

环境问题。居民网络购物数量逐年攀升，带动了物流行业的快速发展，但物流包装却造成了环境问题。快递包装多数采用非可降解材料，二次利用率低，产生了较严重的环境污染。

（3）我国快递行业发展机会。

资本市场。多层次资本市场的建立有利于快递企业，特别是民营快递企业融资。注册制的加速为民营快递公司上市融资提供了新的机遇。与此同时，国家对中小快递企业发展给予了很多融资政策的支持，如申请银行贷款的便利、贷款利率的降低、贷款免息补贴，等等。

电子商务平台的发展。目前网络零售平台的数量不断上升，带来了交易量的迅速上升。如淘宝电商、京东购物、拼多多等平台销售额的增加带动了下游快递行业迅速发展。如图 9.4 显示，每年"双十一"狂欢购物节的销售额节节增高，被称为奇迹的速度不断增长，从 2010 年的 9.36 亿元增加到 2016 年的 1207 亿元。仅仅 6 年，淘宝"双十一"狂欢购物节单日销售额平均同比增长率就达到了 160.2%，发展速度之快由此可见。

图 9.4 2010—2016 年阿里巴巴"双十一"销售额

数据来源：中商数据研究院。

（4）我国快递行业发展面临的威胁。

缺乏有效的激励机制。企业的激励机制对企业的长远发展有着重要的战略意义。但快递行业现有激励机制缺乏。从快递员的角度考虑，存在与快递员实际需求脱节的现象。现有的激励机制形式单一，达不到预期激励效果，而且欠缺考核机制，导致激励常常落实不到个人。因此，快递企业一定要重视相关激励制度的发展和完善。

国际快递企业的挤占。快递也具有明显的国际化发展特点。在对外开放促进我国企业走出去的同时，国际快递企业也迅速走进中国，与国内快递企业竞争，挤占市场。国际快递企业对我国企业造成了一定威胁，加剧了市场竞争。

2. PEST 分析（见图 9.5）

（1）政治环境分析。

近些年来，中国国家实力不断加强，法制环境越来越好。我国目前快递行业发展条件优良，各类支持政策有效促进了快递行业的飞速发展。但是市场准入标准此升彼降，快递行业在未来也会面临各种各样的挑战。1978 年改革开放之后，我国经济步入高速发展期，2001 年我国成功加入 WTO，世界各国快递巨头也纷纷进入中国市场，给中国快递行业带来了巨大竞争，但同时带来了学习效应和发展创新的机会。

（2）经济环境分析。

1978 年改革开放以来，我国经济增长速度十分迅速，市场经济发展越来越好，我国在世界经济中地位也不断提升，人民生活水平也不断提高，人均收入也不断增加，消费金额不断扩大。电子商务的兴起，物流配送和类型都有所增加，在各种需求下，快递

图 9.5　PEST 模型分析

货物量快速增长，这也为我国快递行业发展提供了契机。

中国加入 WTO 以后，我国经济向多元化发展。对外开放使我国制造业和零售业发展迅速，这为快递行业的发展奠定了基础。随着经济全球化、贸易全球化、世界经济一体化的不断推进，各国商业来往、经济活动不断增加，这些都为我国快递行业提供了发展契机，我国快递行业也借此机遇与国外进行广泛合作。中国与世界各国贸易不断加强也推动了中国快递行业发展。

（3）社会环境分析。

快递行业竞争加剧。随着社会生活节奏变快，流动人员数量也逐渐增加，导致很多快递需求的增加。同时居民生活水平提高，对快递服务的要求也更加高，大家也更倾向于服务好、质量高、效率高的快递企业。

快递行业人员流动与人才竞争。随着消费者对快递服务的数量和质量要求的提高，众多快递企业也推出不同的服务选择，企业对服务态度和服务速度还有服务安全性都有所要求，快递行业人才竞争也随之加大，这也导致人员的流失，从而影响快递行业的发展速度。

（4）技术环境分析。

随着数字经济时代的到来，电子信息和通信技术不断迭代升级。信息高速公路的建成，促进了企业管理计算机化和企业运行信息化发展，企业劳动生产率也不断提高，企业服务模式也有所改变。

对绿色经济的推崇，使人民环保意识加强，社会公益组织对快递行业环保问题也倍加关心，对环保指标要求也越来越高，快递行业各产业也对绿色节能减排技术进行了开发，运输配送的环保化投入相应增加。

随着信息化时代、"互联网+"的到来，快递企业也建立起 ERP 操作平台，利用 ERP 平台进行快递路线查询和签收服务，同时 GPS 可定位快递运输车辆信息，为物流行业发展提高便利。

3. 疫情影响

新型冠状病毒肺炎疫情的突发，使各地实行道路管制，快递行业发展受阻，只能进行空运，而顺丰公司在 2009 年就已经成立了自己的航空公司，形成庞大的空运系统，这也是顺丰在疫情期间大放光彩的原因之一。

2020 年 1 月起，顺丰不断增加国内和国际航班数量，防疫工作也因此得到很大帮助，截至 2 月 21 日，顺丰航空直飞武汉航班多达 117 个，运输防疫物资 3038 吨，由此可见顺丰航空在疫情期间对防疫工作和快递运输的作用。

（四）行业竞争

国内主要的快递公司竞争格局：目前行业集中度非常高，头部企业集中，出现一超多强局面。顺丰龙头优势明显，市场占有率超 15%。中低端领域，中通、韵达、圆通、百世汇通、申通在 2019 年上半年占据了超过 70% 的市场份额。①

（五）行业发展前景

1. 区块链技术应用于快递行业

2017 年，区块链技术和 AI 技术开始在物流行业崭露头角。区块链技术是一种分布式账本，拥有数字数据或事件记录功能，从而使它们具有追溯性。虽然许多用户可以访问、共享、检查或添加数据，但不能更改或删除原始数据。

实际上，供应链行业往往涉及诸多实体，包括物流、资金流、信息流等，这些实体之间存在大量复杂的协作和沟通。传统模式下，不同实体各自保存各自的供应链信息，严重缺乏透明度，造成了较高的时间成本和金钱成本，而且一旦出现问题（冒领、货物假冒等），难以追查和处理。通过区块链各方可以获得一个透明可靠的统一信息平台，可以实时查看状态，降低物流成本，追溯物品的生产和运送整个过程，从而提高供应链管理的效率。当发生纠纷时，举证和追查也变得更加清晰和容易。区块链技术在快递行业的应用，提高了交易的安全性和透明度。

2. 快递选择多样化

2017 年，各大门户网站推出各种产品和疯狂折扣来迎合客户需求，甚至有些网站开始为客户提供多个物流选择。到 2018 年受启发的电商企业必将跟上这一趋势。快递选择多样化是快递公司改变自己命运的一大机会，提供差异化、以客户为导向的优质服务，是快递公司与同行竞争的途径之一。

3. 物流弹性更强

---

① 数据来源：艾瑞投研，国家邮政局，公开资料。

物流弹性指公司在给定的时间范围内，应付供应链内需求变化的能力。物流供应商制定出灵活的自动化解决方案，将增加物流基础设施的灵活性和弹性，从而有效应对和满足市场波动。当然给定的解决方案并不能应对所有问题，但在客户提出与成本控制、仓库管理、地理限制、分销渠道、优先交付等相关的需求时，物流商能根据已有方案和客户需求快速给出定制方案。

需求与供应的相互作用决定了物流和供应链行业的日常运作。为了应对需求和订单量的不断变化，物流公司一直致力于增强业务弹性，例如越来越多的公司通过第三方物流提供商将车队外包出去，避免车辆闲置，又能降低成本支出。综合利用各种资源，物流公司除了可以保证按时交付，还能确保在需求上升时期，成本支出不变。

4. 完美订单交付

最后一公里配送的复杂性使物流公司很难保证每一笔订单都能做到完美交付，但研究发现，恰恰是这最后一公里的交付是客户最看重的，而这也是 2018 年物流交付的趋势所在。

完美的订单交付指的是订单配送人员能在正确的时间，将包装完整、产品无损、数量准确的包裹送到对应的客户手中，并提供正确的发票。2018 年，企业不仅仅要和以前一样确保订单产品正确发出，还要保证订单的完美交付。

5. 无人机和智能眼镜的应用

自动化和机动性正成为物流支持系统中非常重要的一部分，智能眼镜和无人机将在物流商的竞争中扮演重要角色，使物流配送效益上升到一个更高的水平。增强现实技术与智能眼镜配合，使物流配送人员不需手动输入就能进行路线搜索，而面部识别技术将使订单交付更具个性化，避免错误交付事件的出现。

随着无人机和智能眼镜的普及，物流第一公里和最后一公里配送的运行效率将大大提高，即使在拥挤的城市街道中物流人员也能拥有更大的灵活性。

二、公司分析

1993 年顺丰在广东顺德成立。2016 年 12 月 12 日公司取得证监会批文获准登陆 A 股市场。2017 年 2 月 24 日，正式更名为顺丰控股，股票代码 002352。顺丰控股在快递物流方面处于全国领先地位，经过多年发展，形成了自己特有的一体化综合物流的解决方案，不仅在配送端的能够提供高质量的物流服务，还将服务延伸至价值链前端的生产到配给的大部分环节。以技术为统领，数据做指引，立足客户需求，为客户提供仓储管理、销售预测、数据服务、金融管理等一系列解决方案。

（一）发展概况

创建伊始，顺丰通过加盟制扩张版图，但是 1999 年开始大刀阔斧转为直营制，在 2002 年完成改制并在深圳建立总部。2013 年顺丰首次引入战略投资者，完成资产重组，2017 年通过鼎泰新材在 A 股借壳上市。其发展历程见表 9.1

表 9.1　　　　　　　　　　　　　　　顺丰发展历程

年　份	事　件
1993 年	顺丰成立，依托珠三角城市群构建业务网
1997 年	依托华南，全国布局，物流网络粗具规模
2002 年	成立总部，采用直营模式，提升管理能力和服务品质
2008 年	建立自有航空公司，逐步开拓国际市场
2013 年	首次引入战略投资者，完成资产重组
2014 年	转型综合物流，开始布局重货、冷链等全产业链市场
2017 年	正式更名为顺丰控股，并借壳鼎泰新材登陆 A 股市场
2019 年	深圳顺丰泰森控股（集团）有限公司成立全资子公司

数据来源：公司年报。

经过多年潜心经营和前瞻性战略布局，顺丰控股已形成拥有"天网+地网+信息网"三网合一、可覆盖国内外的综合物流服务网络。直营模式下的网络控制力最强、稳定性最高，加之顺丰控股对于信息网的高度投入，造就了顺丰控股现今在国内同行中拥有最独特、稀缺的庞大网络资源。同时，在普通速运发展势头良好的同时，不断开阔业务范围，并不断加大科技研发力度，形成包括快递、冷运、仓储等在内的物流服务和包括信贷业务、综合支付、金融科技等在内的金融服务及物流科技、数智决策、绿色物流和信息安全、智能中转四大方面的核心竞争力。

顺丰在建立自有航空公司后开始逐步向国际市场开拓。2018 年，顺丰航空货邮运输量 123.8 万吨，其中国内货邮量占总货邮运输量 23%。2019 年 1 月，国家发改委批复顺丰湖北鄂州民用机场项目，2020 年基本建成，2022 年投入运营，顺丰将成为国内首个拥有专用机场的快递公司。2019 年顺丰航空先后开通了中印、中欧等 B747 国际航线，实现了自主运营的全球化目标。国际航线的自主运营将进一步提升顺丰的海外业务拓展能力。顺丰国际标快/国际特惠业务覆盖美、欧、俄、加、日、韩等 62 个国家和地区，国际小包业务覆盖 225 个国家及地区。2019 年顺丰国际实现全美自营进口清关，并取得了报关代理资质和快递操作中心资质，11 月顺丰日本 JV 公司获取了清关牌照，优质的资源保障了顺丰国际向客户提供快捷无忧的服务能力。顺丰航空拥有 5 条自营国际航线，包括 2019 年新增的无锡—哈恩及深圳德里 B747 航线等。

（二）股权结构

1. 股本结构

截至 2020 年 1 月 23 日，股份总数为 441458.53 万股。其中有条件限制股份数量为 6889.11 万股，占比 1.56%，无限制条件股份为 434569.42 万股，占比 98.44%，全部为人民币 A 股（见表 9.2）。

表 9.2 股份结构及变动情况

	2020/1/23		2020/1/22	
	数量（万股）	比例（%）	数量（万股）	比例（%）
有限制条件股份	6889.11	1.56	278167.98	63.01
无限制条件股份	434569.42	98.44	163290.55	36.99
人民币 A 股	434569.42	98.44	163290.55	36.99
境内上市 B 股	0.00	0.00	0.00	0.00
H 股	0.00	0.00	0.00	0.00
N 股	0.00	0.00	0.00	0.00
S 股	0.00	0.00	0.00	0.00
其他流通股	0.00	0.00	0.00	0.00
股份总数	441458.53	100.00	441458.53	100.00

数据来源：公司年报。

2. 股东结构

截至 2020 年第一季度末，顺丰控股前十大股东如表 9.3 所示。

表 9.3 前十大股东明细

排序	股东名称	持股数量（股）	持股比例（%）
1	深圳明德控股发展有限公司	2701927139	61.21
2	深圳市招广投资有限公司	266637546	6.04
3	宁波顺达丰润投资管理合伙企业（有限合伙）	224316278	5.08
4	苏州工业园区元禾顺风股权投资（有限合伙）	173668241	5.12
5	刘冀鲁	81722428	1.85
6	香港中央结算有限公司	62627802	1.42
7	苏州古玉秋创股权投资合伙企业（有限合伙）	53299609	1.21
8	嘉强顺风（深圳）股权投资合伙企业（有限合伙）	32665333	0.74
9	中原资产管理有限公司	23792364	0.54
10	上海高毅资产管理合伙企业（有限合伙）-高毅 邻山 1 号远望基金	23000000	0.52

数据来源：顺丰控股 2020 年第一季度报告。

（三）经营分析

1. 主营业务

公司是国内领先的快递物流综合服务商。经过多年发展，已初步建立为客户提供一体化综合物流解决方案的能力。不仅提供配送端的高质量物流服务，还延伸至价值链前端的产供销配等环节，以客户需求出发，利用大数据分析和云计算技术，为客户提供仓储管理、销售预测、大数据分析、金融管理等一揽子解决方案。

顺丰即日：指定服务范围和寄送时间内收寄，承诺当日 20：00 前送达。

顺丰次晨：指定服务范围和寄送时间内收寄，承诺次日上午 12：00 前送达。

顺丰标快：顺丰全网服务范围内收寄，最快次日 18：00 前送达。

2. 同城配业务

顺丰专送：同城范围内最快 1 小时送达的专人直送服务。

即刻送：为商家店铺提供周边 3~5 千米的短途即时配送服务。

夜配：为同城或区域范围内电商大客户提供的夜发朝至服务。

顺丰控股同城业务秉持直营和高服务品质标准，2017 年切入同城即时配送领域，并初步搭建完成全国范围内第三方直营即时物流配送网络。在业务引入方面，2017 年不含税业务营业收入总计 3.66 亿元，较上一年同期增长 636.18%；在客户服务方面，已形成具有顺丰特色的 30 分钟快速安全送达的服务品质，目前已为服装行业、餐饮外卖行业、商超行业、消费电子行业、平台行业等的主要品牌客户提供优质的同城即时物流配送服务，合作主流品牌客户有：肯德基、麦当劳、德克士、百度、天虹等。

3. 冷运业务

包括冷运到家、冷运到店、冷运零担、冷运专车、冷运仓储。截至报告期末，顺丰控股冷运网络覆盖 104 座城市及周边区域，其中有 51 个食品冷库、108 条食品运输干线，3 座医药冷库、12 条医药干线，贯通东北、华北、华东、华南、华中核心城市，定制化包装、高蓄能冷媒温控技术，仓储温度、湿度异常预警监测系统，GROUND 陆运资源交易平台衔接车辆 GPS 全球定位系统及车载温控实时监测系统，与顺丰冷链网络无缝对接，提供专业、高效的运输服务。

4. 国际业务

包括国际标快、国际小包、国际特惠、集货转运。截至报告期末，国际快递服务已覆盖美国、欧盟、日本、韩国、东盟、巴西、墨西哥、智利等 53 个国家和地区，其中，南亚片区网络覆盖范围已超过 90%；国际小包服务网络已覆盖全球 225 个国家及地区。伴随跨境电商物流发展蓝海大趋势，顺丰控股不断丰富跨境服务的一站式行业解决方案。比如在海外建立海外仓，为中国商家使用海外仓提供头等物流服务，对重点流向打造包机服务保障，整合海外资源与国内优质冷运服务能力，为客户打造"一站式"跨境生鲜冷链服务，同时在集报散派新型服务上获得突破，等等，这使得公司 2017 年在一些关键贸易流向上赢得了一批重要跨境贸易客户。报告期内，国际产品净收入 20.43 亿元，较上年增长 43.70%。此外，在"一带一路"倡议的牵引下，中国将和世界各国在经济上实现开放共赢、互联互通，跨境贸易和商务活动也将越来越频繁。为顺应国际贸易、跨境电商发展蓝海大趋势，顺丰控股和 UPS 于 2017 年 5 月宣布在香港成立合资公司，助力双方共同开发和提供国际物流产品，聚焦跨境贸易，拓展全球市场。截至本报告期末，该合资公司已正式设立并投入运营。

5. 重货业务

包括重货快运、重货普运、重货专运。顺丰控股自 2015 年起正式推出重货运输产品以来，依托强大的网络布局能力，不断打造和完善重货网络，满足更多客户需求。截至 2017 年 12 月 31 日，顺丰控股拥有 717 个重货网点和 21 个重货中转场，场地总面积超过 67 万平方米，覆盖国内 31 个省区市 289 个主要城市及地区，拥有车辆 4000 余台。得益于不断完善的重货服务网络和领先行业的时效质量水平，公司 2017 年重货产品不含税营业收入净额达 44.02 亿元，同比增长 79.93%，重货业务整体市占率持续提升。目前合作的大客户主要有尚铭电器、九牧厨卫等公司。

6. 医药业务

包括医药常温、医药专递、医药商配、医药仓储、医药零单、医药专车。

7. 增值服务

顺丰控股目前主要布局了中高端快递、快运、国际以及同城配业务。目前来看对传统快递业务的依赖性较大，快递业务占顺丰总营业收入的近 90%，不过这一比重在逐步下降（见图 9.6）。

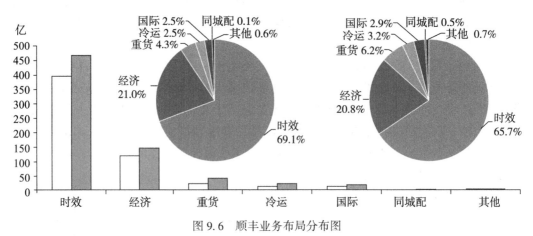

图 9.6 顺丰业务布局分布图

数据来源：公司年报，方正证券研究所。

(四) 公司战略

精准定位中高端，直营模式下"天网+地网+信息网"三网合一成就公司行业领先地位。作为国内快递行业的标杆企业，顺丰采用集中差别化战略定位中高端市场，优势明显。凭借独特稀缺的直营模式、国内领先的"全货机+散航+无人机"组成的空运"天网"、全国数万的营业网点、中转分拨网点、陆路运输网络、仓储网点、客服呼叫网点、最后一公里网络等组成的"地网"，以及由智能设备、智慧服务、智慧决策、智慧包装、机器图像识别、车联网等组成的"信息网"，形成了快递行业中控制力最强、稳定性最高、最独特稀缺的"天网+地网+信息网"三网合一网络体系，有效保障了客户服务的时效和质量，进而为公司赢得了品牌美誉和市场号召力，公司连续多年蝉联多项快递服务质量、时效、客诉及满意度指标的排名第一，良好口碑和品牌溢价成就了公司国内快递行业领先地位。相关数据见图 9.7。

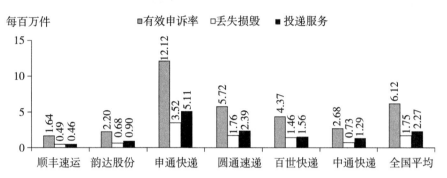

图 9.7　2017 年顺丰控股各指标与其他快递公司表现对比图
数据来源：方正证券研究所。

（五）SWOT 分析

1. 优势

（1）顺丰是目前中国市值最大的快递公司（截至 2018 年 9 月 21 日，顺丰市值 1934.54 亿元，韵达 551.51 亿元，圆通 337.14 亿元，申通 283.50 亿元）。

（2）服务网点覆盖范围广，中转场数量多且设备先进（10 个枢纽级中转场，113 个片区中转场，而其余三家公司最多的也只有 64 个），很多已实现全自动分拣系统，可以确保快件准时安全送达，运输线路庞大，航空资源丰富。

（3）仓储网络完备，有 138 个不同类型的仓库。

（4）业务品种丰富，囊括国内国际各类业务。

（5）申诉率低，2018 年上半年顺丰申诉率只有 0.63，韵达 1.35，申通 3.13，圆通 4.94。

（6）单票收入及单票收入增长率最高（截至 2018 年 7 月）（见表 9.4）。

表 9.4　　　　　　　　　　四家快递公司单票收入及单票收入增长率

	单票收入（元）	单票收入增长率（%）
顺丰控股	23.27	1.66
韵达股份	1.54	−15.91
申通快递	3.20	0.63
圆通速递	3.19	−8.71

数据来源：公司年报。

2. 劣势

（1）在直营模式下，网点产生的费用由快递公司承担，由此导致运营成本增加。

（2）运营成本较高导致快递费用相比其他公司较高。

（3）国际业务虽有涉猎，但是占比不高，不够成熟。

（4）经济、重货和冷运等业务的增长导致 2018 年上半年毛利率以及毛利增长速度降低。

（5）管理费用较高，占营业收入的 22.94%。

（6）和同行业快递公司相比市场占有率相对较低（见图 9.8）。

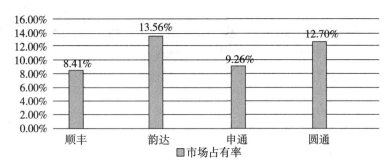

图 9.8　2018 年上半年四家快递公司的市场占有率

数据来源：国家邮政局。

3. 机会

（1）中高端客户占比较大，客户群稳定。

（2）拥有物流研究方面的高端人才和专业部门，打造物流科技集团，通过智慧云仓、无人机无人车、全自动分拣以及智慧地图等提升企业实力，增效降本。

（3）拥有绝对的控制权，能更好地执行公司的发展战略和服务客户。

（4）人民生活水平的提高、网购增加以及人们对收寄物品需求的增加，都将极大促进快递行业的发展。

（5）网络信息技术升级，人工智能的发展，有助于快递行业高效化管理，自动化运作，低成本经营，减少自然资源损耗，进一步实现智能物流。

（6）物流行业处于转型升级期，随着物流企业从提供基础物流服务向提供线边物流、制造物流等供应链增值服务发展，物流企业将进一步融入制造业生产过程和流通业的流通加工过程，不断提升供应链效率，降低供应链成本，并结合大量物流设施和广泛的物流网络，为客户提供定制化一站式服务，以获得更多增值服务收入，从而提升利润水平。

4. 威胁

（1）直营模式使固定资产规模更大，2018 年 6 月固定资产净值已达 206.74 亿元，占总资产比重 35.07%，其余 3 家均在 20% 左右。

（2）新业务同城配送面临已有竞争对手美团和滴滴，发展速度遭阻。

（3）国内同业竞争加剧。

（4）行业监管趋严，挑战企业管理能力。

（5）电商增速不及预期，导致快递行业无法保持较高增速。

（6）物流行业出现大规模价格战，快递公司提供的服务具有同质性，若发生价格战抢占市场份额，将降低行业盈利水平。

三、财务分析

对于企业的利益相关者来说，财务信息是十分重要的。企业财务分析是以会计核算、报表数据等为依据，使收益、支出、损耗等数据可直观表现，基于此数据了解企业信用状况、盈利状况和潜在风险等，预测盈利和损耗上的未来发展状况，也能为投资者提供诸多保障。考虑到物流运输行业的特殊性，下面将从以下五个方面来对顺丰控股进行相关财务分析。

（一）偿债能力分析

2019 年，顺丰控股的总股本达到 44.14 亿股，总市值达到 2426 亿元，营业收入为 1122 亿元，净利润达到 56 亿元，是中国物流快递市场的龙头企业。

1. 短期偿债能力

短期偿债能力反映了企业在短期内用流动资产偿还流动负债的能力，一般用现金比率、流动比率和现金比率来衡量。表 9.5、表 9.6、表 9.7 展示了顺丰、圆通以及韵达的短期偿债能力对比。流动比率作为最常用的衡量指标，是公司流动资产与流动负债的比率。速动比率衡量了企业流动资产中可以立即变现用于偿还流动负债的能力，即速动资产比流动负债的比率，其中速动资产是指不包括存货的流动资产。现金比率是本期经营现金净流量对于期末流动负债的比率，衡量企业资产的流动性。

表 9.5　　　　　　　　　　　顺丰与圆通、韵达流动比率对比表

	2019 年	2018 年	2017 年	2016 年
顺丰控股	1.38	1.21	1.46	1.16
圆通速递	1.53	1.83	1.55	2.25
韵达股份	1.24	1.57	1.16	1.1

数据来源：巨灵金融平台。

表 9.6　　　　　　　　　　　顺丰与圆通、韵达速冻比率对比表

	2019 年	2018 年	2017 年	2016 年
顺丰控股	1.36	1.18	1.44	1.14
圆通速递	1.52	1.82	1.54	2.24
韵达股份	1.23	1.56	1.15	1.09

数据来源：巨灵金融平台。

表 9.7 顺丰与圆通、韵达现金比率对比表

	2019 年	2018 年	2017 年	2016 年
顺丰控股	60.12	61.64	80.38	37.61
圆通速递	63.26	84.35	94.29	55.37
韵达股份	21.91	29.63	44.14	14.8

数据来源：巨灵金融平台。

从整体上看，顺丰控股的流动比率不足 1.5，且流动比率的值要低于圆通和韵达，通常认为流动比率的合适范围在 2 左右，越高表明企业的资产变现能力越强，流动负债的偿还可能性越大，即短期偿债能力越强。但也不是越高越好，太高说明企业手里留存了过多的现金，这些闲置资金并没有得到有效利用，用于投资回报更高的新项目，对于企业经营者来说是损失，企业的获利能力还有提升的空间。且不同行业和企业流动比率的情况不尽相同，从顺丰与同行业市场份额也较高的韵达和圆通的短期偿债能力的对比表格可以看出，快递行业的流动比率基本没有达到 2，这是因为快递企业不同于传统的生产性企业，其没有存货这一项流动性资产。

其实顺丰的短期偿债能力要弱于圆通和韵达的原因上文也已提到过，顺丰的物流配送不同于圆通和韵达的加盟模式，而是采用了自营体系，大量的项目建设需要大量的资金投入，而这些资金有很大一部分来源于负债，所以顺丰的流动比率在行业中处于较低水平也容易理解。

计算速动比率时速动资产是不包括存货的流动资产的，而由于快递行业不同于传统的生产型企业，几乎没有存货，所以速动比率与流动比率数值相差不大。通常认为一般企业的速动比率在 1 左右比较合适，速动比率越高，企业的偿债风险越低。而顺丰、圆通、韵达的速冻比率均高于 1，顺丰是有足够能力偿还短期债务的。

由表 9.7 可以看出，顺丰的现金比率在 60% 左右，高于韵达，低于圆通。现金比率的正常范围一般在 20% 以上，现金比率能反映公司的实际短期偿债能力，顺丰的现金比率要高于韵达，反映了顺丰的短期偿债能力强于韵达。但是圆通的现金比率明显过高，这意味着圆通保留了过多的盈利能力较低的现金，企业闲置资金的运用不够充分。

综上分析，顺丰短期偿债能力较强，且现金的运用能力也在同行业处于较领先地位。

2. 长期偿债能力

企业的资产负债率是企业的负债（包括长期负债和流动负债）在总资产中所占的比例，可以反映企业的长期偿债能力。在我国，企业的资产负债率通常在 40%~60%，理论上来讲，资产负债率越低企业的偿债能力越强。

通过表 9.8 顺丰与圆通和韵达的资产负债率对比可以看出，整体来看尽管顺丰的资产负债率要高于圆通和韵达，主要原因还是顺丰的建设项目较圆通和韵达更多，需要更多的资本投入，而资金很大部分来源于负债，但是顺丰的资产负债率也在合适范围内，面临的长期偿债风险不大。

表 9.8　　　　　　　　顺丰与圆通、韵达资产负债率对比表

	2019 年	2018 年	2017 年	2016 年
顺丰控股	54.08	48.45	43.23	53.42
圆通速递	40.34	40.94	33.8	26.53
韵达股份	39.84	36.17	44.11	44.04

数据来源：巨灵金融平台。

（二）盈利能力分析

盈利能力是指企业在一段时间内获取利润的能力。盈利能力越强，越能吸引更多的投资者。这里从销售经营能力和资本经营能力出发，选取各指标来对顺丰控股的盈利模式进行分析。

1. 销售经营能力

销售经营能力主要是以营业收入为基础，对企业的营业能力水平进行分析评估。主要选取以下两个指标作为参考。

$$营业利润率 = \frac{营业利润}{营业收入} \times 100\%$$

$$销售净利润 = \frac{净利润}{营业收入} \times 100\%$$

营业利润率是用来反映企业凭借经营获取利润的能力，衡量企业经营效率的指标，只考虑营业成本的因素。而销售净利率则用以衡量企业在一定时期内的销售收入获取的能力。为了全面直观地评估顺丰控股的销售经营盈利能力，基于顺丰控股 2014—2019 年发布的年报数据，我们进行以下分析，见表 9.9。

表 9.9　　　　　　顺丰控股 2014—2019 年销售经营能力分析表

项目	2019 年	2018 年	2017 年	2016 年	2015 年	2014 年
营业收入（万元）	11219340	9094269	7109430	5748270	4810285	81265
营业成本（万元）	9264962	7464218	5682311	4616517	3859169	70579
营业利润（万元）	740861	581812	644897	369269	140134	2711
净利润（万元）	562479	446427	475185	416078	109427	2412
营业利润率（%）	6.6	6.4	9.07	6.42	2.91	3.34
销售净利率（%）	5.01	4.91	6.68	7.24	2.27	2.97

数据来源：巨灵金融平台。

从表 9.9 可以看出，顺丰的营业收入逐年上升，2019 年营业收入已突破 1100 亿元，除传统快递业务，公司新业务 2019 年实现收入 239 亿元，收入占比由 18.9% 升至 25.6%，

综合物流转型进一步加快。2018 年营业利润较 2017 年减少，但 2019 年又快速回升。2018 年利润的下降除了受成本上涨的影响之外，还有为应对市场需求而开拓的新业务和多元化的物流服务的影响，故其营业利润率和销售净利率 2018 年较 2017 年均有下降。

2019 年公司通过推出特惠专配业务实现业务量和市占率的快速回升，且综合物流转型进一步加快，导致 2019 年收入的增长，营业利润率和销售净利率也在缓慢增长中。顺丰在 B 端供应链业务上仍有巨大的拓展空间，尤其是未来顺丰鄂州机场投运后，公司运输网络更加高效。借助湖北"九省通衢"的地理优势，进一步实现 B 端供应链客户的拓展，彼时顺丰的收入和利润将会有更好的发展。分别横向对比分析顺丰控股、圆通、韵达公司的营业利润率及销售净利率，数据及分析如下，具体见图 9.9。

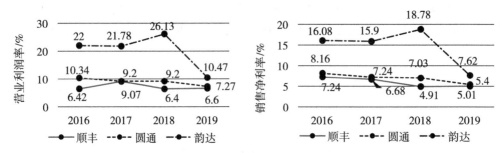

图 9.9 顺丰与圆通、韵达营业利润率和销售净利率对比图
数据来源：巨灵金融平台。

由图 9.9 可以看出，虽然顺丰的营业利润率和销售净利率要低于圆通和韵达，但是营业利润、营业收入等绝对数都远远大于其他两家公司，庞大的订单数量和订单额说明顺丰所占的市场份额大。

出现该现象的主要原因是顺丰控股采用以质量为主导的直营模式，而"三通一达"均采用加盟商模式。直营模式下公司要自行投资、建设、运营整个快递网络，故前期投入很大，成本相较加盟商模式要高很多，加之顺丰鄂州机场的建设，更是投入巨大，但在后期容易实现服务的标准化及保证服务的质量，空运也能有效降低吨公里成本，提高货运效益。

2. 资本经营能力分析

资本经营能力主要是通过净资产收益率体现的。该因子代表着所有者权益的收益水平，数值越高，说明投资回报率越高，资本转化为收益的能力越强，更能保证企业投资人、债权人的收益。

$$平均净资产＝（期初净资产＋期末净资产）/2$$
$$净资产收益率＝净利润/平均净资产×100\%$$

净资产收益率用以衡量公司运用自有资本的效率，是帮助公司相关利益者做出正确投资判断的重要依据。同样根据顺丰控股 2014—2019 年的年报数据分析其资本经营能力，具体见表 9.10。

表9.10 　　　　　　　　顺丰控股 **2014—2019 年资本经营能力分析表**

项目	2019 年	2018 年	2017 年	2016 年	2015 年	2014 年
净利润（万元）	562479	446427	475185	416078	109427	2412
平均净资产（万元）	4117709	3482329	2664465	1063234	1397535	72140
净资产收益率（%）	13.66	12.46	14.6	20.38	7.83	3.36

数据来源：巨灵金融平台。

从表9.10 可以看出，顺丰控股 2014—2019 年的净利润、平均净资产呈现出上升的趋势，而净资产收益率则在 2016—2018 年逐年下降，在 2019 年略有上升，这反映了 2017 年顺丰在资本方面大量投入，主要是鄂州机场的建设，而顺丰在 2018 年净资产收益率下降则是这个时期净利润有所下降的缘故，随着 2019 年净利润的上涨，净资产收益率也随之上涨。

顺丰的净资产收益率与同行业的三通一达相比并不算高，并且呈现下降趋势，直到 2019 年才略有上升（见图 9.10）。整体来说，其资本运营能力低于圆通和韵达的主要原因还是其直营模式与其他三通一达采用的加盟式对资产的拥有量有着根本性的不同，顺丰前期自营式的物流网点布局、固定资产投入是极大的，这是它为未来持续盈利所作的布局。但前期投入会带来部分沉没成本，拉低它的利润数据。

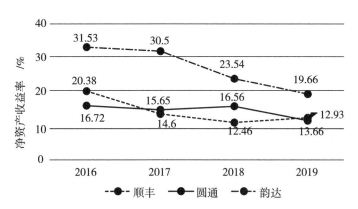

图 9.10　顺丰与圆通、韵达资本经营能力对比图
数据来源：巨灵金融平台。

（三）营运能力分析

营运能力是指企业现有资产的增值能力，主要体现在两个方面：企业营运资产的效率与效益。顺丰控股作为物流行业的龙头企业，在营运能力方面也十分出色，通过以下的图表数据可以对其营运能力进行比较直观的分析。

1. 固定资产周转率

固定资产在企业的日常生产经营过程中，对于收入的贡献不如存货的销售那么直接，但是固定资产确实影响着企业的收益，而固定资产周转率则通过收益成果和固定资产的净值比率，来衡量固定资产的利用效率。数值越高，说明资产管理越到位；相反，如果数值偏低，则会影响企业的获利能力。

$$固定资产周转率 = \frac{销售收入}{平均固定资产净值}$$

由图 9.11 可知，顺丰的固定资产周转率在 2018 年及以前处于行业中等水平，低于圆通，但要高于韵达，在 2019 年超过圆通和韵达，处于行业领先水平。一般行业的固定资产利用率为 0.8~1 比较正常，但是考虑到快递行业流通快的特性，快递行业的固定资产周转率都较高，顺丰的固定资产管理能力在 2019 年处于行业前列。

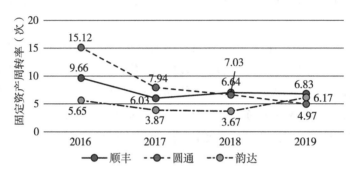

图 9.11　顺丰与圆通、韵达固定资产周转率对比图
数据来源：巨灵金融平台。

2. 总资产周转率

总资产周转率与企业销售能力有关。销售能力越强，周转越快，资产投资的回报率越高。但行业差别很大，流通企业的总资产周转率要大一些，对于基础建设投资大、工期长、回报慢的行业来说总资产周转率可能很小，特别是在建设的初期。

$$总资产周转率 = \frac{销售收入}{总资产}$$

顺丰在资产投入很大的状况下，总资产周转率略低于加盟模式的圆通，2019 年以前要高于韵达，2019 年被赶超，但差距不是很大（见图 9.12）。2017 年与 2018 年顺丰的总资产周转率较 2016 年均有下降，前者是总资产投资大所致，后者是净利润略有下降导致，2019 年有所回升，也是净利润有所上升导致。并且顺丰每年的总资产周转率均在 1 以上，处于安全状态。

3. 流动资产周转率

在保证生产经营正常进行的情况下，流动资产周转率越高，表明利用率越高，这也在一定程度上意味着企业创收能力的提高。

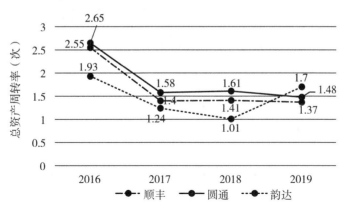

图 9.12　顺丰与圆通、韵达总资产周转率对比图
数据来源：巨灵金融平台。

流动资产周转率＝主营业务收入净额／平均流动资产总额

2019 年顺丰的流动资产周转率虽低于圆通和韵达，但较上年有所增加（见图 9.13），其流动资产的运用能力已有增强，顺丰仍需投入大量资金用于那些工期投资比较强的项目，所以其流动资产利用率低于加盟式的圆通也是事出有因，且呈现的上升趋势说明其投资的回报正在逐渐显现。

图 9.13　顺丰与圆通、韵达流动资产周转率对比图
数据来源：巨灵金融平台。

（四）成长能力分析

公司的成长能力体现了公司在一定时期内的经营能力发展状况，该能力的主要衡量指标主要有主营业务收入增长率、净利润增长率和净资产增长率，顺丰控股 2014—2019 年的成长能力分析指标如表 9.11 所示。

表 9.11　　　　　　　　顺丰控股 2014—2019 年资本经营能力分析表

年份	2019	2018	2017	2016	2015	2014
主营业务收入增长率（%）	23.37	27.92	23.68	8499.2	-17.74	12.56
净利润增长率（%）	26	-6.05	14.21	16456.67	4.17	-40.11
净资产增长率（%）	15.12	12.77	59.23	2803.47	-1.38	-0.97

数据来源：巨灵金融平台。

2017—2019 年连续三年顺丰主营业务增长率都保持在 20% 以上，说明企业的主营业务保持着良好的成长势头，顺丰属于成长型的公司，面临业务更新的风险不大。

尽管顺丰 2018 年主营业务收入增长率有 27.92%，但净利润增长率却为负，这说明成本的增长率要高于收入的增长率，主要原因还是顺丰鄂州机场项目的投资大，投入成本高。2019 年净利润增长，净利润增长率也回归正值。相信机场建成并投入使用后，将有效降低吨公里成本，提升货运时效，提高货运效益，进一步带动收入和利润的提升。

2016 年顺丰的净资产增长率也非常高，发展强劲，这与 2016 年大规模新入账飞机和运力设备、物流场地及设备竣工转固（上海青浦华新项目和义乌产业园建筑工程等工程项目）有关。

（五）杜邦分析法

杜邦分析法是一种用来评价公司赢利能力和股东权益回报水平，从财务角度评价企业绩效的一种经典方法。其基本思想是将企业净资产收益率逐级分解，有助于深入分析比较企业经营业绩。

1. 杜邦分析法中主要的财务指标

（1）权益利润率。

它反映了公司所有者投入资本及相关权益的获利水平。该项指标的大小不仅受公司盈利能力的影响，而且还受公司资产的周转营运能力及资本结构状况的影响。

（2）销售净利率。

主要受销售收入和销售成本的影响，另外所得税率、其他利润也是影响因素。一般来说，单位销售成本越低，销售净利率越高，单位销售成本与销售净利率呈负相关、所得税率与销售净利率呈负相关。销售净利率为净利润与销售收入的比值。

（3）权益乘数。

与资产负债率正相关，总资产周转率是销售收入与总资产的比值。权益乘数是（1-资产负债率）的倒数。

2. 对顺丰公司进行杜邦分析

为了更直观地对顺丰控股进行杜邦分析，下面从横向（通过顺丰与其他快递公司的 ROE）和纵向（顺丰公司 2018 年与 2019 年的数据）两个方面进行比较。

（1）与其他快递公司相比较。

表9.12　　　　　　　　　　顺丰与中通的 ROE 分解对比

年份	顺丰控股		中通快递	
	2018	2019	2018	2019
ROE	13.16%	14.68%	15.75%	15.65%
销售净利率	4.90%	5.01%	24.91%	25.64%
权益乘数	1.87	2.08	1.18	1.18
资产周转率	1.41	1.37	0.54	0.52

数据来源：搜狐，《经济观察报》。

顺丰的 ROE 在 2017 年达 17.94%，2018 年大幅降至 13.16%，此后反弹至 2019 年的 14.68%。2019 年顺丰的销售净利率仅微幅增加，资产周转率与资产净利率成正比，公司盈利能力改善的主要原因是权益乘数由 2018 年的 1.87 增加至 2.08，也就是说是负债提升增加了杠杆所致。而顺丰总资产周转率由 2018 年的 1.40 下滑至 2019 年的 1.37，说明尽管下沉战略加大了资产利用效率，但还未能跟上公司迅速提升中的产能。

对比起来，中通快递的负债率极低，2018—2019 年权益乘数没有变化，均保持在 1.18，杠杆利益也没有变化，表明其盈利能力主要依赖于轻资产运营模式带来的高销售净利率；而顺丰的权益系数增加，表明顺丰控股的负债程度提高，中通的偿债能力较之有所提高。

2019 年中通的销售净利润高达 25.65%，超过了顺丰的 5 倍。中通的资产周转率尽管只有 0.5 左右的水平，中通的 ROE 仍超过了顺丰，表明在一定程度上中通的获利能力较强，顺丰的流动资产和长期资产的结构比率不完善，还有很大的提升和改善空间。

而中通的资产周转率甚至低于顺丰的 50%，反映出中通相较顺丰运用资产以产生销售收入的能力更强，同时中通也显得更有竞争力。

（2）顺丰控股 2018 年与 2019 年相比较。

从 2018 年和 2019 年的杜邦分析对比数据来看（见图 9.14 和图 9.15），2019 年的盈利能力相较 2018 年略有上升，净资产收益率是杜邦分析法的核心，它由其他三个指标共同决定。2019 年顺丰控股的净资产收益率由 12.46% 提升至 13.66%，说明顺丰控股的净资产获利能力强。虽然总资产收益率从 2018 年的 6.91% 下降为 6.85%，但总体来说净资产收益率上升。通过分解可以明显地看出，顺丰公司下降的权益乘数，说明其资本结构在 2018—2019 年发生了变动，2019 年的权益乘数较 2018 年有所减小，与此同时企业负债程度也相应下降。

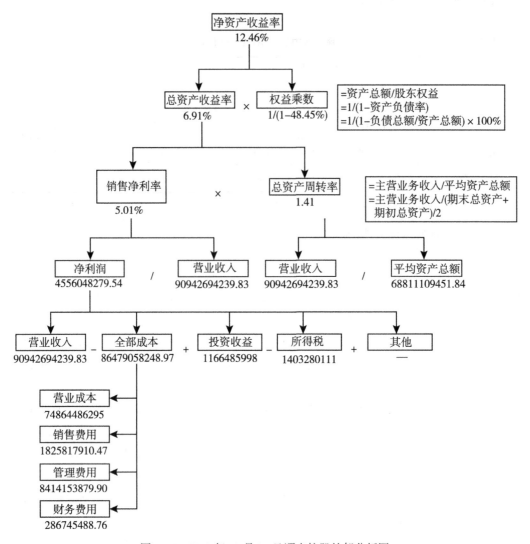

图 9.14　2018 年 12 月 31 日顺丰控股杜邦分析图

资料来源：网易财经。

　　顺丰控股 2019 年营业收入增加，但总资产收益率为 6.85%，较 2018 年的 6.91% 有小幅度下降，表明企业销售成果和资产运营并不到位，想要提高总资产收益率，则需增加销售收入，利用企业营销拓展销售方式，增加消费渠道，提高竞争力。

　　2019 年总资产周转率从 1.41 降为 1.37，但销售收入增加，反映出企业综合销售收入分析企业资产结构并不合理，公司资金回流的速度变慢，也有可能是产品库存过多导致了存货周转率降低，为了保持产品的生产销售，在存货上面投入了更多的资金从而导致了周转率降低。顺丰公司需要更改产业结构，提高生产能力。

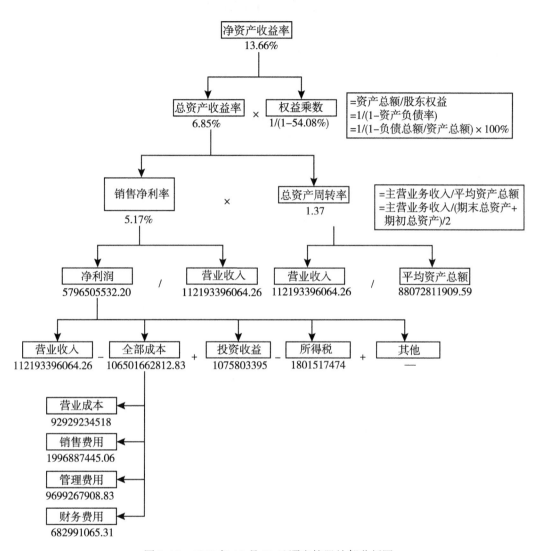

图 9.15　2019 年 12 月 31 日顺丰控股杜邦分析图

数据来源：网易财经。

四、模型估值

（一）要求回报率的计算

1. 资本资产定价模型概述及计算过程

资本资产定价模型认为个人投资者面临的风险包括两个方面：系统性风险和非系统性风险，投资者可以通过构建投资组合的方式分散非系统性风险，但是无法分散系统性风险。

资本资产定价模型有特定的假设前提：首先，资本市场是完全有效市场；其次，投资者是理性的，其投资组合都落在马科维茨的有效边界上，即当面临统一风险水平，投资者会选择收益最高的组合，当面临统一收益水平，投资者选择风险最低的组合。

投资组合的预期回报率计算公式如下：

$$R_i = R_f + \beta_i(R_m - R_f)$$

$$\beta_i = \frac{\text{cov}(R_i,\ R_m)}{\text{var}(R_m)}$$

在本案例中，R_i 为对于顺丰控股股票投资者要求的期望收益率。

R_m 是市场组合收益率，我们选取了最近 10 年的沪深 300 指数年平均收益率作为市场组合收益率，近似值为 12%。

表 9.13　　　　　　　　　　　平均市场回报率计算过程

年份	沪深 300 指数回报率
2009	0.967124
2010	−0.125129
2011	−0.250145
2012	0.075546
2013	−0.076468
2014	0.516595
2015	0.055834
2016	−0.112818
2017	0.217751
2018	−0.253098
2019	0.360695
平均市场回报率	12%

数据来源：国泰安数据库。

R_f 为无风险收益率，这里选取 2019 年的三年期国债利率 4% 作为无风险收益率。

β 系数能够衡量一个投资组合或者单个证券相对于市场波动的敏感程度。在本案例中，对于 β 系数的计算选用了两种方法：

第一，选用 2019 年 7 月 1 日—2020 年 5 月 12 日顺丰控股的收盘价格和沪深 300 的收盘指数，对数据进行处理后，导入 Python 软件，并进行回归分析，得到的 β 值为 0.5617，分析结果如下。

第二，根据 2019 年 7 月 1 日—2020 年 5 月 12 日顺丰控股收盘价与沪深 300 收盘指数计算得出个股收益率与市场收益率（收益率＝（第二天收盘价－前一天收盘价）/前一天收盘价），在 Excel 中，对顺丰股票收益率和市场收益率进行回归分析，得到 β 系数为 0.5577，分析结果如下。

2. 模型检验及结论

为了检验 β 值的准确性，笔者查询了国泰安数据库，截至 2020 年 3 月 31 日，由 250 交易日总市值加权得到 β 值为 0.61，由一年总市值加权得到 β 值为 0.62。

综上，我们近似地取 β 系数为 0.55。将 β 值和各项数据代入公式，得出顺丰控股的预期收益率为：4%＋0.55×（12%－4%）＝8.4%，即要求回报率为 8.4%。

（二）剩余收益模型估值

1. 模型概述

剩余收益模型是爱德华兹和贝尔于 1961 年提出的。该模型基于对公司的财务报表的分析，用未来收益的预测值和公司权益的账面价值对公司价值进行评估。

剩余价值是公司的净盈利和股东要求报酬之差。企业要使剩余收益为正，就需要赚取超过股东要求回报的净利润。所以，该模型将公司投入的资本看作一项需要付费的成本，而公司的价值就体现于其使未来获取的收益超过资本成本的能力上。

因此，每股权益价值是每股账面价值加上预测的未来剩余收益得到的额外价值，如果对 T 期进行预测，则股票价值的公式为：

$$V_0^E = B_0 + \frac{RE_1}{\rho_E} + \frac{RE_2}{\rho_E^2} + \cdots + \frac{RE_T}{\rho_E^T} + \frac{V_E^T - B_T}{\rho_E^T}$$

$$V_E^T - B_T = \frac{RE_T(1 + g)}{r - g}$$

其中，V_0^E 表示普通股权益价值，B_0 为公司资产负债表上权益当期的账面价值，RE 是权益的剩余价值，ρ_E 为股东要求回报率，g 为永续增长率。

在具体计算过程中，股票的剩余收益为当期的每股收益减去股东要求的收益，股东要求的收益等于上一期的每股账面价值乘以要求回报率，公式为：

$$RE_T = EPS_T - \rho_E B_{T-1}$$

$$RE_T = (ROCE_T - \rho_E) B_{T-1}$$

这里 $ROCE_T = EPS / B_{T-1}$，$ROCE_T$ 是 T 期普通股的回报率。

2. 估值过程

根据中信证券对顺丰控股 2020—2022 年的 EPS 和 BPS 的预测数据以及国泰安数据库 2019 年公司每股账面价值数据，假定有限期 2020—2022 年的要求回报率为 8.4%，永续期剩余收益增长率为 5.5%（近 5 年我国 GDP 增长率平均值），具体估值过程见表 9.14。

表 9.14　　　　　　　　　　　　**RE 模型估值结果**　　　　　　　单位：元

年份	2016A	2017A	2018A	2019A	2020E	2021E	2022E
EPS	1.06	1.12	1.03	1.32	1.41	1.64	1.89
DPS	0.10	0.22	0.21	0.27	0.30	0.29	0.33
BPS	—	—	—	9.63	10.74	12.09	13.65
Discount Rate	—	—	—	8.40%	—	—	—
ROCE	—	—	—	—	14.64%	15.27%	15.63%
RE	—	—	—	—	0.60	0.74	0.87
Discountrate（1.084t）	—	—	—	—	1.08	1.18	1.27
Present value of RE	—	—	—	—	0.55	0.63	0.69
Total present value of RE to 2022	—	—	—	1.87	—	—	—
Continuing Value（CV）	—	—	—	—	—	—	31.81
Present value of CV	—	—	—	25.07	—	—	—
Value of per share	—	—	—	36.57	—	—	—
Growth rate	—	—	—	5.50%	—	—	—

部分数据来源：国泰安数据库及中信证券分析师预测结果。

通过 RE 模型估值得顺丰控股的内在价值为每股 36.57 元。

3. 模型评价

剩余收益模型与传统方法相比，在方法上存在不同之处，该模型并不着眼于公司的利润分配，而是重点关注企业的价值创造能力。从该模型的基本理念看，企业的各种生产经营性的活动都是围绕价值创造开展的，其结果会在财务报表上得到体现，因此该模型较为贴切地反映了企业的真实情况。当然，剩余收益模型也有依靠对未来公司每股收益的估计以及对永续增长率和要求回报率的设定等不确定因素，使得其不可避免地存在一定的主观性。

（三）股利贴现模型估值

1. 模型简述

股利贴现模型是一种绝对估值方法。该模型的原理是：公司股票的内在价值是公司预期股利的现值的加总。

其计算公式如下：

$$V = \sum_{T=1}^{n} \frac{D_T}{(1+r)^T} + \frac{D_{n+1}}{(r-g)(1+r)^n} = \sum_{T=1}^{n} \frac{D_T}{(1+r)^T} + \frac{D_n(1+g)}{(r-g)(1+r)^n}$$

其中，D_T 是 T 期公司发放的股利，r 是要求回报率，g 为永续增长率。

2. 估值过程

首先预测有限期的公司股利。如表 9.15 所示，公司 2017—2019 年每股股利与每股收益的比值（DPS/EPS）保持在 20% 左右，因此我们用这个比例以及中信证券关于顺丰控股未来每股收益的预测值计算 2020—2022 年每股股利的预测值。

表 9.15　　　　　　　　　　　　　　**DPS 预测**　　　　　　　　　　　单位：元

年份	2016A ·	2017A.	2018A	2019A	2020E	2021E	2022E
EPS	1.06	1.12	1.03	1.32	1.41	1.64	1.89
DPS	0.10	0.22	0.21	0.27	0.28	0.33	0.38
DPS/EPS	9.43%	19.64%	20.39%	20.45%	20.00%	20.00%	20.00%

部分数据来源：国泰安数据库及中信证券分析师预测结果。

根据 CAPM 模型的计算得到的要求回报率 r 为 8.4%，永续增长率 g 与 RE 模型保持一致为 5.5%。

股利贴现模型估值过程如表 9.16 所示。

表 9.16　　　　　　　　　　　　　**DDM 模型估值结果**　　　　　　　　单位：元

年份	2016A	2017A	2018A	2019A	2020E	2021E	2022E
EPS	1.06	1.12	1.03	1.32	1.41	1.64	1.89
DPS	0.10	0.22	0.21	0.27	0.28	0.33	0.38
Discount rate	—	—	—	8.40%	—	—	—
Discount rate（1.084t）	—	—	—	—	1.08	1.18	1.27
Present value of DPS	—	—	—	—	0.26	0.28	0.30
Total present value of DPS to 2022	—	—	—	0.84	—	—	—
Continuing Value（CV）	—	—	—	—	—	—	13.75
Present value of CV	—	—	—	10.80	—	—	—
Value of per share	—	—	—	11.63	—	—	—

部分数据来源：国泰安数据库及中信证券分析师预测结果。

通过 DDM 模型估值得公司每股内在价值为 11.63 元，该值大幅度低于顺丰控股的股价，估值结果失真。

3. 对模型计算结果的评价

　　股利贴现模型以公司发放的现金股利作为估值的依据。然而，在 A 股上市的公司分红意愿普遍较低，分红金额占每股收益和每股净资产的收益也偏低，直接导致该模型的计算结果大幅度低于公司股价，顺丰控股同样存在这种情况。因此，我们认为该模型在顺丰控股公司估值方面的适用性较低，估值结果参考价值不大。

（四）市盈率法估值

1. 基本计算方法及指标含义

市盈率的基本计算公式如下：

$$市盈率 = \frac{股价}{每股盈余}$$

　　如表 9.17 所示，市盈率取值不同意味着潜在收益不同。如市盈率越低往往意味着隐含收益越高。同时，由于中盘股本身的股票特点，其市盈率指标含义同大盘股有所不同。

表 9.17　　　　　　　　　　　市盈率指标数值含义

大盘股	含义	中盘股
<0	指该公司盈利为负	<0
0~13	价值被低估	0~20
14~20	正常水平	20~40
21~28	价值被高估	40~60
>28	股市很可能出现投机性泡沫	>60

　　通过对物流行业 42 只股票的市盈率历史数据的分析，计算出物流行业市盈率平均水平为 25.94。

　　市盈率有静态市盈率和动态市盈率之分。其中静态市盈率的计算公式为：

$$静态市盈率 = \frac{股价}{上一年每股盈余}$$

动态市盈率的计算公式为：

$$动态市盈率 = \frac{静态市盈率}{(1+i)^n}$$

其中，i 为企业每股收益的增长率，n 是企业的存续期。

如果公司的存续期仅考虑 2020 年，那么动态市盈率的计算公式可简化为：

$$动态市盈率 = \frac{股价}{2020 年每股盈余的预测值}$$

2. 定性分析

我们将通过与同行业其他企业比较以及计算 PEG 指标对该公司市盈率进行定性的分析。

（1）动态市盈率同行业比较。

我们分别计算顺丰控股、韵达股份和圆通速递三家快递物流企业的动态市盈率。由于仅需定性比较，我们可以使用经过简化的动态市盈率计算公式。股价取过去两个月的平均值。计算过程如表9.18所示。

表9.18 动态市盈率同行业比较计算过程

公司	预期2020年每股收益（各机构预测均值）（单位：元）	股价（取过去两个月每日收盘价的平均值）（单位：元）	动态市盈率＝股价/预测2020年每股收益
顺丰控股	1.39	46.90	33.74
韵达股份	1.28	30.80	24.06
圆通速递	0.67	12.34	18.42
中通快递	1.04	17.70	17.02

数据来源：根据国泰安数据库以及各机构预测数据计算。

与同行业几家具有代表性的企业以及行业平均水平相比，顺丰的动态市盈率数值较高。

（2）PEG指标。

对于PEG指标的计算我们采用如下公式：

$$PEG = \frac{静态市盈率}{未来3E年净利润增速预测值}$$

首先计算静态市盈率，股价取过去两个月每日收盘价的平均值46.90元，根据国泰安数据库，顺丰2019年每股收益为1.31元，所以静态市盈率经计算为35.80。

表9.19 未来3E年净利润增速预测值

预测指标	2017（实际值）	2018（实际值）	2019（实际值）	预测2020（平均）	预测2021（平均）	预测2022（平均）
营业收入（亿元）	712.73	909.43	1121.93	1373.55	1635.57	1913.75
营业收入增长率	23.68%	27.60%	23.37%	22.43%	19.00%	17.41%
利润总额（亿元）	65.13	58.67	74.26	81.64	95.08	107.09
净利润（亿元）	47.74	45.56	57.97	62.87	73.26	82.32
净利润增长率	14.12%	-4.57%	27.23%	8.52%	16.50%	14.23%
每股现金流（亿元）	1.38	1.23	2.07	2.79	2.54	3.08
每股净资产（亿元）	7.41	8.27	9.43	10.88	12.32	13.98
净资产收益率	18.43%	13.21%	14.86%	13.28%	13.59%	13.45%
市盈率（动态）	40.88	44.45	34.68	32.07	27.62	24.58

注：预测数据根据各机构发布的研究报告摘录所得。

接着计算未来 3E 年平均净利润增速预测值。根据表 9.19 中 2017—2019 年顺丰控股的实际净利润增长率预测 2020—2022 年每年净利润增长率，然后根据预测值得到未来 3E 年平均净利润增速预测值为 13.08%。

则：

$$PEG = 静态市盈率/未来三年净利润增速 = 2.74 > 1$$

结合动态市盈率同行业比较结果及 PEG 指标结果，我们得出的判断是：顺丰控股股价被一定程度高估。结论同时也说明，顺丰是一家成长型的企业，投资者愿意赋予其较高的估值，认为该公司未来一段时间内将保持较好的业绩。

3. 定量分析

公司的合理股价有如下计算公式：

$$合理股价 = 每股盈余 \times 合理市盈率$$

其中每股盈余是 2020 年顺丰控股每股盈余各机构的预测平均值。同时，综合考虑二级市场的平均市盈率、被评估公司的行业情况、公司的经营状况及其成长性等指标来拟定合理市盈率，得到结果为 32.07，计算过程如表 9.20 所示。

表 9.20　　　　　　　　　　合理市盈率计算过程

预测指标	2017 （实际值）	2018 （实际值）	2019 （实际值）	预测 2020 （平均）	预测 2021 （平均）	预测 2022 （平均）
营业收入（亿元）	712.73	909.43	1121.93	1373.55	1635.57	1913.75
营业收入增长率	23.68%	27.60%	23.37%	22.43%	19.00%	17.41%
利润总额（亿元）	65.13	58.67	74.26	81.64	95.08	107.09
净利润（亿元）	47.74	45.56	57.97	62.87	73.26	82.32
净利润增长率	14.12%	-4.57%	27.23%	8.52%	16.50%	14.23%
每股现金流（亿元）	1.38	1.23	2.07	2.79	2.54	3.08
每股净资产（亿元）	7.41	8.27	9.43	10.88	12.32	13.98
净资产收益率	18.43%	13.21%	14.86%	13.28%	13.59%	13.45%
市盈率（动态）	40.88	44.45	34.68	32.07	27.62	24.58

笔者计算得到合理股价为 44.58 元。这表明，2020 年顺丰控股合理的股价为 44.58 元，比前两个月每日收盘均价略低，说明顺丰控股股价被小幅度高估。

4. 模型结论

根据表 9.17 的分析，顺丰控股市盈率大于 28，且比同行业其他公司以及直接对标的快递公司都要高，说明目前股价水平较高、风险较大，购买时应保持谨慎的态度。

PEG = 2.90 > 1，表明这只股票属于高估位置，同时要注意新业务发展不及预期、疫情扩散超预期、宏观经济下滑等风险。

预测 2020 年合理股价在 44.58 元左右，比前两个月每日收盘均价略低。

5. 模型评价

市盈率估值法对适用的环境有一定要求，如要求有较为完善的证券市场，同时也要求具有可以比较的上市公司，而且市场平均而言对资产定价是正确的。中国的证券市场发育尚不够完善，市场价格对公司价值反映作用有待提升，因此采用市盈率法的外部环境条件并不是很成熟。净利润波动较为剧烈，且受多种因素影响，导致市盈率指标不稳定；净利润容易被管理层操纵。

（五）技术分析

1. 模型概述

（1）几何布朗运动。

几何布朗运动（GBM），也被称为指数布朗运动，是连续时间情况下的随机过程。其中随机变量的对数遵循布朗运动。它可以用来模拟股票价格。

我们认为股票价格服从随机过程模型，具体如下：

$$\mathrm{d}S = \mu S \mathrm{d}t + \sigma S \mathrm{d}x$$

两边同时除以 S，可以得到：

$$\frac{\mathrm{d}S}{S} = \mu \mathrm{d}t + \sigma \mathrm{d}x$$

其中，S 表示 t 时刻的股票价格，μ 和 σ 分别称为期望漂移率和波动率，x 是标准的布朗运动。在时间间隔 Δt 内，$\Delta x \sim N(0, \Delta t)$ 又可写成 $\Delta x = \varepsilon \sqrt{\Delta t}$，$\varepsilon \sim N(0, 1)$。

这个式子是用于描述股票价格最广泛的一种随机模型，称为几何布朗运动（geometric Brownian motion）。模型中参数 μ 是股票收益率的期望值，参数 σ 是股票收益率的波动率。

（2）离散形式。

通常在金融实践中，由于变量是离散的而非连续形式，因此需要将式子用离散时间形式进行重新表述，具体如下：

$$\frac{\Delta S}{S} = \mu \Delta t + \sigma \Delta x$$

又因为 $\Delta x = \varepsilon \sqrt{\Delta t}$，因此，可以得到：

$$\frac{\Delta S}{S} = \mu \Delta t + \sigma \varepsilon \sqrt{\Delta t}$$

$$\Delta S = \mu S \Delta t + \sigma S \varepsilon \sqrt{\Delta t}$$

其中，ΔS 是股票价格在很小时间区间 Δt 内的变化，其他参数的含义与前面保持一致。$\frac{\Delta S}{S}$ 表示在单位时间内股票收益率，$\mu \Delta t$ 是收益率的期望值（非随机部分），$\sigma \varepsilon \sqrt{\Delta t}$ 是股票收益率的随机部分，由于非随机部分的方差是 0，因此，股票收益率中随机部分的方差 $\sigma^2 \Delta t$ 就是股票收益率的整体方差，$\sigma \sqrt{\Delta t}$ 是在单位时间内的股票收益率标准差（即股票收益波动率）。

因此，股票收益率 $\dfrac{\Delta S}{S}$ 就服从期望值为 $\mu\Delta t$、标准差为 $\sigma\sqrt{\Delta t}$ 的正态分布。

（3）模拟服从几何布朗运动的股价。

由于几何布朗运动的离散形式无法直接利用 Python 进行处理，需要运用欧拉离散方法变换为如下的差分方程：

$$S_t = S_{t-\Delta t}\, e^{\left(\mu-\frac{1}{2}\sigma^2\right)\Delta t + \sigma\varepsilon_t\sqrt{\Delta t}}$$

模型建构完成后，我们结合选取的股票进行具体分析。

（4）Python 代码编程实现步骤。

其中，在 Python 中实现的代码步骤如下：

第一步：导入数据，并且计算得到股票的平均年化收益率和年化波动率。

第二步：输入需要进行模拟的相关参数，在这一步中将运用到 pandas 模块中的时间戳索引函数 DatetimeIndex，用该函数生成 2019 年 7 月 1 日—2020 年 5 月 12 日，并且是工作日的时间数据组。

第三步：运用 for 语句生成模拟的未来股票时间序列。预测 2020 年 5 月 12 日—2021 年 5 月 12 日的股票价格波动情况。

第四步：将模拟的结果可视化。

第五步：将预测未来股票价格取平均进行分析。

2. 对顺丰控股股票走势进行分析

（1）对顺丰股票价格的预测分析。

导入顺丰股票价格数据后，得到股价走势图如图 9.21 所示。

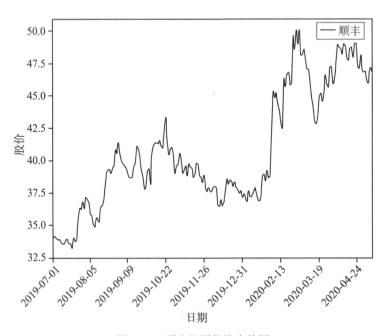

图 9.21　顺丰股票价格走势图

结合前期我们计算得到的股票收益率、波动率等数据，运用几何布朗运动进行股票数据的模拟和预测。

运用几何布朗运动进行股票数据的预测。预测 2020 年 5 月 12 日—2021 年 5 月 12 日的股票价格波动情况。首先模拟其 100 条路径，并将其全部可视化（见图 9.22）。不难发现未来一年股票绝大多数处于 45~60 以内。

图 9.22　顺丰股票价格未来一年波动模拟 100 条路径图

选取其中 10 条进行可视化处理分析（见图 9.23）。

图 9.23　顺丰股票价格未来一年波动模拟 10 条路径图

不难看出，除去异常的股票模型，顺丰控股这只股票价格的整体趋势是震荡向上倾斜的，具有良好的投资前景。

（2）将预测值取平均进行分析．

最后，我们将预测的 20 条股票走势路径进行平均化处理，得到的预测顺丰股票价格走势数据见表 9.21。结果也表明顺丰未来股价将随着时间推进呈现上涨趋势。

表 9.21　　　　　　　　　　　预测顺丰未来股票价格部分数据

日　　　期	预测股票价格
2020/5/12	46.47
2020/5/13	46.49781313
2020/5/14	46.60730592
2020/5/15	46.64458199
……	……
2020/9/17	51.32781022
2020/9/18	51.31970073
2020/9/21	51.19938133
……	……
2021/5/10	60.83990225
2021/5/11	61.0412356
2021/5/12	61.13565765

数据来源：根据预测数据计算。

五、总结

顺丰控股总体发展势头较好。首先从行业角度看，物流快递行业目前正处于快速发展阶段，所面对的宏观和政策环境有利。行业发展前景良好。随着信息化和智能化建设的推进，该行业的市场规模不断扩大，越来越成为国民经济中的基础性行业。其次从公司业务开展的情况看，该公司业务齐全，业务质量不断提高，拓展新业务能力较为强劲。再次从公司发展战略层面看，顺丰控股重点着眼于增强科技实力和提升服务水平，从而提升公司的内在竞争实力，这也顺应了产业升级和创新发展的时代要求。目前顺丰在这两项核心竞争力方面的投入效果较为显著。最后从财务分析的角度看，该公司的盈利能力和资本经营能力与同行业其他企业相比较为一般，但有较大提升空间；偿债能力和营运能力的各项指标目前位于安全范围内，所面对的财务风险逐年减小；成长能力相关指标表现较为出色。

本章采用了资本资产定价模型、剩余收益模型、股利贴现模型、市盈率估值法和技术分析方法对公司进行估值。考虑到股利贴现模型结果失真，偏离程度较大，因此仅将剩余收益模型估值结果和市盈率估值法的定量估值结果进行平均，得出顺丰控股每股估计价值为 40.58 元，低于前两个月该股票每日收盘均价 46.90 元，表明该股票被小幅度高估，而技术分析预测该股票价格在未来有进一步上升的趋势。

　　项目组成员：李彦霏　沈伽伟　贺莲香　黄怡欣　徐畅　夏爽浩　刘铭炯　李志辉　吴华蕊　李根　胡晶晶　张慧慧　刘焕焕　金玉莹　聂琼琼　肖玉蓉　张新宇　胡希　王静　周锐　翟俊涛

第十章　案例分析：光线传媒

光线传媒（Enlight Media）成立于 1998 年，经过多年发展，目前已成为中国最大的民营传媒娱乐集团。公司业务以内容为核心、以影视为驱动，在横向的内容覆盖及纵向的产业链延伸两个维度同时布局，目前已覆盖电影、电视剧（网剧）、动漫、视频、音乐、文学、艺人经纪、戏剧、衍生品、实景娱乐等领域，是国内覆盖内容领域最全面、产业链纵向延伸最完整的综合内容集团之一。本章将从宏观行业分析、公司分析、财务分析和模型估值深入分析、探讨光线传媒公司的价值和投资策略。

一、宏观分析及产业概况

（一）宏观 PEST 分析

1. 政治环境分析

近年来，我国政策大力支持文化传媒产业发展。2018 年是我国文化传媒产业巨变之年。2018 年 3 月，中共中央印发《深化党和国家机构改革方案》，对涉及文化传媒产业的机构设置做出重大部署和安排。这一重大改革对文化传媒产业发展具有深远影响。

2. 经济环境分析

文化娱乐消费是新消费产业的重要代表。据国家统计局数据显示，2018 年全国居民人均可支配收入为 28228 元，全国居民人均教育文化娱乐消费支出 2226 元，占人均消费支出比重为 112%（见图 10.1）；近年来，随着人均可支配收入增长，居民消费能力进一步释放。整体结构变化以及用于文化娱乐精神消费支出的不断增长也催生出更多新业态和新消费模式，为文化传媒产业发展带来了结构性红利。同时，国内消费者正在逐步缩小与发达国家消费者之间的差距，消费结构正在迅速发生转变，文化娱乐消费拥有较大的成长空间。

图 10.1 显示，2015—2018 年全国居民人均可支配收入由 21966 元到 28228 元，增长了 28.5%。居民人均可支配收入持续上升和居民的文化娱乐精神需求不断增长的情况为文化传媒产业的发展带来了新的机遇。

3. 社会环境分析

"90 后""95 后""00 后"年轻消费群体正在成为文化传媒产业消费的主力群体，这类年轻消费群体整体消费能力不断上升，对于精神需求更为重视，对内容消费方式也发生了很大变化，整体消费上呈现出个性化、圈层化等不同特性，需求更多元化，并且拥有更成熟的付费习惯和版权意识，对于优质内容的付费意愿不断提高。图 10.2 数据

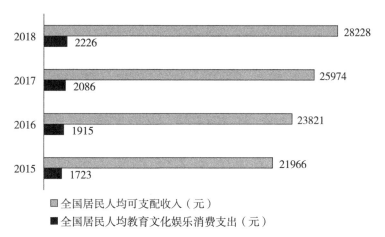

图 10.1 2015—2018 年全国居民人均可支配收入及教育文化娱乐消费支出情况
数据来源：国家统计局。

显示了 2015—2020 年，中国网络视频付费市场规模大幅上升，商业前景乐观。这也催生出短视频、二次元虚拟偶像等新的热门细分领域，不同圈层追逐的小众文化也开始有一定的生存空间。

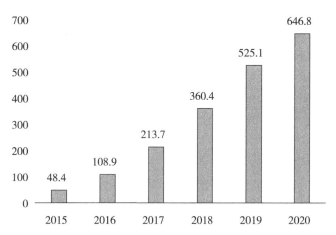

图 10.2 2015—2020 年中国网络视频付费市场规模及预测
数据来源：Wind 数据库。

4. 技术环境

人工智能已成为文化传媒产业的重要驱动力，是文化传媒生产力提升的一次技术革新，为整个行业带来了深刻变革。同时，文化传媒产业也是人工智能最重要的应用领域之一。围绕文化传媒产业的整个流程，人工智能已经渗透到从内容创作、内容分发、内容审核到内容运营管理、内容消费等各个方面。目前 AI 在影视、游戏、电视剧、广告营销等领域都已进行深度应用,这些领域沉淀了大量结构化数据,数字化程度较高,从而让深度学习、神经网络等依靠海量数据进行训练的人工智能充分运用。

(二)行业概况

1. 我国文化传媒行业迈入转型升级新阶段:资本政策助力,技术创新升级

文化传媒行业在我国的发展大约经历了如下四个时期:

初步探索期:1992—2001 年,我国物质发展推动文化需求。1992 年,国家正式将文化产业列入第三产业。在这一阶段,文化传媒普及主要表现在彩电和商业电影普及;互联网加快信息交流,电影、游戏等丰富生活。

发展扩张期:2002—2008 年,文化传媒产业随着 PC 时代发展,标志性事件是 2002 年党的十六大报告首次明确提出大力发展文化传媒产业。

繁荣发展期:2009—2011 年,文化传媒产业由 PC 端向移动端跨越。标志性事件是 2009 年,国家颁布《文化产业振兴规划》,文化产业上升至国家高度。发展成果有智能手机出现,网络视频、电影产业快速发展。

转型升级期:2012 年至今,其间随着资本、政策及新技术推动,文化传媒产业呈现新业态、新模式;传统产业不断创新。标志性事件是党的十八大报告指出"要让文化产业成为国民经济支柱性产业"。

2. 文化传媒行业相关企业营业收入增速情况

据国家统计局 2019 年 2 月公布的全国规模以上文化传媒产业 6.0 万家企业调查,2018 年,上述企业实现营业收入 89257 亿元,按可比口径计算比上年增长 8.2%。分行业类别看,文化传媒相关的 9 个行业中,有 7 个行业的营业收入实现增长。其中,增速超过 10% 的行业有 3 个,分别是:以"互联网+"为主要形式的新闻信息服务营业收入比上年增长 24%,增长最快;创意设计服务增长 16.5%;文化传媒传播渠道增长 12%。增速为负的行业有 2 个,分别是:文化娱乐休闲服务下降 1.9%;文化投资运营下降 0.2%(见图 10.3)。

3. 文化传媒行业新特点

产业融合加强,边界逐渐模糊:随着互联网等技术发展,更多元内容形式和渠道出现,不同细分领域间可触达性更强用户转换成本低,边界逐渐模糊,企业以优势 IP 为核心布局产业链上下游布局,加速产业融合。同时,传统企业不断转型,媒体间融合趋势加强。

流量红利减退,内容变现成为核心:在流量红利减退背景下,优质内容 IP 成为吸引用户、实现内容价值变现的核心环节,也是行业竞争核心,内容向品质化和差异化发展,不断满足用户多元需求。

技术红利到来,推动新一轮增长:技术进步不断推动行业新增长,提高整个产业的生产效率,助力产业新增长并向更加自动化、智能化方向发展。例如,随着 AI 深度学习技术进步,通过了解用户使用习惯和内容偏好,进而实现信息流的精准分发。

市场集中度提升,呈现马太效应:整体利润增速放缓融资困难情况下,头部企业优

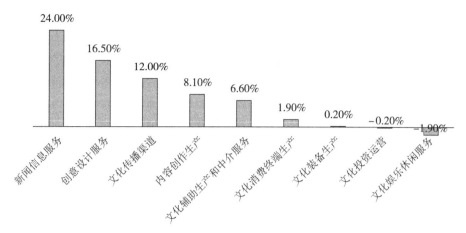

图 10.3　2018 年全国规模以上文化传媒行业相关企业营业收入增速情况
数据来源：国家统计局。

势明显，在用户数、市场资源等各方面都具有强大竞争力，资本向头部聚集趋势明显，市场集中度提升，出现两极分化，强者恒强的局面。

政策监管整体趋严，向专业化、规范化发展：监管措施频繁出台，监管力度趋严，更垂直更细化，促进行业向规范化健康发展；同时在一定程度上影响到投融资市场，政策倒逼投机资本退场趋势明显。

互联网巨头重塑竞争布局，延长产业链：BAT 等互联网巨头以自身优势为切入点，大力布局文化传媒产业，重塑产业竞争格局。在经济下行市场增长放缓等多重因素下，企业希望布局整个产业链，增强流量变现能力，其重点在影视、网络视频、游戏等领域发力。

4. 产业涵盖面广

大多围绕影视音乐、电视剧、游戏、内容生产、流通和消费、动漫等产生内容、服务产品，形成相关产业链。

二、公司概况

（一）发展历程

1998 年，北京光线电视策划研究中心注册成立；

2000 年，光线广告有限公司注册成立；原北京光线电视策划研究中心更名为北京光线传媒有限公司；

2011 年 8 月 3 日在深圳证券交易所上市；

2013 年，其投资拍摄的电影华语电影《泰囧》10 亿票房终于到来；

2018 年，北京光线传媒公司将持有的新丽传媒 27.642% 的股份，以 33.17 亿元的对价出售给腾讯。

（二）主营业务

公司为电影出品和发行龙头，业务稳居第一梯队，多投资中小成本的青春及喜剧片，经营模式相对稳健；持续布局动漫电影，但受到公司票房分账收入下滑及电影制作成本上升影响，衍生品业务收入毛利率持续下滑；增强电视剧业务，丰富收入来源，但电视剧业务波动性较大，2018年转让新丽媒体股权；公司近两年着力于对电影业务的拓展，纵向深耕动漫内容产业，横向延伸票务服务产业。收购猫眼文化，布局票务流量入口，增加渠道话语权，但受票补拖累仍未实现盈利；收购的经营游戏业务的标的经营资质较差，基本不能完成业绩承诺，商誉减值严重侵蚀盈利。

动态分析：由于电影票房分账及视频直播收入减少、电影制作成本增加，以及公司大幅计提资产减值损失，2018年公司经营收益出现亏损，但公司出售新丽传媒股权获得较大规模投资收益。2019年以来公司电影业务大幅增长，票房成绩较为理想，盈利能力有所提升，前三季度现金流有所好转。截至2019年9月，《哪吒》累计票房48.9亿元，对应公司税前利润为11亿~12亿元。此外2019年前三季度参与投资发行《疯狂的外星人》《夏目友人账》等影片，确认《八分钟的温暖》等电视剧收入，影视业务稳定发展。参投的猫眼娱乐已实现盈利，对应公司2019年前半年投资收益4577万元。随着票补下降猫眼盈利能力显著提升，公司投资收益或持续增长。

光电传媒资产以股权投资为主，流动性相对较弱。公司资产负债率低于行业平均水平，总体债务负担不重，账面货币资金和银行理财规模较大，对债务覆盖程度较高，但融资渠道较为单一，且实景娱乐项目拟投资规模较大、回收期不确定性强，未来随着项目的开展，公司投资需求或将进一步加大。

（三）主要股东

光线传媒第一大股东是上海光线投资控股有限公司，占股比例为44.06%。该公司的董事长和实际控制人为王长田；第二大股东是杭州阿里创业投资有限公司，占股比例为8.78%；第三大股东是北京三块科技有限公司，占股比例为6%。

（四）未来发展方向

公司在动画电影产业链布局完善，即将迎来收获期。公司于2015年起以股权参投加项目投资发行的模式布局了十月星空等众多顶级动画公司。《哪吒》的成功则验证了公司的投资眼光及项目把控能力。根据相关项目的进展，我们预计公司前期投资的项目自2020年起逐步进入收获期，每年均有2~3部大体量动画电影上线，有望构筑公司长期业绩基础，同时有望奠定公司在动画产业领域龙头地位。

三、财务分析

（一）财务比率分析

公司能否通过现有资产来偿还债务，关系到企业能否持续地生存与发展。因此，我们有必要首先检测公司是否具有偿还债务的能力。公司盈利能力是生存和发展的基础，因此财务分析的第二部分我们研究光线传媒的盈利能力；在此基础上，本部分还进一步讨论了公司营运能力和发展能力财务指标，以期对公司财务比率有一个比较全面的分析理解。本案例的财务分析主要将光线传媒和慈文传媒、东方明珠，熊猫传媒这几家公司比较，从以下几个方面来进行分析。

1. 偿债能力分析

偿债能力是指企业用其资产偿还长期债务与短期债务的能力。企业有无支付现金的能力和偿还债务能力，是企业能否生存和健康发展的关键。企业偿债能力是反映企业财务状况和经营能力的重要标志。

（1）短期偿债能力。

短期偿债能力是指企业的流动负债到期时，其流动资产是否能足额偿还。短期偿债能力的衡量，通常采用流动比率和速动比率。流动比率是流动资产对流动负债的比率，用来衡量企业流动资产在短期债务到期以前，可以变为现金用于偿还负债的能力。一般来说，比率越高，说明企业资产的变现能力越强，短期偿债能力亦越强；反之则越弱。流动比率为 1.5~2.0 比较合适。速动比率是速动资产与流动负债的比值，其值在 1 左右表示较好。

图 10.4、图 10.5 展示了 2016—2018 年光线传媒及同行业公司的偿债能力比较情况。从总体来看，光线传媒的流动比率和速动比率在这四家传媒公司中均处于中上等水平，并且总体数值在 2 以上。这说明该公司的短期负债的保障程度较高，对于短期债务的偿还保障性和安全性较高。

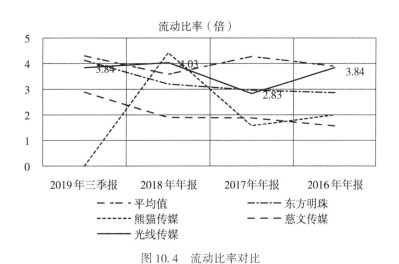

图 10.4 流动比率对比

数据来源：Wind 数据库。

（2）长期偿债能力。

①资产负债率。资产负债率是衡量企业负债水平及风险程度的重要指标，又称举债

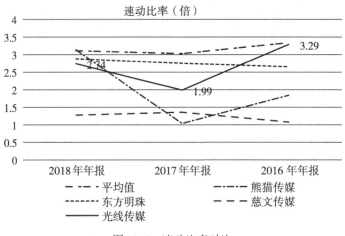

图 10.5　速动比率对比

数据来源：Wind 数据库。

经营比率，它是用以衡量企业利用债权人提供资金进行经营活动的能力，以及反映债权人发放贷款的安全程度的指标，通过将企业的负债总额与资产总额相比较得出，反映在企业全部资产中属于负债的比率。一般认为适宜水平在 40%～60%。

②产权比率。产权比率是负债总额与所有者权益总额的比率。是用以反映总资产结构的指标，也是衡量企业长期偿债能力的一个重要指标，它反映了企业清算时，企业所有者权益对债权人利益的保证程度。一般情况下，产权比率越高企业所存在的风险也越大，长期偿债能力也较弱。一般认为产权比率应当维持在 0.7～1.5。

从图 10.6、图 10.7 中的数据可以看出，光线传媒的产权比率在四家可比公司中相对偏低，而且资产负债率在 29% 以下，远低于 40%，表明公司长期偿债风险较低。该公司资产负债率和产权比率在 2016—2017 年呈现上升趋势，但在 2018 年已开始回落，说明光线传媒以自有资金偿还全部债务的能力较强，债权人投入的资本受股东权益保障程度较高。因此，光线传媒的长期偿债能力较强。

2. 盈利能力分析

盈利能力是指企业获取利润的能力，也称为企业的资金或资本增值能力，通常表现为一定时期内企业收益数额的多少及其水平的高低。盈利能力指标主要包括营业利润率、成本费用利润率、盈余现金保障倍数、总资产报酬率、净资产收益率和资本收益率六项。在本章中，笔者选取了总资产报酬率、净资产收益率和销售净利率对光线传媒的盈利能力进行分析。

（1）销售净利率。

图 10.8 显示 2016—2019 年文化传媒行业整体销售净利率有所下降（见图 10.8 柱状图部分）。但光线传媒近几年的销售净利率明显增长，特别是 2018 年，达到了91.84%，相较于上一年提高了一倍，位于行业可比公司首位，且未出现大幅度波动，

图 10.6 产权比率对比

数据来源：Wind 数据库。

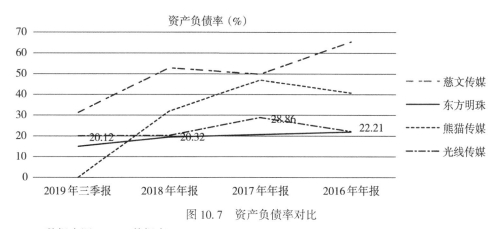

图 10.7 资产负债率对比

数据来源：Wind 数据库。

说明该公司具有较高的盈利能力，经营风险较低（见图 10.8 折线图部分）。

（2）总资产报酬率。

从图 10.9 的总资产报酬率同行业比较来看，各传媒公司总资产报酬率（ROA）变化趋势同净资产收益率的变化趋势基本保持一致，均呈现出明显的下滑趋势（见图10.9 柱状图部分）。而光线传媒的表现较为抢眼，除 2017 年有小幅的下滑外，其总资产报酬率整体上是波动上升的（见图 10.9 折线图部分）。

（3）净资产收益率。

从 2016—2019 年文化传媒行业净资产收益率来看，其他三家同行业可比公司净资产收益率（ROE）均呈现出明显下滑的趋势，并且各公司之间的净资产收益率差距逐渐缩小（见图 10.10 柱状图部分），而光线传媒的净资产收益率均维持在 10%以上，绩效表现平稳（见图 10.10 折线图部分）。

3. 营运能力分析

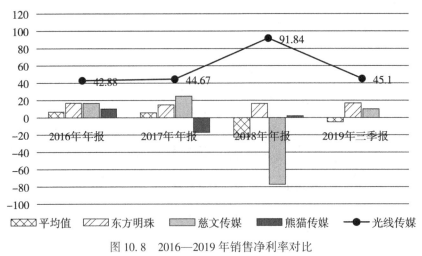

图 10.8 2016—2019 年销售净利率对比

数据来源：Wind 数据库。

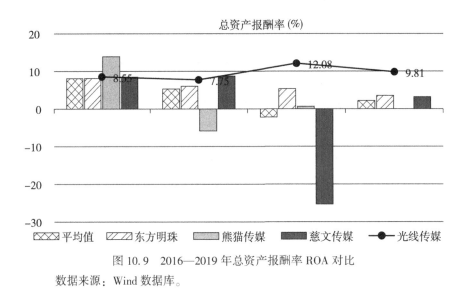

图 10.9 2016—2019 年总资产报酬率 ROA 对比

数据来源：Wind 数据库。

营运能力指标是用来衡量公司在资产管理方面的效率，说明公司在多大程度上能有效地运用资产来获得收入。某种意义上，营运能力影响了企业的获利能力和偿债能力，在整个财务分析中起到了重要的作用。我们对于光线传媒的营运能力分析包括存货周转率分析、应收账款周转率分析和总资产周转率分析。

（1）存货周转率。

存货周转率是一定时期内企业销货成本与存货平均余额间的比率。它是反映企业销售能力和流动资产流动性，衡量企业生产经营各个环节中存货运营效率的一个综合性指标。一般来说，在其他水平一定的情况下，存货周转率越高越好。图 10.11 中的数据显

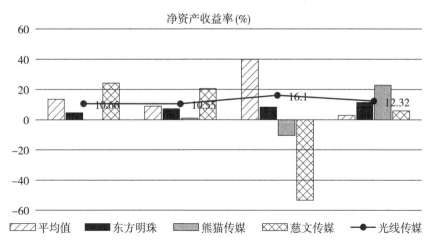

图 10.10 2016—2019 年净资产收益率（ROE）对比

数据来源：Wind 数据库。

示同行业可比公司中，光线传媒存货管理效率处于行业中下等，且在 2016—2018 年，存货管理效率持续走低。这需引起投资者和管理层关注风险。

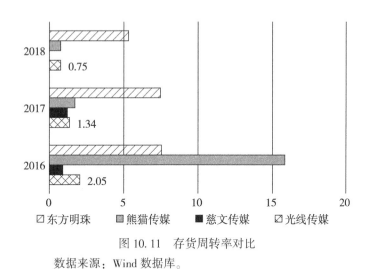

图 10.11 存货周转率对比

数据来源：Wind 数据库。

（2）应收账款周转率

应收账款周转率=销售收入/应收账款。应收账款周转率越高，说明应收账款收回越快，管理效率越高。图 10.12 显示，光线传媒的应收账款管理效率一直处于稳步提高的状态。说明近年来光线传媒坏账损失少，资产流动快，偿债能力增强。2018 年光线传媒的应收账款周转率基本赶上了行业第一的东方明珠。

（3）总资产周转率。

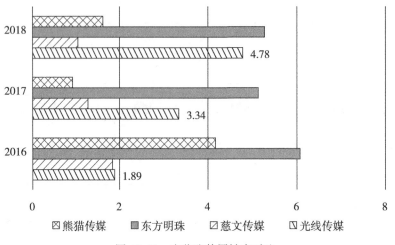

图 10.12　应收账款周转率对比

数据来源：Wind 数据库。

　　总资产周转率是企业销售收入净额与资产总额的比率。总资产周转率是一个企业内部增长率的指标，该项指标反映总资产的周转速度。周转越快，说明销售能力越强。图 10.13 数据显示 2016—2018 年光线传媒的总资产周转率变化趋势相对平稳，但与其他三家传媒企业相比，其总资产周转率处于行业较低水平，有待提高。

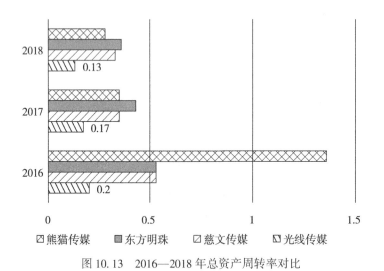

图 10.13　2016—2018 年总资产周转率对比

数据来源：Wind 数据库。

4. 成长能力分析

（1）营业收入增长率和总资产增长率。

2009—2018 年，光线传媒的营业收入和总资产保持了一个增长趋势且有一个较为稳定的增速。图 10.14、图 10.15 数据显示光线传媒的营业收入和总资产在 2017 年达到顶峰，且其营业收入同比增长率和总资产同比增长率自 2014 年开始就处于一个稳步下降的趋势，说明该公司实现了一个较为稳定的增长。总体而言，该公司资产呈现大幅扩张趋势，这与其实现资产重组有密不可分的联系。

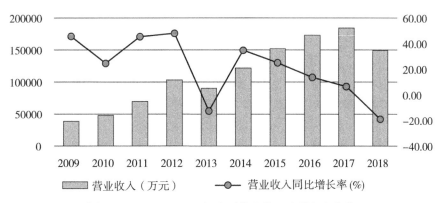

图 10.14 2009—2018 年公司营业收入及增长率变化

数据来源：Wind 数据库。

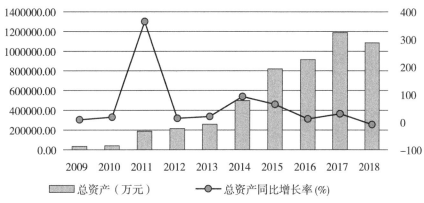

图 10.15 2009—2018 年公司总资产及总资产同比增长率变化

数据来源：Wind 数据库。

（2）净利润增长率。

图 10.16 中的数据显示 2009—2018 年，光线传媒归属于母公司的净利润一直处于一个增长的态势，并于 2018 年达到新高，且其净利润增长率较为稳定，说明光线传媒成长性较好。

（二）杜邦分析

从图 10.17 中可以看出光线传媒 2015—2018 年的净资产收益率（权益净利率 ROE）处于增长趋势。通过杜邦分解法可知：权益乘数变化不大，基本在 1.3 附近波

图 10.16　公司净利润增长率

数据来源：Wind 数据库。

动；资产周转率略有下降，从 0.23 降到 0.13；真正导致 ROE 上升的是公司的销售净利率，由 2015 年的 27.35% 增长到 2018 年的 91.59%，增幅巨大（见表 10.1）。

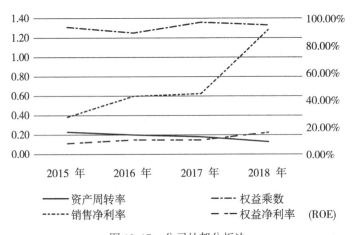

图 10.17　公司杜邦分析法

数据来源：Wind 数据库。

表 10.1　　　　　　　　　　　　　公司杜邦分析法拆解

	2015 年	2016 年	2017 年	2018 年
销售净利率	27.35%	42.74%	44.55%	91.59%
资产周转率	0.23	0.20	0.18	0.13
权益乘数	1.31	1.25	1.36	1.33
权益净利率（ROE）	8.01%	10.66%	10.55%	16.10%

数据来源：Wind 数据库。

从表 10.2 的横向对比来看，光线传媒处于行业上游水平。销售净利率上位于行业前列，产权比率（权益乘数）和总资产周转率都低于行业平均值，处于较低水平，说明光线传媒的负债水平较低、资产的使用效率较低。使得 ROE 有较大提升的唯一来源就是销售净利率，说明企业的盈利能力在增强，销售水平和盈利水平处于一个较为理想的状态，对于 ROE 的贡献较大。

表 10.2 　　　　　　　　　　　　　　杜邦分析法拆解对比分析

排名	代码	证券简称	ROE（%）				销售净利率（%）			
			2019年三季报	2018年年报	2017年年报	2016年年报	2019年三季报	2018年年报	2017年年报	2016年年报
8	300251.5Z	光线传媒	12.32	16.10	10.55	10.66	45.10	91.84	44.67	42.88
		平均值	3.15	-9.31	9.18	11.17	6.98	-26.24	13.99	12.35
1	300770.5Z	新媒股份	19.96	32.35	21.86	15.29	38.12	31.99	24.82	18.87
2	600136.5H	当代明诚	17.61	6.06	5.22	7.50	37.21	3.04	16.38	25.98
3	3008055Z	电声股份	14.20	21.39	21.24	19.81	7.23	7.41	8.59	8.24
4	300788.5Z	中信出版	14.00	25.69	27.27	27.30	12.08	12.06	14.79	13.21

排名	代码	证券简称	产权比率（%）				总资产周转率（次）			
			2019年三季报	2018年年报	2017年年报	2016年年报	2019年三季报	2018年年报	2017年年报	2016年年报
8	300251.SZ	光线传媒	0.25	0.26	0.41	0.29	0.22	0.13	0.17	0.20
		平均值	1.13	1.07	0.68	0.67	0.42	0.62	0.60	0.66
1	300770.5Z	新媒股份	0.32	0.47	0.43	0.30	0.38	0.69	0.64	0.65
2	6001365H	当代明诚	1.54	1.51	0.87	0.45	0.12	0.34	0.21	0.24
3	300805.5Z	电声股份	0.51	0.65	0.56	0.44	1.24	1.79	1.63	1.52
4	300788.52	中信出版	0.55	0.93	0.91	0.95	0.64	1.04	0.98	0.99

数据来源：Wind 数据库。

四、风险分析

（一）行业政策变动

随着政府改革的不断深入，光线传媒必须有优于竞争对手的触觉、资源和实力来应对政府政策的变化，并迅速做出判断。否则政府政策的变化，可能会给其带来较大的风险。

（二）动画产业发展缓慢

动画是公司的战略布局领域，动画产业的发展对公司经营状况有着重要的影响。近期的动画产业发展减速对公司业务影响需要引起关注。根据天眼查数据，公司全资持股的动画公司彩条屋影业对外投资了19家动画产业公司，包括光印影业（《查理九世》）、可可豆动画（《哪吒》）、红鲤文化、幻想师动画（动画制作）等；在动画内容、产业关键技术等领域全面布局与扶持。短中期建议关注公司重要作品《凤凰》（2019）、《姜子牙》（2020年春节档）和《西游记之大闹天宫》的票房表现。

（三）电视剧业务发展不及预期

虽然电影部分收益超预期，但是受电视剧整体环境影响，公司2019年第一季度电视剧业务相比去年同期略有下滑，后期发展需引起投资者关注。2019年上半年公司电视剧业务收入2.20亿元，同比下降6.63%，毛利率39.02%，同比减少2.65PCT。公司上半年确认了《八分钟的温暖》《逆流而上的你》和《听雪楼》的收入，下半年有望确认《我在未来等你》的收入。

五、估值

（一）市盈率估值法

市盈率估值法是以可比公司的市盈率和估值公司的每股收益之乘积来评价估值公司内在价值的相对估值方法。市盈率是股票市价和每股盈利之比，反映了投资人愿意用盈利多少倍的价格来购买公司股票，是市场对该股票的评价，可以反映股价是被市场高估还是低估。

从图10.18中可以看出2012—2019年，同行业可比公司华谊兄弟、中国电影、华策传影视的市盈率估值中枢分别为40.2倍、30.9倍、53.4倍，光线传媒估值中枢为46.33倍。整体来看，光线传媒的估值在可比公司中较高；从光线传媒的历史估值来看，目前光线传媒估值水平位于历史较低水平。

表10.3展示了市场上20多家预测机构的行业2018—2021年的市盈率预测情况。数据显示2019年和2020年机构预测行业的平均市盈率分别是32.29倍和24.83倍。

表10.3　　　　　　　　**2019年和2020年行业平均市盈率预测**　　　　　　　单位：元

	2018A	2019E	2020E	2021E
预测机构数	—	24	24	21
一致预测值	0.47	0.38	0.35	0.41
中值	—	0.39	0.34	0.40

续表

	2018A	2019E	2020E	2021E
最大值	—	0.48	0.49	0.55
最小值	—	0.24	0.26	0.29
标准差	—	0.06	0.06	0.07

数据来源：Wind 数据库。

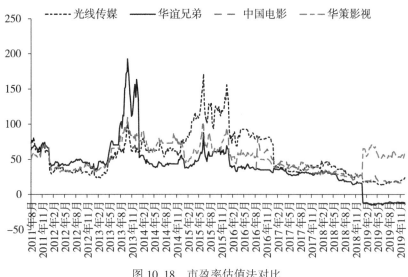

图 10.18　市盈率估值法对比

数据来源：同花顺。

　　根据 Wind 统计的一致预测，光线传媒 2019 年和 2020 年 EPS 一致预测值分别为 0.38 元/股和 0.35 元/股。

　　根据市盈率公式：PE＝PV/EPS，我们得到：

$$2019_{PV}＝EPS×行业平均预测 PE＝12.27 元$$
$$2020_{PV}＝EPS×行业平均预测 PE＝8.69 元$$

　　截至 2019 年 12 月 13 日光线传媒收盘价报 11.34 元/股，略低于估值 12.27 元/股。预计未来股价会呈现先上升后下降的趋势。

（二）市净率

市净率（PB）＝ 股价÷每股净资产

　　和 PE 用法相同，一个相对高的 PB 倍数反映投资者预期较高的回报，反之亦然。PB＝PE×ROE，所以，在从同一板块中挑选 PB 被低估的股票时会采用 PB 和 ROE 的矩阵，那些 ROE 很高而 PB 又相对较低的股票最吸引投资者。

　　首先我们看市净率（PB）国内同行可比公司的数据对比。数据显示 2012—2019

年，华谊兄弟、中国电影、华策传影视、估值中枢分别为 4.4 倍、3.0 倍、4.4 倍，光线传媒估值中枢为 4.4 倍。整体来看，光线传媒的市净率在同业可比公司中估值较高。从光线传媒的历史估值来看，2019 年公司市净率估值水平位于低位（见图 10.19）。

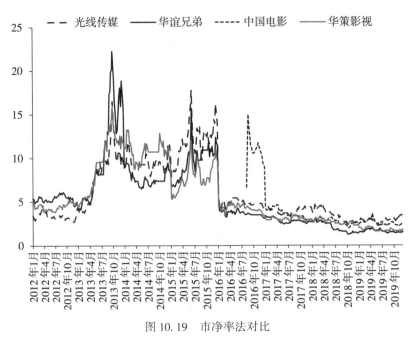

图 10.19　市净率法对比

数据来源：同花顺。

（三）现金流贴现模型估值

现金流贴现模型（DCF）估值属于绝对估值法，是将一项资产在未来所能产生的自由现金流根据合理的折现率折现，得到该项资产的价值，如果该折现后的价值高于资产当前价格，则有利可图，可以买入；如果低于当前价格，则说明当前价格被高估，需回避或卖出。

关于项目折现率：采用 CAPM 模型对折现率进行测算，根据光线传媒一年与沪深 300 指数的日平均收益率作回归分析，R_f 选用一年期国债收益率，为 2.68%。R_m 选用沪深 300 指数基日以来的平均收益率 9.91% 进行计算得到折现率为 9.7%，永续期自由现金流增长率为 8.83%；通过 DCF 现金流量折现法估计得到，光线传媒 2019 年的内在价值为 26.98 元，相比于目前股价 11.64 元处于低估状态，未来有上升空间。具体估值过程见表 10.4。

表 10.4　　　　　　　　　　　　**DCF 模型估值过程**

	2018	2019E	2020E	2021E
经营活动现金流量	−476	1578	1200	1600
投资活动现金流量	2086	−212	146	194
筹资活动现金流量	−1665	−34	−343	600
自由现金流量总额	−897	1824	1397	806
折现系数（1.097）	—	1.097	1.203	1.320
自由现金流现值	—	1662.72	1161.26	610.61
截至 2021 年年末现值	3434.59	—	—	—
永续价值 CV	—	—	—	97463.31
永续价值现值	73835.84	—	—	—
企业价值	77270.43	—	—	—
净负债账面价值	2175.08	—	—	—
权益价值	75095.35	—	—	—
流通股股数	2783.84	—	—	—
每股价值	26.98	—	—	—

（四）剩余收益模型

1. 剩余收益模型简介

剩余收益模型认为公司内在价值是公司权益的账面价值和剩余收益的现值和。公司预期的剩余收益需要按照一定的贴现率进行贴现之后加总。

$$V_0^E = B_0 + \frac{RE_1}{\rho_E} + \frac{RE_2}{\rho_E^2} + \frac{RE_3}{\rho_E^3} + \cdots + \frac{RE_T}{\rho_E^T} + \frac{V_E^T - B_T}{\rho_E^T}$$

$$RE_t = EPS_t - (\rho_E - 1) BPS_{t-1}$$

$$V_E^T - B_T = \frac{RE_T(1 + g)}{r - g}$$

使用剩余收益模型估值通常有以下步骤：

（1）预测未来几年的收益与股利分配情况；

（2）根据预测数值计算未来几年的每股账面价值；

（3）计算未来几年的剩余收益情况；

（4）将剩余收益折现至当前，并与当前公司账面价值和永续价值现值加总，得到公司内在价值估值。

2. 估值情况

模型采用的要求回报率为 9.7%，剩余收益增长率是由 $g = \text{ROE} \times b$ 计算得出，为 8.83%。计算详情见表 10.5。

表 10.5 剩余收益模型估值过程

重要指标	2018A	2019E	2020E	2021E
EPS	—	-0.38	-0.35	-0.41
DPS	—	0.09	0.08	0.10
BPS	2.95	3.24	3.51	3.82
ROCE	—	0.13	0.11	0.12
RE	—	0.09	0.04	0.07
折现因子（1.097）	—	1.097	1.203	1.320
RE 现值	—	0.08	0.03	0.05
RE 现值加总	0.16	—	—	—
永续价值	—	—	—	8.46
CV 现值	6.41	—	—	—
每股价值	9.52	—	—	—

得出估值为 9.52 元，低于市场股价 11.64 元，显示股价被高估。

（五）超额收益增长模型

1. 超额收益增长模型简介

超额收益增长模型又称 Ohlson-Juettner 模型，是以超额收益（AEG）作为公司价值增长的度量，并资本化公司收益为公司股权进行估值的方法。

$$V_0^E = \frac{1}{\rho_E - 1}\left[\text{Earn}_1 + \frac{\text{AEG}_2}{\rho_E} + \frac{\text{AEG}_3}{\rho_E^2} + \frac{\text{AEG}_4}{\rho_E^3} + \cdots + \frac{\text{AEG}_t}{\rho_E^{t-1}} + \frac{\dfrac{\text{AEG}_{t+1}}{\rho_E - g}}{\rho_E^{t-1}}\right]$$

使用超额收益增长模型估值通常有如下步骤：

（1）预测下一年的收益；

（2）加上预期的第二年以及以后的超额收益增长现值（折现到第一年年底）；

（3）把预期收益和超额收益增长的价值资本化。

2. 估值情况

模型采用的要求回报率为 9.7%，永续期超额收益增长率参考 GDP 增长率定为 6.20%。估值计算详情见表 10.6。

表 10.6 超额收益增长模型估值表

	2018	2019E	2020E	2021E
DPS	—	0.09	0.08	0.10
EPS	—	0.38	0.35	0.41
DPS 再投资	—	—	0.01	0.01
带息收益	—	—	0.36	0.42
正常收益	—	—	0.42	0.38
AEG	—	—	−0.06	0.03
折现因子	—	—	1.097	1.203
AEG 的现值	—	—	−0.05	0.03
AEG 的总现值	—	−0.02	—	—
永续价值	—	—	—	0.91
CV 的现值	—	0.83	—	—
总收益	—	1.02	—	—
资本化率	—	0.097	—	—
每股价值	12.27	—	—	—

数据来源：Wind 数据库。

其中，超额收益永续价值（CV）现值按上式计算为 0.83 元，通过加总和资本化最后得出光线传媒每股内在价值为 12.27 元/股，目前股票价格为 11.64 元股，表明股价被低估。

六、总结

（1）国家政策助力，文化传媒行业方兴未艾，公司作为行业龙头，发展潜力较好；

（2）受票房收入下降、电影制作成本上升影响，公司今年未能盈利；

（3）公司短期偿债能力较强，长期偿债能力较弱；

（4）公司存货周转率、应收账款周转率、总资产周转率均处于行业较低水平，营运能力较差；

（5）公司盈利能力和成长性较好，处于行业领先水平；

（6）本章运用现金流贴现模型、剩余收益模型和超额收益增长模型对光电传媒公司进行了内在价值评估。综合几种估值模型的结果，光电传媒公司内在价值为 16.27 元，高于市场股价 11.64 元。说明市场低估了光线传媒的价格。综合市盈率和市净率分析也得到了低估的结果。

项目组成员：李婧溪　贺梦　王小茹　王秋琳　傅祯　王玉玺　涂瑞雄　唐晖　黄振宇

第十一章 案例：恒瑞医药

江苏恒瑞医药股份有限公司是一家从事医药创新和高品质药品研发、生产及推广的医药健康企业。公司创建于 1970 年，2000 年在上海证券交易所上市。截至 2017 年年底，全球共有员工 15000 人，是国内知名的抗肿瘤药、手术用药和造影剂的供应商，也是国家抗肿瘤药技术创新产学研联盟牵头单位，建有国家靶向药物工程技术研究中心和博士后科研工作站。本章将从公司分析、宏观和行业分析以及财务分析入手，运用相对估值和绝对估值方法对恒瑞医药公司进行估值分析，并为投资者针对性地提出投资策略。

一、公司概况与分析

(一) 公司简介

恒心致远，瑞颐人生。恒瑞医药一直秉承"科研为本，创造健康生活"的理念，以建设中国人的跨国制药集团为总体目标，拼搏进取、勇于创新，不断实现企业发展的新跨越和新突破。2018 年 5 月，福布斯发布全球最具创新力企业百强榜单，中国共有 7 家公司上榜，恒瑞医药位列榜单第 64 位。在市场竞争的实践中，恒瑞医药坚持以创新为动力，打造核心竞争力。公司每年投入销售额 10%左右的研发资金，在美国、欧洲、日本和中国多地建有研发中心或分支机构。

公司先后承担了国家重大专项课题 29 项，已有 4 个创新药艾瑞昔布、阿帕替尼、硫培非格司亭注射液和吡咯替尼获批上市，一批创新药正在临床开发，并有多个创新药在美国开展临床。公司累计申请国内发明专利 509 项，拥有国内有效授权发明专利 108 项，欧美日等国外授权专利 177 项，专有核心技术获得国家科技进步二等奖 2 项，中国专利金奖 1 项。

2017 年，公司实现营业收入 138.36 亿元，税收 24.1 亿元。恒瑞医药本着"诚实守信、质量第一"的经营原则，抗肿瘤药、手术麻醉类用药、特色输液、造影剂市场份额在国内市场名列前茅。目前公司有注射剂、口服制剂和吸入性麻醉剂等 10 多个制剂产品在欧美日上市，实现了国产注射剂在欧美日市场的规模化销售。

(二) 公司结构

恒瑞医药的控股股东为江苏恒瑞医药集团有限公司，其法定代表人为孙飘扬，主要经营业务为实业投资、投资管理及咨询服务。在恒瑞医药前十大股东中，有三家法人股股权多年没有变动，属于长期投资性质，分别为连云港达远投资有限公司（后更名为西藏达远投资有限公司）、江苏金海投资有限公司和中国医药工业公司（后更名为中国医药投资有限公司）。其中中国医药工业有限公司自恒瑞医药上市以来就是其大股东，而江苏金海投资有限公司实则是2005年12月由连云港国资委将连云港恒瑞集团有限公司的资产并入该公司所形成，在2011年江苏恒瑞医药集团有限公司收购第五大股东江苏金海投资有限公司所持全部的恒瑞医药国家股。具体股权分布请见表11.1。

表11.1   **恒瑞医药股权结构**

名次	股东名称	股东性质	股份类型	持股数（股）	占总流通股本持股比例
1	江苏恒瑞医药集团有限公司	其他	A 股	890152886	24.31%
2	西藏达远投资有限公司	投资公司	A 股	575477953	15.72%
3	香港中央结算有限公司	其他	A 股	479877840	13.10%
4	连云港恒创医药科技有限公司	其他	A 股	179462995	4.90%
5	中国医药投资有限公司	投资公司	A 股	163101060	4.45%
6	连云港市金融控股集团有限公司	其他	A 股	125919824	3.44%
7	连云港永创科技有限公司	其他	A 股	93777858	2.56%
8	中国证券金融股份有限公司	其他	A 股	55208327	1.51%
9	奥本海默基金公司-中国基金	QFII	A 股	49426579	1.35%
10	中央汇金资产管理有限责任公司	其他	A 股	34212298	0.93%
合计		—	—	2646617620	72.27%

数据来源：根据同花顺数据整理。

恒瑞医药在国际化布局方面形成了分工明确、统一协作的体系，为新药研发、生产和销售奠定了坚实的基础。美国方面主要从事新药临床研究、新药技术项目引进或转让，并负责向美国 FDA 申报和注册药品。日本方面主要负责高端制剂的注册申报、分装销售等。中国方面主要负责药品产业化研制、开发、销售业务，包括创新药、仿制药及国际市场产品注册研究工作。

（三）公司战略

公司始终以打造"中国人的专利制药企业"为目标，以"为人民健康服务"为发展目标，秉承"科研为本，创造健康生活"的理念，坚持"中国恒瑞"的发展理念，紧紧围绕"科技创新"和"国际化"两大战略，并在不断变化的环境中赋予新内涵，紧跟全球医药前沿科技，高起点、大投入，致力于药品创新和国际市场的开拓。

深入实施"科技创新"发展战略。公司始终坚持以资金投入为基础，以人才引领为支撑，以体系建设为保障，不断提高创新的质量和层次，走出一条可持续、高水平的创新发展之路，使创新真正成为企业发展的动力源泉。公司要进一步加大研发投入，每年的研发投入占销售收入的比重超过 10%，为创新奠定强大的物质基础；要不断汇聚培育高端人才，加强人才梯队建设，重点做好人才培训，通过"学帮带"，打造多元化、高素质、开拓创新、朝气蓬勃的团队。通过完善股权激励等多元化的分配方式，营造创新创业的良好氛围，为创新提供有力的智力支撑；要进一步健全创新体系，完善六大创新平台，打造企业创新高地，为持续创新发展提供有力保障。同时，重点围绕抗肿瘤药、手术用药、心脑血管、造影剂以及生物医药等领域，紧密接轨国际先进水平，注重创新药与品牌仿制药并重、国内市场与国外市场并行，实现创新发展的良性循环，推动创新成果的全球化销售。

大力推进"国际化"发展战略。响应国家"一带一路"倡议，顺应我国生物医药产业发展的新要求和国际产业演进的新趋势，以突破生命科学重大技术和满足民生需求为核心，不断提高产品质量，逐步缩短与国际先进水平的差距，培育高端品牌，开拓全球市场，推动企业发展的转型升级，努力打造外向型经济增长极。首先，在"量"的方面，一是以通过欧美认证达到国际先进水平的制剂出口为突破口，强化国产制剂的全球化销售；二是以海外市场具有重大市场潜力的产品为增长点，不断发掘新的增长空间。其次，在"质"的方面，一是加快推进海外认证，力争公司所有主力品种全部通过美国 FDA 或欧盟认证，为海外市场开拓奠定坚实基础；二是有序推进海外临床，在国内研发的基础上，优选有潜力的产品到国外做临床。同时，以全球化的视野继续加强与跨国制药企业的交流合作，逐步在海外建立自己的销售队伍，为实现仿制药在全球的规模化销售奠定基础，为最终实现专利药全球化销售积累经验，努力使公司在新一轮的全球生物医药竞争格局中争得一席之地。

（四）公司重大事件

1970 年恒瑞医药前身——连云港制药厂正式成立。

2000 年上海新药研发中心成立；"恒瑞医药"在上海证券交易所上市发行。

2001 年恒瑞医药建立了企业技术中心和博士后科研工作站。

2003 年被评为国家"863"计划产业化基地；恒瑞医药专利药品艾瑞昔布获得国家 SFDA 临床批件。

2005 年恒瑞医药奥沙利铂原料药获得了欧盟 CEP 认证；美国恒瑞成立。

2008 年恒瑞医药创新药研究中心入选国家"重大新药创制"专项创新药孵化器基地。

2010 年恒瑞医药牵头，联合中科院上海药物所等 12 家知名科研院所和企业共同组建了国家抗肿瘤药物技术创新产学研联盟。

2011 年恒瑞医药自主研发的创新药艾瑞昔布正式上市；抗肿瘤药伊立替康注射液通过 FDA 认证，获准在美国上市销售。

2012 年恒瑞医药抗肿瘤药奥沙利铂注射液通过欧盟认证，获准在欧盟上市销售。

2013 年创新药 HR8735、SHR0534IND 获准美国临床试验。

2014 年恒瑞医药自主研制的创新药阿帕替尼获批上市。

2015 年注射用伊立替康获准在日本上市销售。

2015 年恒瑞医药以 2500 万美元首付款加总额可达 7.7 亿美元里程金将具有自主知识产权的用于肿瘤免疫治疗的 PD-1 抗体国外（中国以外）权益出售给美国制药公司 Incyte。

2016 年吸入用七氟烷顺利销往美国；成功引进日本 OncolysBioPharma 公司的溶瘤腺病毒产品。

2017 年公司有苯磺顺阿曲库铵注射液、多西他赛注射液、注射用卡泊芬净、盐酸右美托咪定注射液 4 个注射剂和吸入用地氟烷通过 FDA 或欧盟质量认证获准在欧美上市销售，其中多西他赛注射液被美国 FDA 指定为对照标准制剂（RS）。

2017 年 4 月恒瑞医药抗体生物工厂主体工程建成完工，取得药品生产企业许可证，PD-1 已于 2017 年 12 月申报生产。

2018 年 1 月公司以总额 5.7 亿美元里程金将具有自主知识产权的 JAK1 抑制剂和 BTK 抑制剂分别许可给美国 Arcutis 与 TG Therapeutics 公司。

2018 年 8 月公司创新药马来酸吡咯替尼基于 II 期临床研究取得的疗效被国家药品监督管理局通过优先审评批准上市，这也是国家实施新药品注册法规以来通过优先审评审批获有条件批准上市的创新药。

（五）竞争优势分析——SWOT 模型

1. 优势

（1）最突出优势：研发实力雄厚、创新能力强。在产品研发方面，恒瑞医药一直坚持走研发创新的道路，凭借出色的仿制、仿创能力，形成了富有竞争力的产品梯队。研发体系经过多年发展也日趋成熟，研发实力居于国内医药企业前列。公司在连云港本部、上海、美国都设有研发中心，拥有一支门类齐全、学科完整的研发队伍。

公司的研发支出逐年上升，近年来研发支出超过了 10 亿元，2018 年 1—6 月研发支出就将近 10 亿元，比上期增长了 27.26%。研发支出占营业收入的比重呈现增长趋势，从 2014 年开始，每年的研发占营收比重都在稳步提升，近年甚至超过了 10%。2018 年 1—6 月，仅仅半年研发支出占营业收入的比重就达到了 12.82%。

恒瑞医药上市以来，营业收入从 2000 年的 4.8 亿元增长至 2017 年的 138.36 亿元，净利润从 6527 万元增至 32.17 亿元（见图 11.1）。恒瑞医药目前市值已达 224 亿元，成为我国医药制造行业首家市值超过 1000 亿元的上市公司。恒瑞医药在创新药开发方面已经实现可以每年申请多个药品临床试验，并且每年都有创新药上市。

（2）市场优势。经过多年发展，公司建立了一支高素质、专业化的营销队伍，并在原有市场经验的基础上不断创新思路，推进复合销售模式，加强学术营销力度，建立和完善分 专业的销售团队，加强了市场销售的广度和深度。

（3）品牌优势。公司本着"诚实守信，质量第一"的经营原则，致力于在抗肿瘤药、手术麻醉用药、特色输液、造影剂、心血管药等领域的创新发展，并逐步形成品牌优势和较高的知名度，其中抗肿瘤药、手术麻醉用药和造影剂销售名列行业前茅。

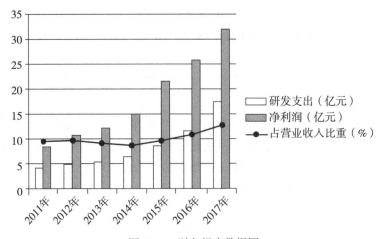

图 11.1　财务报表数据图

数据来源：上海证券交易所。

（4）质量优势。公司制定了高于国家法定标准的质量内控制度：原料药和辅料均符合或高于欧盟、美国药典规定标准；公司强调系统保障和过程控制，降低非生产期间可能产生的风险；计算机系统有审计跟踪功能，记录完整、可追溯，且数据不可删除；同时在其他生产环境控制、偏差管理等方面也有更严格更高的要求，保障药品的 有效性、安全性。目前公司全部制剂均已通过了国家新版 GMP 认证，另有包括注射剂、口服制剂和吸入性麻醉剂在内的 13 个制剂产品获准在欧美日销售。

（5）内生增长的单轮驱动盈利模式。具体指以下几个方面。

①公司创新能力强：恒瑞医药作为我国医药制造行业的领头羊，在前几年就开始大量投入研发创新，这使得恒瑞医药能够在技术上挑战跨国制药巨头。恒瑞医药已经对仿制药产品进行了深入筛选，布局转向一些有独特工艺难度的药品上。恒瑞医药现已有近40 个创新药在临床不同阶段。且在药物研发方面已构建了自己的创新体系，在上海建立了药物研发中心，并从海外高薪聘请专业化人才。

②利润集中在金字塔顶部：恒瑞医药的主要利润集中在肿瘤药、造影剂、手术麻醉和输液药品等真正能够获得巨额利润、为企业增加营业收入的金字塔顶端的药品上。这些药进入壁垒高，可替代性弱，稳步占据金字塔顶端的市场是企业能保持自身利益的重要途径。

③创新药国际化，立足国内走向海外：恒瑞医药是国内第 6 家获批 BTK 抑制剂临床试验的公司。2017 年 12 月，恒瑞医药授权 TGTherapeutics（简称"TG"）公司 BTK 抑制剂海外销售权，BTK 抑制剂授权给 TG 公司将有助于恒瑞 BTK 抑制剂适应证的拓展和恒瑞海外战略升级。国际化方面，恒瑞医药吸入用七氟烷顺利销往美国，注射用环磷酰胺等系列产品在美销售额也保持良好稳定增长态势；其他项目在欧、美、日市场中也依计划开始开展注册申报工作；在其他新兴市场也逐步加强注册力度。

2. 劣势

恒瑞医药的劣势体现在随着规模的扩大，公司的研发管理、销售管理都面临巨大的挑战。公司现在处于创新研发开拓期，众多的创新药物处于试验阶段，怎样管理好这些药物的研发进度，选择恰当的研发路径成为恒瑞管理层的一个挑战。另外，随着新品推向市场，原来的按产品线建立销售的队伍体系需要重新分线调整，这也增加了销售管理的难度。新药研发风险：创新药物研发周期长、投入大，中间结果面临较大风险。有晚于预期或者不能成功推向市场的风险。

3. 机会

（1）我国人口基数巨大。截至 2016 年年末，我国人口达到 13.83 亿，巨大的人口基数隐含着广阔的市场，日益严重的人口老龄化也给医药企业创造着更多的商机。与此同时，我国经济发展水平不断提高，居民健康意识逐渐提高，农村合作医疗体系等健康保障体系的建立都扩大了我国居民的医药消费空间。

（2）电子商务的迅猛发展，促进了医药与电子商务的结合，在提高药品流通效率的同时，降低了药品流通的成本。

（3）药品 GSP 认证的推出。GSP 是英文 good supply practice 的缩写，意为产品供应规范，是指控制医药商品流通环节所有可能发生质量事故的因素从而防止质量事故发生的一整套管理程序，医药商品在其生产、经营和销售的全过程中，由于内外因素作用，随时都有可能发生质量问题，必须在所有环节采取严格措施，才能从根本上保证医药商品质量。GSP 是药品经营企业统一的质量管理准则。药品经营企业应在药品监督管理部门规定的时间内达到 GSP 要求，并通过认证取得认证证书。GSP 认证的推出规范了药企的市场行为，使制药企业提高药品供应质量，减少不正当竞争。

（4）国家试点带量采购政策的提出。以往药品招标，只针对价格，而没有数量，中标企业还需要进医院做工作来促进药品使用；而带量采购则是在招标时就承诺药品销量，保证在多少个月之内用完。而且，只有通过一致性评价的企业才能参与竞标。恒瑞医药作为我国医药行业的巨头，有数种药品通过了一致性评价。这无疑给恒瑞医药占据更大的市场份额提供了机会。

（5）众多大型跨国制药企业在中国设立研发和生产中心，给我国制药企业提供了交流、学习的机会。

4. 威胁

（1）试点带量采购政策中的"最低价者中标"手段使医药企业以低价来竞争市场。一旦有多家企业的同类药物通过了一致性评价，企业间就会对市场进行激烈竞争，这无疑会冲击恒瑞医药原有的市场份额，压缩企业的利润空间。

（2）科研创新投入仍远低于国外制药巨头，产品仍以仿制药为主。大型跨国企业的创新药会抢夺市场份额，挤占行业利润。

（3）医药流通体系尚不健全。计划经济体制下形成的三级批发格局打破后，新的有效的医药流通体系尚未完全形成，非法药品集贸市场屡禁不止。加上生产领域多年来的低水平重复建设，致使多数品种严重供大于求，流通秩序混乱。市场上存在药品造假等严重违规行为，一定程度损害了整个医药行业的声誉。

二、医药行业分析

（一）行业现状

1. 医药行业概述

医药行业是我国国民经济的重要组成部分，是传统产业和现代产业相结合的行业。整个行业生产链中涵盖一、二、三产业，其主要门类包括：化学原料药及制剂、中药材、中药饮片、中成药、抗生素、生物制品、生化药品、放射性药品、医疗器械、卫生材料、制药机械、药用包装材料及医药商业。医药行业对于保护和增进人民健康、提高生活质量，对计划生育、救灾防疫、军需战备以及促进经济发展和社会进步均具有十分重要的作用。

2. 行业政策

国家不断出台新的医药政策。比如药品上市许可持有人制度，[①] 建立药品质量责任追踪。取消 GMP 认证，[②] 增加"飞检"，[③] 由静态检查变为动态检查。这些措施都有利于提高药品的质量。最近由于疫苗事件频发，国家出台对疫苗的管制措施，强调疫苗的战略性和公益性，将加大财政投入力度，实施税收优惠政策，同时对疫苗生产企业实行严格准入管理，引导和鼓励疫苗生产企业规模化、集约化发展。我们认为：疫苗作为国家战略性行业，在强监管下，集中度将越来越高，市场将向优质企业集中。

3. 医药终端药品整体增长

2018 年受到医保控费、药品降价以及控制药占比等行业政策影响，医院终端增速持续低迷，医院市场总体增速从 2017 年的 1.58% 下降至 2018 年上半年的 0.98%。其中部分原因为处方外流，尤其是慢病用药向基层下沉。具体数据见图 11.2。

4. 医药制造业收入及利润总额

根据国家统计局统计，2010—2016 年我国医药制造行业的总体销售收入和利润总额均在不断提升，至 2016 年，我国医药制造业行业规模以上企业有 7449 家；实现销售收入 28062.9 亿元，同比增长 9.89%；实现利润总额 3002.9 亿元，同比增长 14.3%。据前瞻产业研究院发布的《2018—2023 年中国医药行业市场前瞻与投资战略规划分析报告》对 2017 年医药行业相关数据的统计得到，2017 年全年我国医药制造业销售收入和利润总额分别为 29826 亿元和 3519.7 亿元，较上年实现了 6.28% 和 17.21% 的同比增长。从总体来看，我国医药制造业的利润附加值还有较大的提升空间。医药各分行业利

---

① 通常指拥有药品技术的药品研发机构、科研人员、药品生产企业等主体，通过提出药品上市许可申请并获得药品上市许可批件，并对药品质量在其整个生命周期内承担主要责任的制度。

② GMP 要求制药、食品等生产企业应具备良好的生产设备，合理的生产过程，完善的质量管理和严格的检测系统，确保最终产品质量符合法规要求。

③ 药品"飞检"是药品监督管理部门针对药品生产经营等环节开展的、不预先告知的突击检查或者暗访调查，具有突击性、独立性、高效性等特点。

图 11.2 医药终端药品增长情况

数据来源：中国银河证券研究院。

润和营业收入数据见图 11.3。

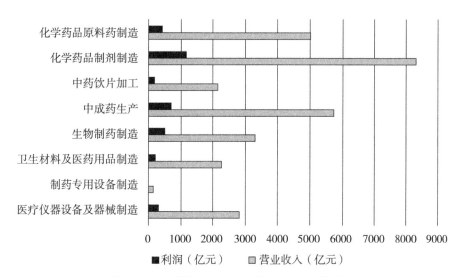

图 11.3 医药行业细分领域营业收入及利润统计

数据来源：中国银河证券研究院。

由图 11.3 可见我国行业细分领域结构明晰，化学药品制剂制造占比较高。医药制造行业的细分领域主要包含化学药品原料药制造、化学药品制剂制造、中药饮片加工、中成药生产、生物药品制造、卫生材料及医药用品制造、制药专用设备制造和医疗仪器设备及器械制造几个方向。至 2017 年，规模以上医药企业主营业务收入 29826.0 亿元，同比增长 12.2%，增速较 2016 年提高 2.3 个百分点，恢复至两位数增长。而随着医药产业结构调整不断深化，2017 年，规模以上企业实现利润总额 3519.7 亿元，同比增长 16.6%，增速提高 1.0 个百分点。从细分领域看化学药品制剂制造的营业收入和利润总额均居首位，分别达到 8340.8 亿元和 1170.3 亿元。其余领域的营收及利润总额规模有较大的差距。

5. 行业存在的问题

第一，医药企业多、小、散、乱的问题突出，缺乏大型龙头企业。全国医药工业企业 3613 家，其中大型企业 423 家，只占总数的 11.7%。多数企业专业化程度不高，缺乏自身的品牌和特色品种。大多数企业不仅规模小、生产条件差、工艺落后、装备陈旧、管理水平低，而且布局分散，企业的生产集中度远远低于先进国家的水平。2000 年，我国医药工业销售额最大的 60 家企业的生产集中度是 35.7%，而世界前 20 家制药企业的销售额占全世界药品市场份额的 60% 左右。

第二，以企业为中心的技术创新体系尚未形成。新药创新基础薄弱，医药技术创新和科技成果迅速产业化的机制尚未完全形成，医药科技投入不足，缺少具有我国自主知识产权的新产品，产品更新慢，重复严重。化学原料药中 97% 的品种是 "仿制" 产品。老产品多、新产品少；低档次与低附加值产品多、高技术含量与高附加值产品少；重复生产品种多、独家品牌少。有些产品如庆大霉素、对乙酰氨基酚、维生素 B1、甲硝唑等制剂有几十家甚至上百家企业生产。即便是新产品，重复生产现象也很严重，如二类新药左旋氧氟沙星制剂就有 34 个企业生产、克拉霉素制剂有 35 个企业生产。应用高新技术改造传统产业的步伐较慢。多数老产品技术经济指标不高，工艺落后，成本高，缺乏国际竞争能力。

第三，医药流通体系尚不健全。在计划经济体制下形成的三级批发格局被基本打破以后，新的有效的医药流通体系尚未完全形成，非法药品集贸市场屡禁不止。加上生产领域多年来的低水平重复建设，致使多数品种严重供大于求，流通秩序混乱，治理任务艰巨。但现在九州通、国药控股、华润等龙头医药流通企业在大规模地并购商业公司，以改变现在的医药市场情况。

第四，医疗器械产品质量性能较差。我国能生产的医疗器械产品大多数是附加值较低的常规中低档产品，而临床上所需的高、精、尖医疗器械与新型实用医疗设备多数需进口。常规医疗器械产品的更新换代慢、科技含量低，产品质量不能满足医疗卫生高质量的要求，产品返修率与停机率高于国外同类产品，产品的可靠性不稳定。

第五，医药产品进出口结构不合理。我国仍然没有摆脱传统的出口附加值较低、污染较重的化学原料药及常规手术器械、卫生材料、中药材、进口价格昂贵的制剂及大型、高档医疗设备的进出口模式，高新技术产品出口比重较低。国际市场开发力度不够，信息渠道不畅，对国际市场信息反应迟缓。特别是缺乏联合开拓国际市场的意识与机制。

（二）行业竞争分析

1. 宏观 PEST 分析

（1）政治环境。

从政治局势方面看，目前国内政治环境稳定，长期处于和平状态，为医药行业的发展提供了良好的政治环境。从国家政策方面看，近年来医药行业大事件层出不穷，引起了国家的政策重视。

一方面，在研发与引进共同发力之下，国内空白新药市场被不断填补；另一方面，虚假宣传与假药事件层出不穷，给医药行业带来了不良影响，比如 2018 年的假疫苗事件。这些事件使得国家越来越关注医药行业的发展，尤其是在监管方面加大了力度，这给医药行业发展带来了压力，但也是促进其转型升级的一大动力。

（2）经济环境。

从经济总量看，我国 GDP 增速近年来逐渐放缓，进入经济新常态，迎来供给侧结构性改革，经济增长从粗放型向集约型转变。从消费结构看，最新的消费数据表明，我国消费结构持续升级，高端产品消费占比不断提高。

经济环境对医药行业的影响是两方面的。从积极方面看，医药行业属于高技术产业，经济发展模式的转变将为其带来更多社会资源，促进其进一步向高精尖发展；同时，消费升级意味着高技术行业的持续发展有其市场基础。从消极的方面看，GDP 增长放缓会使得行业整体扩张速度下降，部分企业可能遭到淘汰，不利于行业竞争性发展。但长期而言，淘汰低端企业对本行业的影响是积极的。

就实际情况看，受经济发展放缓影响，医药行业销售收入增速大体下降，但仍维持在较高水平，大部分年份高于 GDP 增速。具体数据见表 11.2。

表 11.2 　　　　　　　　　　医药行业销售收入增速与 GDP 增速对比

年份	医药行业销售收入（亿元）	销售收入增速	GDP 增速
2011	14522.1	29.4%	9.5%
2012	17083.3	17.6%	7.9%
2013	20592.9	20.5%	7.8%
2014	23325.6	13.3%	7.3%
2015	25537.1	9.5%	6.9%
2016	28062.9	9.9%	6.7%
2017	29826.0	6.3%	6.9%

数据来源：国家统计局。

（3）社会环境。

中国目前仍为世界第一人口大国，药品需求量巨大。同时，基于目前的人口老龄化趋势以及全面两孩政策，可以预见我国人口结构将来会逐渐发展为两头结构。低龄群体与老龄群体对于药品的需求较高，这要求我国医药行业在质与量两方面满足社会需求，给医药行业的发展提供了动力。

此外，随着经济社会发展，我国城镇居民人口不断增加，人民的健康意识整体提高，"讳疾忌医"的现象明显减少，医疗卫生方面的费用逐年上升（见图11.4）。在这种社会环境下，医药行业面临消费者的更高要求，有机会获得良好健康发展。

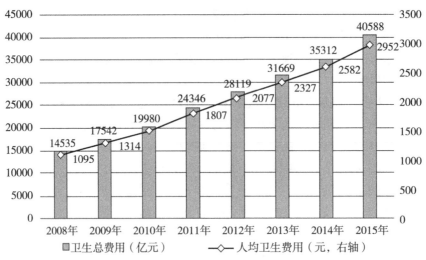

图11.4 2008—2015年中国卫生总费用及人均卫生费用

数据来源：根据公开资料、智研咨询整理。

（4）技术环境。

由于其高技术性质，医药行业受技术发展的影响巨大。不论是产品质量、生产效率、基础设施，都与相应的技术有较大的关联性。同时，由于其高风险、高投入、高回报性质，医药行业的技术发展需要国家支持。2016—2017年，我国推出多项政策支持医药行业，包括《"健康中国2030"规划纲要》《中医药发展战略规划纲要（2016—2030）年》、创新药物优先审批等。2018年1月30日，原国家食品药品监督管理总局联合科技部印发《关于加强和促进食品药品科技创新工作的指导意见》，旨在推进医药行业创新，支持医药行业的转型发展，特别强调了科技创新，对医药行业技术发展有着较大的积极影响。

综上所述，医药行业有机会享受更多的政策优惠，同时这种优惠带来的技术提高对行业发展有着巨大影响。由此可见，医药行业的技术环境较好。

2. 中微观波特五力模型

（1）同行业竞争者。

恒瑞医药所处的细分行业为医药行业中的化学制剂。截至2017年11月，其所占份额在该细分行业中位列第一，占比达到20.49%。位于第二位的华东医药，占比仅为13.04%；第三位的信立泰，占比仅为9.42%，不足恒瑞医药的一半。对比医药行业其他细分行业市场份额前三位的情况，可知瑞恒医药在化学制剂行业中的优势巨大（见表11.3、图11.5）。

表 11.3   **医药行业各细分行业龙头企业份额占比**

细分行业	份额第一企业占比	份额第二企业占比	份额第三企业占比
化学制剂	20.49%	13.04%	9.42%
化学原料药	22.83%	22.10%	13.79%
中药制剂	13.84%	10.70%	6.36%
生物制剂	27.79%	9.61%	8.53%
医药商业	35.58%	13.86%	10.13%
医疗服务	18.81%	13.72%	5.37%
医疗器械	38.17%	14.22%	13.79%

数据来源：整理自同花顺。

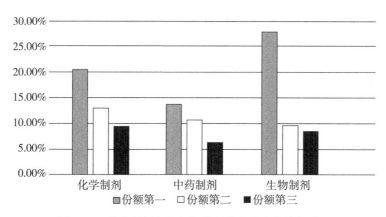

图 11.5　化学制剂与相似细分行业龙头企业份额对比

（2）潜在竞争者进入。

医药行业属高技术、高风险、高投入行业，具有较高的技术门槛和资本门槛，因此医药行业之外的潜在竞争者一般难以进入该行业，威胁度不高。

在医药行业之内，与化学制剂较为相近的细分行业有化学原料药、中药、生物制品等。其中生物制品相似度较高，技术门槛相对较低，且其龙头企业——复星医药的优势较大，市场份额为第二位的近 3 倍，同时其资产规模超过 661 亿元，为恒瑞医药的 3 倍左右，是有力的潜在竞争者。

（3）替代品威胁。

在药品行业中，每一种药品的功用有其特殊性，其替代品存在的条件是有着相同的适应证，且在临床效果、副作用、价格等方面有一定优势。一般而言，专利药由于专利权保护，不允许仿制，要开发替代品只能依靠自主研发，故替代品较少；专利到期的其他正版药的替代品主要为其仿制药。化学制剂产品有其特殊性，与中药制剂、生物制剂等相似产品所针对的医疗目的存在较大差异，相互之间的替代能力不强。

综上，化学制剂的替代品数量较少，且替代品的替代能力不强，从细分行业的层面而言竞争性较弱，因而替代品的威胁度较小。

（4）供应商的议价能力。

化学制剂企业的主要上游供应商为化学原料药企业，其产出品的主要用途为化学制剂原料，很难找到替代需求者。因此，化学原料药行业的议价能力不高，尤其是产品单一、对单一客户依赖度高的企业。就恒瑞医药自身而言，由于其在产品创新方面的投入较大，原料的用途特殊性更强，因此对比同行业其他企业，其供应商的议价能力更弱。

（5）购买者的议价能力。

化学制剂企业的最主要的购买者为药品销售终端与医药流通企业。目前我国医药销售渠道为各级医疗卫生机构，其采购药品的方式为竞标采购，属于买方市场，故购买者具有较强的议价能力。但恒瑞医药的产品创新性较强，其他企业难以生产替代品，因此其购买者的议价能力相对其他企业而言较弱。

三、财务分析

（一）偿债能力

1. 偿债能力指标数据

恒瑞制药偿债能力指标的相关数据见表 11.4。2013—2017 年，恒瑞制药的资产负债率一直保持在 12% 以下，远低于 50% 的水平。但是资产负债率呈现明显上升趋势，表明公司的长期债务风险很低，企业的资金利用效率逐步加强。公司短期偿债指标流动比率、速动比率和现金流量比率都较高，也处于安全区域。恒瑞制药短期偿债能力指标在 2013—2017 年明显呈下降趋势，暗示着公司资金利用效率在不断提高。

表 11.4　　　　　　　　恒瑞医药 2013—2017 年偿债能力指标数据

年份	2013	2014	2015	2016	2017
资产负债率	7.82%	10.27%	9.91%	10.16%	11.62%
流动比率	9.76	10.08	8.91	8.35	7.06
速动比率	8.62	9.01	8.17	6.38	4.25
现金流量比率	2.46	2.2	2.16	1.9	1.24
产权比率	0.09	0.10	0.11	0.12	0.14

数据来源：整理自同花顺。

2. 短期偿债能力分析

短期偿债能力是指企业以流动资产偿还流动负债的能力，反映企业偿付日常到期债务的能力。对债权人来说，企业要具有充分的偿还能力才能保证其债权的安全，按期取得利息，到期取回本金；对投资者来说，如果企业的短期偿债能力发生问题，就会牵制企业经营的管理人员耗费大量精力去筹集资金，以应付还债，增加企业筹资的难度，加大临时紧急筹资的成本，影响企业的盈利能力。常用的短期偿债能力指标有流动比率、速动比率、现金流量比率等。

（1）流动比率是流动资产对流动负债的比率，用来衡量企业变现偿还负债的能力，流动比率越高，说明企业资产的变现能力越强，短期偿债能力越强；速动比率，是指速动资产对流动负债的比率，衡量企业流动资产中可以立即变现用于偿还流动负债的能力。

从图11.6和图11.7中可以看出，恒瑞医药的流动比率和速动比率均处于行业领先水平，拥有较高的货币量和较低的负债，说明企业的短期偿债能力较强，经营策略较稳健。

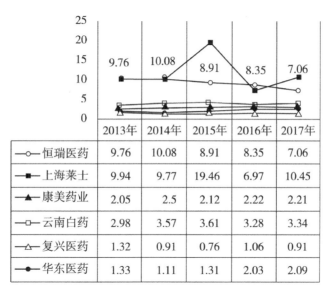

图 11.6 部分医药企业流动比率对比图

数据来源：整理自同花顺。

2013—2017年，恒瑞医药的流动比率与速动比率虽呈下降趋势，但仍然处于较高水平，2016—2017年速动比率较流动比率下降明显，主要驱动因素是创新成果的收获及市场规模的扩大增加了存货，速动比率的下降也说明企业提高了资金利用效率。

（2）现金流量比率现金流量比率用来衡量企业经营活动产生的现金流量抵偿流动负债的程度，比率越高，说明企业的财务弹性越好。现金流量比率计算公式如下：

现金流量比率＝经营活动产生的现金流量/期末流动负债

根据表11.4显示，恒瑞医药的现金流量比率始终大于1，说明企业短期偿债能力处于良好状况，也能够体现恒瑞医药在轻资产盈利模式下高现金储备的特点。根据恒瑞医药财报，企业经营活动净现金流量和流动负债均呈逐年上升的趋势，因此现金

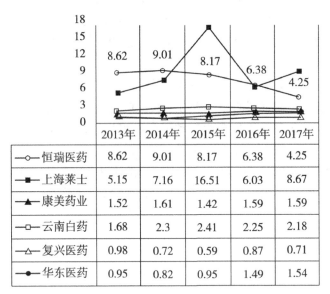

	2013年	2014年	2015年	2016年	2017年
○— 恒瑞医药	8.62	9.01	8.17	6.38	4.25
■— 上海莱士	5.15	7.16	16.51	6.03	8.67
▲— 康美药业	1.52	1.61	1.42	1.59	1.59
□— 云南白药	1.68	2.3	2.41	2.25	2.18
△— 复兴医药	0.98	0.72	0.59	0.87	0.71
●— 华东医药	0.95	0.82	0.95	1.49	1.54

图 11.7　部分医药企业速动比率对比图

数据来源：整理自同花顺。

流量比率近年来逐年下降的原因是经营活动净现金流量的增长幅度低于流动负债的增长幅度。

3. 长期偿债能力分析

（1）资产负债率。资产负债率是企业负债总额占企业资产总额的百分比，该指标反映了在企业的全部资产中由债权人提供的资产所占比重的大小，反映了债权人向企业提供信贷资金的风险程度，也反映了企业举债经营的能力。

图 11.8 显示，恒瑞医药在同行业可比公司中资产负债率最低，2013—2017 年保持在 10%上下，远不及华东医药一度高达 70%的资产负债率，结合企业良好的盈利收现性，可以看出恒瑞药业良好的长期偿债能力和低信贷风险。与此同时也显示公司杠杆的利用不是很充分。

（2）产权比率。

产权比率是负债总额与所有者权益总额的比率，同样是衡量企业长期偿债能力的指标之一。产权比率越低，表明企业自有资本占总资产的比重越大，长期偿债能力越强。一般而言，产权比例在 0.7~1.5 比较合适。

对比以上数据可知，2013—2017 年恒瑞医药产权比率虽呈逐年上升态势，仍维持在较低水平，远小于 0.7，可见恒瑞医药自有资本占总资产的比重较大，长期偿债能力较强，债券人权益保障程度高，承担的风险较小。但同时也说明恒瑞医药没有充分发挥负债的财务杠杆作用（见图 11.9）。

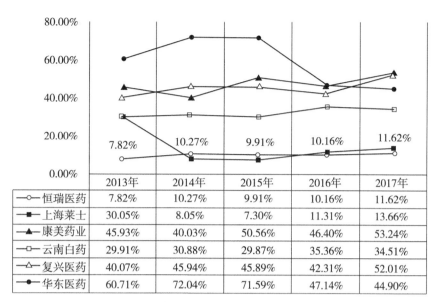

	2013年	2014年	2015年	2016年	2017年
─○─ 恒瑞医药	7.82%	10.27%	9.91%	10.16%	11.62%
─■─ 上海莱士	30.05%	8.05%	7.30%	11.31%	13.66%
─▲─ 康美药业	45.93%	40.03%	50.56%	46.40%	53.24%
─□─ 云南白药	29.91%	30.88%	29.87%	35.36%	34.51%
─△─ 复兴医药	40.07%	45.94%	45.89%	42.31%	52.01%
─●─ 华东医药	60.71%	72.04%	71.59%	47.14%	44.90%

图 11.8 部分医药企业资产负债率对比图

数据来源：整理自同花顺。

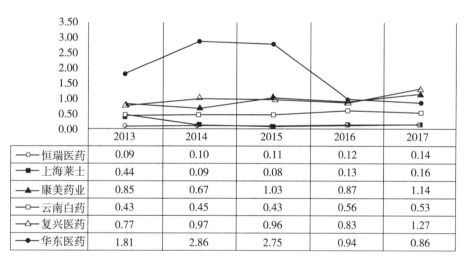

	2013	2014	2015	2016	2017
─○─ 恒瑞医药	0.09	0.10	0.11	0.12	0.14
─■─ 上海莱士	0.44	0.09	0.08	0.13	0.16
─▲─ 康美药业	0.85	0.67	1.03	0.87	1.14
─□─ 云南白药	0.43	0.45	0.43	0.56	0.53
─△─ 复兴医药	0.77	0.97	0.96	0.83	1.27
─●─ 华东医药	1.81	2.86	2.75	0.94	0.86

图 11.9 部分医药企业产权比率对比图

数据来源：整理自同花顺。

（二）盈利能力

1. 主要指标

考察盈利能力的主要指标为销售毛利率、销售净利率和 ROE。本章选择了西药、中药、生物制品以及保健品等领域的 5 家医药公司和恒瑞医药进行行业内的对比分析。

销售毛利率是毛利占销售净值的百分比，其中毛利是销售净收入与产品成本的差。公司盈利能力是反映公司价值的一个重要方面。公司的盈利能力越强，则其给予股东的回报越高，企业的价值越大，而在分析盈利能力时要注重公司主营业务的盈利能力。销售毛利率反映了企业产品销售的初始获利能力，是企业净利润的起点。

销售净利率是净利润占销售收入的百分比，反映了企业在一定时期内每一元销售收入带来的净利润的多少。通过分析销售净利率的变动可以促使企业在扩大销售的同时，将改进经营管理和提高盈利水平置于重要的地位。

净资产收益率是净利润与平均股东权益的百分比，反映了股东权益的收益水平，用以衡量公司运用自由资本的效率。

销售毛利率的计算公式为：

销售毛利率＝（销售收入－营业成本）/销售收入×100%。

销售净利率的计算公式为：

销售净利率＝净利润/销售收入×100%。

通过对恒瑞医药及可比公司数据的收集和计算，部分医药企业销售毛利率对比图见图 11.10。

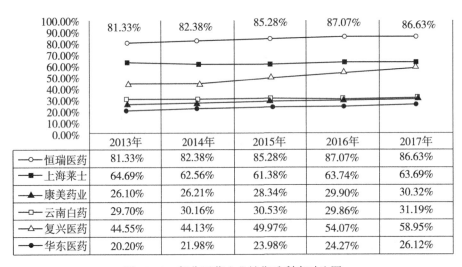

	2013年	2014年	2015年	2016年	2017年
─○─ 恒瑞医药	81.33%	82.38%	85.28%	87.07%	86.63%
─■─ 上海莱士	64.69%	62.56%	61.38%	63.74%	63.69%
─▲─ 康美药业	26.10%	26.21%	28.34%	29.90%	30.32%
─□─ 云南白药	29.70%	30.16%	30.53%	29.86%	31.19%
─△─ 复兴医药	44.55%	44.13%	49.97%	54.07%	58.95%
─●─ 华东医药	20.20%	21.98%	23.98%	24.27%	26.12%

图 11.10　部分医药企业销售毛利率对比图

数据来源：整理自同花顺。

从图 11.10 中可以看出恒瑞医药的销售毛利率始终处于行业前列，最高点一度达到 87.07%，还有逐年增长的趋势。但是观察图 11.11 销售净利率和图 11.12 净资产收益率的曲线图可以发现，虽说恒瑞药业在对比企业中的表现仍处于前列，但销售净利率的数据和 ROE 远不如其销售毛利率坚挺，始终维持在 20% 以上。

究其原因，销售毛利与净利的悬殊很大程度上是恒瑞药业"高费用、低成本"的

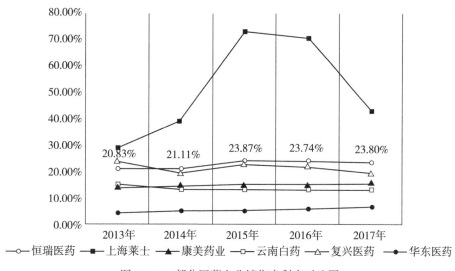

图 11.11　部分医药企业销售净利率对比图

数据来源：整理自同花顺。

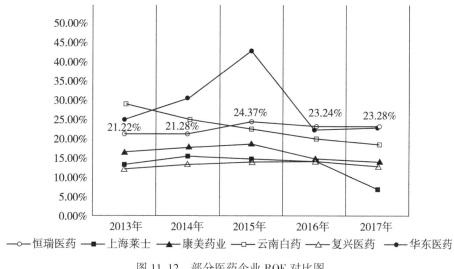

图 11.12　部分医药企业 ROE 对比图

数据来源：整理自同花顺。

特点造成的。根据会计准则，研发支出在研究阶段的费用全部费用化，开发阶段符合条件的费用可以资本化，最后计入无形资产成本。但是在实务操作中，研发投入的资本化费用化界定时间很难判断，企业处理起来很灵活。在前一部分竞争优势部分我们着重分析了企业在研发支出上的高投入与研发支出高费用化的特点，对于研发投入的处理方式是导致这一结果的部分原因。同时，我们可以看出企业的盈利状况是良好的，研发支出高费用化甚至使得企业当前的利润是被低估的。

2. 盈利的收现性

盈利的收现性是企业卖出去的产品所能获得的销售收入转化为现金的能力，一般来说，没有现金流支撑的盈利质量都是不高的。本节我们引入盈余现金保障倍数（企业一定时期经营现金净流量与净利润的比值）、销售收入现金流量比、营业利润现金流量比进行分析。

盈余现金保障倍数在收付实现制的基础上充分反映出企业当期净收益中有多少是有现金保障的，挤掉了收益中的水分，减少了权责发生制会计对收益的操纵。图 11.13 显示 2013—2016 年该公司的比率均接近 1，说明 2013—2016 年公司只有极少量的净利润以债权的形式实现。2017 年该指标下降较多，经营现金流量变化不大但是公司 2017 年净利润增长幅度较大，增长将近 6 亿元，是盈利倍数下降的主要原因。

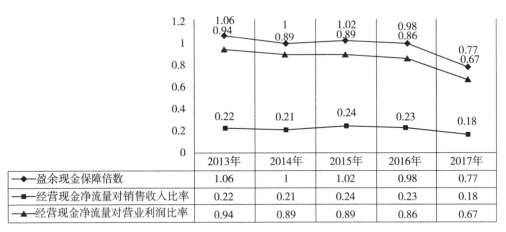

	2013年	2014年	2015年	2016年	2017年
◆ 盈余现金保障倍数	1.06	1	1.02	0.98	0.77
■ 经营现金净流量对销售收入比率	0.22	0.21	0.24	0.23	0.18
▲ 经营现金净流量对营业利润比率	0.94	0.89	0.89	0.86	0.67

图 11.13　恒瑞医药盈利收现性指标

数据来源：整理自同花顺。

（三）营运能力

1. 总资产周转率

营运能力衡量企业资产利用效率的高低，体现了企业利用较低的投入取得较高的经济效益的能力。本章首先采用总资产周转率这一指标对恒瑞医药进行营运能力分析。总资产周转率是综合评价企业全部资产的经营质量和利用效率的重要指标，反映了企业一定时期内销售收入净额与平均资产总额之比，衡量了资产投资规模与销售水平之间的配比情况。计算公式为：

总资产周转率（次）＝营业收入净额/平均资产总额＝销售收入/总资产

与选取的同行业可比公司相比，恒瑞医药在总资产周转率方面排名位居华东医药、云南白药之后，在可比公司中处于中游位置。从上面的数据中可以看出，恒瑞医药总资产周转率总体保持稳定，介于 0.86~0.95，资产利用效率较低，这与医药行业大环境有关，医药行业需要投入高额费用，生产周期也普遍较长。同行业可比公司比较见图11.14。

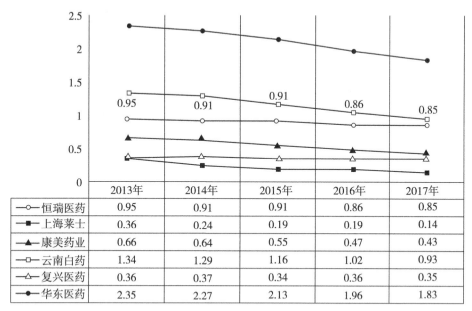

	2013年	2014年	2015年	2016年	2017年
─○─ 恒瑞医药	0.95	0.91	0.91	0.86	0.85
─■─ 上海莱士	0.36	0.24	0.19	0.19	0.14
─▲─ 康美药业	0.66	0.64	0.55	0.47	0.43
─□─ 云南白药	1.34	1.29	1.16	1.02	0.93
─△─ 复兴医药	0.36	0.37	0.34	0.36	0.35
─●─ 华东医药	2.35	2.27	2.13	1.96	1.83

图 11.14　部分医药企业总资产周转率对比图

数据来源：整理自同花顺。

2. 存货周转率

存货周转率是衡量企业销售能力及存货管理水平的综合性指标。它是企业一定时期主营业务成本与平均存货余额的比率，是企业营运能力分析的重要指标之一。不仅可以用来衡量企业生产经营各环节中存货运营效率，而且还被用来评价企业的经营业绩，反映企业的绩效。存货周转率的计算公式如下：

存货周转率（次数）＝销售成本/平均存货余额＝营业收入/存货平均余额

一般来讲，存货周转速度越快，存货的占用水平越低，流动性越强，存货转换为现金或应收账款的速度越快。因此，提高存货周转率可以提高企业的变现能力。

为了更好地说明存货周转率的情况，我们选取同行业的龙头企业进行对比分析。根据以上数据，2013—2017年，恒瑞医药存货周转率大致上持平，但有下滑趋势，主要原因是恒瑞医药根据市场变化增加了对药物的采购。对比其他医药企业来看，恒瑞医药的存货周转率位于较低水平，说明恒瑞医药的存货管理能力有待提高（见图11.15）。

3. 应收账款周转率

应收账款是企业流动资产除存货外的另一重要项目。应收账款周转率是指在一定时期内（通常为一年）应收账款转化为现金的平均次数，是衡量企业应收账款周转速度、应收账款流动程度及管理效率的指标。应收账款周转率的计算公式如下：

应收账款周转率＝赊销收入净额/应收账款平均余额＝（当期销售净收入－当期现销

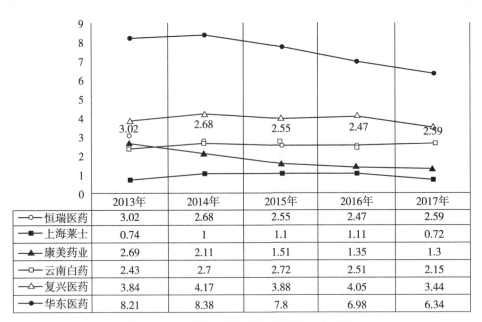

图 11.15 部分医药企业存货周转率对比图

数据来源：整理自同花顺。

收入）／（期初应收账款余额+期末应收账款余额）/2

一般而言，应收账款周转率越高，说明其收回越快。反之，说明营运资金过多留在应收账款上，影响企业正常资金周转及偿债能力。

根据图 11.16 中部分医药企业应收账款周转率对比数据，2013—2017 年，恒瑞医药应收账款周转率一直维持在同行业较低水平，说明企业的营运资金过多地留在应收账款上，应收账款收回速度较慢。

（四）杜邦分析法

1. 杜邦分析体系

净资产收益率是综合性最强的财务比率，是杜邦分析系统的核心。它反映所有者投入资本的获利能力，同时反映企业筹资、投资、资产运营等活动的效率。决定净资产收益率高低的因素有三个：权益乘数、销售净利率和总资产周转率，它们分别反映了企业的负债比率、盈利能力比率和资产管理比率的变化。

净资产收益率=销售净利率×总资产周转率×总资产净利率

拆解公式如下：

$$原公式：ROE = \frac{净利润}{净资产}$$

$$拆解公式：ROE = \frac{净利润}{销售收入} \times \frac{销售收入}{总资产} \times \frac{总资产}{净资产}$$

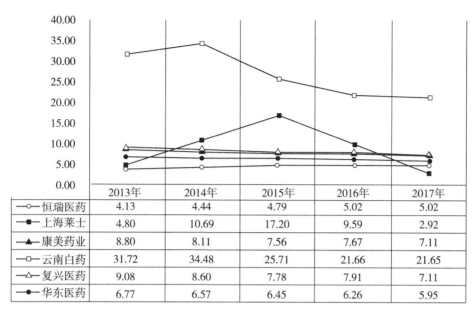

	2013年	2014年	2015年	2016年	2017年
—○— 恒瑞医药	4.13	4.44	4.79	5.02	5.02
—■— 上海莱士	4.80	10.69	17.20	9.59	2.92
—▲— 康美药业	8.80	8.11	7.56	7.67	7.11
—□— 云南白药	31.72	34.48	25.71	21.66	21.65
—△— 复兴医药	9.08	8.60	7.78	7.91	7.11
—●— 华东医药	6.77	6.57	6.45	6.26	5.95

图 11.16　部分医药企业应收账款周转率对比图

数据来源：整理自同花顺。

2. 结论

从 2015—2017 年的杜邦分析对比数据来看，恒瑞医药的净资产收益率有所下降，主要原因是恒瑞医药的总资产周转率持续下降，前文中提到，将总资产周转率在医药行业内进行横向对比可以看出公司的总体营运管理能力较为优秀，该比率小幅下降的主要原因是公司加大了药品及原材料采购，并非核心业务部分出现问题。

权益乘数基本不变，但 2017 年权益乘数对净资产收益率的回升略有贡献，总资产收益率呈现逐年下降的趋势，这反映了公司资产利用效率较低，营运能力分析中有提到，这与医药行业大环境有关，医药行业需要投入高额费用，生产周期也普遍较长。

表 11.5　　　　　　　　　　　恒瑞医药杜邦分析对比

	2017 年	2016 年	2015 年
权益乘数	1.13	1.11	1.11
总资产周转率	0.85	0.86	0.91
销售净利率	23.80%	23.74%	23.87%
ROA	20.23%	20.42%	21.72%
ROE	22.86%	22.66%	24.11%

数据来源：整理自同花顺。

综合来说，净资产收益率的小幅下降是总资产收益率降低和权益乘数上升综合作用相互抵消的最终结果。企业盈利能力较为稳定，但是 2015—2017 年企业不断开拓新的产品线却始终未能提升盈利效率，说明企业的营销渠道和销售模式可能相对落后。2018年开始，恒瑞医药开始建立产品线事业部制，逐步构建"四纵一横"的专业化营销体系，笔者认为，在做出针对性的优化措施后，公司的盈利可能会有明显的提升。

四、公司估值

（一）基础数据

1. 资本资产定价模型

资本资产定价模型（capital asset pricing model，简称 CAPM）是由美国学者夏普、林特尔等于 1964 年在资产组合理论和资本市场理论的基础上发展起来的，主要研究证券市场中资产的预期收益率与风险资产之间的关系，以及均衡价格是如何形成的，是现代金融市场价格理论的支柱，广泛应用于投资决策和公司理财领域。

资本资产定价模型主要由资本市场线（capital market line，CML）与证券市场线（security market line，SML）组成。该理论与有效市场假说是最重要的两个资本市场理论，他们共同构成了现代金融市场的理论基石。

资本资产定价模型提出如下假设：（1）资本市场不存在摩擦。即市场的信息和资金自由流动，不存在交易成本。（2）投资者根据资产组合理论做出投资决策。即每一位投资者都根据期望收益率和方差进行资产选择。（3）投资者具有同质预期。（4）单一的投资期限。即所有投资者投资期限都一样。（5）存在无风险资产。即投资者可以按同一利率水平无限制地借贷无风险资产。在上述假设下该模型认为市场处于均衡状态时，某种资产（或资产组合）的期望收益率是其贝塔值的线性函数，其公式为：

$$E(r_i) = r_f + \beta_i [E(r_M) - r_f]$$

其中 $E(r_i)$ 代表研究的资产的期望收益率，r_f 是市场无风险利率，β_i 代表该资产的贝塔系数，$E(r_M)$ 是市场证券组合的期望收益率。

2. 期望收益率的计算

首先分别对以上各个变量取值进行说明：

（1）市场无风险利率：一般取最近所有一年期国债利率的平均值。由 2018 年国债利率值得出 2018 年市场无风险利率为 3.6%。[①]

（2）市场证券组合的期望收益率：沪深 300 股指期望收益率。沪深 300 指数的编制目标是反映中国证券市场股票价格变动的概貌和运行状况，并能够作为投资业绩的评价标准，为指数化投资和指数衍生产品创新提供基础条件。

因此选取沪深 300 指数作为市场证券组合，查得 2012—2017 年的沪深 300 年收益率如表 11.6 所示。计算出其平均值为 7.69%，即 $E(r_M) = 7.69\%$。

---

① 中国债券信息网。

表 11.6   **2012—2017 年沪深 300 年收益率**

年份	2012	2013	2014	2015	2016	2017
年收益率	0.076	−0.077	0.317	0.056	−0.113	0.218

数据来源：国泰安数据库。

计算出其平均值为 7.69%，即 $E(r_M) = 7.69\%$。

（3）贝塔系数：自从资本资产定价模型诞生以来，β 系数就是用于测量证券市场系统风险的一个重要概念，也是资本资产定价模型中最为重要的参数之一。β 系数广泛应用于衡量证券的系统风险，是一种测定证券的均衡收益率对证券市场平均收益率变化敏感程度的指标，用来测试某种证券系统性风险大小。通过对 β 系数的估计，投资者可以预测证券现在或者将来的系统风险性。从方法论的角度看，β 系数需要根据过去证券市场的收益率数据进行估计，而对于过去数据的代表性以及未来预测的可靠性，需要进行进一步的检验。这就需要对数据进行计量分析。

计算公式为：

$$\beta_i = \frac{\mathrm{Cov}(R_i, R_M)}{\sigma^2}$$

当 $\beta>1$ 时：该证券系统风险高于市场组合系统风险；$\beta<1$：该证券系统风险低于市场组合系统风险；$\beta=1$：该证券系统风险和市场组合系统风险相当。求恒瑞医药期望收益率的关键在于求出其贝塔系数，现查得 2017 年 11 月—2018 年 10 月恒瑞医药股票和沪深 300 指数的月收益率，如表 11.7 所示。

表 11.7   **2017 年 11 月—2018 年 10 月恒瑞医药股票、沪深 300 指数月收益率**

年份	2017		2018								
月份	11	12	1	2	3	4	5	6	7	8	9	10
恒瑞医药	−3.03	5.82	9.73	−4.24	20.05	−4.06	18.71	−0.49	−9.09	−3.95	−4.01	−3.02
沪深 300	−0.02	0.62	6.08	−5.90	−3.11	−3.63	1.21	−7.67	0.19	−5.21	3.13	−8.29

数据来源：同花顺及笔者整理所得。

计算恒瑞医药对市场的风险反应程度，即贝塔系数，最后算得 β 为 1.26，从国泰安 BET 查 A 数据库得的该公司近 12 月 β 均值为 1.22，较吻合，说明恒瑞医药的风险大于系统风险。

（4）最后将以上数据代入 CAPM 模型，计算得出恒瑞制药期望收益率为 8.76%。

（二）相对估值法

1. 可比公司法

可比公司法的步骤：

（1）找到几家与目标公司类似的可比公司；

（2）确认比较指标–利润、账面价值、销售收入、现金流等，并计算可比公司的比率；

（3）将上述比率的平均值运用于目标公司，得出目标公司价值。

表11.8 可比公司与恒瑞医药的财务比率表 单位：亿元

	销售收入	利润	账面价值	市值	P/S	P/E	P/B
云南白药	243.1	31.33	180.37	731	3.01	23.33	4.05
复星医药	185.34	35.85	253.27	707.1	3.82	19.72	2.79
康美药业	265	40.9	321	810	3.06	19.8	2.52
恒瑞医药	138.4	35.9	159	—	—	—	—

数据来源：东方财富网。

将各个比率分别求平均值，得到行业的平均市销率为3.3，市盈率为20.95，市净率为3.12，将其运用于恒瑞医药，用平均值乘以恒瑞医药的值得到三个不同的估值，最后求平均值得到恒瑞医药最后的估值。

表11.9 可比公司法计算表 单位：亿元

	可比公司平均比率	—	恒瑞医药的值	—	恒瑞医药的价值
销售收入	3.3	×	138.4	=	456.72
利润	20.95	×	35.9	=	752.105
账面价值	3.12	×	159	=	496.08
平均价值					568.3

数据来源：东方财富网。

求得平均市值为568.3亿元，即每股价值为15.52元。通过我们的数据分析，我们发现此次估值与恒瑞医药的实际价值差距较大，采用可比公司法对恒瑞医药的估值存在着一定的局限性，估值会出现问题。找到与恒瑞医药有着同样特征的可比公司是困难的，公司通常的分类标准是行业、产品、大小以及风险水平，但没有几家公司是完全相同的。这次估值中，我们尽量选取了经营业绩较好的同行业公司，但是恒瑞医药每年投入大量的研发费用，具有很强的核心竞争优势，在未来还有较大的发展空间，所以此次估值并不能完全反映出恒瑞医药的潜在价值。

2. PEG模型

PEG指标全称为市盈率相对盈利增长比率，是企业的市盈率与年盈利增长率之比。它既能根据市盈率了解企业当前的财务状况，又能根据年盈利增长率分析未来某一阶段公司的预期发展状况，弥补了PE对企业动态成长性估计的不足。

PEG 指标的计算公式为：$PEG = \dfrac{PE}{100 \times g}$

其中，PE 为市盈率，等于股价/每股收益；g 为年盈利增长率。一般情况下，当 PEG＝1 时，股票价格合理；如果 PEG 小于1，说明该公司股票被低估，投资者可以考虑买入；如果 PEG 大于1，说明该公司股票被高估，投资者应当卖出。通常认为，如果 PEG 小于0.5，则说明该公司股票被严重低估，投资者可以"强烈买入"；如果 PEG 大于2，则说明该公司股票被严重高估，投资者应当"强烈卖出"。

表 11.10   净利润增长率计算表

指标	2015 年	2016 年	2017 年	2018 年	预测增长率
净利润（亿元）	21.72	25.89	32.17	40.33	——
净利润增长率	——	0.19	0.24	0.25	0.23

数据来源：整理自同花顺。

我们选取了 2015 年到 2018 年的数据来预测恒瑞医药的盈利增长率，其中 2018 年的净利润是在恒瑞医药三季报的基础上选取 28 家券商对恒瑞医药 2018 年年度业绩预测的平均值。只选取近四年的数据是因为再往前的数据可能不能很好地反映公司现在的基本面情况。根据近三年的净利润增长率，可以算出预测增长率 g ＝（19.20%＋24.26%＋25.37%）/3＝22.94%，根据 2018 年 11 月 27 日恒瑞医药的收盘价，恒瑞医药的动态 PE 值为 59.28，代入公式得到：

$$PEG = 59.28 / (100 \times 0.2294) = 2.58 > 2$$

所以根据 PEG 模型估值，我们认为恒瑞医药股价处于被严重高估。

（三）绝对估值法

1. DDM 模型

DDM 模型是将公司未来发放的股利加上预期持有期末出售股票所获得的现金，以某一贴现因子折现到当前。

其公式为：

$$V = \frac{D_1}{(1+k)^1} + \frac{D_2}{(1+k)^2} + \frac{D_3}{(1+k)^3} + \cdots = \sum_{t=1}^{\infty} \frac{D_t}{(1+k)^t}$$

对于零增长 DDM 模型，即未来股利不变时股票的价格公式为：

$$V = \frac{D_1}{k}$$

对于固定增长 DDM 模型，即未来股利以恒定的速率增长，股票价格公式为：

$$V = \frac{D_1}{k-g}$$

其中：V—— 股票的内在价值；

　　　 D_t—— 第 t 期支付的股利；

　　　 k—— 折现因子；

　　　 g——增长率。

（1）恒瑞医药 DDM 分析

表 11.11 报告了恒瑞医药 2008—2017 年恒瑞医药的股利分红情况。其中送股是上市公司分红的一种形式，采取送股份的办法是上市公司的股东分配公司利润的一种形式，但送股仅仅是稀释股本，降低股价，可以看作单纯降低股价便于买卖，没有其他实质意义。转增股本是指公司将资本公积转化为股本，转增股本并没有改变股东的权益，但却增加了股本的规模，因而客观结果与送红股相似。根据表 11.11 中的数据，恒瑞医药近 10 年股东红利接近 10 股 1 元钱，股利支付较低且没有呈现出显著的增长，因此 DDM 模型并不适用于对恒瑞医药进行估值分析。

表 11.11　　　　　　　　　　　　**2008—2017 年恒瑞医药分红情况**

分红年度	配 送 方 案	DPS
2008	每 10 股送 2 股；每 10 股派息 1.0 元	0.1
2009	每 10 股送 2 股；每 10 股派息 1.0 元	0.1
2010	每 10 股送 3 股转增 2 股；每 10 股派息 1.0 元	0.1
2011	每 10 股送 1 股；每 10 股派息 0.9 元	0.09
2012	每 10 股送 1 股；每 10 股派息 0.8 元	0.08
2013	每 10 股送 1 股；每 10 股派息 0.9 元	0.09
2014	每 10 股送 2 股转增 1 股；每 10 股派息 1.0 元	0.1
2015	每 10 股送 2 股；每 10 股派息 1.0 元	0.1
2016	每 10 股送 2 股；每 10 股派息 1.35 元	0.135
2017	每 10 股送 2 股转增 1 股；每 10 股派息 1.3 元	0.13

数据来源：恒瑞医药历年财报。

2. 自由现金流贴现模型

（1）模型介绍

自由现金流贴现模型（FCFF）最早由美国的拉巴波特、詹森等学者于 20 世纪 80 年代提出，并逐渐成为一种企业价值评估的方法和体系。自由现金流就是企业产生的、在满足了再投资需要之后剩余的现金流量，这部分现金流量是在不影响公司持续发展的前提下可供分配给企业资本供应者的最大现金额。简单地说，自由现金流是指企业经营活动产生的现金流量扣除资本性支出的差额。经历 30 多年的发展，特别在以美国安然、世通等为代表的之前在财务报告中利润指标完美无瑕的所谓绩优公司纷纷破产后，FCFF 模型已成为企业价值评估领域使用最广泛、理论最健全的指标。

（2）基本原理及公式

FCFF 模型的基本原理为通过预期经营和投资的现金流得到企业的价值，再减去负债的价值，得到权益的价值。通常，我们使用 FCFF 模型时，会预测未来数年公司的自由现金流，之后的现金流被假设为固定值或按照一个固定比率增长。因此，企业价值＝预测期内 FCFF 的现值+永续价值的现值。计算公式为：

$$V = \frac{\text{FCF}_1}{1 + \text{WACC}} + \frac{\text{FCF}_2}{(1 + \text{WACC})^2} + \cdots + \frac{\text{FCF}_H}{(1 + \text{WACC})^H} + \frac{\text{CV}_H}{(1 + \text{WACC})^H}$$

FCF_H 为预测的 t 期内每期的预期自由现金流量，T 为高增长持续的时期；WACC 为企业的加权平均资本成本；CV_H 为超常增长期末的企业永续价值。永续价值通常是运用无限稳定增长率模型计算。即：

$$\text{CV}_H = \frac{\text{FCF}_{H+1}}{\text{WACC} - g}$$

g 为高增长时期后的稳定增长率。

（3）估值过程

①未来自由现金流量预测。自由现金流是指企业经营活动产生的现金流量扣除资本性支出的差额。从实际来看，企业的自由现金流需要从企业的财务报表中的数据得到。自由现金流的计算公式有多种表达形式，但本质相同。本书采用的公式如下：

自由现金流量＝（税后净营业利润+折旧及摊销）-（资本支出+营运资本增加）通过对恒瑞医药 2012—2017 年自由现金流相关的数据进行回归，本文预测了 2019—2022 年恒瑞医药的自由现金流。结果如下：

表 11.12　　　　**2019—2022 年恒瑞医药公司的自由现金流量预测表**　　　　单位：万元

年份	2019E	2020E	2021E	2022E
税后净营业利润	339467.96	407361.55	488833.96	586600.63
加：折旧和摊销	55113.62	66136.35	79763.61	95236.34
减：营运资本的增加	119945.35	143934.41	172721.3	207265.56
减：资本支出	28054.57	28235.11	28417.46	28601.64
自由现金流	246581.66	301328.38	367458.71	445969.77

数据来源：恒瑞医药财务报表。

②折现率估算。由于 2012—2017 年恒瑞医药没有新增短期借款和长期借款，同时公司没有发行债券，因而企业的债务资本成本可以用银行的贷款基准利率来表示。本书采用 2017 年中国人民银行公布的 5 年期贷款基准利率 4.75% 作为恒瑞医药的税前债务资本成本。因为恒瑞医药对新药以及技术的研发十分重视，而在医药行业，一项重要技术及新药的出现需要长达十年甚至数十年的长期投入。因此，本书认为央行的 5 年期贷款基准利率作为税前债务资本成本比较合理。由于恒瑞医药公司在 2012—2017 年均取

得了高新技术企业认证，且企业性质预期未来难以发生重大改变，因而公司适用15%的优惠税率。在此基础上，计算税后债务资本成本。

税后债务资本成本＝4.75%×（1－15%）＝4.0375%。结合前文中由CAPM计算得到的权益成本8.76%，我们可算出恒瑞医药的加权平均资本成本WACC为7.1%。

③恒瑞医药公司价值计算。该模型中公司未来的发展分为两个阶段，第一阶段2018—2021年公司进入高速增长预测期，第二阶段2021年以后公司进入稳定发展时期，该阶段的增长率较稳定，约等于国家宏观经济增长率。据相关研究表明，中国经济的未来增长率目标定在6.6%，是一个高增长目标，2011—2030年估计中国积极潜在增长率为5.3%~9.2%，实际的潜在经济增长率为5.3%，因此综合考虑市场环境和宏观经济等因素的影响，采用5.3%作为恒瑞医药稳定器的增长率。

表11.13　　　　　　　　　　　　　恒瑞医药公司内在价值　　　　　　　　　　　单位：万元

年份	2019	2020	2021	2022
自由现金流	246581.66	301328.38	367458.71	445969.77
折现率（7.1%）	—	—	—	—
折现系数	—	1.07	1.15	1.23
自由现金流现值	—	281352.3623	320353.6	363025.3967
截至2022年总现值	964731.36	—	—	—
后续增长率	5.30%	—	—	—
永续价值	—	—	—	26089227.45
永续价值现值	21210754.02	—	—	—
公司价值	22175485.38	—	—	—
公司负债	2449207.75	—	—	—
股权价值	19726277.63	—	—	—
公司股本数	368207.72	—	—	—
每股价值	53.57	—	—	—

数据来源：恒瑞医药财务报表，中国人民银行。

恒瑞医药最新股本总数为368207.715万股，计算得恒瑞医药的每股价格为53.57元。2018年11月16日恒瑞医药收盘价62.31元，因此FCFF模型认为股价被高估。

3. 剩余收益模型

（1）模型介绍

剩余收益模型是一种常用的企业估值模型，其依据的原理是：若预期账面价值的收益率大于必要收益率，则在估值时需要考虑额外价值，即价值＝账面价值＋额外价值。

在剩余收益模型中，估算出来的价值是普通股权益价值，账面价值即权益账面价值，额外价值由预期权益剩余价值表示。其中，权益剩余价值是指属于股东的综合收益与股东的必要收益之间的差值。仅当权益报酬率大于股东必要报酬率时，权益剩余价值为正；若权益报酬率等于股东必要报酬率，权益的剩余价值为0，此时权益价值等于权益账面价值。

由上述内容可知，剩余收益模型认为，如果收益的增长来自将收益用于再投资获得的必要收益，则这样的收益增长不创造价值增值。

（2）基本公式

$$\text{RE}_t = \text{Earn}_t - (\rho_E - 1)B_{t-1}$$
$$= [\text{ROCE}_t - (\rho_E - 1)]B_{t-1}$$

模型的核心数据剩余收益 RE 可由两个公式计算得出，在这里 ρ_E 为权益要求的回报率，B_{t-1} 为普通股账面价值，Earn_t 为普通股股东的综合收益，$\text{ROCE}_t = \text{Earn}_t/B_{t-1}$，是普通股的回报率。如果 ROCE 等于它的资本成本，则其市价就等于账面价值，若预测 ROCE 大于资本成本，则公司权益将以溢价出售。

$$V_0^E = B_0 + \frac{\text{RE}_1}{\rho_E} + \frac{\text{RE}_2}{\rho_E^{2}} + \frac{\text{RE}_3}{\rho_E^{3}} + \cdots + \frac{RE_T}{\rho_E^{T}} + \frac{V_E^T - B_T}{\rho_E^{T}}$$

其中 B_0 为期初账面价值，RE_t 为各预测期的剩余收益，$V_E^T - B_T$ 至 T 期的预期溢价。为求出预测期每一年的剩余价值，便可以通过上述公式进行类似现金流折现的计算方法。由以上的模型构建形式可知，剩余收益模型能够更为关注价值创造的两个动因：投资的盈利能力和增长；并能很好地利用资产负债表，采用了权责发生制会计，将投资作为资产而不是价值的损失；并具有多样性和可检验性。

剩余收益估值模型将估值重点放在了投资的价值创造方面，从恒瑞医药角度出发，作为一家上市公司，我们能够快速获取其近几年的财务报表，从中筛选数据为我们预测未来剩余价值提供依据。

（3）估值过程

为尽量避免长期预测带来的误差，我们将预期范围定在未来三年，即 2018—2020 年。同时，我们需要从已有的财务报表和之前的估值基础数据获取资料，根据 CAPM 模型确定的折现率为 8.76%，预测 2020 年剩余收益年固定增长率 g 同中国 GDP 增长率 6.9% 挂钩。最后结合之前现金流折现估值模型的预测未来现金流数据和 Wind 数据库，得到 2018—2020 年 EPS 和 DPS 的预测值。

表 11.14　　　　　**恒瑞医药 EPS 与 DPS 预期值（2018—2020）**

	2017	2018E	2019E	2020E
EPS	0.87	1.06	1.41`	1.84
DPS	0.11	0.13	0.15	0.20

数据来源：Wind 数据库。

我们将通过预测的每股收益（EPS）和每股股利（DPS）来预测剩余收益（RE）。而首先我们可以先通过已知数据计算预测期的账面价值（BPS）和普通股回报率（ROCE）。从恒瑞医药最新财务报表可知，2017年公司账面价值（BPS）为4.53元，我们将用公式：年末账面价值＝年初账面价值＋综合收益－净股利，计算预测期的账面价值，同时能通过ROCE＝EPS1/BPS0计算预测ROCE。

表11.15　　　　　　**恒瑞医药 BPS 与 ROCE 预测值（2018—2020）**

	2018E	2019E	2020E
BPS	6.36	7.62	9.26
ROCE	23%	22%	24%

数据来源：Wind 数据库。

随后通过公式计算出预测每期的剩余收益和永续价值，并通过折现模型计算并总和得出最终结果，以下为剩余收益模型具体数据及估值结果：

表11.16　　　　　　**恒瑞医药剩余收益模型估值（2018—2020）**

关键指标	2017A	2018E	2019E	2020E
EPS	0.87	1.06	1.41	1.84
DPS	0.11	0.13	0.15	0.2
BPS	4.53	6.36	7.62	9.26
ROCE（$=EPS_1/BPS_0$）	—	23%	22%	24%
RE（$=ROCE_1-(\rho-1))\times BPS_0$）		0.65	0.84	1.16
折现因子（$=1.0876'$）	—	1.0876	1.1829	1.2865
RE 的现值	—	0.59	0.71	0.9
至2020年 RE 的现值	2.21	—	—	—
永续价值（CV）＝（$RE_T\times g$）/（$\rho-g$）	—			68.89
CV 的现值	53.55	—	—	—
每股价值（V）	60.29	—	—	—

注：预测剩余收益年固定增长率为6.9%，要求回报率为8.76%。

数据来源：Wind 数据库。

（4）估值结果和结论

由上表可知，我们根据 $CV=\dfrac{RET(1+g)}{\rho-g}$ 得出永续价值，然后算出其现值，最后加总该公司2017年账面价值、剩余价值的现值和永续价值的现值，得到该公司的内在价值为 60.29 元。当前 2018 年 11 月 16 日恒瑞医药收盘价为 62.31 元，因此认为股价被高估。

五、总结

恒瑞医药的高市盈率在整个西药板块鹤立鸡群，强大的竞争力和行业龙头地位是恒瑞高估值的基础所在，研发投入全部费用化，使得净利润被低估，这也是其高估值的另一个重要原因。可比公司市盈率都在 20 左右，而恒瑞医药市盈率高达 60 倍，因此可比公司法是不适用的，同样在相对估值法的 PEG 模型中，过高的市盈率也会对估值结果的准确度产生影响。而根据恒瑞医药向股东分红的特点也决定股利贴现模型是不适用的。

综合考虑其他的估值模型，在绝对估值模型下，利用自由现金流折现模型和剩余收益模型，恒瑞医药的内在价值为每股 53.57 元、60.29 元，取均值得 56.93 元，2018 年 11 月 27 日恒瑞医药的收盘价为 62.51 元，判定股价被高估。但是鉴于本书估值模型相关数据的选取相对保守可能导致估值价格相对较低，同时，结合企业的基本面状况，我们认为估值模型的结果 56.93 元能够成为恒瑞医药未来回撤后的止损点。

结合对恒瑞医药基本面的分析，恒瑞医药目前偿债能力、盈利能力和营运能力均较好。其中公司偿债能力维持稳定，偿债能力很强；盈利能力稳定，主营业务获利能力稳定；近年来运营能力有所下降，流动资产合理利用率小幅下降。成长能力维持稳定，公司规模扩张减缓。

恒瑞医药毫无疑问是中国创新药的标杆，无论是产品研发投入比还是管理层布局的研发产品管线都值得其他医药公司学习。我们看好公司未来的发展前景，认为公司未来业绩将保持高速增长。作为 A 股医药上市公司的龙头，公司产品梯队完善，研发/销售能力强大，未来"创新+首仿+制剂出口"驱动公司进入新一轮增长周期，经营趋势持续向好。

医药的研发是具有高风险的，特别是创新药，投入大、耗时久，还不一定能成功，但是大型医药公司有足够的资金、专利技术以及人才资源支持创新药的研发，也更耗得起，恒瑞医药的研发当然有失败风险，但是小公司研发新药失败的可能性更大。药品价格下降将对公司的销售收入、盈利能力造成较大不利影响，投资者需要考虑公司存在药品价格下降导致经营业绩下滑的风险。海外市场竞争激烈，药品销售及推广不及预期的风险也需要考虑。

项目组成员：陈贞羽　张婷　李杨彦琳　胡梦莹　向盼　董琦　梁倚天　柳仁涛　徐作　夏诏　张良　刘明　陈澄　董逸凡　戴逸尘　巫耀　杨倩倩　赵子栋　庄泽楷　王林凡